国家社科基金后期资助项目阶段性成果（批准号13FFX007）

民法典"占有与本权章"建议稿

条文说明、案例模型和理论阐释

隋彭生 著

北京大学出版社
PEKING UNIVERSITY PRESS

图书在版编目(CIP)数据

民法典"占有与本权章"建议稿:条文说明、案例模型和理论阐释/隋彭生著. —北京:北京大学出版社,2017.12
ISBN 978-7-301-28898-6

Ⅰ.①民… Ⅱ.①隋… Ⅲ.①民法—研究—中国 Ⅳ.①D923.04

中国版本图书馆CIP数据核字(2017)第257651号

书　　名	民法典"占有与本权章"建议稿:条文说明、案例模型和理论阐释 Minfa Dian "Zhanyou yu Benquan Zhang" Jianyi Gao:Tiaowen Shuoming、Anli Moxing he Lilun Chanshi
著作责任者	隋彭生 著
策划编辑	陆建华
责任编辑	王建君
标准书号	ISBN 978-7-301-28898-6
出版发行	北京大学出版社
地　　址	北京市海淀区成府路205号 100871
网　　址	http://www.pup.cn　http://www.yandayuanzhao.com
电子信箱	yandayuanzhao@163.com
新浪微博	@北京大学出版社 @北大出版社燕大元照法律图书
电　　话	邮购部 62752015　发行部 62750672　编辑部 62117788
印　刷　者	三河市博文印刷有限公司
经 销 者	新华书店 965毫米×1300毫米　16开本　23.25印张　402千字 2017年12月第1版　2017年12月第1次印刷
定　　价	59.00元

未经许可,不得以任何方式复制或抄袭本书之部分或全部内容。
版权所有,侵权必究
举报电话:010-62752024　电子信箱:fd@pup.pku.edu.cn
图书如有印装质量问题,请与出版部联系,电话:010-62756370

前 言

（一）

刚开始，笔者是想写"占有章"，后来把"占有与本权"合为一章进行设计，避免了"两张皮"的弊病。

本权，是占有之本权，将占有与本权分开规定，就会破坏逻辑体系，也可能造成理解和适用上的困难。

本稿共设计了19个条文，计67款。注重实际问题的解决，同时注意概念的准确性和占有规则的体系性。

（二）

本稿对占有制度有较为完整的设计，注重占有规则之间的协调性，有不少与众不同之处，也有一些创新观点。比如：

1. 设计了"间接占有、直接占有和占有法律媒介关系"的条文。将占有媒介关系区分为意定占有媒介关系和法定占有媒介关系。解决了占有媒介关系的瘸腿体系。

2. 区分物权和债权两种本权。

3. 将依本权请求回复占有与依占有的效力请求回复占有，统一在占有回复请求权的旗帜之下。

4. 对侵夺占有，作了特殊规定，将其区分于一般侵占。

5. 动产善意是占有的效力，将动产善意取得设在"占有与本权"章。规定了对占有脱离物的善意取得，规定了对货币、有价证券的善意取得，完善了动产善意取得制度。

6. 设计了"占有抗辩权"的条文，加强对他物占有人的保护。

7. 设计了"占有权利推定"条文，促进交易便捷并为善意取得提供前提。

8. 设计了保护动产质权人、留置权人条文,这是动产质押制度能够满足现代市场经济的需要。

9. 设计了辅助占有及其向直接占有的转化,将事实上的管控与物理上的控制区分开来。

10. 在传统理论基础上,重新设计了准占有制度。规定准占有,填补了法律调整的空白,准占有参照占有的规定,有节约司法资源之效用。同时,准占有可以作为理论上分析问题的工具。

11. 现行立法例是将观念交付规定在现实交付之下的。考虑到观念交付是移转本权、创设本权的行为,因此规定在本章。

(三)

本书的体例依次是:【条文】【说明】【案例模型】【理论阐释】。

(四)

本书既是对立法的建议,也是一部对专门问题进行探讨的学术专著。其中,"压缩饼干"式的案例模型(共263个),是对法条的多角度的形象阐释,也可供教学参考。但需注意的是,案例是按笔者设计的条文分析的,不是按现行《物权法》分析的。

(五)

本书是国家社科基金后期资助项目"民法占有研究"(批准号13FFX007)的阶段性成果。

中国政法大学教授　隋彭生
2017年4月12日

目 录

第一部分 "占有与本权章"条旨与条文 —— 001
第二部分 "占有与本权章"条文说明、案例模型和理论阐释 —— 009

- 第 一 条 【占有与本权的定义】—— 011
- 第 二 条 【共同占有与部分占有】—— 049
- 第 三 条 【辅助占有】—— 059
- 第 四 条 【直接占有、间接占有与占有媒介法律关系】—— 083
- 第 五 条 【本权人及无权占有人的占有回复请求权】—— 107
- 第 六 条 【占有抗辩权】—— 126
- 第 七 条 【占有人的物上请求权】—— 147
- 第 八 条 【占有权利推定】—— 166
- 第 九 条 【动产善意取得】—— 182
- 第 十 条 【占有脱离物善意取得的特别规定】—— 207
- 第十一条 【动产善意取得后原有权利负担的消灭】—— 220
- 第十二条 【善意占有与恶意占有】—— 229
- 第十三条 【善意自主占有人的使用权及对正常损耗的免责】—— 242
- 第十四条 【本权人对孳息的请求权及无权占有人的费用请求权】—— 248
- 第十五条 【无权占有人的赔偿责任】—— 263
- 第十六条 【占有人的自力救济权】—— 272
- 第十七条 【占有的取得、移转和丧失】—— 278
- 第十八条 【动产观念交付】—— 296
- 第十九条 【准占有】—— 322

附录一 理论阐释目录 —— 345
附录二 主要参考文献 —— 353
后　　记 —— 361

第一部分
"占有与本权章"条旨与条文

第一条 【占有与本权的定义】
占有,是指对占有物事实上的管控。
本权,是指占有所依据的权利。

第二条 【共同占有与部分占有】
数人共同占有一物时,任何占有人不得排除、妨碍其他占有人的合理使用。
各占有人均可就占有物之全部,行使第五条或第七条、第十六条规定的权利。
依第二款回复占有的物,仍为占有人共同占有。
对物的一部构成事实上管控的,视为部分占有,占有人可就该部行使权利。

第三条 【辅助占有】
为占有人的利益,基于工作上的从属关系,受占有人的指示而持有物的,为辅助占有人。辅助占有人可以行使第十六条规定的权利。
占有物由受指示人持有且非为指示人利益的,受指示人为直接占有人,指示人为间接占有人。
与被代理人没有工作上从属关系的代理人和法定代理人,代理提交交付或受领交付时,视为辅助占有人。
动产质权人、留置权人因修理、保管等原因,将标的物交付第三人占有的,该第三人视为辅助占有人。
动产质权人与出质人协议质物由第三人占有并设定足以使外界识别的标记的,该第三人视为辅助占有人。
动产质权人对出质人占有的质物设定足以使外界识别的标记的,出质人视为辅助占有人。

第四条 【直接占有、间接占有与占有媒介法律关系】
直接占有,是对他人之物的占有。间接占有,是脱离占有的本权。
间接占有人与直接占有人之间形成占有媒介法律关系,间接占有人与间接占有人之间形成上级占有媒介法律关系;间接占有人对直接占有人或下级间接占有人享有占有回复请求权。
占有媒介法律关系可以基于合同由交付形成,也可以由无因管理、侵权等行为及事件形成。

第五条第三款和第四款规定的无权占有人、第七条第一款规定的占有回复请求权人,视为间接占有人。

第五条 【本权人及无权占有人的占有回复请求权】
所有权人行使占有回复请求权不受期间的限制,法律另有规定的除外。

所有权人以外的本权人的占有回复请求权,在本权存续期间内存续。

无权占有人对本权人享有与占有有牵连关系的债权,物又被第三人占有的,债权人在债权存续期间内对该第三人享有占有回复请求权。

无权占有人占有的物又被第三人占有的,本权人可以主张由无权占有人对第三人主张占有回复请求权。

第六条 【占有抗辩权】
所有权人或其他本权人请求回复占有,他物占有人对物也享有本权的,可以保留占有,违反公序良俗的除外。

占有两个以上的物或占有物为可分物的,保留占有的财产以满足债权为限。

占有回复请求权转移的,占有抗辩权可以对继受人行使。

无权占有人对本权人享有与占有有牵连关系的债权,参照上述规定。

第七条 【占有人的物上请求权】
物被他人侵夺占有的,占有人可以请求回复对原物的占有。自侵夺之日起一年内未以诉讼方式请求的,该请求权消灭。

间接占有人不得行使第一款占有人的权利。

对妨害占有的行为,占有人可以请求排除妨害或者消除危险。

因侵夺或者妨害占有造成损害的,占有人可以请求损害赔偿。

占有人提起占有之诉的,人民法院不得基于本权的理由进行裁判,本权人对无权占有人侵夺占有的除外。本权人对无权占有人侵夺占有的,按治安管理处罚法处理,构成犯罪的,依法追究刑事责任。

第八条 【占有权利推定】
占有人于占有物上行使或主张的权利,推定为其合法享有。

对过去的占有,可以推定为间接占有。

占有权利推定,不得与已登记的物权发生冲突。

第九条　【动产善意取得】
　　无处分权人以自己的名义将占有的共有动产、他人动产转让给受让人,符合下列要件的,受让人善意取得该动产的所有权:
　　(一)转让的动产已经交付给受让人;
　　(二)动产交付时,受让人对转让人的无权处分,不知情且无重大过失;
　　(三)以合理的对价转让。
　　货币、货币债权的善意取得,不受对价种类的限制。
　　通过观念交付善意取得,简易交付须受让人在达成合意时为善意;占有改定、指示交付须受让人在现实交付时为善意;单据交付须受让人在取物单据交付时为善意。
　　参照第一款,债权人可以善意取得质权、留置权。
　　无处分权人以自己的名义将占有的共有动产、他人动产抵押,办理抵押登记的,债权人可以善意取得抵押权。

第十条　【占有脱离物善意取得的特别规定】
　　受让的动产是遗失物、盗赃物或其他非基于所有权人、其他权利人的意思而丧失占有的动产,权利人自丧失占有之日起二年内,可以向善意取得人请求返还原物,货币、无记名有价证券除外。
　　第一款权利人请求返还的原物,是受让人通过拍卖或者向具有经营资格的经营者购得的,权利人应当支付受让人所付的费用。
　　所有权人和其他权利人都请求返还原物的,参照第四条第二款、第五条第二款的规定。
　　对善意取得的货币债权,不得请求返还。

第十一条　【动产善意取得后原有权利负担的消灭】
　　善意取得动产后,该动产上的原有权利负担消灭,但受让人在交付时知道或者应当知道该权利负担的除外。
　　依第十条受让人向权利人返还原物后,该动产上消灭的权利负担,自权利人丧失占有时起恢复。

第十二条　【善意占有与恶意占有】
　　不知无本权且无重大过失的占有人,为善意占有人;其他无权占有人,为恶意占有人。

善意占有人自知道其无占有本权时起,或自成立重大过失时起,转为恶意占有人。

善意占有人本权诉讼败诉的,自民事起诉状送达之日起,视为恶意占有人。

第十三条 【善意自主占有人的使用权及对正常损耗的免责】

善意自主占有人可以无偿使用占有物,对因使用产生的正常损耗,不承担民事责任。

第十四条 【本权人对孳息的请求权及无权占有人的费用请求权】

本权人可以请求无权占有人将天然孳息随原物一并回复占有;可以依不当得利的规定请求返还法定孳息。天然孳息毁损、灭失的,适用本法第十五条的规定。

善意占有人可以请求偿付因保存占有物所支出的必要费用;可以请求偿付因改良占有物、生产天然孳息所支出的有益费用,但以现存的增加价值为限。

恶意占有人可以请求偿付紧急情况下因保存占有物所支出的特别必要费用;可以请求偿付因生产天然孳息所支出的有益费用,但以现存的增加价值为限。

第十五条 【无权占有人的赔偿责任】

占有物因可归责于占有人的事由毁损、灭失,或者被占有人转让、抛弃的,恶意占有人、善意他主占有人,对权利人承担赔偿责任;善意自主占有人,仅以因毁损、灭失或转让所受利益为限承担赔偿责任,没有所受利益的免除责任。

第十六条 【占有人的自力救济权】

占有人对侵夺、妨害其占有的行为,可以自力防卫。

不动产被侵夺的,占有人可以即时夺回其物。

动产被侵夺的,占有人可以就地或即时追踪夺回其物。

前三款使用自力的情形,不得超过必要的限度。

第十七条 【占有的取得、移转和丧失】

占有的取得,可因人的行为取得,也可因事件取得。

占有的移转,在相对人取得对物事实上的管控时完成。

占有,自被继承人、死因赠与的赠与人、遗赠扶养协议的被扶养人死亡时移转于继承人、受遗赠人、受赠人或扶养人,物被第三人占有的除外。

占有,因占有人丧失其对物事实上的管控而丧失,但其控制力仅一时不能实行的,不在此限。

占有丧失,原占有人成立间接占有的,可以保持质权、留置权的效力。

第十八条 【动产观念交付】

设立、转让动产物权前,质权人、受让人已经占有该动产的,双方达成合意时发生效力。

转让动产物权时,双方又合意由转让人继续占有该动产的,达成合意时发生效力;应适用第九条、第十条善意取得规定的,受让人取得动产现实占有时发生效力。

转让由第三人占有的动产物权,对第三人的占有回复请求权随同物权转让。转让人与受让人达成合意后,自转让通知送达第三人时发生效力,应适用第九条、第十条善意取得规定的,受让人取得动产现实占有时发生效力。对通知义务没有约定或约定不明确的,转让人负有及时通知的义务。受让人将转让人所立转让字据提示给第三人的,与通知具有同一效力。

转让由第三人占有的动产物权,转让人将第三人出具的取物单据交付给受让人时发生效力。

第十九条 【准占有】

书面凭证、作品、电子介质物或电子系统表明或负载的财产权利,推定由准占有人享有。

书面凭证、作品、电子介质物的占有人为财产权利的准占有人,记载、署名或登记的权利人与占有人发生权利归属冲突时,记载、署名、登记的权利人为准占有人;在他人电子系统记载、登记的权利人、用户名及其密码拥有人等为财产权利的准占有人。

准占有参照本章有关规定。

第二部分
"占有与本权章"条文说明、案例模型和理论阐释

第一条 【占有与本权的定义】

占有,是指对占有物事实上的管控。

本权,是指占有所依据的权利。

【说明】

本条是占有与本权的定义。本条是"占有与本权章"的基础。

（一）占有

(1)本条第1款是对占有的定义。《中华人民共和国物权法》(以下简称《物权法》)对占有没有作出定义,为防止理解上的混乱,有必要在"民法典"中对占有进行界定。

占有是一项法律事实。占有规定在物权编,但占有并不是一项物权。学理上,占有被称为类物权,是指它与物权一样,具有绝对权的效力,不论是有权占有还是无权占有,任何人都不得侵犯。之所以把占有规定在物权法或民法典物权编,是因为占有与物权有密切的关系。物权是占有的本权,还有一种本权,是债权,它是从物权派生的。

占有可以与所有分离,占有并不仅仅是所有权的权能,占有是一项独立于所有权的制度,有其特殊的规则和体系。

(2)占有,是指现实占有,不包括观念占有。观念占有包括间接占有、准占有。现实占有存在于客观世界,观念占有存在于主观世界,观念占有是一种"格式化""规则化""法律化"的主观意识,而不是一种占有。

(3)本条第1款所说的"对占有物事实上的管控",相当于我国台湾地区"民法"所说的"对于物有事实上管领之力"。"管领",较难理解,不易被人们所接受,故本条不采用这种表述。理论论述,仍常需借助"管领"这个术语。

"管控"按文义解释,"管"是管理,"控"是控制。"事实上的管控",是事实上的支配力,此区别于法律上的支配力,后者是依本权对物的支配力。事实上的支配,无须法律行为上的意思。法律上的支配,须有法律行为上的意思。

"管控"虽然有"管理"的含义,但管控是事实行为,不以有行为能力为必要。事实上的管控,占有人主观上可以有管理、控制的意识,也可以没有这种意识。

持有与占有不同,持有仅为物理上的控制。

(4)本条对占有,采纯客观说。占有的成立,不以当事人的"心素""心控"为必要条件,即不以占有的意思为必要条件。但这并不排除某些占有是有"心素"的。

(5)占有的成立,不以本权的存在为必要。有无本权,都可发生对物的管控。

(6)占有的客体,是物,是特定的物。特定物的内涵:①是有体物;②是现存的物;③是独立之物。

特定的物不等于是特定物,它包括特定物和种类物,这里的种类物,并不是抽象物。① 也就是说,占有的客体,可以是特定物,也可以是种类物。货币作为种类物,自也可作为占有的客体。

占有的物,可以是动产,也可以是不动产。

占有的客体与物权的客体并不一致。物权的客体,可以是"权利"②,也可以是"资源"。③ 但占有的客体,只能是物,不可以是权利、资源等。

(7)民事法律关系的主体都可以是占有的主体。④ 占有的主体(占有人)可以是自然人,也可以是法人和非法人组织,占有人不限于本国人。占有的成立,不以占有人有法律行为能力为必要条件。⑤ 比如,精神病患者、未成年人也可以是占有人。

例如,中国政法大学(事业单位法人)对院内科研楼的占有,为法人占有,某合伙企业对承租办公楼的占有,是所谓"非法人组织"的占有。

(8)占有具有排他性。一物一占有。某人占有主物和主物的两个从物,便是三个占有。

(9)占有分为自物占有和他物占有。占有不同于直接占有,直接占有是相对于间接占有而言的,直接占有是他物占有,是现实占有的一种。

(10)占有制度,既调整、规范无权占有(无本权占有),也调整、规范有权占有(有本权占有)。

(11)无权占有(无本权占有)受占有保护;有权占有(有本权占有)受占有保护和本权保护,即其享有双重保护。在占有人主张请求权时,应分辨其请求权基础。

(12)无人占有的物,可以是有主物(如遗失物),也可以是无主物(如抛弃物)。公园里的一条长椅,尽管没有人坐卧,仍是有人占有的物;长江里的一条

---

① 参见隋彭生:《"特定的物"是"特定物"吗?——与"通说"商榷》,载《比较法研究》2008年第4期。
② 参见《物权法》第2条。
③ 参见《物权法》第50条。
④ 《中华人民共和国民法总则》(以下简称《民法总则》)第2条规定:"民法调整平等主体的自然人、法人和非法人组织之间的人身关系和财产关系。"
⑤ 法律行为能力,在严格意义上是实施法律行为的能力。

普通野鱼,是无主物,也是无人占有的物。

(二)本权

(1)本条第2款是对本权的定义。占有所依据的权利是本权。本权的有无,是区分有权占有和无权占有的标准。有权占有是有本权占有的简称,无权占有是无本权占有的简称。本权,也称为权源。

(2)占有与本权各自独立存在。① 占有存在于客观世界,本权存在于主观世界。本权是一种观念,是一种"格式化""规则化""法律化"的主观意识。

认定占有为事实的理念,须有本权制度的支撑,否则就不能解释占有的独立意义,也不能解释有权占有与无权占有现象。有了本权,才能把占有单独地剥离为事实状态。

(3)本权分为物权和债权。自物占有的本权是自物权(所有权),他物占有的本权是债权。

有权占有和无权占有,都有绝对权的效力。债权作为本权,仍然是相对权,物权作为本权,仍然是绝对权。不能认为基于债权的占有,是一种相对权,基于物权的占有,是一种绝对权。即是说,占有与本权是两种事物。

物权性本权与债权性本权可能发生对抗,比如甲将房屋出租给乙,在交付后,乙于租期内享有债权性本权,乙足以对抗甲的物权性本权,即下级本权可以对抗上级本权。下级本权发生占有抗辩权(参见第6条)。

在"一物二卖"的情形下,若第一个买受人取得占有,第二个买受人取得所有权。第一个买受人原先是基于债权占有,也就是说其有本权;在第二个买受人取得所有权(本权)之后,第一个买受人的本权丧失,转化为无权占有。所有权人(第二个买受人)有权请求回复占有。

他物权,没有物权请求权的效力。占有他物权人的本权,只能是债权。

(4)本权分为意定本权和法定本权。前者如承租人对租赁物享有的本权,后者如监护人对被监护人财产的占有之本权。享有与占有有牵连关系的债权,该债权可为法定本权。张甲擅入李乙承包的果园采摘苹果,拿走苹果后才想起手机忘在果园,遂返回寻找,李乙表示赔偿损失后才能拿走手机。李乙请求赔偿的法定债权,是其占有的法定本权。

(5)本权分为未脱离占有的本权和脱离占有的本权。间接占有是脱离占有的本权,其基本效力是占有回复请求权(参见第4、5条)。

(6)本权作为财产权,可以现实交付的方式移转,也可以观念交付的方式移

---

① 参见史尚宽:《物权法论》,中国政法大学出版社2000年版,第542页。

转。前者,是本权与占有一并移转,后者是脱离占有的本权"裸体"移转。观念交付是"占有不动,本权动"。

本权也可以设定,如甲与乙约定,将自己的电脑质押给乙,甲将电脑交付给乙,为质权的设定。

【案例模型】

(一)占有

例1:张甲面前的桌子上放有一台电脑,张甲没有使用这台电脑,身体没有接触这台电脑。

尽管没有物理上的接触,按电脑与人的空间关系及社会的一般观念,应认定张甲占有这台电脑。

例2:张甲买了一套商品房,出卖人(开发商)将房屋钥匙交给了张甲,张甲可以入住、装修。但出卖人忘了给张甲开"入住通知单"。

张甲已经实际控制了这套房屋,即已经对这套房屋构成了管控,应认定其已经占有了这套房屋。

例3:李乙出差,其妻将一枚"护身"玉佩放入其贴身口袋里,李乙并不知道。

(1)李乙没有占有的意思,对玉佩仍成立占有。对玉佩,任何人都不得侵夺占有。占有保护,不必考虑占有人主观意思如何。就占有,对世地成立绝对法律关系,任何人都负有不得侵犯的义务。

(2)贴身的东西,可能随时发现。不能认为,发现前不是占有,发现后有了占有的意思,才变成了占有。本案若以占有的意思是否存在区分是否成立占有,没有任何意义。

(3)一个人在睡梦中,仍然受法律保护。如果一个人在睡梦中保持对物的占有,那说明什么?说明占有的意思并不重要,不宜作为占有成立的一般要件。

(4)有些占有存在占有的意思,比如自主占有和他主占有,但仍不宜把占有的意思作为占有成立的一般要件。

例4:李乙看到路边别人遗弃的一堆牛粪(无主物),想捡回家,因没有工具,就围着牛粪放了一圈小石子,表示占有了这堆牛粪。

(1)李乙围着牛粪放了一圈小石子,是在作占有的标志,构成标志性占有。

(2)占有成立的必要条件,是对物的控制。占有之外的效力,有时是需要所谓"心素"(占有的意思)的。如本案李乙的先占,需要有"据为己有"的事实行为的意思。"心素"不会影响占有本身,但会影响占有的效果,如必要费用承担、赔偿的范围、是否成立先占、是否构成动产善意取得等。

例5: 张甲的吉普车,有一个备用轮胎和一个千斤顶。

一物一占有。张甲对吉普车是一个占有,对从物备用轮胎是一个占有,对从物千斤顶是一个占有。

假如张甲的吉普车有10个从物,张甲就有11个占有。其中一个被侵夺,即成立一个占有回复请求权。

例6: 出租人甲有三层小楼,具有一个房产登记。甲将一、二、三层分别租给了乙、丙、丁。现甲欲转卖其中第三层(签订合同之后,再作为三个建筑物区分所有权分别办理登记,即变成三个登记)。承租人乙、丙、丁是否享有优先购买权?

从承租人优先购买权的立法意图来看,应当认可承租人丁在同等条件下享有对第三层的优先购买权。乙、丙没有取得对第三层的占有,没有优先购买权。

从占有的角度看,虽然是一个登记,但却应"视为"乙、丙、丁三个占有(一物一占有,所以这里用"视为"二字,参见第2条"共同占有与部分占有")。

(二)本权

例1: 张甲身穿夏装,驱车到郊外游玩,所开汽车是借的。

(1)张甲对夏装占有的本权,是所有权(自物权);张甲对所开汽车占有的本权,是债权。

(2)自物占有的本权是所有权,他物占有区分为有本权和无本权两种。有本权的他物占有,其本权是债权。

例2: 张甲与李乙夫妻二人居住的房屋,是按份共有;王丙与赵丁夫妻二人居住的房屋,是共同共有。

张甲与李乙及王丙与赵丁对居住的房屋,各自是共同占有;本权各自是(共有)所有权。所有权是唯一的自物权,是物权性本权。

例3: 甲将自己的一台起重机出租给乙,交付后,甲丧失了占有,乙取得了占有。

(1)甲对起重机的本权是物权,将起重机交付给乙后,占有丧失,本权不丧失,其本权是脱离占有的本权。乙对起重机占有的本权是债权。

(2)本例是"双本权"现象。甲的本权是上级本权,乙的本权是下级本权,乙的本权可对抗甲的本权。

例4: 张甲买了一套商品房,开发商将房屋钥匙交给张甲,张甲可以随时装修或入住,过了3个月,双方到登记机关办理了过户登记手续(所有权转移登记)。

(1)通过交付钥匙,张甲对该房屋处于事实管控状态。交付了钥匙,就是交付了房屋,张甲占有了这套房屋。

(2)在给张甲办理房屋过户登记手续之前,张甲并没有取得所有权,该所有权仍属于开发商,这是本权与占有脱离的现象,本权与占有各自独立存在,都受法律保护。开发商和张甲办理了过户登记手续后,张甲不但取得了占有,也取得了所有,这时"本权与占有合一"。张甲的占有和本权都受法律保护。

例5: 甲偷了乙的一枚戒指,藏在家中。

窃贼是侵夺占有者,亦为占有人。占有是一项事实,没有本权不影响占有的成立。

例6: 在教室,大学生用书、书包等占座;在街边,无照商贩用碎石头、砖块等围一块地,等待晚上摆摊。

对公共设施(包括校内公共设施)、公共地块的这种"抢占",均不构成占有(既不是有权占有,也不是无权占有),不受保护。即是说,对占有是否成立的判断,还要考虑社会公共利益和多数人的利益。

例7: 王某有一个儿子王子、一个女儿王女。王某立了一份遗嘱,将自己的房子给儿子,但规定女儿有权在该房子里居住终生。王某去世后,王子将王女赶出房子。请问:应当如何处理纠纷?

王女有权请求返还原物,不是返还"所有",而是返还"占有"。王女对房屋的占有是有本权的,该本权是用益债权。

例8: 上例中,在王女占有期间,王子将房屋出卖给赵某,办理了过户登记。赵某请求王女搬出房屋。

王女因有本权,因而可以对赵某行使占有抗辩权。

例9: 甲卖给乙一套别墅,乙入住,但未办理过户登记手续。甲(所有权人)不能将乙赶走,不能主张物权返还请求权,乙享有占有抗辩权;甲还有义务把别墅过户登记在乙的名下。

(1)房屋买受人乙入住(取得占有)后,他的债权有双重效力,第一个是请求给付效力;第二个是占有本权效力。在入住前,只有第一个效力。

(2)房屋买卖合同的出卖人有两个主给付义务:一个是交付;另一个是办理过户登记手续。本案已经交付,乙尚有办理过户登记(取得物权性本权)的请求权。

【理论阐释】

一、占有

(一)占有的主要意义

1. 维护社会秩序

占有保护现实存在的对物的实际控制状况。每一个占有,无论是有权占有还是无权占有,对外都会形成绝对法律关系,绝对法律关系中的每一个人,对占有人都承担不行为的消极义务。

占有不受侵犯。对无权占有,也不允许自力侵犯和"黑吃黑"。自力侵犯,是指民事权利人依靠自己的力量侵犯。[①] 比如,甲的一台机器被乙偷走,或者这台机器被乙承租但已经超过租期,乙拒绝返还,乙对该机器属于非法占有,处于事实上的支配地位,甲不能使用暴力抢回来,也不能偷回来,只能请求公力救济。"黑吃黑"是指第三人侵夺占有,比如,甲抢劫了乙一个银箱,丙看了眼红,又从乙处偷走或抢走。

民事主体的对物的占有,也足以对抗公权力。公权力机关若需要从民事占有主体处取得占有,须经过征收、征用、强制执行等法定程序。

法律规则的设计,是为了维护社会秩序。有了社会秩序,人们才能正常地生活。占有的规则,是维持财产安全、社会稳定的基础性规则。

2. 维护交易安全、交易效率

占有是权利的外衣,是当事人享有某种权利(物权或者债权)的一种静态的公示手段。[②] 占有人与相对人交易时,该相对人可以进行占有权利推定,即可以推定占有人为本权人。这样,不但对交易安全提供了保护,也提高了交易的效率。

---

① 应当区分自力侵犯与自力救济的界限。如张某的钱包被李某抢走,张某当场夺回来,属于自力救济。

② 物权变动的公示方法是动态的,如交付,是指交付占有。

占有为动产善意取得提供了前提条件。比如，乙依据租赁、保管、借用、委托、运输、所有权保留买卖合同等合法占有了甲的一台机器，乙以自己的名义出卖给丙，丙根据乙占有的事实，可以认为这台机器是乙的（占有权利推定），从而善意取得这台机器的所有权。

3. 保护占有的持续性

占有分为自物占有（所有权人对自己之物的占有）和他物占有（对他人之物的占有），自物占有的持续不会有人质疑，他物占有的持续，需要通过占有保护的规则来维持。"所有权变动不破用益法律关系"①，也是一种占有保护规则。比如，买卖不破租赁和共同居住人的承租权②，就体现了对占有持续性的保护。还有一个比较重要的法律现象，在居住权未被规定为物权时，其作为占有用益债权，受占有的保护，即在居住权人占有使用期间，房屋所有权发生变动，遵循所有权变动不破用益法律关系的规则，居住权依然存在。

保护占有的持续性，使占有用益权（用益物权、用益债权）和占有担保物权（动产质权、留置权）能够持续存在，即保护了他人对物的用益利益和担保利益。

（二）本书采纳的理论学说

1. 纯客观说

（1）关于纯客观说的观点

罗马法上占有（possessio）的取得，须具备两个要件：一为物的管领（corpus，体素）；二为占有意思（animus，心素），即以占有的意思而为占有。二者丧失其一，占有即归消灭。③

占有，除对于物有事实上管领力（体素）之外，是否尚须"占有意思"（心素）为要件，系占有理论上最有名的争议问题。学说上有主观说、客观说、纯粹客观说三种见解。主观说认为，占有的成立须兼具事实上之管领力与占有意思；至于此项占有意思究属何种意思，有人主张须为所有人意思，有人主张须为支配意思，亦有人主张须为自己意思而占有。客观说认为，占有系对于物的事实管领力，不须特别的意思，仅须有管领意思即可，此为管领事实的一部分，而非独立的要素。纯粹客观说认为，占有纯为客观地对于物为事实上的管理管领，不以占有意思为必要。我

---

① 参见隋彭生：《用益法律关系——一种新的理论概括》，载《清华大学学报》2010年第1期。
② 《中华人民共和国合同法》（以下简称《合同法》）第229条规定："租赁物在租赁期间发生所有权变动的，不影响租赁合同的效力。"第234条规定："承租人在房屋租赁期间死亡的，与其生前共同居住的人可以按照原租赁合同租赁该房屋。"
③ 参见王泽鉴：《民法物权》，北京大学出版社2010年版，第418页。

国台湾学者多认为德国民法采纯粹客观说,台湾地区"民法"应作同样的解释。①

(2)采纯粹客观说的意义

《物权法》未对占有进行界定,但理论上一般承继纯粹客观说。采纯粹客观说的意义是:

①坚持"一贯性"和"传承性"。我国台湾地区现行"民法"采纯粹客观说,该"民法"对大陆立法的影响是不可否认的。

②便于认定占有的成立。占有的意思是一种心理活动,"藏之于心",不是意思表示,仅存在于主观领域。占有意思的判断,是一个很复杂的问题。尽管一般情况下,占有人有占有的意思,但认定占有的意思,在很多情况下也没有必要,更没有必要对其是否有占有的意思进行举证。

如果认为占有的意思为占有的要件的话,那么,丧失了占有的意思,就是失去了占有。也就是说,一个人在控制物的情况下,可能有时是占有,有时不是占有,这种走向复杂化的标准或认识,并无实益。占有是否成立,存在于一念之间,占有就成了飘忽不定、很难把握的东西。

采纯粹客观说,只是占有成立要件上的判断,并不否认占有意思的存在,只是在判断占有时,有了简化的标准,便于认定占有的成立。

占有的原因多种多样,采纯粹客观说,使占有的成立,不受原因的影响。

③便于对占有人进行保护。对占有人进行保护时,如认定占有人的自力救济权、占有人的保护请求权时,无须考虑占有人占有的意思。比如,甲的墙壁里有一个祖传钱罐(隐藏物),甲不知情(无占有的意思)。钱罐被乙盗窃,甲向乙主张占有回复请求权,公权力机关经过审查,认定隐藏物原是由甲占有,现被乙侵夺,即可支持甲的请求,无须考察甲占有之心素。

④占有具有独立意义,这种独立的意义,除相对于本权外,也相对于占有的意思(心素)。占有人对物的实际控制,是一项客观事实,不取决于是否享有本权,也不取决于是否具有占有的意思。

⑤采纯粹客观说,也并不否认心素的存在和作用。比如先占,须有"先行取得占有"的事实,还有占有人"据为己有"的事实行为的意思(非法律行为的意思),但这只是占有成立的特殊要件。再如自主占有与他主占有、善意占有与恶意占有,都是要求心素的,但这并不突破占有成立的一般要件。

---

① 参见王泽鉴:《民法物权》,北京大学出版社2010年版,第418页。《德国民法典》第854条第1项规定:"物的占有,因取得对该物的事实上的支配力而取得。"我国台湾地区"民法"第940条规定:"对于物有事实上管领之力者,为占有人。"

2. 占有的认定标准及占有概念的扩大和限缩

（1）占有的认定标准

①占有是对物的实际控制。占有的认定标准，一是看人与标的物的空间关系。空间关系，指人与物在场合上有一定的结合关系。二是看人与标的物的时间关系。时间关系，指人与物在时间上须有一定的结合关系，足以认定该物为某人事实上所管领。① 占有是一个持续的过程，与物的瞬间接触，不是占有。三是看社会一般观念。比如，张甲坐在公园的长条椅上，长达两个小时，按一般观念，张甲对该长条椅并不成立占有。

②占有对利害关系人，要有可识别性，占有的成立要借助一般社会观念。②

甲在深山发现一块巨大的玉石（原石），他没有办法带出山来。甲在玉石上做了标记，出山后，卖给了乙。买家乙带着破石工具和运输工具进山，将玉石破成若干块运出。虽然甲远离玉石，但他在玉石上做了标记，按当地习俗，都承认这块玉石是有人占有的，也就是承认有人先占，认可它是有主物。甲的占有，是象征性占有、标志性占有。

占有是对物的管领，"管领是指物在社会观念上被承认为事实上属于某人支配"。③ 甲对玉石的实际控制，来自（当地）社会的一般观念，一般观念也是一种习惯。

③是否构成占有，可以倒推的方法认定。比如，大学生在教室里用书包等占座，由于不受占有保护，可以倒推占座不构成对座位的占有。对占座的标志物（书、书包等），占座人与之尽管有相当距离（欠缺空间关系），占座人仍不丧失占有。对座位的占有和对标志物的占有，是两回事。

（2）关于占有概念的扩大和限缩

占有概念的扩大，指虽无事实上的管领力，仍可成立占有。其情形有二：①间接占有。间接占有虽然对物没有事实上的管领力，仍可成立占有。②占有继承。占有得为继承的标的，继承人虽未事实上管领其物，仍取得占有。④

---

① 参见王泽鉴：《民法物权》，北京大学出版社2010年版，第416页。

② "占有概念具有事实与规范的二重性。事实性是指在认定占有的建立和存续时，作为必要条件的事实层面的控制力。规范性包括两层含义：一是指以社会一般观念为内容的规范性视角，是判断事实控制力有无时的观察工具。二是指以法律、道德或社会习俗等为内容的规范性秩序，是确认占有归属时评判控制力重要性的基准。占有的有无以事实控制力为必要条件，占有的归属以规范认同度为评判基准。上述规则基于存在论与规范论相调和的教义学内部立场，能够通过经济分析得到外部视角的支持，可以为占有领域的一系列争点提供统一、稳定的解释原理和可操作的适用规则。"参见车浩：《占有概念的二重性：事实与规范》，载《中外法学》2014年第5期。

③ 〔日〕田山辉明：《物权法》，陆庆胜译，法律出版社2001年版，第123页。

④ 参见王泽鉴：《民法物权》，北京大学出版社2010年版，第421页。

占有概念的限缩,指对于物虽有事实上的管领力,但不成立占有,属之者,如占有辅助人。①

笔者认为,对物的事实上管控(管领),应当作为占有认定的唯一标准,这样,可以简化法律关系,帮助人们认识占有、认定占有。

对占有扩大和限缩的理论应当进行修正或重新解释。在扩大方面,对间接占有,在理论上应明确不是占有(不是现实占有),间接占有是拟制的占有,是脱离占有本权,不应将其归入占有的旗帜之下。对占有继承,也要看是遗产管理人占有,还是继承人占有。在限缩方面,应当修正对辅助占有的定义,认定主人占有为事实上的管控(参见第3条)。

(三)自物占有与他物占有的分类及比较研究

1. 概述

笔者强调从自物占有与他物占有区分的角度研究占有。在笔者的阅读范围内,传统民法理论中没有自物占有与他物占有的分类,借助这种分类研究占有现象,是一个特定的、崭新的角度。

自物占有与他物占有的区分其实在罗马法上即有端倪:"占有的种类与取得属于我们的物的原因一样多,如买受人的占有、基于赠与的占有、基于遗赠的占有、对嫁妆资的占有、继承人的占有、基于损害赔偿的占有、对自己的物的占有,以及对我们从地上、海上及敌人那里取得的物或我们自己生产的物的占有。"②

我国《物权法》第十九章虽然只有5个条文,但其中的第243条、第244条中都有关于"占有人"与"权利人"两类主体的对立表述,其中所谓"占有人"的占有,其实就是他物占有;第242条虽然只提到"占有人",但实际上隐含着"权利人"("恶意占有人应当承担赔偿责任"其实是向"权利人"承担赔偿责任)的存在;而第241条在条文中虽然没有直接出现关于主体的表述,但所谓"基于合同关系等产生的占有",也隐含着这两类不同主体的存在;第245条包含的"占有之诉",在现实中主要是他物占有人的利器。仅有的5个条文,都与他物占有结下不解之缘。可见,自物占有与他物占有的区分具有充分的实定法基础。本书"占有与本权章"设计,亦以自物占有与他物占有分类为一个理论基础。更为重要的是,笔者认为,这种分类对占有的现象具有不可取代的、基础性的高度概括力,能够折射出很多引人深思的理论问题,有利于明确占有制度所包含的两类不

---

① 参见王泽鉴:《民法物权》,北京大学出版社2010年版,第422页。
② 〔意〕桑德罗·斯奇巴尼选编:《物与物权》,范怀俊译,中国政法大学出版社1993年版,第20页。

同的规则,有利于占有制度的体系化建设。

这是因为,所有权制度不能涵盖占有制度。自占有从所有权的一项权能独立出来之后,即产生了他物占有,发生了本权与占有的分离。但所有权与占有相分离,不能概括本权与占有相分离的全部现象,他物占有人的本权与占有也可以分离。他物占有,突破了占有仅是所有权权能的藩篱,与自物占有分庭抗礼。所有制度与占有制度既有重合,更有各自的体系。

传统民法理论上的占有分类,一般只对他物占有具有意义;传统民法理论上的占有规则,主要是他物占有的规则。民法上的大多数占有规则,只能在他物占有的龙头下,才能充分展开,得到本质的说明。以下,笔者拟在区分自物占有与他物占有的理论框架下对此加以详细阐述。

2. 区分自物占有与他物占有的意义

自物占有与他物占有是对有主物占有的分类。自物占有是自物权人(所有权人)对自己之物的占有,是有权占有;他物占有是对他人所有物的占有,亦即他物占有也是对有主物的占有。

占有是现实占有(实际占有)的简称。自物占有与他物占有是现实占有的分类。这两种占有,都不包括观念占有。间接占有不能区分为自物占有与他物占有,因为,间接占有的本质,是脱离占有的本权。①

"自物占有与他物占有"的分类与"自物权和他物权"的分类不同。自物权与他物权是存在于主观世界的权利,是一种观念的存在,自物权人与他物权人都不必处在占有状态,而自物占有与他物占有是对客观占有状态的描述。

自物占有与他物占有作为一项事实,其成立不以心素(占有意思)为必要条件,这就将其与"自主占有与他主占有"的分类区别开来。"自主占有与他主占有"的重点并非在占有的主体方面,而是在于对占有人心态的表述,其成立与区分,不能脱离心素。② 民法学者经常把他物占有描绘成他主占有,如认为承租人的占有、保管人的占有等是他主占有。其实,他物占有,很多占有人的心态也是自主占有,比如遗失物拾得人误以为是自己的物而占有,就是自主占有。有学者指出:"自主占有与他主占有区别之实益,在于取得时效、先占、赔偿责任范围。"③"法律是按占有所具有的不同功能,而对其要件予以不同的构造。换句话

---

① 参见隋彭生:《论占有之本权》,载《法商研究》2011 年第 2 期。
② "以是否具有所有之意思为标准而区分,对于物以所有意思而占有者,谓之自主占有;对于物不以所有之意思而占有者,谓之他主占有。所谓所有之意思,无须乎依法律行为取得所有权意思表示之意思,凡事实上对于物具有与所有人为同样管领之意识即属之。"参见谢在全:《民法物权论》(下册),中国政法大学出版社 2011 年版,第 1151 页。
③ 曹杰:《中国民法物权论》,中国方正出版社 2004 年版,第 231 页。

说,占有的种类不同,法律上所追求的目的也不相同。"①而自物占有与他物占有与取得时效、先占、赔偿责任范围并无直接关系。

自物占有与他物占有的区分,还有助于我们区别占有与直接占有。学者多将直接占有混同于占有。如史尚宽教授认为,对于他人之物为占有者,为直接占有人。所有人自己为占有者,亦为直接占有人。② 德国学者也认为:"直接占有是指某人完全实在地占有某物并根据占有的意思直接对物行使实际的支配,无须借助他人的帮助。占有人是否有权占有在所不问。"③占有是对物的实际控制,直接占有也是对物的实际控制,但直接占有与占有不是"等同"关系。笔者认为需要说明的有以下几点:

(1)占有,既可以是他物占有,也可以是自物占有。直接占有只是占有的一种。占有作为现实占有,不能作为直接占有和间接占有的上位概念,只能作为自物占有和他物占有的上位概念。

(2)直接占有都是他物占有,直接占有人是间接占有的媒介人,直接占有处在占有媒介关系之中。所有人自己为占有(自物占有),不相对于间接占有人,不能形成占有媒介关系,不能成为占有媒介人。

(3)直接占有人不一定享有本权,即便享有本权,也只能是债权。自物占有人都是以所有权为本权的。

笔者这里的观点如以下二图所示。

①占有 { 自物占有(都是有权占有) / 他物占有(都是直接占有) { 他物有权占有 / 他物无权占有

②间接占有人———占有媒介关系———直接占有人

笔者还认为,所有的他物占有都是直接占有,都处于占有媒介关系之中,没有例外。④ 直接占有人又称为占有媒介人,直接占有必须与间接占有同时存在,两者处于占有媒介关系的两端,而自物占有与占有媒介关系无干。

他物占有是现实占有,他物占有人丧失了占有,才可发生占有媒介关系的连锁。离开了他物占有,占有媒介关系得不到本质说明,占有媒介关系的连锁更是无从谈起。

---

① 〔德〕鲍尔、施蒂尔纳:《德国物权法》(上册),张双根译,法律出版社2004年版,第111页。
② 参见史尚宽:《物权法论》,中国政法大学出版社2000年版,第536页。
③ 〔德〕曼弗雷德·沃尔夫:《物权法》,吴越、李大雪译,法律出版社2002年版,第76页。
④ 参见隋彭生:《占有媒介关系的类型化设计》,载隋彭生:《民法新角度》,北京大学出版社2012年版,第236—253页。

上级间接占有人──间接占有人──直接占有人

上图中的上级占有人是自物权人,间接占有人是原他物占有人,直接占有人是他物占有人。

自物占有与他物占有,具有共通的效力,也有各自不同的效力。两者都可以分为原始取得和继受取得。在丧失方面,两者也具有共同的原因。占有的丧失与本权的丧失不同,例如,自物占有人为动产抛弃,丧失了占有和本权,而他物占有人抛弃某一动产,仅丧失占有,自物权人的本权并不丧失。

自物权人(所有权人)丧失占有后,所有权成为脱离占有的本权。

3. 自物占有、他物占有的主体

在区分自物占有与他物占有的理论架构之下,关于占有的主体,有以下几个方面需要加以阐述。

(1)自物占有与他物占有反映了占有主体和占有物之间的联系。

自物占有与他物占有的分类旨在区分是所有权人的占有还是非所有权人的占有。自物占有是所有权人的占有。所有权包括单独所有权和共有所有权。共有人对共有物的占有,当然也是自物占有。他物占有是非所有权人的占有。他物占有不等于他物权人占有,他物权人占有只是他物占有的一种情况。他物权人占有也表现了占有主体与占有物之间的关系。①

在区分主人占有与辅助占有的场合,主人是占有人,辅助占有人不是占有人,因而辅助占有不是他物占有。主人占有,可以是自物占有,也可以是他物占有,例如,雇主的物,由雇员辅助占有,雇主是自物占有。笔者主张,在辅助占有人脱离占有主人的管控时,转化为直接占有,即转化为他物占有。

(2)占有是一种状态,也是一种行为,占有不是法律行为,而是一种事实行为,因而不要求占有人具有行为能力。② 无行为能力人和限制行为能力人既可以是自物占有的主体,也可以是他物占有的主体。

4. 自物占有、他物占有和本权的关系

本权是占有依据的权利,或者说,本权是享有占有的权利。占有是一种事实,本权是一种观念。有权占有是有本权的占有,无权占有,是无本权的占有。从自物占有、他物占有和本权的关系上看,自物占有是有权占有,他物占有则要区分为有权占有和无权占有。对此,说明如下。

---

① 他物权分为占有他物权和非占有他物权,比如,建设用地使用权、农村土地承包经营权、宅基地使用权、质权是占有他物权,抵押权是非占有他物权。

② 严格意义上的行为能力是实施法律行为的能力,但是我们往往在广义上使用行为能力这一术语,比如,《中华人民共和国侵权责任法》就在广义上使用了行为能力这个术语。

（1）自物占有是所有权人的占有，都是有权占有，也意味着本权与占有的合一。自物占有丧失后，所有权并不丧失，所有权人成立返还原物的请求权（占有回复请求权），所有权是绝对权，返还原物的请求权是相对权。

很多学者把动产善意取得当做善意占有的效力。① 这实际上忽视了动产善意取得人自物占有的地位。其实，动产善意取得与善意占有是风马牛不相及的。动产善意取得人是在取得动产占有的同时取得本权。换言之，善意取得人是自物占有、有权占有，而善意占有是他物占有、无权占有。

对动产先占来说，一是要取得占有，二是要有"取得所有的意思"。动产先占是占有的效力，本权的发生，与占有的取得，在时间上是一致的，故为自物占有。

（2）他物占有区分为他物有权占有与他物无权占有。有权占有就是有本权占有。他物占有之本权是由于意定或法定给付而产生的，因而其本权是债权，不是物权，包括意定债权和法定债权。承租人、保管人、动产质权人、建设用地使用权人等占有人的本权，为意定本权；动产留置权人、对拾得物无因管理人等占有人的本权，为法定本权。② 他物占有人的本权，最多的是用益债权。

自物占有，本权是物权（所有权）③，故不能发生本权的竞合。他物占有，本权都是债权，因此可以发生本权竞合。比如，用益质权人就有两个本权，一个是根据质押合同产生的本权，另一个是根据租赁或使用借贷产生的本权。

针对他物占有中的无权占有，可以进一步分为善意占有与恶意占有、有瑕疵占有与无瑕疵占有、有过失占有与无过失占有等。

他物无权占有，有的开始占有之时就无本权，比如通过抢劫、抢夺、盗窃取得的占有，或者因意外事件取得占有等；有的开始占有之时有本权，后来转化为无权占有，比如承租人到期不归还占有等。

5. 自物占有和他物占有的效力

（1）自物占有和他物占有均具有绝对权的效力

自物占有和他物占有的不得侵犯性，是占有的绝对权效力。占有保护的消极方面，不因自物占有和他物占有而有任何差别。

---

① 参见曹杰：《中国民法物权论》，中国方正出版社 2004 年版，第 231 页；史尚宽：《物权法论》，中国政法大学出版社 2000 年版，第 540 页；〔日〕我妻荣：《新订物权法》，有泉亨补订，罗丽译，中国法制出版社 2008 年版，第 485 页；〔日〕田山辉明：《物权法》，陆庆胜译，齐乃宽、李康民审校，法律出版社 2001 年版，第 121 页。

② 参见隋彭生：《对拾得物无因管理的占有是有权占有》，载《华东政法大学学报》2010 年第 1 期。

③ 物权作为本权只有所有权一种。参见隋彭生：《论占有之本权》，载《法商研究》2011 年第 2 期。

自物占有人与他物占有人都处于绝对法律关系之中,任何人都负有不行为(不侵犯)的义务。自物占有人享有占有防御权,他物占有人不论是否拥有本权,都享有同样的占有防御权①,都可以针对私力侵犯进行正当防卫。而且,他物占有人也可以对自物权人进行正当防卫。

法律对无权占有也作与有权占有的同等保护,是为了维护物的秩序,为了维护社会的平和。②

(2)自物占有和他物占有均适用占有权利推定规则

占有具有权利推定效力,权利推定是推定占有者享有本权。对占有权利之推定,在有证据时可以推翻。

推定本权,除了依据占有的事实以外,还要看占有人的主张如何。也就是说,占有权利的推定,仅凭占有并不能区别本权为何种性质的本权,还需要当事人的陈述甚至暗示。当事人主张自物占有,即可推定其是所有权人;占有者主张自己是承租人、使用借贷的借用人,则可推定其本权是用益债权。

学者们经常说占有是所有权的外衣,实际不完全如此。不动产是登记物权,不动产的占有,一般不能表彰所有权,而只是表彰债权。以事实行为取得不动产占有的,可以推定占有人享有所有权。如某人盖了一所房子,在取得初始登记(首次登记)之前,自然是以占有作为享有所有权之证据的。动产是占有物权,但占有也不一定是表彰所有权,它表彰的本权,还可以是债权。

参照《德国民法典》的规定,占有权利推定适用于间接占有人。③ 可以这样说,自物占有转化为间接占有时,仍适用占有权利推定规则。那么,间接占有人与直接占有人都要求适用占有权利推定规则时,矛盾应当如何解决呢? 此时,间接占有人应当证明自己间接占有的地位,比如,他可以证明自己曾经向直接占有人交付了占有,即证明自己是原先的占有人,再对原先的占有进行权利推定。

(3)脱离占有时,(原)占有人享有占有回复请求权

①自物占有和他物占有丧失的效力。自物占有是所有权的一项权能。自物占有人在丧失占有后,仍保留本权的效力,依据物权性本权请求回复占有,不受期间的限制。因为所有权是永久权,在所有权基础上产生的物权请求权也是永久权。

---

① 我国台湾地区"民法"第960条第1项规定:"占有人对于侵夺或妨害其占有之行为,得以己力防御之。"此是对占有防御权的规定。除对于侵夺,对妨害占有的行为,也可以行使占有防御权。

② 参见王泽鉴:《民法物权》,北京大学出版社2010年版,第534页。

③ 《德国民法典》第1006条(有利于占有人的所有权推定)规定:"(1)为动产占有的利益,推定其为物的所有人。但此规定不适用于对占有物系被盗窃、遗失或以其他方式丢失的前占有人,但占有物为金钱或无记名证券者,不在此限。(2)为了前占有人的利益,应推定前占有人在其占有期间为物的所有人。(3)在间接占有的情形,上述推定适用于间接占有人。"

他物有权占有人在丧失占有后,仍可保有债权性本权的效力,在该本权存续期间,可请求回复占有。

自物占有人和他物占有人因被侵夺而丧失占有时,无须证明本权,即可请求回复占有,这是占有的效力。提起侵夺占有回复之诉的,受期间限制。

②本权之诉与占有之诉的对抗。针对他物无权占有,自物权人以私力夺回占有,他物无权占有人对自物权人提起占有之诉,自物权人则会以本权之诉对抗。笔者的观点是自物权人私力侵夺,不必向无权他物占有人回复占有。

王泽鉴教授的一个关于占有之诉与本权之诉的例子值得探讨:甲有某屋出租予乙,租约届满,乙拒不返还,甲于乙外出期间,住进该房,搬出乙的家具。在此情形,甲系侵夺乙对该屋的占有,乙得对甲提起返还占有物之诉(占有之诉),甲系房屋所有人,得对乙提起返还所有物之诉(本权之诉)。关于其对立关系,分两点言之:A. 乙提起占有之诉时,甲不得以其对占有物享有本权(所有权)而为抗辩。法院应仅审查原告有无占有的事实及其占有是否被侵害,被告有无本权,在所不问。B. 甲针对乙的占有之诉,得提出返还所有物的反诉。其结果将造成有本权之人,得以私力实现其权利于先,以反诉维护其权利后,与禁止私力的原则,未尽符合。①

史尚宽教授认为,对于占有上的请求权,不得以本权上理由为异议,惟得提起反诉或另行起诉,因为对以禁止的私力破坏和平的,首先应当回复原状。②

笔者认为,占有回复请求权是脱离占有的本权之效力,而不应是社会秩序被侵犯的效力。或者说,占有回复请求权是对裸体本权的民法救济,而不是社会秩序被侵犯时的救济措施。笔者主张,除非他物占有人享有债权性本权,不能对自物权人享有占有回复请求权。发生私力夺回占有时,自物权人侵犯的是社会秩序,不是本权,而本权是占有之依据,对破坏社会秩序的自物权人,根本没有必要再让其向无权他占有人返还占有,可以采取行政处罚甚至刑事处罚的方式处理。需要强调的是,所有权人的私力侵夺是非法的,但其占有仍是有本权的。

(4)收取、取得天然孳息的效力

天然孳息是原物派生的独立之物。"收取"天然孳息,一般是指收取天然孳息的占有;"取得"天然孳息是指取得天然孳息的所有权。

自物占有人自可原始"收取"及"取得"对天然孳息的占有和所有。取得对天然孳息的所有权,是所有权的积极权能之一(收益的权能)。

他物占有人对占有物分离的天然孳息是原始取得占有,其能否取得对天然

---

① 参见王泽鉴:《民法物权》,北京大学出版社2010年版,第551页。
② 参见史尚宽:《物权法论》,中国政法大学出版社2000年版,第597页。

孳息的所有权,要看与自物权人的约定。比如,对租赁物产生的天然孳息,使用租赁人可以原始取得占有,但是不能取得所有;用益租赁人则不但可以原始取得占有,而且可以原始取得所有。

自物权人在脱离对原物的占有后,仍可以原始取得天然孳息的所有权,但对该天然孳息的占有,须通过他物占有人的交付而取得,即只能是继受取得。

综上,无论是自物占有还是他物占有,占有者原始取得对天然孳息的占有,自物占有人还同时取得所有权,他物占有人是否取得所有权要看具体情况。

(5)在交易中对占有往往优先保护

法律对占有的保护,是保护外形的事实,是保护既存的事实。这里,不仅有维护社会秩序的深刻考虑,也有对交易安全、交易效率的深刻考虑。比如,法律对动产善意取得的规定,就是对占有的保护,从而体现出对交易安全、交易效率的保护。不独动产善意取得,在不涉及动产善意取得的买卖中,在租赁中,对占有也设有优先保护的规则。①

6. 自物占有、他物占有的原始取得与继受取得

自物占有与他物占有的相互转化,有交付、侵夺占有等原因。自物占有与他物占有都可以区分为原始取得和继受取得。

自物占有的原始取得,如先占、生产、加工、附合等;他物占有的原始取得,如对占有物的天然孳息的取得。因意外事件,也可构成他物占有的原始取得。比如,因为突发洪水,使甲家的娃娃鱼进入乙家养鲤鱼的池塘。

---

① 例如,最高人民法院《关于审理买卖合同纠纷案件适用法律问题的解释》第9条规定:"出卖人就同一普通动产订立多重买卖合同,在买卖合同均有效的情况下,买受人均要求实际履行合同的,应当按照以下情形分别处理:(一)先行受领交付的买受人请求确认所有权已经转移的,人民法院应予支持;(二)均未受领交付,先行支付价款的买受人请求出卖人履行交付标的物等合同义务的,人民法院应予支持;(三)均未受领交付,也未支付价款,依法成立在先合同的买受人请求出卖人履行交付标的物等合同义务的,人民法院应予支持。"第10条规定:"出卖人就同一船舶、航空器、机动车等特殊动产订立多重买卖合同,在买卖合同均有效的情况下,买受人均要求实际履行合同的,应当按照以下情形分别处理:(一)先行受领交付的买受人请求出卖人履行办理所有权转移登记手续等合同义务的,人民法院应予支持;(二)均未受领交付,先行办理所有权转移登记手续的买受人请求出卖人履行交付标的物等合同义务的,人民法院应予支持;(三)均未受领交付,也未办理所有权转移登记手续,依法成立在先合同的买受人请求出卖人履行交付标的物和办理所有权转移登记手续等合同义务的,人民法院应予支持;(四)出卖人将标的物交付给买受人之一,又为其他买受人办理所有权转移登记,已受领交付的买受人请求将标的物所有权登记在自己名下的,人民法院应予支持。"最高人民法院《关于审理城镇房屋租赁合同纠纷案件具体应用法律若干问题的解释》第6条规定:"出租人就同一房屋订立数份租赁合同,在合同均有效的情况下,承租人均主张履行合同的,人民法院按照下列顺序确定履行合同的承租人:(一)已经合法占有租赁房屋的;(二)已经办理登记备案手续的;(三)合同成立在先的。不能取得租赁房屋的承租人请求解除合同、赔偿损失的,依照合同法的有关规定处理。"《合同法》第234条规定:"承租人在房屋租赁期间死亡的,与其生前共同居住的人可以按照原租赁合同租赁该房屋。"

自物占有也可以是继受取得,比如,原始取得占有的他物占有人向自物权人交付占有(占有回复)。他物占有的继受取得,一般情况下是由于自物占有人的交付而取得。

占有的取得与直接占有的取得应当加以区别。占有的取得,包括自物占有的取得,也包括他物占有的取得;而直接占有的取得,仅仅是他物占有的取得。由于直接占有与间接占有是"一荣俱荣,一损俱损"的关系,甲方在直接占有取得的同时,相对人乙方也就同时取得了间接占有。当然,间接占有不是占有,只是一项观念上的权利。侵夺占有也产生直接占有。笔者认为,侵夺占有人与被侵夺者(一般是自物占有人)形成法定占有媒介关系。①

自占有从所有权的一项权能独立出来之后,即产生了他物占有。他物占有,往往是用益的需要,是充分发挥物的价值的需要。他物占有早已是不可回避的法律现象,但传统民法理论一直没有直面它的存在,对它似乎视而不见。

自物占有是自物权人对己物的占有,都是有权占有,在交互侵夺的情况下也是如此。他物占有是对他人所有物的占有,又可进一步分为有权占有与无权占有。有本权的他物占有,其本权可以竞合,因为,有权他物占有的本权都是债权。无权他物占有,又分为善意占有和恶意占有,等等。因此,自物占有与他物占有的分类还是其他占有分类的一个基础。

自物占有和他物占有作为现实占有具有共通的效力,也具有各自的特殊效力。自物占有与他物占有可以相互转化,转化的原因有交付、侵夺占有等。

他物占有是现实占有中的直接占有。直接占有并不等同于占有,它只是占有的一种。自物占有不存在于占有媒介关系之中;他物占有都处于占有媒介关系之中——或处于意定占有媒介关系之中,或处于法定占有媒介关系之中。他物占有还意味着自物权人的所有权是脱离占有的本权。

(四)传统民法对占有的分类

1. 直接占有与间接占有

基于质押、承租、借用、保管、承揽、运输、委托、拾得或者类似法律关系,对他人之物进行占有者;基于身份关系对他人之物占有者;基于无因管理行为对他人之物占有者;基于侵占行为对他人之物侵占者;占有者为直接占有人,该他人为间接占有人。比如,张某将一只手提包交给李某保管,李某是直接占有人,张某是间接占有人;再如,甲盗窃了乙的财物,甲是间接占有

---

① 参见隋彭生:《占有媒介关系的类型化设计》,载隋彭生:《民法新角度——"用益债权原论"阶段性成果》,北京大学出版社2012年版,第236—253页。

人,乙是直接占有人。

直接占有,是他人对标的物的直接管控,即对标的物有事实上的管领力。直接占有都是他物占有,没有例外。直接占有不同于占有,占有包括自物占有和他物占有(直接占有)。

间接占有,是指当事人不直接占有标的物,但基于占有媒介法律关系对直接占有其物的当事人有返还请求权,因而对物有间接控制和支配力。尽管学界经常把占有区分为直接占有和间接占有,但严格来说,这种区分是不严谨、不恰当的。直接占有是一种客观事实,而间接占有是一种观念(详见第4条"直接占有、间接占有与占有媒介法律关系"之"理论阐释")。

2. 有权占有与无权占有

以本权的有无为标准,占有分为有权占有和无权占有。

有权占有,是指基于一定法律上的原因而享有占有的权利。有权占有,也称为本权占有、有权源占有。从性质来看,本权有自物权和债权两种,不包括人身权。本权可以是意定本权,也可以是法定本权。

无权占有,是无法律依据的占有,即无本权的占有,也称为无权源占有。比如对赃物的占有、对租赁物的超期占有、误以为先占的占有等。

无权占有人有回复占有(返还占有)的义务。无权占有不能成立占有抗辩权和留置权。

有学者认为,物权法上的占有制度包含有权占有属于逻辑混乱。没有本权的占有才是事实状态,应由物权法上的占有制度调整。也就是说,物权法上的占有制度仅调整无权占有。[①] 笔者不同意这种观点,占有制度不可能不规定有权占有。

(1) 无论有无本权,占有都是事实状态,不能说无本权的占有是事实状态,有本权的占有不是事实状态。本权实际上只是一种观念。

(2) 对占有的调整和规范,无非在三个部分设计:第一个在所有权部分;第二个在债权部分;第三个在占有部分。对自物占有来说,占有是所有权的一个权能,但这种权能所反映的法律关系十分狭窄,比如它不能成立占有回复请求权。在债权部分调整、规范占有,不是不可以,但很多人理解不了,更何况以所有权为本权并与债权交叉时,非专业研究人员很难理解和接受。在占有部分,调整和规范有权占有和无权占有则无上述障碍。

(3) 规定有权占有,才能将本权与占有有机地结合在一起。法律规制占有,并非仅仅为保护占有的现存状况(静态的保护),还要调整和规制本权的流转,

---

[①] 参见崔文星:《物权法专论》,法律出版社2011年版,第402、403页。

具体地说,还要解决占有的移转与本权的移转之间的关系。

(4)不规定有权占有,相关的规则如间接占有、观念交付、费用请求权、履行抗辩权等,就成了无根之木。

综上,不规定有权占有的占有制度,必定是残缺的、内部不能自洽的制度。

3. 善意占有与恶意占有

依无权占有人是否知道自己有无本权,分为善意占有与恶意占有。这是无权占有的再分类。对于有权占有而言,不能也没有必要区分善意和恶意。

善意占有是无权占有,但是占有人不知道无占有的权利,换一个角度说,占有人误信自己有占有的权利(本权)。如误把拾得物当做无主物进行占有。知道自己没有本权而占有物的,或因重大过失不知道自己为无权占有的,为恶意占有,典型者,如侵夺占有。

善意占有人和恶意占有人都可为自主占有人,亦都可为他主占有人。

有学者认为:"无权占有的善恶意区分的标准应当与善意取得中善恶意区分的标准保持一致。"①二者在善意的构成(内容)上,均是不知且无重大过失,但实际分属不同的制度。善意取得之善意,是受让人对动产让与人占有之善意;无权占有中善意占有与恶意占有,是占有人对自己占有的善意或恶意。

4. 单独占有与共同占有

占有分为单独占有和共同占有,这是按占有人数作出的分类。

"人数仅为一人之占有,谓之单独占有(或分别占有)。反之,数人共同占有一物者,谓之共同占有。"②单独占有是一个占有,共同占有也是一个占有,类似于单独所有权是一个所有权,共有所有权也是一个所有权,占有人的内部关系则是另外的问题。

单独占有与共同占有都可以是自物占有,也都可以是他物占有。例如,业主对建筑物共有部分的占有,是自物占有。再如,我国《合同法》第234条规定:"承租人在房屋租赁期间死亡的,与其生前共同居住的人可以按照原租赁合同租赁该房屋。"条文中所说的共同居住人,就是共同占有人,是他物占有人。

共同占有还可以是自物权人与债权人的共同占有。比如,甲的物,甲与乙共同保管,就是一种共同占有,甲的本权是所有权,乙的本权是债权。

对一物存在间接占有和直接占有时,不是共同占有,因为,间接占有是观念占有。

---

① 宁红丽:《物权法占有编》,中国人民大学出版社2007年版,第85页。
② 谢在全:《民法物权论》(下册),中国政法大学出版社2011年版,第1156页。

5. 自主占有与他主占有

以占有人是否具有"所有的意思"为标准,占有可以分为自主占有和他主占有。

自主占有,是指占有人"把物当做自己的所有物"进行占有。例如,误信一只羊为自己的物而为占有、将盗墓所得的一件玉器当做自己的物而占有、把拾得的一枚纪念币据为己有而占有。

他主占有,是非以所有的意思而占有。比如,承租人对租赁物的占有、保管人对保管物的占有、借用人对借用物的占有、留置权人对留置物的占有、质权人对质物的占有等。

先占是取得所有权的一种途径,先占人是自主占有。

自主占有与他主占有区别的意义在于"取得时效"的适用和"先占"的适用等。①"取得时效",是指对物以所有的意思占有经过一定期间以后,标的物归占有人的制度。我国法律对此并无规定。②先占是取得动产所有权的一种途径,先占人是自主占有。

自主占有和他主占有是一种心态,而善意占有和恶意占有也是一种心态,但善意占有和恶意占有更侧重从注意义务的角度进行考察。

自主占有、他主占有的分类与自物占有、他物占有的分类不同,前一分类是依据主观状态(心素)的分类;后一分类是以占有客体归属的分类。例如,留置权人对留置物是他物占有、他主占有,小偷对盗赃物是他物占有、自主占有。

6. 无过失占有与有过失占有

对无权占有中的善意占有再分类,可以分为无过失占有与有过失占有。无过失占有,是指占有人对无权占有属于不知情且无过失。

有过失占有,是指对无权占有属于不知情但有过失。有过失占有还可以再区分为一般过失(轻过失)的占有和重大过失的占有。

(五)占有的客体

占有的客体与物权的客体并不一致,占有的客体是物,我国《物权法》规定的物权客体,除了物以外,还包括权利(权利的权利)。①

在区分自物占有与他物占有的理论架构之下,关于占有的客体,以下几个方

---

① 我国《物权法》第2条规定:"因物的归属和利用而产生的民事关系,适用本法。本法所称物,包括不动产和动产。法律规定权利作为物权客体的,依照其规定。本法所称物权,是指权利人依法对特定的物享有直接支配和排他的权利,包括所有权、用益物权和担保物权。"依上述规定,权利也可以作为物权的客体,这是物权客体观念化的表现。而占有的客体,不能是权利,对财产权利的"占有"称为准占有。

面需要加以阐述。

1. 占有的客体是特定的物

自物占有与他物占有,它们的客体都是特定的物。特定的物是有体之物、现实之物、独立之物。

(1)特定的物包括特定物和种类物

有特定物物权,也有种类物物权,同样,对特定物可以占有,对种类物也可以占有。很多工业品、农产品是种类物,生产者是原始取得所有和占有的。自物占有人将种类物交付给他人占有,该他人(他物占有人)对该物的占有仍然是对种类物的,也就是说,种类物并不因为交付而变成特定物。种类物的所有和占有照样可以继受取得。比如,当事人就种类物签订保管合同,交付后由保管人占有保管物(种类物),保管人对该种类物的占有,是继受取得。

(2)特定的物包括不动产和动产①

自物占有与他物占有的客体自然都包括动产和不动产。自然人对不动产的占有可以是自物占有(如对自己房屋的占有),也可以是他物占有(如对承租房屋的占有)。因我国实行土地公有制,自然人对土地的占有,只能是他物占有。

(3)动产分为消费物和非消费物

对消费物和非消费物,既可以自物占有,也可以他物占有。不过,在借贷中,两种物的交付有不同的后果。在消费借贷,交付占有后所有权移转,借用人对消费物的占有和所有都是继受取得,借用人是自物占有。贷与人对借用人请求替代返还的请求权是债权请求权,受二年诉讼时效的限制。在使用借贷,交付占有后所有权并不移转,借用人对物的占有是继受取得,借用人是他物占有。贷与人(出借人)对借用人请求返还的物权请求权,不受诉讼时效的限制。消费借贷,在交付后贷与人(出借人)丧失了法律支配力和事实支配力;使用借贷,在交付后贷与人(出借人)只是丧失事实支配力,没有丧失法律支配力。

货币是一种特殊的动产,也是消费物。原则上,"货币的占有与所有同一",故对货币的占有一般属于自物占有。将货币特定物化(如"封金")后,可以他物占有,比如质权人对作为质物的"封金"的占有。对货币不能善意取得的,受让人也是他物占有(参见第10条"占有脱离物善意取得的特别规定")。

2. 占有的客体是一个物

(1)一个物,一个占有

①一个物,一个占有,说明占有具有排他性。占有具有排他性,每一个物的

---

① 不动产因为有不可取代的空间位置,都是特定物;而动产区分为种类物和特定物两种。

占有也有独立性,因而一个物只能有一个占有。"不得承认一物之上存在两个独立的占有。"①

以占有主、从物为例可以说明问题。占有主、从物时,如果只有一个从物,那么对主物是一个占有,对从物是一个占有。如果从物是两个,对从物就是两个占有,有多少算多少。

保险柜与保险柜里的东西不是主物与从物的关系,也是一物一占有。例如,保险柜里有两条金项链,三个物,应是三个占有。交付是移转占有的行为,某甲将保险柜及里面的两条金项链出卖给某乙,交付便是三个交付。三个交付可以分别进行、先后进行。

单独占有和共同占有都是对一个物的占有,或者说是一个占有。

当同一物上存在间接占有和直接占有时,只有一个占有(这里所说的占有都是现实占有),间接占有不是占有,是一种观念,是脱离占有的本权。

②占有的排他性与物权的排他性。占有具有排他性,物权也有排他性。如张甲有一个书架(自物权),排他性表现在两个方面:第一,一物一权,他人对此书架不可能同时享有所有权(该书架不可能有两个以上的所有权);第二,一物一占有,他人对此书架不可能同时占有(该书架不可能有两个以上的占有)。

当所有权人脱离占有时(比如所有权人将物交付给保管人占有),则脱离占有的本权仍有排他性,保管人的占有也有排他性,这两种排他性不发生矛盾。

(2)对集合物的占有

在交易的时候,要对集合物进行整体价值衡量,但对集合物的占有,不是一个占有,是对集合物每一个物的实际控制,是对每一个物的占有。有学者指出,集合物不得为一物而为占有之客体,占有存在于集合物各个物之上,因为集合物并非是一个有体物。② 例如,图书馆系由建筑物、图书、计算机及其他设备所组成,其占有应就各个物为之。③ 如张甲把私人博物馆作为集合物出卖给李乙并为交付,博物馆有200件文物,不考虑其他的物,仅文物就应认为张甲有200个占有,其对文物的交付,移转了200个占有。

(3)关于"部分占有"和"对物的成分的占有"

①一般认为对物可以成立"部分占有"。"部分占有"与一物一占有是矛盾的,"部分占有"是客观存在的一种表象,实际上不是占有。笔者认为,对"部分占有"宜采用技术手段解决,即"视为"其是占有,以加强对"部分占有人"的保护

---

① 〔日〕我妻荣:《新订物权法》,有泉亨补订,罗丽译,中国法制出版社2008年版,第483页。
② 参见史尚宽:《物权法论》,中国政法大学出版社2000年版,第542页。
③ 参见王泽鉴:《民法物权》,北京大学出版社2010年版,第420页。

(参见第 2 条"共同占有与部分占有")。

比如,"分割占有"可以视为"部分占有"。出租人甲有三层小楼,是一个房产登记。甲将一、二、三层分别租给乙、丙、丁。从占有的角度看,虽然是一个登记(一个所有权),但却应"视为"乙、丙、丁的三个占有。对同一物的使用权分割并由不同的主体控制,"视为"对占有的分割。

再如,在某广场上,有一个白酒的立体模型(立体广告)。此模型作为独立物,由广告主或广告发布承揽人占有。问题是他人侵占占有,如何进行占有保护?主要有两种情况:其一,若有人搬走立体模型,这是侵夺对立体模型的占有,广告主或广告发布承揽人可以阻止或夺回(行使私力救济权);其二,若有人打碎立体模型,将自己的立体广告矗立在原地,则"视为"对"地"(广告用地)的占有,广告主或广告发布承揽人亦受占有保护,亦可采取私力救济措施。

②对物的成分是不能占有的。例如,用别人一幢楼的一面墙做平面广告(写一条标语做广告),广告主或广告发布承揽人是否占有?学者基本上都认为是"部分占有"。笔者认为,一面墙是物的成分,不是独立物,即对一面墙不能成立一个占有,且写一条标语,该标语也不是独立物,而是物的成分,对该标语也不能成立占有。能不能采用"视为占有"的技术手段,给广告主或广告发布承揽人以占有保护呢?笔者认为,此时给予占有保护意义不大,按一般侵权规则予以保护即可。

③前述对平面广告(成为物的成分)与立体广告(独立之物)采取不同的态度,有一个重要原因,即立体广告符合一个人以一个物表示对他物(他人之物、无主物)占有的习惯(以己物加之于他物,是标志性占有)。比如,在深山发现一块巨大玉石(原石),无法即时运出,便用树枝围起来,当地山民便认为该玉石已经有人占有了。成为物的成分的平面广告则无这种效果。

3. 占有的特殊客体

有特定归属的物以及禁止、限制流通物和违章建筑可以称为"特殊的物"。可以说,它们是占有的特殊客体。

(1)有特定归属的物

国家专有的财产,他人不能所有,但可以他物占有。比如,国家在农村的土地由他人承包,承包人是他物占有人;再如,我国私人房屋是私人所有,对房屋坐落的土地是他物占有。

国家举办的事业单位(国家核拨经费的事业单位),对其直接支配的动产和不动产,为他物占有,不是自物占有。比如,国家投资建设的公立大学,对校内教学楼、科研楼和教室中的桌椅板凳等并不享有所有权,只是他物占有。①

(2)禁止流通物、限制流通物

有学者指出:"对法律禁止私人持有之物,如枪支弹药和毒品等,不得成为占有的客体,而限制流通物则只能在特定条件下成为占有之客体。"②实际上,对所有和占有的法律要求并不相同。禁止私人持有之物不能成为私人所有权的客体,但仍可成为私人他物占有的客体。禁止流通物与限制流通物成为他物占有的客体,在法律上没有任何障碍。非法持有枪支、弹药和毒品等物,有他物占有,但没有本权,这是对枪支等物没收的法律基础。

对假币仍可成立占有。如张某兜里有一张真币、一张假币,根据一物一占有的规则,张某有两个占有。对真币是自物占有,由于对假币不能产生所有权,张某对假币只能是他物占有。假币不是无主物,它归属于国家。

对私人不能所有的物,承认其占有是有价值的,比如假币占有人对抢劫者可以正当防卫。

(3)违章建筑

对违章建筑物仍可发生占有,并受占有保护。我国《物权法》第30条规定:"因合法建造、拆除房屋等事实行为设立或者消灭物权的,自事实行为成就时发生效力。"该条只承认合法建造房屋的效力,实际上是不承认违章建筑建造人所有权的。笔者认为,对违章建筑的占有,建造人的占有应为自物占有。违章建筑物,既不属于国家所有,也不属于无主物,建造人应当享有所有权。③ 违章建筑归属于建造人,在民事法律上是可以成立的,只不过违章建筑的存续状态并不合法(应当予以拆除)而已。

二、本权

(一)本权的界定

1. 本权的内涵

"本权乃对于占有而言。"④占有与本权并不是对物权的一种分类。因为占

---

① 我国《物权法》第54条规定:"国家举办的事业单位对其直接支配的不动产和动产,享有占有、使用以及依照法律和国务院的有关规定收益、处分的权利。"

② 江平主编:《物权法》,法律出版社2009年版,第421页。

③ 我国台湾地区学者观点可以参考,通说认为违章建筑物已符合定着物之要件,系独立于土地外之不动产,由原始建筑物人取得所有权。参见谢在全:《民法物权论》(上册),中国政法大学出版社2011年版,第17页。

④ 曹杰:《中国民法物权论》,中国方正出版社2004年版,第12页。

有是对物管领的一种状态，本身并不是物权。借用黑格尔的一句话，"我把某物置于我自己外部力量的支配之下，这样就构成占有"。① 占有的成立不以本权的存在为必要条件。占有之本权可以是物权（物权性本权），也可以是债权（债权性本权）。认为占有为事实的理念，须有本权制度的支撑，否则就不能解释占有的独立意义，也不能解释有权占有与无权占有的现象。有了本权才能把占有单独地剥离为事实状态。

　　占有与本权是两种法律现象。本权占有不仅是既存状态，而且是应然状态；无本权占有只是既存状态，不是应然状态。占有是事实判断，本权是价值判断；占有是事实状态，本权是观念状态；占有是客观事实，本权是主观事实；占有有事实支配力，本权有法律支配力。占有与本权之间可以互为因果关系，占有可以是取得本权的原因，本权也可以是取得占有的原因。本权与占有可以分离，即本权可以脱离占有。本权脱离占有一般是因交易而发生，但也可因侵夺占有等原因发生。有占有而无本权，自无本权在发挥作用；有本权而无占有，本权有回复占有的作用。也就是说，本权有独立于占有的效力。

　　学者对本权的界定有"根据说""权源说"和"实体权说"。其一，"根据说"：与占有在概念上应该严格区别的是"得为占有的权利"。此种占有的权利称为本权。本权得为物权（如所有权、地上权或质权），亦得为债权（如租赁权等）。② 其二，"权源说"：本权是占有的权源。③ 具有法律上之原因之占有为有权占有（又称为有权源占有、正权源占有），该法律上之原因或者根据，学说上称为权源（或本权）。④ 其三，"实体权说"："实体权与占有互为表里，一为权利之实质，一为其外形。"⑤

　　上述三种学说并没有实质的差异，但角度却有所不同。"根据说"直接表明本权是占有的根据，有无此根据，是区别有权占有与无权占有的标准。"权源说"更能启示我们对本权来龙去脉的思考，为本权的分类提供基础。"实体说"表明本权是隐藏在占有之后的实体权，清晰表明了本权的性质。本权虽然有性质的不同，但占有在外观上并无不同。"实体说"也表明占有与本权是两种法律现象。只有承认本权是实体权，才能把占有认定为一种事实。如果认定占有是一项权利，就会与本权发生冲突，本权就会成为权利之权利。

---

① 〔德〕黑格尔：《法哲学原理》，范扬、张企泰译，商务印书馆1961年版，第54页。
② 参见王泽鉴：《民法物权》，北京大学出版社2010年版，第425页。
③ 参见刘智慧：《占有制度原理》，中国人民大学出版社2007年版，第138页。
④ 参见谢在全：《民法物权论》（下册），中国政法大学出版社2011年版，第1149页。
⑤ 曹杰：《中国民法物权论》，中国方正出版社2004年版，第229页。

《日本民法典》使用了"占有权"的概念，但它与本权是不同的概念。① 占有权，或因占有发生效果之权利，与应为占有之权利（本权）不可混同。占有权虽无本权，亦得存在，如盗贼之占有。②"占有为人与物间之社会之事实现象，占有权为法律所与占有人之法律上之力。故占有权与本权，大异其趣。在本权，权利人有得支配其物之法律上权能，现在是否支配其物，不影响其权利之存在。反之，占有权以占有之事实为基础，系对于现为物之占有人，与以法律上之力。占有事实之存在与否，直接影响占有权之得丧，约言之占有权为占有之效力。"③（无本权的）占有权不能对抗本权，在本权与之对抗时，即可解除其占有。④ 以上论述，区分了占有权与本权。所谓占有权是占有作为事实的法效果，无本权占有人也享有占有权。

占有权在我国民法理论探讨中其意义并不"专一"。有学者提出："占有权是所有权以外的占有人基于占有的事实而产生的对于他人的财产享有的权利。这种权利产生于占有人对占有标的物支配的权利。"⑤笔者认为，仅基于占有的事实只能发生对抗权，即此时的所谓占有权只是对抗私力侵犯的权利，不能产生法律承认的支配权。无本权占有人也有占有权，如果占有权是支配权的话，就等于法律承认无权占有人也有权处分和用益占有物（法律支配力），法律也就陷入不可自解的矛盾之中了。⑥

有学者主张"二元结构物权理论"，提出："占有权是非所有人利用他人财产的物权，非所有人在占有他人财产的基础上以占有、使用、收益、处分或其他允许的方式直接支配物的权利。"⑦引文中的"占有权"，实际上是以占有为前提的对他人之物的利用权。对物的权利不一定是物权。对他人之物的利用权，不但包括他物权，还包括用益债权。他物利用是基于本权的效力，是财产流转的一种表现。

---

① 参见〔日〕我妻荣：《新订物权法》，有泉亨补订，罗丽译，中国法制出版社2008年版，第473、474页。
② 参见〔日〕三潴信三：《物权法提要》，孙芳译、韦浩点校，中国政法大学出版社2005年版，第155页。
③ 史尚宽：《物权法论》，中国政法大学出版社2000年版，第530页。
④ 参见钱明星：《物权法原理》，北京大学出版社1994年版，第384页。
⑤ 赵晓钧：《论占有效力》，法律出版社2010年版，第37页。
⑥ 萨维尼指出："占有既是一项权利又是一种事实，也就是说根据其本质是事实，就其产生的后果而言则等同于一项权利，这种双重关系（zweisache verhältniss, double relation）对于所有的细微部分而言都是非常重要的。"（〔德〕萨维尼：《论占有》，法律出版社2007年版，第22页）笔者在本文中反复强调的是本权的效力与占有作为事实的法效果是不同的，所谓"等同于一项权利"，在我国法上只能解释为对抗权（在我国尚未有时效取得的一般性制度），对抗权是绝对权。
⑦ 孟勤国：《物权二元结构论》，人民法院出版社2009年版，第199页。

理论阐释上当然可以借助占有权的术语,但我国立法不宜采占有权的概念,否则容易产生认识上的混淆。

虽然本权针对占有而言,但还不能说"无占有即无本权"或"丧失占有即丧失本权"。在生活中,本权脱离占有是经常现象。在脱离占有后,本权人还可为间接占有人,本权还有回复占有的效力。或者说,本权是回复占有的权源。法谚曰:"物在呼叫主人",虽然有表现力,但不准确。应是"本权在呼叫物!"(动产和不动产)占有与本权合一,是物权的一种圆满状态。

2. 本权的外延

本权作为实体权,是财产权。财产权有物权、债权、股权、份额权、智慧财产权等。本权只有两种:一是物权;二是债权,不包括其他财产权。本权也不应当包括人身权。① 对占有,可适用占有权利推定规则。② 推定的本权,依实际情况,可以是物权性本权,也可以是债权性本权。

(1)以物权为本权(物权性本权)

以物权作为本权,可称为物权性本权,它既包括对动产的占有本权,也包括对不动产的占有本权。只不过个别种类的动产和大部分种类的不动产要进行所有权登记,相对于占有来说,也是本权登记。

以物权作为占有的本权,是静态意义上的本权。这里所说的物权仅指自物权,自物权只有一个,即所有权。以物权作为占有的本权,是自物占有,占有物是所有物,占有人一般是自主占有。有时占有人也可以因误解等原因对所有物采取他主占有的态度。自主占有与他主占有都不影响本权的性质和存在。

本权未脱离占有时,不发生占有媒介关系。此时不会有法定孳息,因为法定孳息是将物交由他人用益的对价。天然孳息自然由本权人原始取得占有和"所有"。天然孳息的取得,既是本权的效力,也是占有的效力。当物交由他人占有时,他人可享有用益权(用益物权、用益债权③)或者担保物权。自物权人与他人

---

① 有学者认为,本权可以是身份权,如父母基于亲权可以占有未成年子女的财产(参见温世杨:《占有》,载王利明主编:《物权法名家讲坛》,中国人民大学出版社2008年版,第449页)。笔者认为,亲权、监护权、配偶权等身份权不宜作为本权,而应以身份权作为本权的基础法律关系。例如,监护人占有被监护人的财产,应以法定债权作为本权,而以身份权作为本权(法定债权)的基础法律关系。身份权作为请求权,是相对法律关系的效力,作为排他权,是绝对法律关系的效力。以身份权作为本权,在脱离占有后,当事人就会以身份权请求回复占有,从而使身份权的请求效力及于社会。而且,本权应当是可以流通的财产,以身份权作为本权就妨碍了财产的流通。

② 台湾地区"民法"第943条规定:"占有人于占有物上,行使之权利,推定其适法有此权利。"《物权法》未设此规范,应在制定"民法典"时予以补充。

③ 对用益债权的界定,参见隋彭生:《用益债权原论》,中国政法大学出版社2015年版,第5—8页。

形成占有媒介关系时,可由他人取得孳息。①

当所有人的本权与占有脱离后,发生占有媒介关系,所有人对占有人成立返还对所有物占有的物权请求权。回复占有的物权请求权,是占有回复请求权的一种,是物权作为本权发生的效力。

(2)以债权为本权(债权性本权)

自物权是静态财产权,他物权是动态财产权;自物权是归属的范畴,他物权是利用的范畴。当然,他物利用包括但不限于他物权。他物占有,包括他物权人的占有、用益债权人的占有、侵权人的占有等。他物占有分为有本权的占有和无本权的占有。王泽鉴教授指出:"债之关系的当事人得主张其占有,系以债之关系为本权,不构成无权占有。"②笔者认为,他物占有人享有本权的,其本权都是债权。

债权性本权,是财产流通的一种表现。有本权的他物占有,是基于自物权人的给付产生,他物占有人的本权只是请求权、对人权、相对权,具有期限性,符合债权的特征。一般认为,占有具有持续性,人与物有相当时间之结合。③ 债权性本权支持占有人的持续占有,是债的保持力的体现。当债务人的给付终止时,原债权人尽管仍处于他物占有状态,但丧失了本权。例如,质押合同终止,质权人(债权人)即便处于占有状态,也丧失了质权,没有了本权作为支撑,质权只能是明日黄花。他物占有形成相对法律关系,在相对法律关系中,债权性本权得对抗自物权。

他物权,不是因物权关系而产生,而是因债权关系产生。设立他物权的合同是负担行为或者说是债权行为。用益物权中的意定占有用益物权以及担保物权中意定占有担保物权(质权),本权都是债权。不能简单地认为,他物权人的本权就是他物权。以物权为本权的占有人不能包括他物权占有人。

应当特别说明的是质权。质权人对质物的占有,有学者认为,其本权是质权。④ 这只是从现象看问题。本权是占有权源,他物权人的占有是由债务人的给付行为产生,他物权人同时也是债权人。对质物的占有与其他基于他物权的占有,本权也是债权。质权的构成是占有加本权(债权)。

应当说,他物权也是物权,但它同时也是债的效力的一种表现。占有他物权

---

① 我国《物权法》第 116 条第 1 款规定:"天然孳息,由所有权人取得;既有所有权人又有用益物权人的,由用益物权人取得。当事人另有约定的,按照约定。"

② 王泽鉴:《基于债之关系占有权的相对性及物权化》,载王泽鉴:《民法学说与判例研究》(第 7 册),中国政法大学出版社 1998 年版,第 56 页。

③ 参见谢在全:《民法物权论》(下册),中国政法大学出版社 2011 年版,第 1139 页。

④ 参见刘智慧:《占有制度原理》,中国人民大学出版社 2007 年版,第 138 页。笔者也曾采这种观点,参见隋彭生:《论以占有改定设立动产质权》,载《法学杂志》2009 年第 12 期。

的构成有三个要素:第一,处于占有状态。只有合同,没有交付占有,是不能产生占有他物权的,如果丧失占有,除非对第三人有占有回复请求权,他物权消灭。第二,有债权性占有本权。他物权是对他人之物的利用权,或针对用益价值或针对交换价值。由于占有,对用益价值、交换价值有了支配性,但无可否认,这种支配性仍然是相对法律关系的产物,仍然是债务人给付的产物。他物权人因占有,其本权也获得了对世性。第三,属于物权种类法定的范围之内。这个要素将大部分他物占有驱赶出他物权的"篱笆"。例如,用益债权只具备前两个要素。占有的事实与本权(债权)的结合,被物权法纳入物权的法定种类之中者,便具有了物权的效力,此为他物权。

他物权以外的他物占有,本权也是债权。例如,承租权是一种用益债权,只是由于物权法定原则的藩篱,没有进入物权法定的种类之中,其本权的获得与他物权并无二致。

意定债权作为本权是常态,法定债权作为本权则是一种特殊现象。例如,留置权人占有之本权是法定债权。留置,是对已经合法占有的债务人的动产进行留置。在留置前,本权是意定债权,留置后由意定本权转化为法定债权。

(3)本权的竞合

本权的竞合,是指同一主体享有两个以上互不冲突的本权。严格意义上,"一物一权"原则是指一个有体物上只能有一个所有权。按此原则推论,对一个物的占有,不能发生(自)物权与(自)物权的竞合。当同时存在自物权与他物权时,只存在一个现实占有的本权,绝无发生本权竞合的可能。在设立占有他物权时,自物权人要将标的物交付给他物权人占有,以便其使用、收益或成立质权。交付后,自物权人丧失占有,从占有人转化为间接占有(观念占有)人。如前所述,若他物权人取得占有,其本权也不是物权,而是由给付产生的与物权性本权对立的债权性本权。

在他物占有的场合,当一个主体的两个以上的本权均为债权的时候,可以发生本权竞合,例如用益质权,是用益债权法律关系与质押法律关系的竞合,是两个本权的竞合。就本权具体性质而言,其中一个是用益债权,一个是担保债权。两个本权不一定同生同灭,当一个本权消失后,另一个本权还可以发挥作用,还可以维持占有。

(二)脱离占有的本权

1. 脱离占有的本权与间接占有同质

本权可以与占有结合,也可以脱离占有。"有占有之权利者,不必有占有。

例如其物被窃取之所有人,虽有所有权,然无占有。"① 本权脱离占有,固然可由侵权产生,但本权脱离占有,更可是财产价值流通的表现。本权脱离占有,常由自物权人的给付产生,此时他物占有人也获得了本权,不过,对立双方的本权并非同质。

随着占有观念化的发展,遂产生了观念占有和重叠的多重占有的分类,这样必然演化出间接占有与直接占有。② 德国学者称设立间接占有的原因是:"法律也将那些事实的对物支配交给他人行使的人,当做占有人来处理,因为在法律看来,这些人要把自己当做占有人来对待的利益,是值得保护的。"③ 这并没有表明间接占有与直接占有区分的具体理由。实际上,间接占有是本权脱离占有的产物,是法律应对"脱离"现象的一种概念性方法。有学者指出,间接占有是一种假定:占有中介人的占有即是间接占有人的占有。④ 间接占有是通过法律的虚构而形成的对物的一种虚构的占有。⑤

占有是事实,间接占有是事实,还是权利?有学者认为,"间接占有在性质上仍可视为一种事实,而应区别于其背后的本权关系"。⑥ 间接占有存在于观念之中,是一种"主观事实",并非实际占有的"客观事实"。间接占有是观念占有,占有是实际占有或曰现实占有。把间接占有解释为权利,在法律和法理体系上并不发生矛盾。笔者认为,间接占有是本权脱离占有状态的表现,二者同质。间接占有就是本权的化身,或者说,间接占有是脱离占有的本权的代名词。二者同质,在于它们的效力完全相同,指向同一占有回复请求权。从既有的立法例,亦可得出本权脱离占有而不消灭者为间接占有的结论。⑦ 不能认为占有有本权,间接占有也就有本权。⑧ 在占有媒介关系中,间接占有对应直接占有,也就是本权对应直接占有。

---

① 史尚宽:《物权法论》,中国政法大学出版社 2000 年版,第 530、531 页。
② 参见温世杨、廖焕国:《论间接占有之存废》,载《北京政法管理干部学院学报》2001 年第 3 期。
③ 〔德〕鲍尔、施蒂尔纳:《德国物权法》(上册),张双根译,法律出版社 2004 年版,第 122 页。
④ Rohde, Band Ⅱ. Abschnitt. XXI. 2. S. 7. 转引自周梅:《间接占有中的返还请求权》,法律出版社 2007 年版,第 85、86 页。
⑤ 参见周梅:《间接占有中的返还请求权》,法律出版社 2007 年版,第 96 页。
⑥ 张双根:《占有的基本问题》,载《中外法学》2006 年第 1 期。
⑦ 《德国民法典》第 868 条〔间接占有〕规定:"作为用益权人、质权人、用益承租人、使用承租人、受寄人或者基于其他类似关系而占有其物的人,由于此类关系或基于其他类似的法律关系对他人暂时享有占有的权利和义务时,该他人也是占有人(间接占有)。"正是这个条文,创造了间接占有的概念。
⑧ 笔者曾经使用"间接占有的本权"的提法,这里予以修正。参见隋彭生:《论以占有改定方式设立动产质权——与通说商榷》,载《法学杂志》2009 年第 12 期。

本权有物权性质和债权性质两种，间接占有也随之区分为物权性间接占有与债权性间接占有。这两种术语会使人们对本权性质一目了然。交付间接占有，就是交付脱离占有的本权。这种交付，就是指示交付。通过指示交付，可以让与物权性本权，也可以让与债权性本权。让与债权性本权，还适用法律关于债权让与的规定。

有学者主张，间接占有这种间接的对物关系，应是具有同等价值的占有。① 这种观点颇值商榷。对间接占有的保护，只是对本权的保护，因为间接占有只是观念占有。对占有，只是事实的支配，没有观念的支配；对间接占有，没有事实的支配，只有观念的支配；对占有，应给予占有保护；对间接占有，应给予请求权的保护。

在我国《物权法》制定过程中，有学者主张不采纳传统民法中的间接占有制度。② 可是，不承认间接占有制度，也要对脱离占有的本权进行保护，也要对这种本权的流转进行规制。例如，观念交付是交付本权或者设立本权。这只是一个概念的使用问题，承袭传统的概念和制度，才能节约立法成本、研究成本与普及成本，才能维系已经被我们接受的理论体系。

"直接占有人（占有媒介人）之地位虽是独立的，但针对间接占有人来说，在法律上却是下级的。"③所谓上下级关系，是请求权关系，上级对下级有请求权。直接占有是现实占有，不能连锁。间接占有是观念占有，可以发生连锁，产生多个上级对下级的请求权，下级占有人是上级占有人的占有媒介人。有多少个间接占有，就有多少个脱离占有的本权。

间接占有人的权利是限制在占有媒介法律关系之中的。间接占有最基本的效力，是间接占有人享有占有回复请求权，这是本权的作用。间接占有不能形成绝对法律关系，只与直接占有形成相对法律关系，除此之外，直接占有还就占有形成绝对法律关系。两种占有保护的制度价值并不相同。狭义上的占有保护是对抗私力侵犯，对间接占有无法进行这种占有保护，占有保护与占有保护请求权并非同一概念。

占有不能作为直接占有和间接占有的上位概念。就像把合同分为有效合同与无效合同一样，把占有分为直接占有与间接占有也有逻辑上的问题。在明确间接占有即本权的前提下，把占有作为上位概念，就等于把占有区分为直接占有与本权，一个是占有的事实状态，一个是权利，它们不能在同一概念（占有）下并存。

---

① 参见〔德〕鲍尔、施蒂尔纳：《德国物权法》（上册），张双根译，法律出版社2004年版，第122页。
② 参见梁慧星主持：《中国物权法草案建议稿》，社会科学出版社2000年版，第787、788页。
③ 〔德〕鲍尔、施蒂尔纳：《德国物权法》（上册），张双根译，法律出版社2004年版，第124页。

2. 脱离占有的本权的物权性质或债权性质不变

(1)脱离占有的物权性本权(物权性间接占有)

"由于所有权应当实现所有权人对物的完全支配,而实际上的支配则以占有为前提,因此所有权人基于所有权也拥有占有权。如果所有权人失去了占有,那么法律就应当设法使他重新取得占有。"①丧失占有后,也就丧失了直接支配权,而产生了以物权为本权的请求权。该请求权是相对权、对人权,是以物权为本权的债权请求权。该物权请求权的实现,须借助相对人的给付行为(交付占有的行为)。

以物权为本权的原物返还请求权,与在不当得利人取得本权和占有后的原物返还请求权并不相同:前者只是丧失了占有,本权依然存在,与占有遥相呼应,在脱离占有前是物权,在脱离占有后还是物权,只不过在脱离占有后发生了返还所有物的物权请求权;后者的请求返还人享有的是一种没有本权的债权请求权。

一般认为,物权请求权是在物权受妨害时发生。有学者指出,物权请求权是物权人于其物被侵害或有被侵害之虞时,得请求回复物权圆满状态或防止侵害之权利。② 也有学者探讨"将物权请求权转变为侵权责任"。③ 其实,物权请求权人的相对人,不必是侵权责任人。例如,寄存人、不定期租赁人的出租人可随时请求相对人返还占有物。相对人的占有,并非处于侵权状态或妨害物权的状态,其返还是履行合同债务的行为。

当事人可以先取得本权再取得占有。例如,加工合同的定作人提供木料由承揽人加工成家具,则承揽人原始取得家具的直接占有,定作人原始取得家具的所有权,定作人只是取得间接占有,即取得本权。取得本权之后,本权(间接占有)发生请求占有回复的效力,如该家具被第三人侵夺占有,请求返还对原物占有的权利是所有权(本权)的作用。依笔者的观点,定作人与第三人之间的占有媒介关系是因侵权形成的法定占有媒介关系。

(2)脱离占有的债权性本权(债权性间接占有)

脱离占有的债权性本权人,是债权性间接占有人。债权本身就是请求权(债权是债权请求权的简称),故债权性本权的性质不会因脱离占有发生变化。但它有两方面效力:一是对抗上级间接占有人;二是对下级占有人(或间接占有或直接占有)享有返还占有请求权。

---

① 〔德〕M. 沃尔夫:《物权法》,吴越、李大雪译,法律出版社 2004 年版,第 91 页。
② 参见谢在全:《民法物权论》(上册),中国政法大学出版社 2011 版,第 28 页。
③ 参见魏振瀛:《物的民法保护方法——是侵权责任,还是物权请求权》,载费安玲主编:《学说汇纂》,知识产权出版社 2007 年版,第 12—87 页。

以债权为本权的占有回复请求权与不当得利的原物返还请求权亦不相同：前者只是丧失占有，而未丧失本权，是一种有本权的债权请求权；后者不但丧失占有，而且丧失了本权，是一种无本权的债权请求权。

有本权而请求交付占有（回复占有）为物权请求权或债权请求权，如出租人对承租人是物权请求权，如承租人对次承租人为债权请求权；无本权而请求交付占有，都是债权请求权。例如，请求支付作为种类物的货币，就是没有本权的债权请求权；再如，买受人请求出卖人交付标的物，也是没有本权的债权请求权。

顺便指出，侵害物权而产生的损害赔偿请求权不是物权性本权的作用，也不是债权性本权的作用。与占有有关联时，本权才有意义，才有必要研究本权问题。

3. 直接占有的本权与间接占有（脱离占有的本权）

（1）占有媒介关系与互相对立的本权（双本权）

连接间接占有与直接占有的相对法律关系称为占有媒介关系，间接占有以直接占有为媒介。现实占有包括存在占有媒介关系的直接占有和不存在占有媒介关系的占有。例如，自物权人对物的占有，并不存在占有媒介关系。直接占有分为有权占有和无权占有。有本权直接占有，也是暂时的占有、一时的占有，即占有有时间上的限制。

占有媒介关系效力的集中体现，是间接占有人的占有回复请求权。但"占有媒介关系之结束，完全有可能因为直接占有人取得了所有权。这在所有权保留买卖中通常如此。在这种情形中，随买卖价金之全部支付，占有媒介关系自动消灭"。① 在直接占有人取得所有权（本权）时，间接占有随之消灭。

在存在占有媒介关系的前提下，才存在互有对立本权（双本权）的可能。而且这两个本权对于直接占有和间接占有而言，不能同为物权，可以一为物权，一为债权。例如，买卖中的动产所有权保留，是占有的交付和本权的保留，出卖人的本权是物权，买受人的本权是债权。两个本权也可以同为债权，例如转租人与次承租人的本权都是债权。在占有媒介关系之中，也可能只有间接占有人拥有本权，即直接占有是无权占有时，不存在互相对立的本权。

（2）直接占有的本权能否对抗间接占有（脱离占有的本权）

占有媒介关系有两端：一是直接占有；二是间接占有。在直接占有，占有的事实可与本权结合。直接占有的本权可以对抗间接占有，即可以对抗脱离占有的本权，这种对抗权就是占有抗辩权。间接占有作为本权可以是物权，也可以是债权。在同一法律关系中，并非是物权对抗债权，而是债权对抗物权，

---

① 〔德〕鲍尔、施蒂尔纳：《德国物权法》（上册），张双根译，法律出版社2004年版，第126、127页。

因为在同一法律关系中,债权的实现一般是依赖物权人的给付,债权往往是实现物权本身或者物权权能流转的原因。"例如房屋之承租人,对于出租人不法霸占其房屋,亦得以该出租人为占有物返还请求权之被告也。"①承租人请求回复占有的依据,即是其享有的债权性本权。在出租人与承租人之间,有两个占有媒介关系,第一个是租赁合同,在这个占有媒介关系中,出租人是间接占有人,承租人是直接占有人。由于出租人侵夺(侵权)行为,又发生了第二个占有媒介关系,在第二个占有媒介关系中,承租人是间接占有人,出租人是直接占有人。

4. 观念交付与间接占有(脱离占有的本权)

观念交付包括简易交付、占有改定和指示交付。观念交付是对动产的观念交付,不存在对不动产的观念交付。间接占有既然是本权的表现,那么,观念交付的结果就不是占有的移转,而是本权的移转和设立,即交付或设立的是本权。观念交付只是使本权发生了变化。观念交付与现实交付虽然可以发生同样的动产物权变动效果,但公示的意义并不相同。动产的动态公示,是通过占有状态的移转来公示本权的移转;在观念交付场合,没有占有实际状态的变化,只有本权的移转,客观上没有"公示",在一定程度上,可能危及交易安全,只是由于利大于弊,法律才设观念交付制度。

(三)立法改进的点滴意见

占有是事实,本权则是法律观念。占有早已摆脱作为所有权一项功能的局限。占有不是物权,占有的本权可以是物权,也可以是债权。透过本权的研究我们可以发现,占有制度的一个重要功能,是保护本权及规范本权的移转。既有静态的保护,也有动态的保护。占有制度是财产制度的有机部分。本权维护了占有,占有巩固了本权。虽然为了维护社会秩序也保护无权占有,但这并不能改变占有制度的本质和基本功能。

在我国《物权法》的制定过程中,有学者提出:"我们目前的困惑是如果把基于债权关系的占有、有关不动产或者动产等合法占有排除在规范的占有制度之外,规定此类合法占有产生的使用、收益、争议的解决办法等,依照法律规定和合同约定,这样规定是否妥当?法律是否只规范非法占有(无权占有),而将合法占有如所有权人的占有、他物权人的占有、基于债权关系的占有、先占以及拾得遗失物、丢弃物、漂流物、埋藏物的占有排除在外?我们认为这种安排存在很多问题,因为它将本应由物权法规范的社会关系排除在外,使这部分社会关系调整

---

① 梅仲协:《民法要义》,中国政法大学出版社1998年版,第633页。

无可遵循的法律规范,使法律对占有的规定沦为仅仅适用于盗窃物、抢劫物、抢夺物的处理规范。"①目前立法对有(本)权占有制度供应明显不足②,且存在本权救济上的明显瑕疵。笔者认为,在将来的我国"民法典"中,应当突出对本权的规范。笔者将本权与占有规定在同一章,主旨在避免"两张皮"的弊病,维护体系的统一。

【立法例】

我国台湾地区"民法"

第940条[占有人]　对于物有事实上管领之力者,为占有人。

《法国民法典》

第2228条　对于物件或权利的持有或享有,称为占有。该项物件或权利,由占有人自己保持或行使之,或由他人以占有人的名义保持或行使。

《德国民法典》

第854条[占有的取得]　(1)物的占有,因取得对该物的事实上的支配力而取得。

(2)取得人能够行使物的支配力的,对于占有的取得,只需要原占有人和取得人之间的合意即为足够。

《瑞士民法典》

第919条[概念]　(一)凡对某物有实际支配权的,为该物的占有人。

(二)对于地役权及土地负担,其权利的实际行使与物的占有具有相同的地位。

《日本民法典》

第180条[占有权的取得]　占有权,因以为自己的意思,事实上支配物而取得。

《意大利民法典》

第1140条[占有]　占有是一种以行使所有权或其他物权(832、1066)的形式表现出的对物的权利。

---

① 全国人大常委会法制工作委员会民法室编著:《物权法立法背景与观点全集》,法律出版社2007年版,第708页。

② 我国《物权法》第十九章(占有)只规定了5个条文:3个是无权占有的规定(第242、243、245条);一个既可以适用于无权占有,又可以适用于有权占有(第245条);有一个条文规定了有权占有(第241条)。

占有人可以本人直接进行占有,也可以通过持有物(1141)的他人进行占有。

第1141条[由持有转为占有]　不能证明是以单纯的持有(1140)开始进行控制的,对物的事实控制的人推定为占有人。

以单纯的持有(1140)开始进行控制的,直到发生由第三人引起的控制或者依据其向占有人提出异议的效力使控制发生变化以前,不能取得占有。上述规定同样适用于一般继承人(588、1146、2728)。

《韩国民法典》

第192条[占有权的取得与消灭]　(一)事实上支配物的人,享有占有权。

(二)占有人对物丧失事实上支配的,占有权消灭。但根据第二百零四条规定回复占有的除外。

第204条[占有的回复]　(一)占有人在其占有被侵夺时,可请求返还占有物和损害赔偿。

(二)前款规定的请求权,不得对侵夺人的特别承继人行使。但承继人为恶意的除外。

(三)第一款规定的请求权,应自被侵夺之日起一年内行使。

《荷兰民法典》

第107条第1款　占有是指为自己持有财产的事实。

《魁北克民法典》

第921条　占有为某人自己或通过持有财产的他人以作为物权人行事的意图事实上行使权。

推定存在以作为物权人行事的意图,无此等意图时,仅发生持有。

第二条 【共同占有与部分占有】

数人共同占有一物时，任何占有人不得排除、妨碍其他占有人的合理使用。

各占有人均可就占有物之全部，行使第五条或第七条、第十六条规定的权利。

依第二款回复占有的物，仍为占有人共同占有。

对物的一部构成事实上管控的，视为部分占有，占有人可就该部行使权利。

【说明】

(一) 共同占有

(1) 本条前三款是关于共同占有的规定，共同占有是生活中常见的现象，应作出专门规定。

(2) 本条所规定的共同共有，是现实占有，不包括共同间接占有。

(3) 一物一占有。占有可分为单独占有和共同占有。单独占有是一人对一个物的占有，共同占有是数人（两个以上的人）对一个物的占有。如张甲和李乙共同占有一套房屋，是一个占有，不是两个占有。

(4) 与单独占有一样，共同占有也区分为有权占有和无权占有、自物占有和他物占有，共同占有的本权，也区分为物权（自物权）和债权两种。

(5) 本条第 1 款的规定，是为了维护使用上的秩序。共同占有人之间仍可能发生占有保护请求权。例如，甲、乙、丙共同占有的一个过道，甲、乙在一侧设置栅栏，妨碍丙的使用，则丙可主张排除妨碍请求权，即通过占有保护来保护自己的使用权。

(6) 数人占有一物（共同占有）时，各占有人均可就占有物之全部，行使第 5 条或第 7 条、第 16 条规定的权利。

①本稿第 5 条［本权人及无权占有人的占有回复请求权］规定："所有权人行使占有回复请求权不受期间的限制，法律另有规定的除外。所有权人以外的本权人的占有回复请求权，在本权存续期间内存续。无权占有人对本权人享有与占有有牵连关系的债权，物又被第三人占有的，债权人在债权存续期间内对该第三人享有占有回复请求权。无权占有人占有的物又被第三人占有的，本权人可以主张由无权占有人对第三人主张占有回复请求权。"共同占有的每一个人，都可以自己的名义请求回复占有（返还对原物的占有），也可以自己的名义提起诉讼。提起本权之诉，原告应证明自己有本权。

②本稿第 7 条［占有人的物上请求权］共有 5 款。第 1 款规定："物被他人侵夺占有的，占有人可以请求回复对原物的占有。自侵夺之日起一年内未以诉讼

方式请求的,该请求权消灭。"第 2 款规定:"间接占有人不得行使第一款占有人的权利。"第 3 款规定:"对妨害占有的行为,占有人可以请求排除妨害或者消除危险。"第 4 款规定:"因侵夺或者妨害占有造成损害的,占有人可以请求损害赔偿。"第 5 款规定:"占有人提起占有之诉的,人民法院不得基于本权的理由进行裁判,本权人对无权占有人侵夺占有的除外。本权人对无权占有人侵夺占有的,按治安管理处罚法处理,构成犯罪的,依法追究刑事责任。"

A. 各占有人均可行使第 7 条规定的权利,与第 5 条不同的是,依第 7 条第 1 款提起占有侵夺回复之诉,原告无须证明自己有本权。

B. 各占有人均可请求排除妨害、消除危险,此利益自然归属于共同占有人。

C. 因侵夺或者妨害占有造成损害的,各占有人均可为全体共同占有人的利益请求损害赔偿,获得的赔偿如何分配,属于另一法律关系。

③本稿第 16 条 [占有人的自力救济权] 规定:"占有人对侵夺、妨害其占有的行为,可以自力防卫。不动产被侵夺的,占有人可以即时夺回其物。动产被侵夺的,占有人可以就地或即时追踪夺回其物。前三款使用自力的情形,不得超过必要的限度。"任一共同占有人,都可行使第 16 条规定的自力救济权。

(7) 回复占有(包括夺回其物)后,占有物仍为占有人共同占有,例如,甲、乙、丙共同占有的动产被丁侵夺,甲追踪向加害人夺回,该动产仍属于甲、乙、丙共同占有。

(8) 建筑物区分所有权的专有部分,由专有部分的所有权人占有;共有部分,如走廊、公共停车位等,由业主共同占有。

(二)部分占有

(1) 本条第 4 款规定了部分占有。从原理上看,占有具有排他性,一个物,应当是一个占有。本稿坚持了这个原理,但对物相对独立的部分或重要成分的"占有",又是生活中常见的现象,法律不能放任不管,而应当积极地调整。笔者采用"视为"的表述,以图在维护占有排他性的同时,能够灵活处理生活中的实际问题。

(2) 部分占有的客体,是物的相对独立的部分。比如,甲的一套房屋,有三间卧室、一个厨房、一个洗手间。三间卧室分租给乙、丙、丁 3 人。对各自租赁的房屋,乙、丙、丁是部分占有。对厨房和洗手间,3 人是共同占有中的分别占有。

(3) 部分占有不同于共同占有。

①共同占有,从主体角度界定,主体为二人以上;部分占有,从客体角度界

定,占有的客体是相对独立的部分或重要成分。

②共同占有相互之间没有排他性;部分占有具有排他性,部分占有人对他人,可受占有保护。

③各共有人可就共有物的全部行使权利;部分占有人仅就占有部分行使权利。

(4)建筑物区分所有权的专有部分,由专有部分的所有权人占有,该占有不是部分占有。

(5)一部占有人(部分占有人)就占有部分行使的权利,自是占有人的权利。例如,一部占有人可以行使下列权利:

①可行使本稿第5条规定的"本权人的占有回复请求权"。一部占有视为占有,则一部占有人自可享有本权。

②可行使本稿第7条规定的"占有人的物上请求权"。

③可行使本稿第6条规定的"占有抗辩权"。

④可行使本稿第16条规定的"占有人的自力救济"的权利。

⑤可以行使的其他权利。

(6)承认部分占有,也就可以成立对物部分的侵夺占有。例如,张甲的三居室,其前妻李乙强行入住其中一间,构成部分侵夺占有。

【案例模型】

例1:(1)张男婚前有一套房屋,与李女结婚后共同居住。

(2)王男与赵女结婚后买了一套房屋(共有),共同居住。

(1)张男与李女对房屋虽然不是共有,但是共同占有。[①]

(2)王男与赵女对房屋是共有,同时也是共同占有。

例2:甲出租给乙一间房屋,交付后占有状况如何?

(1)甲、乙不是共同占有,共同占有是指共同现实占有。甲向乙交付后,乙是直接占有,直接占有是现实占有之一种。甲是间接占有,间接占有是观念占有。

例3:甲向乙出租对外演出用的剧场,租期约定为1年,但甲也保留使用权,对外宣布,甲周二、四、六双日演出,乙周一、三、五、七单日演出。双方的演出、排练物品等均放置在剧场,排练等活动不分单双

---

① 占有系以外形的事实为基础,其与实体权关系不必一致,故纵为单独所有权,亦不妨与他人成立共占有(共同占有)。参见曹杰:《中国民法物权论》,中国方正出版社2004年版,第260页。实体权,应为本权。例如两个人共同占有一物,一人的本权为物权,另一人的本权不妨是债权。

日。请问:在租赁的1年中,甲、乙是轮流单独占有,还是共同占有?

甲、乙是共同占有。占有类型的判断,有时需要借助占有人的对外表示。

例4:甲、乙共有一辆自行车,二人约定轮流使用,每年交替,以保持共有关系。学者认为,甲、乙对该自行车之占有,无共同关系。①

(1)甲、乙有共有关系,但没有共同占有关系,是轮流单独占有。共同占有与共有所有,并不是对应的。

(2)若甲骑车时被丙侵夺占有,甲请求返还占有,可对丙提起占有之诉,也可提起本权之诉,乙对丙只能提起本权之诉。

例5:甲、乙共同占有一座小楼,旁边丙的小楼倾斜,若倒塌,将殃及甲、乙的小楼,甲单独起诉丙,请求消除危险,是否可以?

占有保护,不必全体占有人共同为之。甲可以单独起诉,请求保护。

例6:张男婚前有一套房屋,结婚后与李女共住,二人出国旅游,回来后发现被王某侵夺占有。李女能否以自己的名义请求回复占有?

李女是共同占有人之一,可以请求回复占有。

例7:甲、乙共同与出租人签订了租赁合同,承租了一套二居室。甲居南室,乙居北室。一日,甲趁乙外出入住北室。乙不能入室居住,只得住到旅馆里。乙的权利如何?

甲侵夺乙的部分占有,乙有占有回复请求权。乙可以提起占有之诉,也可以提起本权之诉。其本权是债权(承租权)。

【理论阐释】

一、共同占有和部分占有的界定

(一)共同占有的界定

共同占有也称为全体占有,是单独占有的对称。"人数仅为一人之占有,谓之单独占有(或分别占有)。反之,数人共同占有一物者,谓之共同占有。"② 也就是说,单独占有与共同占有是以占有主体的人数区分的,占有主体为一人(比如

---

① 参见曹杰:《中国民法物权论》,中国方正出版社2004年版,第260页。
② 谢在全:《民法物权论》(下册),中国政法大学出版社2011年版,第1156页。

甲公司的占有、张某的占有)则为单独占有,占有主体为二人以上的为共同占有(如张某与李某共同占有一套房屋)。

占有具有排他性,一物一占有。单独占有是一个占有,共同占有也是一个占有。"不得承认一物之上存在两个独立的占有。"① 例如,张某对身上穿的衣服,是单独占有(一个占有),对与妻子李某共同居住的房屋,是共同占有。共同占有也是一个占有,不论占有主体有多少人。②

共有所有权人不一定共同占有。"又共有人对共有物非必为共同占有,例如共有人间若有分别用益之约定者,在分别单独使用时,该单独占有物之共有人仍为单独占有人。"③

共同占有,可以是共同自物占有,即物的共有人的占有,比如夫妻对共有房屋的占有;也可以是他物共同占有,比如加工合同中共同承揽人对加工物的共同占有及共同承租人对租赁物的占有等。他物共同占有也是他物共同直接占有。共同占有的主体,也可以一部分人为自物权人,另一部分为债权人。

共同占有也可以区分为有权占有与无权占有、自主占有与他主占有等。

(二)部分占有的界定

理论上,把占有分为完全占有和部分占有。④ 部分占有也称为一部占有。笔者坚持"一物一占有"的观点,在此前提下,部分占有只能是"视为"占有。

部分占有是当事人对物相对独立的占有,何为相对独立的部分,可按一般社会观念进行判断。比如,甲的一座三层办公楼,分别租给乙、丙、丁,一般认为,三层都是相对独立的部分。所谓相对独立,是指该部分能与其他部分明显区别开来,该部分相对独立的结构,有独立的使用价值,而且能够对该部分进行管领。一辆汽车,车门是相对独立的一部分,但是不能对部分进行占有,即对车门不能成立部分占有。

二、关于共同占有人相互之间的占有保护

(一)不得就占有物的使用范围互相请求占有之保护

共同占有被他人侵害时,各占有人皆得行使物上请求权,但于内部关系,不

---

① 〔日〕我妻荣:《新订物权法》,有权亨补订,罗丽译,中国法制出版社2008年版,第482页。
② 此点可参考单独所有权与共有所有权,单独所有权是一个人享有一个所有权,共有所有权是两个以上的人对一个所有权的共有。
③ 谢在全:《民法物权论》(下册),中国政法大学出版社2011年版,第1156页。
④ 参见亚历山大·尤克泽:《持有——一个不易把握的概念》,胡强芝译,载《中德私法研究》(11),北京大学出版社2015年版,第215页。

得就占有使用范围互相请求占有之保护。因为,在有本权占有之场合,其使用权范围及方法,皆与本权有关,应依本权而定;而在无本权场合,则纯依个人之实力,以达其支配之目的,亦无请求保护之可言。① 共同占有,是一个占有,共同占有人共同或各自的使用范围,均有占有权能在支持;共同占有内部,要求任一占有人不得排除、妨碍其他占有人的合理使用,实质上是保护占有的权能。

(二)不采传统民法表述方式的理由

《德国民法典》第 866 条规定:"数人共同占有一物时,在其相互之间的关系中,各占有人不得就其占有物各自享有的使用范围内,请求保护占有。"我国台湾地区"民法"第 965 条从之:"数人共同占有一物时,各占有人,就其占有物使用之范围,不得互相请求占有之保护。"该条的意思是,共同占有人不能对其他共同占有人就占有使用范围进行自力救济,也不能行使占有人的物上请求权,通过两个"不能",以保护其他共有人的占有权能,以维护共同占有的秩序。

传统民法的规定不易理解,应当予以改造。笔者设计的本条第 1 款规定:"数人共同占有一物时,任何占有人不得排除、妨碍其他占有人的合理使用。"表面上与传统民法是反其道而行之,实质上没有什么差异,但更有针对性。

笔者的理由主要是:

(1)在共同占有人相互之间不得排除占有权能,如果发生侵犯,被侵犯人也应受到占有保护。比如,建筑物区分所有权人,对共有的部分会发生侵夺现象,此时仍应允许共有人对实施侵夺行为的其他共有人行使私力救济权,也可以通过诉讼请求保护。设计为禁止性规范。

(2)笔者的设计,明确了共同占有人在相互之间也享有独立的占有权能。"排除、妨碍其他占有人的合理使用"是通过排除、妨碍占有权能的方式进行的,但设计为排除、妨碍其他占有人的"占有"或"占有的权能",则不容易理解,甚至使人产生误解,故不采用这种表述方式。

三、共同占有人占有回复请求权的行使及效果

(1)在脱离占有时,共同占有人可以提起本权之诉请求回复占有。提起本权之诉,需证明自己享有本权。该本权可能是物权(自物权),也可能是债权。该本权可能是共同占有人共有的,也可能由其中一人或数人享有。

本权人是间接占有人。应当强调的是,单独占有与共同占有是现实占有的分类。间接占有是观念占有,是脱离占有的本权,亦可区分为单独间接占有和共

---

① 参见曹杰:《中国民法物权论》,中国方正出版社 2004 年版,第 260 页。

同间接占有,提起本权之诉的人,可以是全体共同间接占有人,也可以是其中的一人或数人。也就是说,提起本权之诉,不一定要把所有本权人作为共同原告。

(2)在占有被侵夺时,共同占有人提起占有之诉请求回复占有,不必证明自己享有本权,但应当证明自己是占有被侵夺人,证明了这一点,也就证明了自己是原占有人。提起占有之诉的人,可以是全体共同占有人,也可以是其中一人或数人。也就是说,不一定把所有共同占有人作为共同被告。

(3)脱离占有时,占有人(单独占有人和共同占有人)有实体法上的请求权(占有回复请求权),请求权是通过义务人的给付而实现的,但脱离占有是由他人侵夺导致时,占有人可以通过自力(也称为己力)实现请求权,占有人自侵夺人处夺回占有物后,请求权消灭。

回复占有的请求权存在于占有媒介关系之中,占有媒介关系与请求权是同时消灭的。

(4)共同占有中一人或数人请求回复物的占有取得成功或者自力夺回占有物,该物仍为占有人共同占有。因设有规定,共同占有中某一或数人的共益行为,对其他共有人不为无因管理。

四、对用益物的共同占有——对一种共同占有典型现象的分析

这里具体分析个人合伙对物的共同占有,或可对共同占有的理解有所帮助。

(一)合伙人共同占有概述

在以物的用益权能对个人合伙出资时,可发生对用益物的共同占有。这是一种他物共同占有,是一种常见的、典型的共同占有,这里作简要分析。

合伙人对用益物之用益权能的共有是准共有,但对用益物的占有却不是准占有。个人合伙对用益物的用益权利,是用益债权,用益债权是占有债权,即须通过占有才能达到用益目的的债权。实现合伙人的共同占有,出资人需有将出资的用益物交付的行为,尽管出资人也是合伙人之一,但这并不妨碍交付的成立。交付实现了单独占有向共同占有的转化,或实现了由其他合伙人单独占有(有可能合伙人轮流单独占有)的转化。

对合伙情况下占有关系的确定,目前学界有争论。有学者提出,原则上应以事实管领其物的合伙人为直接占有人,其他合伙人为间接占有人。[①]

笔者认为,对用益物的占有可以区分为四种情况:

(1)用益出资后,由合伙人共同占有。例如,三个人合伙开设小商店,一个人以

---

① 参见刘智慧:《占有制度原理》,中国人民大学出版社2007年版,第158页。

一套房屋使用权出资，其他两个人以现金出资，三个人对房屋共同管理、共同控制。

（2）用益出资以后，并不一定是共同占有，也可能发生轮流单独占有的情况。因占有是一种实际支配，故在共同使用的时候为共同占有，在由某一合伙人保管、使用的时候，为单独占有。用益出资人也可依合同单独占有。①

（3）不亲自参加经营或其他活动的非用益出资合伙人，虽然对用益物的用益权能是准共有，但并不是共同占有人和单独占有人。② 因为占有系以外形的事实为基础，其与实体权利不必一致。③ 但是，这样的合伙人也是间接占有人。其间接占有只能为合伙而主张。

（4）仅仅出资而不参加合伙经营或其他活动的合伙人在交付占有后也只是间接占有，此间接占有亦为合伙而主张。④ 出资人交付用益物后，其成为间接占有人，但出资人亦可同时为共同占有人之一，两者可以并存，不发生逻辑上的矛盾。出资人作为共同占有人是自主占有，其他合伙人是他主占有。⑤ 因为，间接占有是观念占有，合伙的共同直接占有、其他合伙人的单独直接占有是实际占有。在民事合伙存续期间，其他合伙人享有占有抗辩权。当合伙关系终结，或者用益出资人退伙时，占有抗辩权消灭，其他占有人应当向用益出资人返还原物。

在确定占有状态的时候，应当尽力维持占有的非观念化，以利于当事人权利的保护及交易安全。

合伙人共同占有或其他合伙人单独占有，是存在本权的。对物之所有人之外的其他合伙人来说，单独占有或共同占有的本权是用益债权。

（二）合伙人共同占有的意义

一般而言，合伙人对用益物的共同占有往往是利用、收益的基础，例如某人将一间房屋出资用作豆腐坊，与其他合伙人一起共同使用，这就形成对用益物的共同占有。尽管由于保管等原因，占有状态可能有所"变幻"，但由于共同使用、

---

① 民事合伙的合伙人对用益出资物分别用益的情况不足为奇，例如一头牛或一台车分别用益，而收入按约定分配。这与合伙企业有所不同。对合伙企业而言，因是集中经营，一般不会发生由合伙人分别用益的情况。这种集中经营，是认定合伙企业为占有主体的重要原因。

② 《中华人民共和国民法通则》（以下简称《民法通则》）第 30 条规定："个人合伙是指两个以上公民按照协议，各自提供资金、实物、技术等，合伙经营、共同劳动。"最高人民法院《关于贯彻执行〈中华人民共和国民法通则〉若干问题的意见（试行）》第 46 条规定："公民按照协议提供资金或者实物，但约定参与合伙盈余分配，但不参与合伙经营、劳动的，或者提供技术性劳务而不提供资金、实物，但约定参与盈余分配的，视为合伙人。"从法理上看，亲自参加经营活动并不是成为合伙人的必要条件，亲自参加经营活动可以构成劳务出资。

③ 参见曹杰：《中国民法物权论》，中国方正出版社 2004 年版，第 260 页。

④ 该出资人可为其他合伙人的上级间接占有人。

⑤ 参见刘智慧：《占有制度原理》，中国人民大学出版社 2007 年版，第 157 页。

共同保管产生的共同占有却是一个"主旋律"。合伙人的共同占有,要求不得互相排斥其他共有人的占有。① 还有,其他合伙人在合伙期间对用益出资人享有占有抗辩权。以上是共同占有的对内效力。

共同占有对外效力的表现有多种:

(1)合伙人用益出资后,出资人可能对用益物进行法律处分,这里就有合伙与用益物受让人利益权衡的问题。笔者认为,用益出资与租赁有类似之处,应当参照适用"所有权变动不破租赁的规则"和"房屋承租人享有优先购买权的规则",优先保护合伙的利益(合伙是用益的主体)。

(2)合伙人在占有被侵占时,可以进行正当防卫、紧急避险的私力救济行为。"在共同占有的对外关系上,各共同占有人可以单独请求占有的保护,而且应该请求返还占有物于全部共同占有人。"②

(3)在占有被侵夺后,所有的合伙人都"沦为"间接占有人,即丧失实际控制,可依间接占有享有占有回复请求权,直接对侵夺者形成间接占有与直接占有关系。间接占有必有占有媒介关系。此处占有媒介关系为事实行为(侵权行为)产生的法定占有媒介关系。间接占有人以直接占有人为占有媒介人。

用益物也可能因出租、借用、保管等原因由合伙人以外的人占有。此时所有合伙人为间接占有人,享有占有返还请求权。此处占有媒介关系为法律行为产生的意定占有媒介关系。

(4)如果作为用益出资的物是不动产,各共同占有人、单独占有人都可以主张相邻权,可以主张排除妨碍、消除危险的请求权。此点类似房屋租赁,当租赁的房屋处在危险的情形时,出租人与承租人都可以行使消除危险的不动产相邻权。作为用益出资的物若是动产,共同占有人亦可主张占有保护,但不可以"相邻权"称之。

(5)不动产保护与动产保护尚有一些区别。例如,共同占有的用益物是动产,第三人基于对占有的信任,有可能善意取得。共同占有的用益物是不动产,情况则比较复杂。我国《物权法》规定了不动产的善意取得。③ 对经登记的不动

---

① 我国台湾地区"民法"第965条规定:"数人共同占有一物时,各占有人就其占有物使用之范围,不得互相请求占有之保护。"
② 刘智慧:《占有制度原理》,中国人民大学出版社2007年版,第158页。
③ 《物权法》第106条规定:"无处分权人将不动产或者动产转让给受让人的,所有权人有权追回;除法律另有规定外,符合下列情形的,受让人取得该不动产或者动产的所有权:(一)受让人受让该不动产或者动产时是善意的;(二)以合理的价格转让;(三)转让的不动产或者动产依照法律规定应当登记的已经登记,不需要登记的已经交付给受让人。受让人依照前款规定取得不动产或者动产的所有权的,原所有权人有权向无处分权人请求赔偿损失。当事人善意取得其他物权的,参照前两款规定。"

产用益物,出资人在向合伙交付占有后,并不丧失登记,登记物权的善意取得,取得人须取得登记,第三人无法从合伙那里取得登记,也就无从善意取得。

【立法例】

　　我国台湾地区"民法"

　　第963条之1[共同占有物之权利行使]　数人共同占有一物时,各占有人得就占有物之全部,行使第九百六十条或第九百六十二条之权利。①

　　依前项规定,取回或返还之占有物,仍为占有人全体占有。

　　第965条[共同占有]　数人共同占有一物时,各占有人就其占有物使用之范围,不得互相请求占有之保护。

　　《德国民法典》

　　第865条[部分占有]　第八百五十八条至第八百六十四条的规定也适用于为占有物的一部分的人的利益,特别是为占有分割的居住处所或其他处所人的利益。②

　　第866条[共同占有]　数人共同占有一物时,在其相互之间的关系中,各占有人不得就其占有物各自享有的使用范围内,请求保护占有。

　　《魁北克民法典》

　　第911条第1款　一人可以单独或与他人一起享有财产所有权或其他物权,或占有财产。

---

①　我国台湾地区"民法"第960条[占有人之自力救济]规定:"占有人对于侵夺或妨害其占有之行为,得以己力防御之。占有物被侵夺者,如系不动产,占有人得于侵夺后,实时排除加害人而取回之。如系动产,占有人得就地或追踪向加害人取回之。"第962条[占有人之物上请求权]规定:"占有人,其占有被侵夺者,得请求返还其占有物。占有被妨害者,得请求除去其妨害。占有有被妨害之虞者,得请求防止其妨害。"

②　《德国民法典》第858条是关于"禁止的擅自行为"的规定;第859条是关于"占有人自助"的规定;第860条是关于"占有使用人的自助"的规定;第861条是关于"因占有被侵夺而成立的请求权"的规定;第862条是关于"因占有被妨害而成立的请求权"的规定;第863条是关于"侵夺人或者妨碍人的抗辩"的规定;第864条是关于"占有请求权的消灭"的规定。

第三条 【辅助占有】

为占有人的利益，基于工作上的从属关系，受占有人的指示而持有物的，为辅助占有人。辅助占有人可以行使第十六条规定的权利。

占有物由受指示人持有且非为指示人利益的，受指示人为直接占有人，指示人为间接占有人。

与被代理人没有工作上从属关系的代理人和法定代理人，代理提交交付或受领交付时，视为辅助占有人。

动产质权人、留置权人因修理、保管等原因，将标的物交付第三人占有的，该第三人视为辅助占有人。

动产质权人与出质人协议质物由第三人占有并设定足以使外界识别的标记的，该第三人视为辅助占有人。

动产质权人对出质人占有的质物设定足以使外界识别的标记的，出质人视为辅助占有人。

【说明】

（一）占有主人与辅助占有人

（1）本稿第1条第1款规定："占有，是指对占有物事实上的管控。"本稿第3条第1款规定的占有人，相对于占有辅助人，又称为占有主人、占有本人。本条所说占有物包括动产和不动产，占有辅助现象，实务中主要发生在动产上。

通说认为，辅助占有人是实际控制人，占有主人不是实际控制人，其作为占有人，是占有观念扩大化的表现。依笔者对本条的设计，占有主人是事实上的管控人，旨在与占有的概念相统一，与社会一般观念相统一。

对同一个物，辅助占有人可以是一个人，也可以是两个以上的人。

判断、认定辅助占有人，经常需要借助第三人的立场或角度。第三人的判断是基于当事人对物是否有实力控制，是否有实力控制，要观察当事人与物的空间关系。比如，店员虽然接触店内出售的商品，但依社会一般观念，仍是店主管理、控制这些商品。店铺作为不动产，由店主占有，出售的商品与店铺具有空间关系，这种空间关系是认识、认定占有人的一个基础。

从一般社会观念判断是谁在占有，常常借助"所有"来进行判断，尽管"所有"与"占有"经常分离。如甲公司出钱买房子，让职工张乙"代持"，房屋登记在张乙的名下，由张乙居住。按一般社会观念，不宜认为张乙是占有辅助人，而应认为张乙是管控人，是直接占有人。若以第三者的眼光来看，登记在张乙的名下，就是张乙的房子，这是登记权利推定，自然也就认定是张乙占有这所房屋。

若张乙向善意的第三人有偿转让,第三人可以善意取得。不动产一般通过登记表彰本权,故占有辅助现象很少发生在不动产上。

(2)本条不把辅助占有作为占有的媒介或占有的机关、手足,当辅助占有人脱离持有时,不影响占有人的占有。比如,持有商品的店员下班后,对店主的占有没有影响。

(3)占有主人对占有物可能有所有权,也可能没有所有权,即占有主人可以是自物占有,也可以是他物占有。占有主人没有所有权的,可能有债权,也可能没有债权。换句话说,占有主人可能有本权(所有权或债权),也可能没有本权。

(4)占有具有排他性,一物一占有,辅助占有不是占有。辅助占有人也不享有本权。

(5)辅助占有人对物是持有。持有,是指对物有物理上的控制力。这种控制力一般是由于与物有物理上的接触或者与物保持近距离的空间关系而自然产生的。比如,在公共图书馆,读者对阅读的书籍只是持有,图书馆是占有。应注意的是,不应把持有狭隘地理解为"握有"。

物理上的控制力有多种表现。比如,占有辅助人将持有的茶壶摔碎、修补、扔掉、藏匿等,是基于物理上的控制力,但不是基于占有的管领力。

(6)除了持有物以外,构成辅助占有人还有三个要件:其一,为占有人的利益;其二,基于工作上的从属关系;其三,受占有人的指示。

①辅助占有人是为了占有人的利益而持有物。

该"利益",是指占有人客观享有的利益。辅助占有人为占有人保管、维修、加工持有的物,代理出售、交付持有的物,都是为了占有人的利益。当辅助占有人拒绝向占有主人交还持有的物时,就不是为占有人的利益。

在与第三人发生关系时,也要考察辅助占有人为了谁的利益。比如,甲的动产由乙辅助占有,乙拿到自由市场冒充自己的动产出卖给丙,此时乙不是为了甲的利益,应认为乙为直接占有、自主占有,丙对该动产可以善意取得。

"为占有人的利益",是将辅助占有人的持有与其他持有相区别的标准。例如,在旅店住宿,客人对床铺是持有,但不是辅助占有,因为客人是为了自己的利益,不能作为旅店的辅助占有人。

②辅助占有人是基于工作上的从属关系而持有物。

工作上的从属关系,不是指人身关系,而是指基于雇佣关系、劳动关系等产生的工作上的管理与被管理、命令与服从、指示与行动的关系。

工作上的从属关系,包括工作人员作为代理人与被代理的单位产生的代理关系。如甲公司让其业务经理乙代理公司签订合同并代理公司提交标的物的占有,或者受领对标的物的占有,乙为辅助占有人,甲为占有人。

当雇佣、劳动等合同解除,丧失工作上的从属关系时,辅助占有自然消灭。

因保管、仓储、承揽、建设、租赁、运输、无因管理等非工作上的从属关系占有他人标的物的,为直接占有,不为辅助占有。特别要说明的是:A. 依委托合同的占有,不是辅助占有。B. 因间接代理产生的占有,不是辅助占有。C. 尽管存在平等主体之间的民事合同,但指示人未脱离对物的空间关系的,仍可构成主人占有和辅助占有。例如,甲搬家,与乙搬家公司签订了搬家合同,在乙用卡车运输过程中,甲一直押车,则甲为占有主人,司机、搬家工人为占有辅助人。

③辅助占有人是受占有人的指示而持有物。

受指示可因工作职务而自然产生,比如单位的收银员、出纳对管理的现金,自是由于受指示而持有。受指示也可因单项工作任务、特别工作任务而发生,比如单位指示业务员受领购买的仪器。

辅助占有人受占有人的指示,基础是存在工作上的从属关系。单位工作人员作为辅助占有人,与占有人之间没有占有媒介关系。占有人也可以指示、命令的方式,要求辅助占有人脱离持有。

(7)本稿第3条第1款第2句规定:"辅助占有人可以行使第十六条规定的权利。"本稿第16条规定:"占有人对侵夺、妨害其占有的行为,可以自力防卫。不动产被侵夺的,占有人可以即时夺回其物。动产被侵夺的,占有人可以就地或即时追踪夺回其物。前三款使用自力的情形,不得超过必要的限度。"即辅助占有人可以行使占有人的自力救济权,行使的效果自然归属于占有主人。

(8)占有辅助人不是占有人,除可行使占有自力救济权外,不享有基于占有而发生的权利,也不负担基于占有而发生的义务。占有人享有相应的权利,负担相应的义务。这里,仅就以下两点作出说明:

①对第三人的占有回复请求权,自当由占有人主张对第三人提起本权之诉、占有之诉时,由占有人作为原告。占有辅助人不能作为原告、被告,也不能作为有独立请求权的诉讼第三人,作为无独立请求权的第三人是有可能的。

②第三人的占有回复请求权,自当向占有人请求,起诉时是以占有主人为被告,占有辅助人不能作为被告或共同被告。

(二)辅助占有人与直接占有人的区分、转化

本条第2款规定:"占有物由受指示人持有且非为指示人利益的,受指示人为直接占有人,指示人为间接占有人。"此条旨在调整辅助占有与直接占有的转化现象。辅助占有人和直接占有人可以互相转化,实务中,主要是辅助占有人向

直接占有人转化。

1. 辅助占有人与直接占有人的区分、转化的意义

判定辅助占有人与直接占有人的区分与转化，在两个方面才有实际意义：一是处理占有主人与辅助占有人内部的权利义务关系时；二是在与第三人发生外部的权利义务关系时。

（1）第一个方面的意义，主要是使占有主人在占有物脱离管控时，能够适用民法规定，获得民法救济。

占有主人能对占有辅助人进行工作上的指示，是因为其与占有辅助人存在雇佣、劳动等关系。雇佣关系是平等主体之间的民事法律关系，目前不存在争议，但学者一般认为，劳动关系不是平等主体之间的民事法律关系，这样，就有一个占有主人采用民法方法请求回复占有的法律障碍。辅助占有人向直接占有人转化，一般是由于民法上的侵权行为，具体地说，是由于侵夺和其他侵占行为。承认辅助占有人向直接占有人的转化，则占有主人转化为间接占有人，就可以适用占有回复请求权的规定。就诉讼角度来说，可以依本稿第5条提起本权之诉，也可以依本稿第7条第1款提起占有侵夺回复之诉。占有主人转化为间接占有人，雇佣、劳动关系等未解除的，指示、命令回复占有的手段不受影响。

在受指示人为直接占有人时，也有可能成立占有抗辩权。

（2）第二个方面的意义，主要是为保护第三人。现分两点予以说明：

①辅助占有人有偿让与标的物，第三人不能善意取得；直接占有人有偿让与占有物，第三人可以善意取得。这里的善意第三人是指有偿受让的第三人。善意的法律构成是不知情且无重大过失。动产善意取得，第三人之所以为善意，是其依据转让人的占有推定其有本权，且转让人主张本权，以自己的名义转让，表明占有物是自己的，就是主张本权的行为。

动产善意取得的转让人，是他物占有人（直接占有人）和对共有财产的占有人。但受让人认为转让人是"占有人"，而不认为其是"直接占有人"，因为认为其是直接占有人，就等于知道间接占有人的存在，知道间接占有人的存在，就不可能构成善意。

②认定辅助占有转化为直接占有，可使被侵权的第三人获得更充分的民法救济。例如，超市职员将消费者在超市里丢失的物，放在货架上，下班时见无人注意，临时起意将遗失物偷拿回家中，超市脱离了对物的管控，此时，超市职员为直接占有人，不再为辅助占有人，超市转为间接占有人，消费者起诉请求回复占有，可以选择超市或者超市职员为被告，也可以把超市及其职员列为共同被告。如果不承认职员为直接占有人，而仍为辅助占有人，职员就不能作为被告；如果仅承认职员是占有人而不是直接占有人，则等于不承认超市是间接占有人，就不

能把超市作为被告。

2. 辅助占有人、直接占有人转化的标准

辅助占有人对物只是持有,其对物不构成本稿第1条所说的占有(对物事实上的管控)。直接占有是他物占有,是占有的一种,直接占有人事实上管控物。

转化的主观标准是,受指示人是否为了指示人的利益;客观标准是谁事实上管控物。当占有主人(指示人)先有占有,后来丧失了与物的空间关系,辅助占有人(受指示人)实际控制物且非为指示人的利益时,辅助占有人转化为直接占有人,占有人转化为间接占有人。

(三)视为辅助占有人的情形

1. 代理人视为辅助占有人的情形

本稿第3条第3款规定:"与被代理人没有工作上从属关系的代理人和法定代理人,代理提交交付或受领交付时,视为辅助占有人。"平等主体之间的委托代理人及法定代理人因代理行为取得对被代理人的物的占有,为直接占有,"视为辅助占有人"是为保护被代理人和第三人的利益,是为了保护交易安全。

占有物的行为是事实行为,交付是移转占有的双方法律行为,占有不能代理,交付可以代理。交付的一方,是提交交付的一方,相对方是受领交付的一方。

没有工作上从属关系的代理人,包括单位"外部人"作为代理人,监护人作为法定代理人两种情形。

(1)单位的"外部人"作为代理人。"外部人"是指单位工作人员以外的人。"外部人"作为代理人,可以是自然人,也可以是法人和非法人组织。被代理人与外部代理人存在平等主体之间的委托关系,与占有人没有工作上的从属关系,即没有管理与被管理的关系、命令与服从的关系,代理人为完成代理工作而占有被代理人的物,是直接占有,不是辅助占有。

代理人占有物具有独立性,表现在:

①其与占有物有空间关系的结合,而被代理人将物交付给代理人后,则与物丧失了空间关系,或代理人自第三人处代为受领物的交付以后,在交付给被代理人之前,代理人与物有空间关系,被代理人与物没有空间关系。对是否构成占有的判断,一般要依靠空间关系。

②因欠缺空间关系,代理人占有物,不受被代理人的实际控制。

③除代理提交交付和代理受领交付,代理人不以被代理人的名义占有物,此时认定其为辅助占有,没有任何价值,第三人进行占有权利推定也是针对占有人的。

④代理人占有被代理人之物时,二者之间存在占有媒介关系,这是直接占有

人与间接占有人之间的关系。占有人与辅助占有人之间没有占有媒介关系。

⑤被代理人对代理人采用行使请求权的方式回复占有,占有主人采用命令、指示的方式取消辅助占有人的持有。

代理人须以被代理人的名义提交交付或者受领交付,并把交付的后果归属于被代理人,在这种情况下,以"视为"的手段,将代理人拟制为辅助占有人是非常有必要的。

例如,甲公司委托乙律师事务所以自己的名义受领法院执行的一枚印鉴,法院依甲的授权文件将印鉴交给乙,此时乙视为辅助占有人,即印鉴是交付给甲的,乙是代理受领占有。涉及第三人权利义务时,才有认定辅助占有的必要。就本案而言,乙取得印鉴之后,是直接占有人,甲是间接占有人。甲、乙之间的委托合同,是甲、乙之间占有媒介关系的基础法律关系。

(2)监护人作为法定代理人。本条未规定依身份关系可产生辅助占有。主要考虑家庭中的两种情况:

①监护人对被监护人财产的占有。被监护人是无行为能力人或限制行为能力人,无从对监护人发出指示。再者,监护人与被监护人之间不具有从属关系。还有,监护人有独立的地位,对被监护人财产的占有享有独立的本权。身份权不得作为本权,否则不利于财产的流转,监护人对被监护人财产占有的本权是法定债权。

②没有监护关系的家庭成员之间的占有。这类家庭成员之间也没有从属关系,从此点看,不宜认定其中一方为辅助占有。比如,妻子与丈夫共同居住在丈夫个人的房屋里,不能认为妻子是辅助占有人,而只能认为双方对该房屋是共同占有。

在监护人作为法定代理人时,以被监护人的名义提交交付或者受领交付时,应与委托代理一样,视法定代理人为辅助占有人,以保护被监护人的利益,这也是为了交易和财产流转的简便。

2. 为保护占有动产担保物权,视第三人为辅助占有人的情形

本稿第3条第4款规定:"动产质权人、留置权人因修理、保管等原因,将标的物交付第三人占有的,该第三人视为辅助占有人。"将标的物交付第三人占有的,该第三人为直接占有人,动产质权人、留置权人演变为间接占有人。把直接占有的第三人"视为"辅助占有人,则动产质权人、留置权人相应"视为"占有人。这是为在质物、留置物脱离占有时保留质权、留置权而进行的设计。质权、留置权是占有担保物权,但实务中,由于修理、保管等保存行为,动产质权人、留置权人须将标的物交付第三人占有,动产质权人或留置权人与第三人之间成立占有媒介关系,此时认定间接占有人丧失质权、留置权显属不公,不符合法理,也不能反映现实需要。将

第三人"视为"辅助占有人,则为保持质权和留置权提供了根据和理由。

本稿第3条第4款与本稿第17条[占有的取得、移转和丧失]第5款有所区别①,本条第4款丧失占有的原因,是基于保全行为,物被他人占有时,该他人为占有委托物。第17条第5款丧失占有的原因较多,除了占有人交付以外,还包括占有被他人侵夺等情形,他人的占有可以是占有委托物,也可以是占有脱离物。两个条款的适用,可以发生竞合。

3. 使质权成立的简便措施

(1)本稿第3条第5款规定:"动产质权人与出质人协议质物由第三人占有并设定足以使外界识别的标记的,该第三人视为辅助占有人。"该第三人"视为"辅助占有人,相应的,质权人"视为"占有人,并基于此成立质权。"设定足以使外界识别的标记",是第三人占有而成立质权的必要条件,它不足以保证质物不流失。质权人可附加一些监管措施,比如质物为大批货物时,委派专人与第三人共同管理货物,此种情况不为共同占有,仍视第三人为辅助占有人。

本稿第3条第5款的规定不同于指示交付,指示交付是观念交付,且是以通知的方式交付,质权人没有取得占有,欠缺占有的公信力,不能取得动产质权。第三人在接到通知以后,又向质权人现实交付,动产质权才成立,但此种情况不存在辅助占有的问题。指示交付之后,在第三人处又采用封条、标记等方式表明标的物是质物的,则第三人"视为"辅助占有人,质权人"视为"占有人。

实务中,经常有大批种类物质押给债权人的情况。比如,甲公司向乙银行借款1 000万元,将在第三人火车站货场储存的一批钢材质押给乙。按现行《物权法》的规定,乙须取得占有才能成立质权。② 乙不可能将钢材拉到自己的银行大楼储存,乙也没有必要先取得占有,再交付给他人储存。质权人乙与出质人甲达成质押协议后,可在第三人火车站货场处,对钢材采取作出标记、贴封条等措施,足以使外界知道钢材是质物,使钢材变成了主观特定物,通过这样的方式使质权成立。将第三人视为辅助占有人,须对物作外部标志,须有"静态的公示效力",即须产生占有的公信力。如果出质人与质权人仅仅就第三人占有的种类物作出质押的约定,不能将第三人视为辅助占有人,动产质权不能成立。

(2)本稿第3条第6款规定:"动产质权人对出质人占有的质物设定足以使外界识别的标记的,出质人视为辅助占有人。"出质人"视为"辅助占有人,相应

---

① 本稿第17条第5款规定:"占有丧失,原占有人成立间接占有的,可以保持质权、留置权的效力。"

② 《物权法》第23条规定:"动产物权的设立和转让,自交付时发生效力,但法律另有规定的除外。"第212条规定:"质权自出质人交付质押财产时设立。"

的,质权人"视为"占有人。"设定足以使外界识别的标记",与第三人占有而成立质权的必要条件一样,也是出质人占有而成立质权的要件。同样,质权人可以附加相应的监管措施,防止质物的流失。

出质人不能代质权人占有,因为质权不能借助他人占有产生公信力,出质人代质权人占有而承认质权成立,会使第三人蒙受不测之损害。实务中,出质人往往将大量成品、半成品质押给质权人,将质物运往质权人处要耗费大量金钱和时间,应当允许质权人采用做标记的方法宣示自己的权利,这样做无害于第三人,具有可行性。比如,甲公司将自己仓库10万件产品质押给乙银行,乙银行在仓库门上贴的封条表明自己是质权人,则视甲公司为辅助占有人、乙银行为占有人,乙银行质权成立。

【案例模型】

(一)辅助占有与直接占有

例1:张甲酒后请李乙做代驾。李乙开车,张甲坐在驾驶副座或后座。谁是占有人?

张甲是占有人(占有主人),李乙作为持有人,是占有辅助人。传统观点认为李乙是事实控制人,应认为张甲是对汽车的事实管控人(事实控制人),事实控制与实际驾驶(物理上的控制、掌握)不是一回事,不能等同。

例2:李乙在超市购买了一瓶洗衣柔顺液,交钱之后却忘记拿走。超市营业员王丙知道摄像已坏,先将柔顺液藏在地柜里,下班后拿回了家。

(1)在超市,不管王丙是否将柔顺液藏起来,其为占有辅助人,超市是占有人。对王丙不能用无权占有来衡量,因为王丙没有占有。

(2)王丙下班后将柔顺液偷拿回家,是侵夺占有的行为,其转换为无权直接占有人,超市转换为间接占有人,李乙为超市的上级间接占有人,形成占有连锁。

(3)种类物,不影响占有,也不影响占有连锁。占有回复义务人可以"替代返还",比如超市可以在货架上随便拿相同的一瓶柔顺液给李乙。

(4)李乙也有权直接向王丙请求返还,可以请求占有人返还占有,不能请求占有辅助人返还占有。

例3:北京2015年9月3日阅兵,小超市老板邵某与钱某(夫妻)关门3天,到外地旅游,小超市让雇员张某看管。

在这3天中,小超市的门面(商铺、不动产)及其中的商品(动产)仍由邵某与钱某占有(共同占有),张某为占有辅助人。

例4: 甲买了10条鲤鱼放生,鲤鱼背鳍上系有小红布条。乙驾驶渔船,雇用丙在渔船上打鱼,打到其中1条鱼。能否取得所有权,谁取得所有权?

甲为动产抛弃,乙依先占取得。乙是占有人(占有主人),丙是占有辅助人。

例5: 甲是专门销售望远镜的商店,因顾客寥寥,店长让店员张乙拿100个望远镜到5公里外的庙会上去卖,张乙在庙会摆地摊,并标明是甲商店的货。

(1)张乙是代理人,是占有辅助人,甲是占有人。依占有权利推定规则,推定甲享有所有权。

(2)如果张乙未标明是甲的货物,以自己的名义出卖给第三人,则张乙为直接占有人,依占有权利推定规则,推定张乙有所有权,第三人可以善意取得。

例6: 甲公司让业务经理张乙到丙公司购买1台绘图仪,张乙代理甲公司与丙公司签订了买卖合同,丙公司将绘图仪交给张乙。

丙公司将绘图仪交给张乙持有,是对甲公司的交付,交付后,甲公司是占有人(占有主人),张乙是占有辅助人。

例7: 甲公司让工作人员张乙到丙文具商店购买1支金笔,张乙对丙表示为甲公司购买两支金笔,要求开具抬头为甲公司的发票,为昧下1支,张乙要求在发票上写1支金笔。丙将金笔交给张乙。张乙将其中的1支金笔交给甲公司入库;另1支冒充自己的,以合理价格卖给了不知情的李丁。

(1)对其中1支金笔,张乙为辅助占有人,另外1支金笔,张乙为直接占有人。

(2)张乙将1支金笔交给甲公司入库,则甲公司为占有人,不存在占有主人和占有辅助人的区分。若甲公司不要求入库,让张乙把1支金笔放在其办公桌上使用,则甲公司为占有人(占有主人),张乙为占有辅助人。

(3)李丁受领交付后,善意取得金笔所有权。

例8: 甲公司的公章,交由公司秘书乙保管,乙被辞退后,将公章拿回家,拒不交给公司。请问:乙的地位有何变化?

(1)乙被辞退后,对公章从辅助占有人转化为直接占有人,公司从占有人(占有主人)转化为间接占有人。

(2)乙转化为间接占有人的同时,与甲之间成立了法定占有媒介关系。因交付产生的占有媒介关系为意定占有媒介关系,因本案没有甲将公章交付给乙占有的法律事实,只有交付给乙持有的法律事实,故双方之间不成立意定占有媒介关系。

例9: 剧院演出结束清场后,保洁员在清扫地面时,在观众座椅下捡到一个钱包,四顾无人,塞入衣袋,下班后带回家中。

有学者指出,遗失物之拾得,得由占有辅助人为之,但须在占有辅助关系范畴之内,如某商场保洁员拾获遗失物,铁路局(或公路局)车站员工拾得旅客遗失物。① 本案情况比较特殊,不宜直接套用上述观点。

剧院演出清场后,是一个封闭的场所,保洁员发现钱包前,钱包由剧院占有。此占有的成立,不因剧院的不知而受影响,也不受没有辅助占有人的影响。

本稿第3条第1款第1句规定:"为占有人的利益,基于工作上的从属关系,受占有人的指示而持有物,为辅助占有人。"保洁员非为剧院利益,且处于隐秘占有状态,属于侵夺剧院的占有。保洁员为直接占有人,剧院为间接占有人,失主是上级间接占有人。失主作为间接占有人,自可向剧院请求回复占有,也可直接请求保洁员回复占有。

例10: 甲公司卖给乙公司10万元的茶叶,打捆成包并作了标记,茶叶已经成为主观特定物。双方约定签订合同10天内,乙公司上门取货。到第10天,乙公司表示,本公司尚不具备保管这种茶叶的技术条件,请求甲公司保管6个月,双方又签订了有偿保管合同。甲是否为辅助占有人?

双方通过签订第二个合同(保管合同),实现了占有改定方式的交付,观念交付是"占有不动本权动",乙取得了本权(所有权),甲是保管人,是直接占有人,不是辅助占有人,乙是间接占有人,不是占有人(不是占有主人)。

例11: 中国政法大学北京海淀校区图书馆的书籍,所有权、占有的归属如何? 谁可为占有辅助人?

中国政法大学是国家核拨经费的事业法人,按现行法律,图书归国家所有,不归中国政法大学所有。不宜认为享有所有权的国家为占有人,也不宜认为作为内部单位的图书馆为占有人,中国政法大学为占有人。图书馆不为占有辅助人,上班的馆员可为占有辅助人。学生张甲借了一本图书在馆内阅读,为持有

---

① 参见王泽鉴:《民法物权》,北京大学出版社2010年版,第192页。

人,但不为占有辅助人。张甲觉得这本书不错,办理了出借手续,拿回宿舍阅读,此时,张甲为直接占有人,政法大学为间接占有人。

(二)视为辅助占有的情形

例1: 张甲送给15岁的儿子张乙1架电子琴,张乙借给李丙,李丙在借期届满后拒不返还。监护人张甲代理张乙起诉,行使占有回复请求权。胜诉后,执行中返还给张甲是否可以?

张甲送给儿子张乙的电子琴,由张乙享有所有权并占有。张甲作为法定监护人,在本案中是法定代理人。

本稿第3条第3款规定:"与被代理人没有工作上从属关系的代理人和法定代理人,代理提交交付或受领交付时,视为辅助占有人。"执行返还,应当返还给张乙(占有主人、原告),但交付时视张甲为辅助占有人,法院将电子琴提交给张甲持有当然是可以的。

例2: 甲公司(商业银行)贷款给乙公司2 000万元,乙公司从外地的丙公司处购买了3 000万元的工业品(种类物),已经运输到乙所在地火车站,卸载在丙的货场里,乙将这些货物质押给甲公司,甲、乙、丙三方签订了合同,甲公司对货物作了"甲公司质押物"的标记,同时允许乙公司按与甲公司事先协商的额度出货(对外销售),但货款须进入乙公司在甲公司所开的保证金账户。

依本稿第3条第5款,甲公司的质权成立。此质押之"浮动",类似于浮动抵押之"浮动",即主债权未发生变化,但标的物数量有变化。

例3: 甲公司向乙银行借款,双方协商以甲公司仓库储存的电饭煲质押。仓库库存量6万个,通常每月进库6万个,每天出库2 000个。仓库外设存货(质押的电饭煲)质押声明和足以使第三人识别的标记,乙银行派人与甲公司仓库管理员共同监督进、出库,每天出库量不得超过2 000个,且须经乙银行人员签字。

本稿第3条第6款规定:"动产质权人对出质人占有的质物设定足以使外界识别的标记的,出质人视为辅助占有人。"本案视甲公司为辅助占有人,即视乙银行为占有人,占有成立,质押成立。

例4: 李乙将1只名贵信鸽质押给债权人张甲,因李乙有鸽房、训练设施等条件,二人约定信鸽仍留存在出质人李乙处,在信鸽左腿固定上一铅箍,铅箍上压出文字,注明该信鸽在何年何月何日质押给质权人张甲。

（1）依本稿第3条第6款规定，张甲视为占有人，成立质权，李乙虽为占有人，但视为辅助占有人。

（2）若李乙除去铅箍，出卖给善意的第三人王丙，则王丙取得所有权，为正常取得，不为善意取得；若赠送给善意的王丙，王丙亦"正常地"取得所有权（理由参见第9条"动产善意取得"的"说明"和"理论阐释"）。这是质权人张甲不取得现实占有应当承担的风险，"设定足以使外界识别的标记"的主要目的，是为了对抗其他债权人，保障优先受偿的地位。

【理论阐释】

一、辅助占有的界定

（一）辅助占有概述

学界将辅助占有与占有辅助相混用，实际上二者有细微的差别：辅助占有，一是与主人占有相对应；二是"辅助"对"占有"是一种"定语"，便于与占有相区分；占有辅助，强调的是一种行为效果。

我国《物权法》未对辅助占有作出规定。我国台湾地区"民法"第942条就占有辅助人规定："受雇人、学徒、家属或基于其他类似之关系，受他人之指示，而对于物有管领之力者，仅该他人为占有人。"① 台湾地区学者和大陆学者一般是依此规定来界定辅助占有以及自己占有。"以实施占有者之从属关系为标准而区分，凡占有人亲自对于其物为事实上之管理者，谓之自己占有；反之，对于其物系基于特定之从属关系受他人指示而为占有，谓之辅助占有。"② "自己占有，指占有人自己对物为事实上管领。占有辅助，指基于特定的从属关系，受他人之指示，而对物为事实上的管领。"③ 对同一物并不存在自己占有和辅助占有两个事实支配力，立法例和学者们认为占有主人（指示人）是占有人④，辅助占有人定位为是有事实支配力的人。

学说上还认为，辅助占有人为占有主人的占有机关，或认为辅助占有人有类

---

① 该条的渊源在《德国民法典》第855条："[占有辅助人]某人在他人的家事或营业或在类似的关系中，为他人行使对物的事实上的支配力，而根据这一关系，其须遵从该他人有关该物的指示的，仅该他人是占有人。"

② 谢在全：《民法物权论》（下册），中国政法大学出版社2011年版，第1154页。

③ 王泽鉴：《民法物权》，北京大学出版社2010年版，第437页。

④ 占有主人不能称为自己占有人，因为占有主人有占有辅助人，对自己占有而言，没有占有辅助人。

占有人之手足。① 史尚宽先生认为,占有辅助人非占有人,只是持有人。② 其意是占有主人是通过辅助占有人实现占有的。

有学者指出:"依占有辅助关系取得占有,在交易上颇为常见。占有的原始取得或继受取得均得依占有辅助人为之。占有辅助具有替代代理的功能。在占有的原始取得,如雇人捕鱼、发掘埋藏物。在占有的继受取得,如甲公司职员乙向丙公司丁购买计算机,付款取货。在此情形下,买卖契约(债权行为)系由乙、丁分别代理甲公司和丙公司互为意思表示而订立,标的物和价金让与合意(物权行为)亦分别由乙、丁代理为之。至于物的交付,则依占有辅助关系而完成,即丁交付计算机予乙时,乙系甲公司的占有辅助人,由甲公司取得其占有,乙支付价金(货币或支票)予丁时,由丙公司取得其占有,而分别让与买卖标的物和价金的(货币或支票)的所有权。"③笔者认为,依辅助关系原始取得占有,如雇人捕鱼、发掘埋藏物,雇员完成的是事实行为,对所捕之鱼、所发掘之埋藏物,按辅助占有关系处理,与代理无关,认为具有"替代代理的功能",是不够准确的。

由于辅助占有不是占有,故辅助占有人没有"占有之意思"和"占有之本权"。

由于辅助占有不是占有,"关于占有之规定除法律有特别规定外,辅助占有无适用之余地,此与间接占有原则上均得适用占有之规定,恰异其趣"。④

(二)辅助占有与持有

持有不等于占有。占有是对物的管控(管领),而持有不是管控。持有是物理上的事实支配(物理上的接触、掌握)。物理上的支配与管控,在内涵上有所区别。占有人作为对标的物的管控者,可以是物理上的事实支配,也可以不是物理上的事实支配。

持有物可以是动产,也可以是不动产。

对持有物必有占有,持有不能单独存在。持有有三种状态:第一种持有构成占有,比如,某人对身上的衣服为占有。第二种持有是辅助占有人的持有,其不是占有。第三种是其他人的持有。例如,在饭店吃饭,顾客对使用的餐具是持有,但不是占有,也不是辅助占有。

需要区分持有与占有的关系:占有人可以持有物,也可以不持有物。持有固可以构成占有,未持有亦可构成占有,比如,张甲有一所房屋,锁上门外出,对该房屋,张甲失去持有,但不失占有。

---

① 参见谢在全:《民法物权论》(下册),中国政法大学出版社2011年版,第1158页。
② 参见史尚宽:《物权法论》,中国政法大学出版社2000年版,第492页。
③ 王泽鉴:《民法物权》,北京大学出版社2010年版,第459、460页。
④ 谢在全:《民法物权论》(下册),中国政法大学出版社2011年版,第1156页。

(三)辅助占有与自己占有

一般认为,辅助占有是与自己占有相对应的,学者在进行类型化研究时,经常把二者放在一起对比研究。其实,辅助占有与主人占有处于同一法律关系之中,所谓自己占有与辅助占有,并不处于同一法律关系之中。例如,张甲雇用李乙当司机,张甲是主人占有,李乙是辅助占有。辅助占有不能独立存在,他是与主人占有同时存在的。张甲开着自己的车,是自己占有,这是一种独立的现象,与辅助占有是没有关系的。

自己占有和辅助占有不能作为占有的一种分类,因为辅助占有不是占有,辅助占有与占有不具有种属关系。① 占有也不能分为主人占有和辅助占有,因为辅助占有不是占有,只是持有。

(四)不属于辅助占有的情形

1. 基于身份关系的占有,不构成辅助占有

就从属关系的角度,我国台湾地区"民法"认为,基于"家长"与"家属"关系的占有,也可构成辅助占有。② 笔者设计的本条,未规定身份关系构成辅助占有的情形。主要指导思想是家庭成员之间不存在从属关系。另外,家庭成员之间通过下列三种归类即足以解决问题:①共同占有;②单独占有,包括监护人对被监护人财产的单独占有;③法定代理人代理提交交付和代理受领交付视为辅助占有。

在实务中,应注意将共同占有与辅助占有相区别。例如,某甲租赁房屋一间,其子某乙与其一起居住,是共同占有,而不宜认为是占有主人与辅助占有人的关系。在租赁期间,某甲去世,某乙有继续承租权,这是占有效力的体现。③对夫妻关系,则更不能认为是"家长"和"家属"的关系而认为妻子一方是辅助占有人。这不仅违反了平等观念,也不利于对女方的保护。④

监护人与被监护人对物也可以成立共同占有。比如,被监护人 15 岁,继承

---

① 类似而不能成立的分类如:(1)占有分为现实占有和观念占有;(2)占有分为占有与本权;(3)占有分为直接占有和间接占有。

② 2010年2月3日,我国台湾地区公布了《民法》物权编用益物权及占有部分修正条文,其中对第942条"占有辅助人"增加了"家属"二字。

③ 《合同法》第234条规定:"承租人在房屋租赁期间死亡的,与其生前共同居住的人可以按照原租赁合同租赁该房屋。"

④ "基于夫妻之平等原则,对于夫妻同住之房及屋内之家具,应认系成立共同占有,已难依传统观念认配偶一方系受他方指示而为占有,系辅助占有之一种。"参见谢在全:《民法物权论》(下册),中国政法大学出版社2011年版,第1155页。

了一套房屋,其父母作为监护人与其共同居住这套房屋,三人为共同占有人。此类情形,不存在设定或视为辅助占有的必要。

监护人单独占有也是常见现象。监护人不受被监护人指示,也不存在从属于被监护人的问题。监护人占有被监护人的财产,是独立的现象,不属于辅助占有。监护人作为法定代理人,对以被监护人名义对第三人提交交付或受领交付时,监护人为独立意思表示。为保护被监护人的利益,监护人实施提交交付、受领交付的法律行为时,可视为辅助占有人。

2. 依保管、仓储、承揽、建设工程、租赁、运输等合同等占有物的,不是辅助占有

(1) 对依保管合同、仓储合同、承揽合同、建设工程合同、租赁合同、运输合同等合同占有物的,不宜认为是具有工作上的从属关系且接受指示而占有。因为,上述合同的双方是平等主体之间的交易关系,其保管、承揽、建设工程承包、承租、承运等一方当事人行为也是独立自主的行为,没有占有主人具有的实际控制力的外观特征,也没有必要对外宣称以相对人的名义占有,故他们是占有人,不是占有辅助人。

(2) 仓储合同、货物运输合同的保管人、承运人相对于持有仓单和提单者,也不是占有辅助人,而是占有人。① 仓单和提单是物权证券,持有者对保管人、承运人享有返还原物的物权请求权(占有回复请求权之一种),这恰恰是占有媒介关系中的请求权,占有主人对辅助占有人没有这样的请求权。

(3) 委托合同的受托人,可以是受托完成事实行为,也可以受托完成法律行为(直接代理和间接代理),受托完成事实行为而占有委托人之物,应认定为直接占有。以被代理人名义提交物的交付和受领物的交付,应当认定被代理人占有,代理人为辅助占有人。这时候,辅助占有是可以识别的。

(4) 虽然存在平等主体之间的合同,但一方管控,另一方协助时,也可成立占有辅助关系。比如,业主请搬家公司搬家,业主随车押运,则业主为占有主人,搬家公司作为运输合同的承运人为占有辅助人。

(五) 对辅助占有的界定

根据以上研究,笔者对辅助占有的界定是:辅助占有是为占有人的利益,基于工作上的从属关系,受占有人指示而对物的持有。一物一占有,持有不是占

---

① 相反的观点认为:"在拟制交付中,第三人虽然对标的物实行事实上的管领,但这种管领须完全服从于所有人即物权凭证持有人的指示——'见单放货',第三人不能被称为真正法律意义的占有人,而是占有辅助人。"参见杨震:《观念交付制度基础理论问题研究》,载《中国法学》2008年第6期。

有。持有是对物的物理性控制,不同于占有人对物的管控。承认占有人对物的管控,常常要借助社会一般观念。在脱离占有人的管控后,辅助占有人可以转化为直接占有人。

二、对辅助占有的外观识别及占有主人的管领力

(一)占有的定义及与"传统辅助占有"的矛盾

占有是对物的事实上的管控或管领状态。① 在占有与本权相区分的前提下,占有必然是一项客观事实。有无本权,不影响占有作为一项客观事实的存在。

占有作为人对物的一种事实上的管控,要凭借法律的帮助,某人对物的实际控制,并非法律听而不闻、视而不见的事实。也就是说,对占有是事实的认定,但也包含着法律的价值判断,即是法律对占有(包括无权占有)是否要进行保护,对谁进行占有保护的判断。

"传统辅助占有"是立法例与传统学说界定的辅助占有。在传统辅助占有来看,占有主人是占有人,却没有事实管领力;辅助占有人有事实管领力,却不是占有人。这与占有的定义发生了矛盾,使占有主人的占有趋向观念化。

一物一占有,对同一物不能有两个事实管领力,那么究竟应认定谁对物有事实管领力呢?笔者的观点是反潮流的:应当认定占有人有事实管领力,即占有人事实上对物管控,占有辅助人的持有仅为物理上的控制力。这样认定,不但符合一般社会观念,还有一个益处:为辅助占有转化为直接占有提供前提,进而为保障交易安全提供支持,防止第三人蒙受不测之损害。

(二)对辅助占有的外观识别及社会观念

1. 辅助占有的外观识别

笔者认为,对辅助占有的认定,存在着对辅助占有的外观识别问题。

有学者指出,占有主人与辅助占有人之间的从属关系,无须为外部所识别。② 其实不然,占有在外观上是可识别的,即具有可识别性,占有主人的占有也具有可识别性。例如,对商店里的商品,人们自然认为控制力在公司或老板,而不在店员。

占有对他人而言实际上主要是一种视觉形象,是能够被外部所识别的实际管控状态。代理人表示以被代理人的名义提交交付或者受领交付,也是第三人

---

① 我国台湾地区"民法"第940条就占有人规定:"对于物有事实上管领之力者,为占有人。"
② 参见谢在全:《民法物权论》(下册),中国政法大学出版社2011年版,第1155页。

识别的一种方式。

辅助占有,一般占有主人不仅与占有物有空间结合关系,也与持有人有空间结合关系。当占有主人丧失了与物的空间结合关系,而持有人保持与物的空间结合关系,但持有人打着占有主人的旗号,就弥补了依视觉进行判断的不足。比如,商店店员拿着商店的洗涤剂出店以商店的名义销售,仍可识别店员为辅助占有。

辅助占有不但在外观上可以识别,这种识别对交易安全还有重要的作用。因为识别之后,才能确认本权人是谁,在与谁进行交易。

2. 依社会观念判断其支配关系

占有是对物的管领,"管领是指物在社会观念上被承认为事实上属于某人支配"。[①] 占有虽为事实,但非物理的事实,而为社会的事实。故如何情形,始得对于物有事实上之管领力,即始得谓为占有。非依照物理的状态定之,而应以一般社会观念定之。在通常情况下,动产之占有,指在一定人之实力控制下而言。不以其人之身体接触该物为限。至于不动产之占有,仅须有管理使用之情形为已足。[②] "占有为社会之现象,而非物理之现象。占有之本质,在于对于物之支配之事实,须有外部认识之具体的支配关系之存在。是否有物之支配,不得依物理的见地决定,而应依其时代之社会的观念、客观的决定之。社会观念上认为其人实力及于其物时,则物属于其人支配。其人之物理上的力及于其物与否,在所不问。"[③]当事人对物是否构成占有,即对物是否具备事实的管领之力,须依社会观念进行判断,而社会观念对占有的判断,通常是对物实力管控的判断。

依社会一般观念认定占有的例子颇多。例如,对婴儿的襁褓,依照社会观念的判断是监护人占有,而不是婴儿的占有。再如,一人睡梦中被情人在头发上插入一朵鲜花,尽管其不自知,但一般社会观念认为属于睡觉人占有,不可侵夺。还有,一个保姆随身携带的手机为雇主购买,保姆只有使用权,由于手机几乎是人人必备的物,一般社会观念认为是保姆占有这个手机,而不认为雇主是占有人。

辅助占有人是因使用、修缮、管理等原因持有物且具有工作上从属关系的雇员、职员等,他们是与标的物有接触的人。笔者认为,依一般社会观念,人们并不认为具有从属关系的雇员、职员等为物的管控人,而是认为占有主人是管控人。

---

① 〔日〕田山辉明:《物权法》,陆庆胜译,法律出版社2001年版,第123页。
② 参见姚瑞光:《民法物权论》,中国政法大学出版社2011年版,第252页。
③ 史尚宽:《物权法论》,中国政法大学出版社2000年版,第530页。

例如,"超市"的职员虽然接触商品,人们大都认为是"超市"在管控这些商品。立法例上认为占有辅助人有"物有管领之力",并不准确。笔者认为,认定占有主人对物管控(有管领之力),符合一般社会观念,更有说服力,对实务也有积极作用。

三、辅助占有与直接占有的区分及转化

(一)辅助占有与直接占有的区分及内部关系

辅助占有人对应占有主人,直接占有人对应间接占有人。辅助占有人没有管控力,是对占有主人管控物的持有;直接占有人有管控力,是对他人之物的占有。

占有主人不同于间接占有人。前已述之,事实上的管领之力应当属于占有主人;间接占有是脱离占有的本权,是一种观念占有①,间接占有人对物没有事实上的管领之力,不是现实的管控人。

间接占有面对直接占有,它们之间存在意定或法定占有媒介关系。间接占有的基本效力,表现为占有回复请求权。

占有主人与辅助占有人之间的占有辅助关系,不是占有媒介关系。比如,宠物店里给宠物洗澡、剪毛的工具,店主是占有人,技师上班的时候使用,只是持有,本来工具就是店主控制的,下班的时候不存在向店主回复占有的问题,即双方之间不存在占有媒介关系。再如,单位内部工作人员代理单位受领一台仪器,单位要求其入库,是命令与服从的关系,不是行使平等主体占有媒介关系的民事请求权。

(二)辅助占有人向直接占有人的转化及意义

1. 辅助占有人向直接占有人的转化

辅助占有人可以向直接占有人转化,直接占有人也可以向辅助占有人转化。实务中,前者较为常见,仅就此述之。

(1)转化的常见的一个原因,是辅助占有人侵占占有。侵占占有,包括侵夺的积极行为和拒不归还占有的消极行为。本稿第3条第2款规定:"占有物由受指示人持有且非为指示人利益的,受指示人为直接占有人,指示人为间接占有人。"侵占占有,当然不是为了指示人的利益。

比如,工厂保管员将保管商品偷拿出店铺,以自己的名义向第三人出售,则

---

① 参见隋彭生:《论占有之本权》,载《法商研究》2011年第2期。

保管员因侵夺成立直接占有,其直接占有是从辅助占有转化而来,"以自己的名义",则是"对本权的主张"。第三人自是对保管员进行占有权利推定,从而决定是否与其进行交易。

次如,业务员出差回来后拒绝将空白发票本归还,则因一般侵占占有的行为成为直接占有人。

再如,辅助占有人随身带 10 支野人参出差,物与占有主人脱离了空间关系,辅助占有人并对他人表示自己有本权,此时,辅助占有人对物有实际支配力,转化为直接占有人,占有主人相应的转化为间接占有人。①

(2)转化的另一个原因,是占有辅助关系的基础法律关系消灭,导致占有辅助关系消灭,即不存在"指示和接受指示"的问题。占有辅助关系的基础法律关系有雇佣关系、劳动关系等。

有学者指出:"在占有媒介关系终止时,'主人'自己未取得对物的事实上的支配力时,即丧失其占有。例如,雇主解雇驾驶员而未使其交还汽车,即丧失了对该车的占有。受雇人侵占所控制的物品时,纵然雇佣合同继续存在,雇主的占有仍归消灭。"②对上述观点,有两点需要说明:其一,占有主人(包括雇主)与占有辅助人(包括雇员)之间存在占有辅助关系,并不存在占有媒介关系。其二,在占有辅助关系的基础法律关系消灭时,占有辅助关系消灭,占有辅助人的持有可转化为直接占有。比如引文中的例子"雇主解雇驾驶员而未使其交还汽车,即丧失了对该车的占有"。——此例因解除了雇佣关系,雇主丧失占有,雇员的持有转化为直接占有,汽车由雇员管控。

2. 认定辅助占有人向直接占有人转化的意义

认定辅助占有向直接占有的转化,有助于避免占有分类产生的过于僵化的消极后果。这种僵化的原因之一,是把当事人之间存在从属关系当做判断占有辅助构成的唯一标准。

(1)如果排除了受指示人的直接占有,则动产善意取得制度就会"望而却步",就可能使与受指示人交易的第三人蒙受不测之损害。因为辅助占有人以自己名义的移转占有,不构成交付。当事人自占有辅助人转换成直接占有人后,其有偿转让占有的动产,善意第三人可以善意取得。

(2)认定受指示人从辅助占有转化为直接占有,有利于对受害人的保护。

---

① 普通法学者的有关描述,不无参考价值:在史丹佛的时代,仆人受其主人之托运送金钱的,被裁定在普通法上拥有占有。此种观点认为,只要仆人还在主人房中或与主人相伴,主人就继续占有。参见〔英〕弗雷德里克·波洛克:《普通法上的占有》,于子亮译,中国政法大学出版社 2013 年版,第 12 页。

② 崔建远:《物权法》,中国人民大学出版社 2009 年版,第 149 页。

比如,占有主人侵占第三人的占有,占有辅助人因侵夺占有主人的占有而转化为直接占有。由于物权的对世性、物权请求权的追及性,第三人即可以向直接占有人主张回复占有的权利,也可以向间接占有人(原占有主人)主张回复占有的权利。

(3)当受指示人为直接占有人而物被第三人侵占的,也是应受占有保护的。有学者指出:"占有辅助人能够随时对可能发生的占有妨碍和占有侵夺及时进行反应。占有辅助人能够实现关于因占有侵夺和占有妨碍而产生的请求权,也就能够代表和实现占有的权利,这也正是交易安全的需要。"[1]笔者以为,占有辅助人实际上只有正当防卫、紧急避险等私力救济的权利,并没有占有回复请求权,当占有辅助人转化为直接占有人时,才可成立、行使占有回复请求权。

(4)指示人可以对构成直接占有的受指示人进行观念交付,如进行简易交付,以及对第三人进行指示交付。在辅助占有转化为直接占有之后或受指示人自始取得直接占有时,原占有主人或指示人不能为占有改定的方式交付,因为占有改定方式的交付,提出交付的人是现实占有人。

有学者指出:"关于交付之简便方法,在直接占有可准用者,为占有辅助人为物之持有时,得依让与人(占有人)与受让人间占有让与之合意,而生移转之效力(准用台湾地区'民法'第761条第1项后段)。"[2]意思是,让与人(占有主人)与占有辅助人之间也可以简易交付。笔者认为,此说不妥。因为简易交付是对直接占有人的交付,占有辅助人只是持有人,无法对其简易交付,只能现实交付。比如,店主对店员说,春节将至,每一位店员可在货架上拿一件1 000元以下的商品,店员们遵嘱取下自己心仪的商品。此举是商店对店员的现实交付,不是简易交付,也没有必要解释为简易交付的准用。

四、辅助占有的效力及"视为"辅助占有的效力

(一)辅助占有的效力

认定辅助占有的意义,在于把占有的效力归属于占有主人。分述如下:

(1)辅助占有人不能成立占有抗辩权,也不发生留置权。占有抗辩权和留置权都是占有的效力。

(2)辅助占有人受指示对于无主物的"持有",不能由其先占而取得所有权,

---

[1] 周梅:《间接占有中的返还请求权》,法律出版社2007年版,第69页。
[2] 史尚宽:《物权法论》,中国政法大学出版社2000年版,第549页。我国台湾地区"民法"第761条第1项规定了简易交付:"动产物权之让与,非将动产交付,不生效力。但受让人已占有动产者,于让与合意时,即生效力。"

只能由占有主人因先占而取得所有权。如受雇捕鱼,雇主因先占取得所有权,雇员(辅助占有人)不能因先占取得所有权。

(3)在买卖动产的场合,出卖人或出卖人的辅助占有人将标的物的占有移交给买受人的辅助占有人,应当认为发生了移转占有的效果,由此,发生了移转动产所有权的效果。在设立动产质权时,出质人或出质人的占有辅助人将标的物的占有移交给质权人或质权人的辅助占有人,应当认为发生了移转占有的效果。

(4)辅助占有人以自己的名义(冒充自己的物)让与占有主人的动产时,受让人不能善意取得。善意受让人对其占有之本权的推定,是善意的内容。占有辅助是可识别的,在此前提下,受让人不可能是善意,但是辅助占有人转化为直接占有人时,受让人可以是善意,进一步说,对直接占有人交付的物可以善意取得。

(5)标的物毁损、灭失的风险由占有主人承担,辅助占有人并不承担。

(6)占有主人原始取得天然孳息,辅助占有人不能取得。

(7)在设立取得时效的立法例中,辅助占有人不能依取得时效取得标的物的所有权,因为他不是占有人。

(8)占有辅助人可以行使占有人的自力救济权,这自是为了占有人的利益。占有辅助人对于侵夺、妨害其占有的行为,可以自力防卫,以保护占有人的占有。不动产和动产被侵夺的,占有辅助人夺回其物,自是由占有人继续占有。占有辅助人使用自力超过必要的限度,因是职务行为,占有人应当承担责任。

(二)"视为"辅助占有的效力

本稿第3条第3、4、5、6款,规定了"视为辅助占有人"的情形,这是为了保护被代理人、动产质权人、留置权人所作的特别设计。"视为"是民法规则适用的技术手段,是解决特殊问题的需要。

(1)单位"外部人"作为代理人和法定代理人视为辅助占有人,是相对于第三人而言的,是以被代理人的名义向第三人提交交付占有或者受领交付占有。在被代理人与代理人之间,不是辅助占有关系,而是占有媒介关系,即被代理人是间接占有人,代理人是直接占有人,被代理人可以请求代理人回复占有。

如果不明确代理人和法定代理人"视为辅助占有人",则无法顺利完成交付的过程。被代理人对代理人或法定代理人没有占有辅助关系,不能以命令、指示的方式回复占有,故明确双方间接占有人和直接占有人的地位,也是很有必要的。

依本稿第3条第3款,委托代理人、法定代理人视为辅助占有人时,其"本色"是直接占有人。王泽鉴教授指出:"须注意的是,同一人得兼具占有辅助人与代理人的地位。例如,甲嘱其受雇人乙,以甲名义,向丙购买大哥大,并受领其物。在此情形,乙系甲的代理人,与丙订立买卖契约,并作成移转该大哥大所有权的让与合意,至于该大哥大的交付,则依占有媒介辅助关系完成之,于乙受领该大哥大,而有事实管领力时,则由甲取得占有,发生动产所有权移转的效果。"① 笔者的观点与上述观点有差别,只是将代理人"视为"辅助占有人。

(2)动产质权、留置权是占有担保物权,以占有为成立和存续的要件,但实践中有时需要脱离占有,比如质物、留置物需要交付给第三人修理、保管,修理、保管的第三人为直接占有人。但保持住质权、留置权,采用将第三人视为辅助占有人的技术手段,则较好地解决了矛盾。将第三人视为辅助占有人,则质权人、留置权人相应地视为占有主人(占有人)。此时不要求对标的物作识别标记,否则对质权人、留置权人过苛,也不符合生活习惯。

修理、保管是常见的现象,动产质权人、留置权人脱离占有还有其他原因,比如,质物、留置物需要运输,则可视承运人为占有辅助人。再如,质权人、留置权人在债权到期不能获得清偿时,可以对标的物自助变价,在交给拍卖人出卖时,则可视拍卖人为占有辅助人。

对承揽人、保管人等第三人的地位,存在不同理论观点,有人认为是直接占有人,有人认为是辅助占有人,采用"视为"的技术手段,解决了争议,可以避免使实务无所适从的"理论指导"。

(3)质押物为大批货物时,转给质权人占有,可以说是劳民伤财,也没有必要。由第三人或出质人占有的,要设定足以使外界识别的标记,这样不会危及交易安全。

动产质押式微的一个重要原因,是交付占有后出质人和质权人对质物都不能用益,浪费了物的用益价值。如果允许质物放在第三人处或出质人处继续用益,则会促进这种担保方式的运用。

五、结语

我国《物权法》没有规定辅助占有。规定第3条,对解决实务中占有的归属,从而确定当事人的权利义务关系,具有重要的意义。

辅助占有不是占有,不是对物的管控。笔者试图改变立法例和既有的理论传递给人们的一个观点:占有辅助人对物拥有管领之力,占有主人的占有实际上是观念化的占有。这个观点破坏了占有概念的统一性和内在逻辑,也不符合一

---

① 王泽鉴:《民法物权》,北京大学出版社2010年版,第438页。

般社会观念。在辅助占有存在时,占有主人才是对占有物的管领(管控)者,辅助占有人只是对物的物理上的接触者和物理上的控制者。当辅助占有人脱离持有时,对占有并不发生影响。

辅助占有是法律复杂化的一种表现,它不是一种游戏,而是为衡平当事人的利益,是处理复杂权利义务关系的技术手段。辅助占有是一个相对概念,要清醒地看到辅助占有可向直接占有转化。

对辅助占有的认定涉及交易安全,辅助占有的成立或存在,须有外观的可识别性,或者基于本权的主张产生可识别性。

我国《物权法》对占有没有作出定义,理论上则众说纷纭、观点林立。在我国制定"民法典"时,应当对占有作出定义,作为占有规则体系的"统帅"(参见第1条)。这种定义,亦应当对判断主人占有和辅助占有所适用。

笔者主张,抛弃辅助占有人对物拥有管领力的传统思路,改变辅助占有与占有定义相背离的现象。

【立法例】

我国台湾地区"民法"

第942条[占有辅助人] 受雇人、学徒、家属或基于其他类似之关系,受他人之指示,而对于物有管领之力者,仅该他人为占有人。

第961条[占有辅助人之自力救济] 依第九百四十二条所定对于物有管领力之人,亦得行使前条所定占有人之权利。①

我国澳门特别行政区《民法典》

第1176条[透过居中人行使之占有] 一、占有既得由占有人本人行使,亦得透过他人行使。

二、在有疑问之情况下,推定事实上行使管领力之人为占有人,但不影响第一千一百八十一条第二款规定之适用。②

第1177条[单纯持有] 下列者视为持有人:

(a)事实上行使管领力,但无意以权利受益人之身份行事之人;

(b)单纯在权利人容忍下受益之人;

---

① 台湾地区"民法"第960条[占有人之自力救济]规定:"占有人对于侵夺或妨害其占有之行为,得以己力防御之。占有物被侵夺者,如系不动产,占有人得于侵夺后,实时排除加害人而取回之。如系动产,占有人得就地或追踪向加害人取回之。"

② 我国澳门特别行政区《民法典》第1181条[占有之保存]规定:"一、占有在相当于行使本权之行为持续或可能继续之期间内维持。二、一人开始占有后,推定其继续占有。"

（c）占有人之代理人或受任人,以及在一般情况下,一切以他人名义作出占有之人。

《法国民法典》

第2228条　对于物件或权利的持有或享有,称为占有;该项物件或权利,由占有人自己保持或行使之,或由他人以占有人的名义保持或行使之。

《德国民法典》

第855条［占有辅助人］　为了他人,在他人的家务、营业或其他类似的关系中,遵照他人有关其物的指示,对此物行使实际的控制者,仅以此他人为占有人。

《瑞士民法典》

第923条［让与由让与人及受让人的代理人进行］　物的交付,占有人虽缺席,但将物交付受让人或其代理人,亦得完成。

《意大利民法典》

第1140条［占有］　占有是一种以行使所有权或其他物权(832、1066)的形式表现出的对物的权利。

占有人可以本人直接进行占有,也可以通过持有物(1141)的他人进行占有。

第1141条［由持有转为占有］　不能证明是以单纯的持有(1140)开始进行控制的,对物的事实控制的人推定为占有人。

以单纯的持有(1140)开始进行控制的,直到发生由第三人引起的控制或者依据其向占有人提出异议的效力使控制发生变化以前,不能取得占有。上述规定同样适用于一般继承人(588、1146、2728)。

《韩国民法典》

第195条［占有辅助人］　因家事、营业及其他类似关系受他人指示而事实上支配物的,该他人为占有人。

第四条 【直接占有、间接占有与占有媒介法律关系】

直接占有,是对他人之物的占有。间接占有,是脱离占有的本权。

间接占有人与直接占有人之间形成占有媒介法律关系,间接占有人与间接占有人之间形成上级占有媒介法律关系;间接占有人对直接占有人或下级间接占有人享有占有回复请求权。

占有媒介法律关系可以基于合同由交付形成,也可以由无因管理、侵权等行为及事件形成。

第五条第三款和第四款规定的无权占有人、第七条第一款规定的占有回复请求权人,视为间接占有人。

【说明】

(一)概述

本条分为4款,第1款规定直接占有,第2款规定间接占有和占有媒介法律关系(以下简称占有媒介关系),第3款规定占有媒介关系形成的原因,第4款规定视为间接占有人的情形。

占有制度可以区分"静的制度"和"动的制度"两大块。本条反映了占有脱离本权后形成的法律关系及其效力,表面看起来,欠缺实用性,其实是"动产的制度"制定和适用的基础。以间接占有、直接占有为基础的规则,是占有制度不可或缺的部分。比如,本权人的占有回复请求权是间接占有的效力、观念交付是移转和创设间接占有的行为。

占有媒介关系及其基础法律关系反映了占有的基本理论问题,具有指导性。占有媒介关系概括了所有他物占有产生的相对法律关系,其基础法律关系则提示了他物占有本权。

(二)直接占有与间接占有

(1)占有分为自物占有与他物占有,直接占有是他物占有。直接占有是占有的一种,不能等同于占有。

$$占有\begin{cases}自物占有\\他物占有(直接占有)\end{cases}$$

(2)直接占有,可以是有权占有,也可以是无权占有。自物占有是所有权人的占有,都是有权占有,在"交互侵夺"时,自物占有也是有权占有。

(3)直接占有是现实占有,间接占有是观念占有。之所以借用"占有"二字,是因为间接占有仍可受占有保护,具有占有的某些效力。

(4)间接占有的本质,是脱离占有的本权。间接占有是观念占有,故可以多重间接占有。多重间接占有,也称为间接占有的连锁。比如,甲将房屋出租给乙,乙经甲同意,又转租给丙,丙现实占有租赁物,是直接占有人,乙是间接占有人,甲是上级间接占有人。乙、丙之间是占有媒介关系,甲、乙之间是上级占有媒介关系。

图示:

甲(上级间接占有人)——乙(间接占有人)——丙(直接占有人)

(5)间接占有人对直接占有人享有占有回复请求权。直接占有与间接占有是同时发生的,是由同一法律事实发生的。比如,定作人甲将物交给承揽人乙修理,交付行为使甲成为间接占有人、乙成为直接占有人。再如,遗失物的"拾得"行为,使拾得人乙为直接占有人,失主甲成为间接占有人。

(6)现实占有人可以为自己创设间接占有。例如,自物占有人张某把一部手机质押给李某,交付后就为李某创设了直接占有,同时为自己创设了间接占有。再如,承租人乙是他物占有人、直接占有人,经出租人甲同意把一台电暖器转租给丙并为交付,乙为丙创设了直接占有,同时为自己创设了间接占有。

(三)占有媒介法律关系

(1)占有媒介关系,是直接占有人与间接占有人之间以交付占有为标的的法律关系:①占有媒介关系是相对法律关系,交付占有,是将占有从一方移转到另一方,是给付的一种。②占有媒介关系中,负担交付义务的人是直接占有人,受领交付的权利人是间接占有人。在占有媒介关系中,直接占有人负担的是占有回复义务。③占有媒介关系是单一法律关系①,直接占有人是义务人,间接占有人是权利人。

上级占有媒介关系,是上级间接占有人与下级间接占有人之间以交付占有为标的的法律关系。"上级"占有媒介关系,是相对于"下级"占有媒介关系而言的,是间接占有连锁的现象。比如,甲将一本书借给乙并为交付,乙又转借给丙并为交付,则乙和丙之间形成下级占有媒介关系,甲和乙之间形成上级占有媒介关系。占有媒介关系的双方主体是直接占有人和间接占有人,上级占有媒介关系的双方主体是上级间接占有人和下级间接占有人。上级间接占有媒介关系的标的也是交付,只是下级间接占有人尚未取得现实占有。

---

① 单一法律关系是法律关系的最小单位,一个给付,一个单一法律关系。

间接占有连锁,上、下级占有媒介关系性质不一定相同。比如,甲把电风扇借给乙,丙从乙处偷走电风扇,则乙、丙之间的下级占有媒介关系为法定,甲、乙之间的上级占有媒介关系为意定。

(2)占有媒介关系分为意定占有媒介关系和法定占有媒介关系,这是根据发生原因不同作出的区分。前者由于交付产生①;后者由于交付以外的法律事实产生,比如以侵夺成立占有的人是直接占有人,被侵夺占有的人是间接占有人。

占有媒介关系的性质可因新的法律事实发生变化。例如,甲将房屋出租给乙1年,租期届满乙拒不归还占有,乙的不作为是侵占行为,是新的法律事实,则甲、乙之间的意定占有媒介关系转化为法定占有媒介关系,甲的占有回复请求权不受影响。

$$占有媒介关系\begin{cases}意定占有媒介关系(由交付产生)\\法定占有媒介关系(由无因管理、侵权等行为及事件产生)\end{cases}$$

(四)占有媒介关系的基础法律关系、牵连法律关系

1. 基础法律关系、牵连法律关系概述

本稿第4条第3款规定:"占有媒介法律关系可以基于合同由交付形成,也可以由无因管理、侵权等行为及事件形成。"①"基于合同由交付形成"的占有媒介关系属于意定占有媒介关系,其基础法律关系是合同,有基础法律关系的,直接占有人为有权占有,享有占有抗辩权。②"由无因管理、侵权等行为及事件形成"的占有媒介关系属于法定占有媒介关系,法定占有媒介关系单独存在的,其直接占有人为无权占有。法定占有媒介关系与牵连法律关系共存的,其直接占有人为有权占有,享有占有抗辩权。牵连法律关系是与占有有牵连的债权关系。

2. 占有媒介关系的基础法律关系

(1)基于租赁、借用、保管、仓储、加工、运输、委托、质押等合同交付物的,该合同是占有媒介关系的基础法律关系。例如,甲、乙订立了租赁合同,但甲、乙之间并不成立占有媒介关系;出租人甲依租赁合同将租赁物交付给乙,甲、乙之间这才成立占有媒介关系,租赁合同是该占有媒介关系的基础法律关系。成立租赁合同与交付租赁物,是不同的法律事实,前者为成立债权债务关系的合意,后者为移转占有。

我国《物权法》第241条规定:"基于合同关系等产生的占有,有关不动产或

---

① 依本稿第18条,观念交付也可以产生占有媒介关系。

者动产的使用、收益、违约责任等,按照合同约定;合同没有约定或者约定不明确的,依照有关法律规定。"条文中的"合同关系",貌似占有媒介关系,其实不然,其只是占有媒介关系的基础法律关系。

由于交付是双方法律行为,故交付形成的占有媒介关系,其基础法律关系不可能是单方法律行为,但可以是共同法律行为,因为共同法律行为可以推定出双方的合意。

(2)占有媒介关系与其基础法律关系的给付方向不同。以租赁为例,如图示(箭头为交付方向):

甲——→乙(租赁合同,出租人甲向承租人乙交付)

甲←——乙(占有媒介关系,承租人乙向出租人甲交付)

(3)如果因合同无效而未发生基础法律关系,则基于无效合同交付的占有媒介关系,仍为意定占有媒介关系,但直接占有人不享有本权,即直接占有人为无权占有人。例如,甲将铁路专用的旧铁轨卖给乙,交付后双方发生争议,受诉法院判决买卖合同无效。因交付,甲、乙成立意定占有媒介关系,合同无效是自始无效,基础法律关系自始不存在。

3. 占有媒介关系的牵连法律关系

由于无因管理、侵权等行为及事件占有他人之物的并形成债权关系的,该债权关系为占有媒介关系的牵连法律关系。例如,甲的动物遗失,乙拾得后实施无因管理行为,乙向甲成立必要费用的债权请求权;对拾得物,乙是直接占有,甲是间接占有,双方之间发生法定占有媒介关系,乙对甲必要费用的债权关系,为占有媒介关系的基础法律关系。次如,甲以欺诈手段与乙签订了买卖一套房屋的合同,乙付款及甲交付房屋后(尚未办理过户登记手续),乙起诉至法院,请求撤销买卖合同,法院判决撤销后,合同自始无效,基础法律关系自始不存在,双方应当互相返还财产;乙占有甲的房屋,双方为意定占有媒介关系,其牵连法律关系是乙请求返还货款的债权关系。再如,甲的小楼装有卫星接收器,狂风忽来,接收器脱落,掉进乙的院子里,致乙的一头猪受伤,就乙对甲的接收器的占有,形成法定占有媒介关系,乙请求赔偿的权利为其牵连法律关系。

(五)视无权占有人为间接占有人的情形

本稿第4条第5款规定:"第五条第三款和第四款规定的无权占有人、第七条第一款规定的占有回复请求权人,视为间接占有人。"第5条第3款规定:"无权占有人对本权人享有与占有有牵连关系的债权,物又被第三人占有的,债权人在债权存续期间内对该第三人享有占有回复请求权。"第4款规定:"无权占有人占有的物又被第三人占有的,本权人可以主张由无权占有人对第三人主张占有回复请求权。"第7条第1款规定："物被他人侵夺占有的,占有人可以请求回复对原物的占有。自侵夺之日起一年内未以诉讼方式请求的,该请求权消灭。"

无权占有人即无本权占有,间接占有是脱离占有的本权。无权占有人不是间接占有人,但为解决实际问题,特对上述条文所述三种情况作了"视为间接占有"的技术处理。

(1)无权占有人在占有的过程中对本权人发生了费用请求权,即发生了有牵连关系的债权,在占有物又被第三人占有时,应允许无权占有人对第三人主张占有回复请求权,以保护其债权。将无权占有人视为间接占有人,一是使其占有回复请求权有了根据;二是使占有连锁能够成立,使本权人作为上级间接占有人仍保持对无权占有人的占有回复请求权。

(2)无权占有人占有期间,物又被第三人占有的,本权人可以根据自己的利益,选择直接向第三人主张占有回复请求权,或选择按照占有媒介关系的上下级顺序,主张由无权占有人对第三人主张占有回复请求权,自己向视为间接占有人的无权占有人主张占有回复请求权。

(3)占有人被侵夺占有的,该占有人可能有本权也可能没有本权,占有人提起占有之诉请求回复占有的,法院不得以本权的理由进行裁判。将被侵夺人视为间接占有人,一是为无须考察其是否为本权人提供基础;二是为占有连锁提供前提。

【案例模型】

(一)间接占有与直接占有

例1:张甲对自己的一件衣服处于占有状态。后又把衣服交给洗衣店干洗。

张甲占有衣服时,其所有权(占有之本权)与占有是结合在一起的,即占有与本权没有脱离。后交给洗衣店干洗,洗衣店是他物占有、直接占有,张甲是间接占有。张甲的所有权(本权)脱离了占有,产生了占有回复请求权。

例2:甲有一套房屋,出租给乙。在交付后,承租人乙占有该套房屋。

在甲向乙交付后,甲的本权(所有权)是脱离占有的本权,脱离占有的本权,就是间接占有。间接占有人甲对直接占有人乙享有占有回复请求权。乙的本权是债权,在租期届满时消灭。双方的本权是对立的,并不同质。

例3:张某有一架钢琴出租给李某,张某死亡,钢琴由其子张小某继承。张小某为间接占有人,李某为直接占有人。

间接占有也可以因为继承而产生。

例 4:甲答应将计算器借给乙,并交付。

使用借贷之交付,创设了借用人乙的直接占有,即创设了占有媒介关系。出借人甲没有丧失对计算器法律上的支配性,但丧失了对计算器事实上的支配性。

例 5:甲、乙之间的动产买卖合同无效,甲依据无效合同交付给乙的动产,乙又以合理价格,转手卖给毫不知情的丙并为交付,丙善意取得了该物。甲要求丙返还原物。

甲要求返还原物,属于法律不能,因为丙已经善意取得了该动产的所有权,该动产还客观存在,不属于返还原物的事实不能。

(1)甲丧失了本权,不成立间接占有,不能依本权请求回复占有。

(2)在承认丙善意取得的前提下,甲也不能以不当得利请求返还原物,甲与丙之间不存在任何相对法律关系。

例 6:甲把自己的 1 只达乌尔鼠兔质押给乙,该鼠兔在乙家生下 7 只小鼠兔。

对 7 只小鼠兔,由甲原始取得所有,由乙原始取得占有。甲与乙形成占有媒介关系,甲是间接占有人,乙是直接占有人。

(二)占有媒介法律关系

例 1:甲把生产洗衣粉的设备出租给乙,交付后,双方的地位及有关占有的法律关系如何?

(1)在甲向乙交付设备后,甲是间接占有人,乙是直接占有人,双方形成意定占有媒介关系。

(2)相对法律关系的客体(标的)是给付,占有媒介关系作为相对法律关系,其给付是直接占有人向间接占有人交付占有的行为。

例 2:张甲丢失了 1 只山羊,李乙捡到后牵回家饲养,同时到处寻找失主。占有媒介关系如何?

(1)李乙为直接占有,张甲为间接占有。

(2)有人认为,间接占有总是依存着一个合同。履行合同可以发生间接占有,比如依租赁合同交付租赁物,就使出租人成为间接占有人,其与直接占有人之间形成了意定占有媒介关系。其实,因侵权行为、无因管理等也可成立间接占有与直接占有,也可形成占有媒介关系。不过,这种占有媒介关系不是由于意思表示形成的,只能是法定占有媒介关系。

(3)本例是因无因管理形成的法定占有媒介关系。如果李乙将山羊据为己有,不是无因管理行为,则因侵权行为构成直接占有人与间接占有人之间的法定占有媒介关系。

例3:台风将张甲放在院子里的箩筐卷到外村李乙的院中,张甲自得请求返还。

这是因事件发生的法定占有媒介关系,在占有媒介关系中,张甲是间接占有人,李乙是直接占有人。本例想说明的问题是:占有媒介关系的成立不一定是因为合同。

例4:张甲丢了手机,被李乙拾到。如果承认张甲的原物占有回复请求权,就等于承认张甲与李乙之间有法律关系。

该法律关系是法定占有媒介关系。

例5:甲把抽水机"借"给乙使用,作为报偿,乙将拖拉机"借"给甲使用。

本案是物的用益互易,有两个占有媒介法律关系,即有两个占有物需要返还。用益互易不同于使用借贷,因为使用借贷是无偿合同,它只包含一个占有媒介关系。用益互益也不同于租赁合同,租赁合同也只包含一个占有媒介关系。

例6:甲公司卖给乙公司1台锅炉,已经交付。请问是否发生占有媒介关系?

交付是产生意定占有媒介关系的一个法律事实,但并不是所有的交付都产生占有媒介关系。本例买卖合同的交付,致锅炉的所有权移转给乙公司,乙公司占有并享有本权(所有权),所以不发生占有媒介关系。如果甲、乙两公司约定了所有权保留,则交付产生了占有媒介关系。

交付还是消灭占有媒介的一个原因,比如张甲向李乙归还借用的桌子,则消灭了占有媒介关系。

例7:甲将一幅书法作品借给乙观赏,后甲、乙达成赠与合意(成立赠与合同),完成简易交付。

简易交付是观念交付的一种。本案首先是现实交付,其后是观念交付。甲将书法作品交付给乙后,双方之间形成意定占有媒介关系,双方成立赠与合同,则实现甲对乙的简易交付,消灭了双方之间的占有媒介关系。简易交付并未移转占有,只是移转了本权。

例8:甲将一幅国画交付给乙裱修,在乙占有期间,甲出卖给丙,对丙指示交付。

指示交付是观念交付的一种,观念交付是以意思表示交付,并无占有的移转。甲将国画交付给乙裱修,甲、乙之间形成意定占有媒介关系,甲为间接占有人,乙为直接占有人。

甲对丙指示交付后丧失所有权,则甲、乙之间占有媒介关系消灭,乙、丙之间形成占有媒介关系,乙为直接占有人,丙为间接占有人。乙向丙交付后,二者之间的占有媒介关系消灭。

例9:甲与保姆乙签订居住权协议,依照此协议,乙对甲的房屋有终生居住权。协议履行1年时,乙死亡。当事人之间的占有媒介关系如何?

(1)甲向乙交付房屋的占有后,二人之间成立占有媒介关系。占有媒介关系一般是由于直接占有人向间接占有人移转占有而终止,但本案是由于乙的死亡而终止。

(2)如果甲先死亡,则甲的房屋继承人继受间接占有人的资格,与乙形成占有媒介关系。

例10:甲出卖给乙1台碾压机,约定交付后所有权不转移,待乙交清全部价款后所有权才移转给乙。即双方约定了动产所有权保留买卖。

甲将碾压机交付给乙之后,乙付清款项之前,甲、乙之间形成意定占有媒介关系,基础法律关系是所有权保留买卖合同。乙交清全部价款后,碾压机所有权移转给乙,占有媒介关系及其基础法律关系消灭。

例11:(1)3月1日,出租人甲与承租人乙签订了租赁合同。该租赁合同是债的关系,但不是占有媒介关系。依此合同,承租人乙有权请求出租人甲交付租赁物。交付是移转占有的行为。

(2)4月1日,出租人甲将租赁物交付给承租人乙。当事人之间不仅有租赁合同这个法律关系,还因交付成立了占有媒介法律关系。租赁法律关系是占有媒介关系的基础法律关系。了解这"双层"法律关系,有助于我们深入分析案情。

(3)在租赁期间,对出租人甲主张回复占有的请求权,承租人乙不予理睬,因为他在租期内享有占有抗辩权。

(4)租期届满,承租人乙的占有抗辩权消灭,其应向出租人甲回复租赁物的占有,即将租赁物交付给甲方。

(5)本案存在两个方向不同的交付,一个是依据租赁合同的交付,一个是依据占有媒介关系的交付。

(6)交付是给付之一种。

【理论阐释】

一、间接占有、直接占有及占有媒介关系

(一)间接占有与直接占有的意义

占有是对特定的物事实上的管控。直接占有是现实占有的一种。间接占有是观念占有[1],占有人对物并没有处于事实上的管领状态。间接占有在本质上是脱离占有的本权,其基本效力是对直接占有人享有占有回复请求权。

在罗马法,未区分间接占有与直接占有。"直接占有和间接占有为德国民法创造的概念。"[2]在罗马法,交易观念认为对于租赁物行使管领力的,不是承租人,而为出租人,故将Possessio归于出租人,由其享有占有利益。反之,在日耳曼法,对物为占有的(Gewere)仅系承租人。德国继受罗马法时,此两种法律见解发生冲突,为期调和,德国民法乃将日耳曼法上出租人的地位规定为间接占有人(《德国民法典》第868条)。[3] 当然,间接占有人不限于出租人。

有学者指出:"以占有人对物事实关系之程度而区分,凡直接对于物有事实上管领力者,谓之直接占有。自己不直接占有其物,而对于直接占有其物之人,本于特定之法律关系有返还请求权,因而对其物有间接管领之占有,谓之间接占有。"[4]间接占有是以直接占有为媒介成立的占有,因此直接占有人又称为占有媒介人。有学者认为:"直接占有的存在是间接占有存在的前提,即间接占有不能独立存在,而直接占有则可独立存在。"[5]认为直接占有可以独立存在是不准

---

[1] 我国《物权法》没有明文规定间接占有,但以间接占有为理论基础的规则是存在的,或者说《物权法》实际规定了间接占有。如观念交付(第25、26、27条)就是间接占有的法律体现。
[2] 刘智慧:《占有制度原理》,中国人民大学出版社2007年版,第149页。
[3] 参见王泽鉴:《民法物权》,北京大学出版社2010年版,第433页。《德国民法典》第868条[间接占有]规定:"作为用益权人、质权人、用益承租人、使用承租人、受寄人或者基于其他类似的法律关系而占有其物的人,由于此关系对他人暂时享有占有的权利和义务时,该他人也是占有人(间接占有)。"
[4] 谢在全:《民法物权论》(下册),中国政法大学出版社2011年版,第1152页。
[5] 刘智慧:《占有制度原理》,中国人民大学出版社2007年版,第150页。

确的:其一,占有可以独立存在,直接占有不能独立存在。因为间接占有与直接占有是"一荣俱荣、一损俱损"的关系。早有学者指出:间接占有不能独立存在,须有与之对立的直接占有。① 既然间接占有不能独立存在,那么直接占有也就不能独立存在。其二,在占有的论述中,很多学者把直接占有与现实占有相混用,而现实占有应是指通常所说的占有,并不表明间接占有的存在。而且,间接占有是一种权利,处于"有权"的状态;现实占有作为一种事实,可能是有权占有,也可能是无权占有。本文的论述,是严格区分直接占有与现实占有的,也是严格区分直接占有与占有的。

间接占有不过是一种法律的拟制,间接占有人并没有对物的事实上的控制和支配,只是占有的一种观念性的存在,因此称为观念占有。间接占有本身是权利,因为所有的间接占有都发生着请求回复占有的效力。说间接占有是"裸体"本权,是指它不处于现实占有的状态。

笔者认为,间接占有作为权利,其客体是直接占有人对间接占有人回复占有的行为。因此间接占有人的权利应当称为占有回复请求权。直接占有人对间接占有人的占有回复行为,是交付行为,交付行为即移交占有的行为。直接占有人对间接占有人的交付,无论是动产还是不动产,都不发生物权的变动,只是实现占有与本权的合一,是回复原状的一种法律现象。返还"占有",并非返还"所有",但很多学者把占有回复请求权称为返还原物请求权,这容易引起歧义。因为返还原物请求权在文义上可以有两种解释:第一种解释,是指所有权不丧失,占有丧失,请求返还原物的占有;第二种解释,是指所有权丧失,以不当得利为由,要求返还原物所有权。为了避免这种歧义,本书把所有权人请求返还原物占有的请求权以及其他占有人请求返还原物占有的请求权,统称为占有回复请求权。②

有学者在谈到占有回复时指出:"作为返还原物请求权,性质上究竟属于什么权利? 大概存在三种学说,一种主张是债权,一种主张是物权,还有一种主张既不是完全的物权,也不完全等同于债权,是二者的结合。债权是一种请求权,不能通过自身的行为实现,需要债务人的作为或者不作为的配合。物权是一种支配权,支配权的含义就在于物权人通过自己的行为就可以享有权利,不需要别人的积极配合。返还原物的前提是物已经不在物权人的控制范围内,被别人侵占了,因而物权人得请求他人为一定行为,把物返还给他,并得以回复物权。从

---

① 参见曹杰:《中国民法物权论》,中国方正出版社2004年版,第232页。
② 在本书引文中,保留了被引学者的返还原物请求权的表述。

这个意义上说,返还原物请求权应该是债权。"①作为返还原物的请求权,是一种占有回复请求权,它可以是脱离占有的本权(间接占有)的效力,也可以是不当得利之债的效力。可以肯定的是,它是一种相对权、请求权。

间接占有人可以是"原占有人",如占有被侵夺的人、向保管人交付占有的寄存人等。不是"原占有人"就可能不是间接占有人。例如,定作合同中的承揽人按定作人的要求,用自己的玉石原料雕刻成一条飞龙,承揽人对飞龙原始取得占有,同时原始取得飞龙的所有权。定作人虽然得请求交付飞龙,但只是一般债权的效力,并不是间接占有的效力。定作人对飞龙没有本权,也从未占有过。

间接占有人也可能不是"原占有人",即其可能从来没有对标的物处在占有状态。例如,无权占有人(善意占有人和恶意占有人)对在占有期间取得的天然孳息要向本权人回复占有。② 无权占有人对天然孳息的占有是原始取得,本权人从未占有过这些孳息,在受领无权占有人移交的孳息后,对这些孳息是继受取得占有。

(二)占有媒介关系是法律关系

1. 占有媒介关系概述

占有媒介关系又称为占有中介关系。间接占有人与直接占有人双方之间的法律关系为占有媒介关系。笔者的表述是:"产生间接占有的法律关系为占有媒介关系。"这种表述的好处是将所有的间接占有与直接占有都纳入占有媒介关系之中,同时表明间接占有和直接占有的产生是基于同一法律事实。

间接占有的存在是占有媒介关系存在的标志,直接占有人是间接占有人"占有"的媒介人,占有媒介关系是就间接占有的角度而言的。间接占有与直接占有是"同呼吸、共命运"的,因此,也可以说,产生直接占有的法律关系为占有媒介关系。当然,这样的表述也是正确的:产生直接占有和间接占有的法律关系是占有媒介关系。

2. 占有媒介关系是法律关系

(1)占有媒介关系不同于其基础法律关系。理论上经常把占有媒介关系与其基础法律关系相混同。我国台湾地区"民法"第 941 条规定:"地上权人、农育权人、典权人、质权人、承租人、受寄人,或基于其他类似之法律关系,对于他人之

---

① 王胜明:《物权法制定过程中的几个重要问题》,载《法学杂志》2006 年第 1 期。
② 我国《物权法》第 243 条规定:"不动产或者动产被占有人占有的,权利人可以请求返还原物及其孳息,但应当支付善意占有人因维护该不动产或者动产支出的必要费用。"本稿第 14 条第 1 款第 1 句规定:"本权人可以请求无权占有人将天然孳息随原物一并回复占有;可以依不当得利的规定请求返还法定孳息。"

物为占有者,该他人为间接占有人。"条文中所叙述的法律关系被认为是占有媒介关系,并顺理成章地认为,成立该法律关系之契约经终止或无效时,亦可认为有此项关系存在,易言之,间接占有不因媒介关系之不生效力而受影响。① 通说把占有媒介关系等同于其基础法律关系,例如把租赁法律关系等同于占有媒介关系。其实,租赁合同成立时,并不发生占有媒介关系,须有交付的法律事实才能发生占有媒介关系,也就是说,发生占有媒介关系与发生其基础法律关系的法律事实是不同的。故而,当基础法律关系无效时,不影响占有媒介关系的存在和"意定"的性质。比如说,甲依租赁合同将租赁物交付给乙,后发现租赁合同无效,则占有媒介关系依然存在,且仍然是意定占有媒介关系。

顺便指出,法律关系是依法形成的,是法律对生活事实调整的结果,不存在无效的法律关系,当然也就不存在无效的占有媒介关系。

(2)占有媒介关系是法律关系。占有媒介关系是作为法律关系,具备法律关系的主体、客体和内容三要素。

①占有媒介关系是双边法律关系,存在对立的双方主体,一方为间接占有人,另一方为直接占有人。

②占有媒介关系是相对法律关系,相对法律关系的客体(标的)是给付。间接占有人请求给付的权利,即占有回复请求权,这种权利是相对权、请求权、对人权,但其本权,可以是物权,也可以是债权。明确回复占有请求权的相对权、对人权、请求权性质的学术意义,是想反衬回复占有的权利并不是一个绝对权、支配权、对世权。通说认为,间接占有受占有保护,但它不能受到类似绝对权、支配权、对世权的保护,是因为间接占有的效力是脱离占有之本权的效力,而不是现实占有本身的效力。

③占有媒介关系是单一法律关系。单一法律关系是法律关系的最小单位,是一方只享有权利,另一方只承担义务的法律关系,单一法律关系只有一个给付,作为单一法律关系对立的主体,间接占有人是权利人,直接占有人是义务人。

④占有媒介关系的客体是给付。这种给付的表现是以交付方式的回复占有。回复占有是以回复利益为目的的给付,是作为方式的给付。传统民法中的给付是包括回复占有的。以质押合同为例,在质押合意成立后,存在质权人请求交付质物的质押法律关系,这是基础法律关系;在交付质物后,成立了间接占有人(出质人)请求直接占有人(质权人)回复占有的占有媒介关系。出质人交付了质物,为增加利益的给付(设立了质权),质权人返还质物,是回复利益的给付。

---

① 参见谢在全:《民法物权论》(下册),中国政法大学出版社2011年版,第1153页;王泽鉴:《民法物权》,北京大学出版社2010年版,第434页。

3. 占有媒介关系的连锁

直接占有是现实占有的一种,占有具有排他性,对一物不能同时存在两个以上的重复占有,而间接占有是观念占有,可以双"占有",或者更多的人的同时"占有",即可以多重占有,可以连锁。间接占有的连锁,是占有媒介关系的连锁,是法律关系的连锁。例如,甲将物出租并交付给乙,并同意其转租,乙又转租并交付给丙,则丙为直接占有人,乙是间接占有人,甲是乙的上级间接占有人。甲、乙是上级占有媒介关系,乙、丙是下级占有媒介关系。原则上,上级间接占有人不能越过下级间接占有人向直接占有人请求占有回复。

4. 占有媒介法律关系的竞合

占有媒介关系是相对法律关系,自然可以发生竞合。比如,出租人甲与承租人乙达成租赁的合意并交付租赁物,交付租赁物的法律事实产生占有媒介关系。之后,甲、乙又就租赁物达成质押的合意,则实现质物的简易交付,构成因租赁产生的占有媒介关系与因质押产生的占有媒介关系的竞合。当其中一个占有媒介关系消灭时,乙依据另一个占有媒介关系仍然可以保持占有。

5. 占有媒介关系的消灭

(1)间接占有与直接占有是"同生共死"的关系,直接占有消灭,间接占有同时消灭,反之亦然。间接占有、直接占有消灭,占有媒介关系即消灭。

有学者指出:"间接占有在直接占有人丧失占有时结束。"[①]但应当注意的是,在占有连锁场合,直接占有人丧失占有时,对应的间接占有消灭,不影响其他间接占有,不影响其他占有媒介关系。例如,甲、乙、丙存在占有连锁,直接占有人丙向间接占有人乙回复占有,丙和乙的占有媒介关系消灭,甲、乙之间的占有媒介关系依然存在,甲从上级间接占有人改为间接占有人,乙从下级间接占有人改为直接占有人。

(2)有学者把他主占有作为间接占有成立的一个要件,即直接占有人须对物有为间接占有人占有之自然意思,并于其占有媒介关系消灭之后,负担返还占有物之义务。[②] 上述观点是建立在把占有媒介关系的基础法律关系当做占有媒介关系基础之上的,其弊病很明显,在一定意义上排除了法定占有媒介关系。笔者的意见是,基础法律关系消灭,如租赁、使用借贷、保管等基础法律关系消灭,占有媒介关系并不消灭。而且以直接占有人自然的意思决定间接占有的存在,就会使法律关系处于不确定的状态,不利于保护间接占有人的利益。直接占有

[①] 周梅:《间接占有中的返还请求权》,法律出版社2007年版,第87页。
[②] 参见谢在全:《民法物权论》(下册),中国政法大学出版社2011年版,第1153页;周梅:《间接占有中的返还请求权》,法律出版社2007年版,第106、107页。

首先是一种事实,它不取决于心理态度的变化,不应因心理态度的变化而消灭占有媒介关系。

(三)间接占有、占有媒介关系、占有回复请求权的关联

1. 学者的有关观点

(1)间接占有可以不存在于占有媒介关系之中的主张。王泽鉴教授就间接占有与占有媒介关系这两者的联系,有两种不同的主张:其一,间接占有的成立,须基于占有媒介关系,占有媒介关系是间接占有的构成要件。① 其二,"间接占有不因占有媒介关系不生效力而受影响。间接占有的成立,不以占有媒介关系为有效要件。"②这里存在的问题是:既然把占有媒介关系当成是间接占有成立必须的要件,同时又认为占有媒介关系可以不生效力,或者无效,这就陷入自相矛盾的怪圈。其基本点是,间接占有可以不存在于占有媒介关系之中。

(2)间接占有存在于占有媒介关系之中的主张。史尚宽教授指出:"为间接占有人须有有效的返还请求权。其请求权须有效成立,附有条件或期限与否,附有抗辩权与否,在所不问。租赁关系是否有效,亦非所问。在租赁关系无效时,得因侵权行为或无因管理或不当得利而有返还请求权,即足构成媒介关系。"③

(3)占有回复请求权区别于间接占有的主张。谢在全教授认为:"虽有返还请求权,但缺乏相类法律关系者,仍无间接占有可言。例如所有人对窃取其物之窃盗,虽有所有物返还请求权,但尚不能谓该所有人对该盗赃为间接占有。"④笔者的观点是,占有回复请求权是间接占有的效力,而间接占有是脱离占有的本权。

(4)占有媒介关系是意定的主张。德国学者指出:"帝国法院通过的一个判决表明,如果当事人之间不存在关于占有中介的一致的意思表示,则不存在间接占有。"⑤德国有学者认为,有所有物返还请求权但不存在占有媒介关系,如所有权人与小偷之间。⑥

上述观点反映了以下几点:

(1)间接占有可以不存在于占有媒介关系之中。

---

① 参见王泽鉴:《民法物权》,北京大学出版社 2010 年版,第 434 页。
② 同上注。
③ 史尚宽:《物权法论》,中国政法大学出版社 2000 年版,第 537 页。
④ 谢在全:《民法物权论》(下册),中国政法大学出版社 2011 年版,第 1154 页。
⑤ Vgl. RGZ 86(1915),265. 转引自周梅:《间接占有中的返还请求权》,法律出版社 2007 年版,第 91 页。
⑥ 参见〔德〕鲍尔、施蒂尔纳:《德国物权法》(下册),申卫星、王洪亮译,法律出版社 2006 年版,第 381 页。

（2）不是间接占有人也可以享有占有回复请求权。

（3）占有媒介关系是意定的。

上述观点都无视或者忽视了法定占有媒介关系的客观存在。

2. 笔者的观点

（1）笔者认为，所有的间接占有都处在占有媒介关系之中。间接占有不可能脱离法律关系，如果在占有媒介关系之外再创造新的法律关系并无必要，而且会引起思维上、逻辑上的混乱。因为，所有的间接占有的效力性质都是相同的。间接占有与脱离占有的本权同质，它的效力表现就是占有回复请求权。直接占有是有权占有还是无权占有，都不影响占有回复请求权的存在。

有学者认为："只有当占有人的占有状态具有不法性时，才能对其行使返还原物的请求权。"[1]其实，直接占有不必在具有违法性时才发生回复占有的义务。比如，在使用借贷时，在使用人使用借贷物期间，贷与人是有占有回复请求权的。不必演变为不法占有（无权占有），才能请求占有回复请求权。在直接占有是本权占有时，占有人可以占有抗辩权对抗占有回复请求权，在抗辩事由消失后，即应回复占有。

（2）大部分学者认为间接占有可以处在占有媒介关系之外，原因之一，是不承认法定占有媒介关系。也有学者指出："占有媒介关系也可以产生于法定的法律关系。"[2]法定占有媒介关系，是非基于意定法律事实产生的占有媒介关系。承认法定占有媒介关系，就把所有的占有回复请求权都归入到了占有媒介关系之中。例如，因侵权产生的占有媒介关系、因无因管理行为产生的占有媒介关系、因身份产生的占有媒介关系等就有了归属。既然承认法定占有媒介关系，就没有必要在间接占有之外再设占有回复请求权，间接占有的基本效力就是间接占有人有权请求回复占有。本书就是在这种思路下展开论述的。直接占有与间接占有是对应的概念，当不存在意定占有媒介关系，或者意定占有媒介关系终止，直接占有人与间接占有人之间仍必然存在着相对法律关系。这种既存的法律关系就是法定占有媒介关系。本书的目的之一，就是在明确法定占有媒介关系的基础上，把占有媒介关系一分为二。

（3）将所有的占有回复请求权都纳入占有媒介关系之中，就意味着直接占有不必是有权占有，因为直接占有人对间接占有人负担回复占有的义务，有权占有附随的占有抗辩权，是这种回复的障碍，而无权占有则没有这种障碍。在明确法定占有媒介关系后，就不能要求直接占有必是他主占有。在我国尚未确立取得时效制

---

[1] 王利明主编：《中国民法典学者建议稿及立法理由》，法律出版社2005年版，第79页。

[2] 〔德〕曼弗雷德·沃尔夫：《物权法》，吴越、李大雪译，法律出版社2002年版，第84页。

度的情况下,他主占有在实质上没有什么意义。即使将来我们设立了时效取得制度,就成立间接占有而言,也完全没有必要拘泥于直接占有人的"心素"。

二、意定占有媒介关系

(一)意定占有媒介关系概述

1. 发生意定占有媒介关系的法律事实

意定占有媒介关系是因法律行为发生的法律关系。这里的法律行为是现实交付和观念交付。

笔者持现实交付是双方法律行为的观点。应当注意区别成立合同的双方法律行为与交付的双方法律行为。双方当事人仅仅达成合意,除观念交付外,尚不能成立占有媒介关系。

意定占有媒介关系也可以由观念交付发生。指示交付行为,是移转间接占有的行为,使受让人与第三人成立占有媒介关系。占有改定方式的交付,使受让人成为间接占有人,即受让人取得脱离占有的本权。简易交付行为,可以消灭占有媒介关系,也可以发生占有媒介关系。例如,在租赁物交付后,出租人与承租人达成买卖租赁物的合意,承租人本权与占有合一,消灭了占有媒介关系。再如,出质人将质物交付给出质人之后,双方又达成租赁的合意(用益质权)①,形成了以租赁为基础法律关系的占有媒介关系。

当事人依无效合同交付产生的占有媒介关系是意定的还是法定的占有媒介关系?笔者认为,交付是相对独立的行为,是无因行为,因此,依无效合同交付产生的是意定占有媒介关系。无效合同不能作为占有媒介关系的基础法律关系,因而基于无效合同交付产生的直接占有是没有本权的。

应当特别指出的是,当合同无效的时候,不能产生观念交付的效果,即无效合同不发生观念交付所引起的本权的移转和创设。例如,甲将租赁物交付给乙之后,因故成为无行为能力人,又将该物质押给乙,乙不能因简易交付而成立质权。

2. 意定占有媒介关系的类型

这里所说的意定占有媒介关系的类型,是从基础法律关系的角度来看的。意定占有媒介关系的基础法律关系包括意定用益法律关系、保管法律关系、仓储法律关系、运输法律关系、承揽法律关系、买卖法律关系、委托法律关系、质押法

---

① 参见隋彭生:《动产用益质权法律关系分析》,载《北京大学学报》(哲学社会科学版)2010年第5期。

律关系等。① 对意定占有媒介关系进行归纳，比较重要的有三类：第一类是用益类占有媒介关系；第二类是劳务类占有媒介关系；第三类是担保类占有媒介关系。意定占有媒介关系是可能发生竞合现象的。例如，用益质权人的直接占有，占有媒介关系一是质押法律关系，二是用益法律关系。

（二）对几类意定占有媒介关系的讨论

1. 用益类意定占有媒介关系

物包括归属和利用两大范畴。意定占有媒介法律关系，其基础法律关系多为物的利用法律关系，如他物权（用益物权和担保物权）法律关系（亦属相对法律关系）、用益债权法律关系等。基础法律关系可以是有偿的（如租赁），也可以是无偿的（如使用借贷）。

用益可以分为直接用益和间接用益，相关联的就是间接占有的连锁，即发生两个或者两个以上的占有回复请求权。例如，承租人经同意转租给次承租人并为交付，转租人是间接占有人和间接用益人，次承租人是直接占有人和直接用益人。

对租赁合同而言，擅自转租的，出租人与承租人、承租人与次承租人是两个占有媒介关系，出租人基于法律关系的相对性，对次承租人无权请求占有回复，但出租人通知承租人解除合同后，出租人与次承租人并不形成租赁合同，即并不形成意定占有媒介关系，而形成法定占有媒介关系，在一定条件下出租人有权向次承租人请求回复占有。

2. 移转财产本体时的意定占有媒介关系

值得讨论的是，转移财产权本体的合同能否作为占有媒介关系的基础法律关系？如买卖合同能否作为占有媒介关系的基础法律关系？

买卖合同是最典型的所有权有偿移转合同。买卖合同标的物的交付与所有权转移（本权的转移），往往会有一段时间的间隔。在这个持续的间隔期内，买受人对标的物拥有持续性的用益债权。比如说，房屋买受人对交付但未转移所有权的房屋享有用益债权，对房屋可以居住、出租等。在交付后所有权转移前，买受人是直接占有人，出卖人是间接占有人，买卖合同充当了占有媒介关系之基础法律关系的角色。在动产的所有权保留合同中，占有标的物的买受人也是直接占有人。当事人之间，同样存在占有媒介关系。出卖人虽然在占有媒介关系中享有占有回复请求权，但被买受人的抗辩权所制约，或者被解除条件的成就所

---

① 我国台湾地区"民法"第941条规定："地上权人、农育权人、典权人、质权人、承租人、受寄人，或基于其他类似之法律关系，对于他人之物为占有者，该他人为间接占有人。"

制约,并不现实地发生。占有媒介关系消失之时,一般是买受人的直接占有转化为买受人的自物占有之时,在转化的同时,消灭了间接占有,出卖人就永久地丧失了权利。

试用买卖的试用,一般要交付占有才能实现。在试用期内,试用人享有无偿用益债权。有学者指出:"试验买卖合同虽经当事人双方意思表示一致而成立,但买卖于买受人认可标的物时起才生效。若买受人经试验对标的物不认可,则买卖合同不发生效力。可见,买受人认可标的物,为条件成就,合同生效;买受人不认可标的物,则条件不成就,合同失去效力。"[①]笔者认为,试验买卖(试用买卖)是预约合同。[②] 是以试用买卖(预约)为占有媒介关系的基础法律关系的。在试用人认可后,从预约转化为本约,从预约买卖转化为买卖,试用物实现简易交付,消灭了直接占有和间接占有。

赠与合同是典型的无偿移转财产的合同。赠与的财产可以是物,也可以是其他财产(债权、股权、知识产权中的财产权等)。赠与物的交付与财产权的移转可能有时间间隔,例如房屋的赠与就是如此。赠与的房屋交付后尚未办理过户手续,受赠人虽然享有用益债权,但并无所有权,其占有也是直接占有,并非单纯的现实占有。赠与人作为间接占有人的请求权也是被"冻结"的,只是一种期待权。

3. 劳务类意定占有媒介关系

提供劳务类合同可以作为占有媒介关系的基础法律关系,它们包括委托合同、行纪合同、运输合同、加工合同、保管合同、仓储合同等。合同中的直接占有人是占有"委托物"。

(1)受托人完成委托事务,有时须占有委托人的财产。例如委托人将一份礼品交付给受托人,请其带到家乡,交付给某人。此种占有当然为直接占有,不宜认为是辅助占有。行纪合同是广义的委托合同,自可为占有媒介关系的基础法律关系。不过,行纪人为委托人从第三人买进某种货物时,其占有为自物占有(依买卖合同取得的占有),不与委托人成立占有媒介关系。行纪人受托向第三人出卖委托人的货物,其对标的物的占有是直接占有、他物占有(依行纪合同取得的占有),与委托人形成占有媒介关系。

(2)保管合同与委托合同是不同的两类有名合同,但保管合同的本质也是提供劳务的合同。寄存人是间接占有人,保管人是直接占有人。因寄存人可以随时解除保管合同,自可随时要求回复占有。仓储合同是商事保管合同,仓库保

---

① 郭明瑞、王轶:《合同法新论·分则》,中国政法大学出版社1997年版,第46页。
② 参见隋彭生:《论试用买卖的预约属性》,载《政治与法律》2010年第4期。

管人具有独立性并对保管物进行实际控制。上述两类合同的保管人都不是占有辅助人,而是占有媒介关系中的直接占有人。

(3)雇佣合同也是提供劳务的合同,但比较特殊。笔者认为,雇佣合同与上述其他合同一样,不是占有媒介关系;上述其他合同可以作为占有媒介关系的基础法律关系,雇佣合同可以作为占有辅助关系的基础法律关系。例如,张女生孩子后请李乙当"月嫂",李乙持有的与工作有关的张女之物,张女为占有主人,李乙为占有辅助人,就李乙持有的物,双方之间为占有辅助关系,不成立占有媒介关系,而双方的雇佣合同为占有辅助关系的基础法律关系。

4. 担保类意定占有媒介关系

担保类意定占有媒介关系,最典型的是质押合同。质押合同是债权合同、诺成合同,质押合同的成立生效,并不产生质权这种担保物权,只是在交付以后,质权作为物权才产生。质物的交付,使质权人成为直接占有人,出质人成为间接占有人。在承诺转质的情况下,出现了间接占有的连锁,存在出质人与质权人、质权人与转质权人两个意定占有媒介关系。

在指示交付的情况下,质权人不能取得现实占有,因而不能成立动产质权;该权利人取得现实占有之后,才成立动产质权(参见第18条的"理论阐释")。

三、法定占有媒介关系

(一)概述

1. 产生法定占有媒介关系的法律事实

法定占有媒介关系是因事实行为和事件占有他人之物而形成的相对法律关系。法定占有媒介关系不依据当事人的意思表示而产生,或者说非依交付行为而产生。占有媒介关系作为法律关系,都是合法存在的社会关系,但导致法律关系形成的行为,却既包括合法行为,也包括违法行为。前者如无因管理行为,后者如盗窃、抢劫等行为。

租期届满,承租人到期拒不返还等消极的侵权行为,是新的法律事实,使意定占有媒介关系转化为法定占有媒介关系。事件引起的占有媒介关系并不多见,但亦有发生。例如,因为暴风雨,甲养殖的娃娃鱼进入乙养殖鲤鱼的池塘中,乙的直接占有和甲的间接占有是因为事件形成的,即双方之间的法定占有媒介关系是由事件形成的。

2. 承认法定占有媒介关系的意义

占有媒介关系的本质,是赋予间接占有人以占有回复请求权,法定占有媒介关系也是符合这一本质的。

（1）目前的占有理论，对法定占有媒介关系虽然有所涉及，但多含糊其辞，没有明确的理论展开和论述。占有媒介关系基本上处于独腿状态，很多因事实行为和事件发生的他物占有，被有意或者无意排除到直接占有之外。一部分处于事实占有状态的无权占有，没有在占有回复请求权中得到归类，在理论研究上出现了空白。

（2）承认法定占有媒介关系，一个直接的效果就是等于承认直接占有人可以是有权占有人，也可以是无权占有人。这样，为观念交付中的简易交付、指示交付的统一适用提供了理论基础，即无权直接占有与有权直接占有所对应的占有回复请求权都可以适用简易交付、指示交付的规定，即都可以交付间接占有的方式进行转让，不管占有人是有权占有还是无权占有。① 这对于简化交易关系、加速商品的流转是有实益的。

（3）承认法定占有媒介关系，就等于承认被侵夺占有的人的间接占有人的法律地位，这对他们是一种保护。例如，留置权人被第三人侵夺占有时，留置权人可以间接占有而保持留置权。② 留置权人对第三人的占有回复请求权优于或者排除被留置人对第三人的占有回复请求权。

（4）承认法定占有媒介关系，亦即明确了占有回复请求权的本权。在法定占有媒介关系中，占有回复请求权所基于的本权可以是物权，可以是债权，也可以是债权的竞合。

3. 他物占有人的占有被侵夺，是否均成为间接占有人

自物占有，其本权当然是所有权。他物占有，分为有权占有和无权占有。有权占有即本权占有。本权可以分为意定和法定两大类，前者如因用益物权合同、用益债权合同、保管合同、质权合同等产生的本权，这些本权来源于授予；后者如因无因管理等产生的法定授权等。

他物有权占有人被第三人侵夺占有，其转化为间接占有人，侵夺人为无权直接占有人，双方之间是因侵权的法律事实形成的法定占有媒介关系。此时回复占有请求权仍为本权的作用，而且本权可以经常用来对抗所有权人的占有回复

---

① 我国《物权法》要求简易交付、指示交付时，直接占有的一方为合法占有，即要求现实占有人为有权占有。

② 台湾地区"民法"第 898 条规定："质权人丧失其质物之占有，于二年内未请求返还者，其动产质权消灭。"第 937 条第 2 项规定："第八百九十七条至第八百九十九条之规定，于留置权准用之。"《物权法》第 240 条规定："留置权人对留置财产丧失占有或者留置权人接受债务人另行提供担保的，留置权消灭。"笔者认为，对该条中"对留置财产丧失占有"，应当限制解释为留置权人将留置物返还给被留置人。本稿第 17 条第 5 款规定："占有丧失，原占有人成立间接占有的，可以保持质权、留置权的效力。"

请求权。例如,在租赁期,租赁物被第三人侵夺,承租人的回复占有请求权要优于出租人(一般为所有权人)的占有回复请求权。承租人对出租人以租期未届满作为抗辩事由。

他物无权占有被第三人侵夺,无权占有人是否具有占有回复请求权? 笔者的主张是,他物占有被侵夺,被侵夺人未主张本权的,不管其是有权占有还是无权占有,都视其为间接占有人,与侵夺人成立法定占有媒介关系。

4. 无权占有人能否成为间接占有人

间接占有本身是一项权利,因此无权占有人不是间接占有人,但为解决复杂的现实问题,保护本权人的利益,在特定情况下应将无权占有人视为间接占有人。

将无权占有人视为间接占有人,就为形成占有连锁扫清了障碍。例如,甲的宠物借给乙,乙到期不还,转化为无权占有,即从本权占有转化为无本权占有。在转化之前与转化之后,乙均为直接占有人。乙无权占有的动产被丙侵夺,甲有权主张回复占有,因为,甲的物权是对世权,丙对乙侵夺占有,同时侵犯了甲的本权。为了保护甲的利益,甲亦可向乙主张回复占有,由乙向丙主张回复占有,这就形成了占有连锁。

(二)对几类法定媒介关系的讨论

1. 无因管理形成的法定占有媒介关系

因无因管理的事实行为而占有他人之物,生活中亦时有所见。比较常见同时又比较典型的,是对遗失物进行无因管理形成的法定占有媒介关系。

无可回避的问题是:对遗失物的占有,是有权占有,还是无权占有? 通说认为是无权占有。[1] 笔者认为,对遗失物的占有,构成无因管理的,为有权占有,不构成无因管理的,为无权占有。[2]

认定管理人对拾得物是有权占有的思维障碍是:承认了管理人的有权占有,就否定了管理人的返还义务。其实,有权占有,不等于永久占有。直接有权占有,就是暂时有权的占有。管理人在法定占有媒介关系之中,负担回复占有的法定义务。

无权占有是事实,这个事实是侵权的表现。法律为维护无因管理的正当

---

[1] 参见王泽鉴:《民法物权》,北京大学出版社 2010 年版第 428 页;房绍坤:《民商法问题研究与适用》,北京大学出版社 2002 年版,第 172 页;钱明星:《物权法原理》,北京大学出版社 1994 年版,第 386 页;黄松有主编:《〈中华人民共和国物权法〉条文理解与适用》,人民法院出版社 2007 年版,第 704 页。

[2] 参见隋彭生:《对拾得物无因管理的占有是有权占有》,载《华东政法大学学报》2010 年第 1 期。

性,应当授权无因管理人对遗失物以占有的权利。当然,这种占有的权利是为了维护失主的利益,而不是占有人从此得到什么好处。管理人作为占有人的本权是什么呢?笔者认为,无因管理人对遗失物占有的本权就像法定代理一样,属于法定授权。其本权为法定债权。① 其他无因管理人占有的本权亦应为法定债权。

有学者指出,基于无因管理而对被管理人的财产予以占有,是源于法律直接规定的(占有媒介)法律关系。② 相反的观点认为,"媒介人之占有(直接占有)须为传来的占有权之表现,例如遗失物拾得人不为遗失人之占有媒介人,虽彼此知其如此者亦然"。③ 此观点否认了遗失人与拾得人之间的占有媒介关系。笔者认为,无因管理人对遗失物的直接占有是原始取得,这并不妨碍法定占有媒介关系的成立。

依据本书的观点,无因管理人的占有无论是有权占有还是无权占有,都不影响直接占有的成立。管理人的有权占有,不妨碍本人(被管理人)作为间接占有人的占有回复请求权。但是,管理人有可能享有占有抗辩权,无权占有人一般没有占有抗辩权。

2. 侵占占有与不当得利形成的法定占有媒介关系

侵占占有是侵权行为。侵占占有包括特殊侵占行为和一般侵占行为。特殊侵占行为是指侵夺,是积极侵权行为,如以抢劫、抢夺、盗窃等方式剥夺他人占有;一般侵占行为是侵夺以外的侵占行为,是消极侵权行为,比如到期不归还占有物等。侵夺和其他侵占行为都可形成法定占有媒介关系。

对物的用益侵权,经常伴随着对占有的侵夺。例如,某甲偷用某乙的汽车,属于用益侵权,也是侵夺占有的行为。这里,因用益侵权成立了损害赔偿法律关系或返还不当得利法律关系,也因侵夺占有成立了法定占有媒介关系。

第三人侵权也可发生法定占有媒介关系。例如,甲误将乙的轮胎安装在丙的吉普车上,该轮胎是丙汽车的非重要成分,没有形成附合,乙可以请求丙回复占有;由于甲的过失侵权行为,在乙和丙之间产生了法定占有媒介关系。

留置物、质物被第三人侵夺占有时,因侵权形成的法律关系是法定占有媒介关系,留置权人、质权人就可以因间接占有保全自己的担保物权。认定法定占有媒介关系的意义之一,就是保护留置权和质权。

---

① 参见隋彭生:《对拾得物无因管理的占有是有权占有》,载《华东政法大学学报》2010 年第 1 期。
② 参见刘智慧:《占有制度原理》,中国人民大学出版社 2007 年版,第 149 页。
③ 史尚宽:《物权法论》,中国政法大学出版社 2000 年版,第 536 页。

占有为一种法益,占有他人之物亦属于取得利益,得为不当得利请求权的客体。① 占有的不当得利责任可因侵夺他人占有的侵权行为而发生,构成侵权型不当得利。占有的不当得利责任也可因事件产生。

四、结语

在我国《物权法》制定过程中,有学者主张不采纳传统民法中的间接占有制度。② 间接占有是脱离占有的本权,法律必须对脱离占有的本权进行规制。沿袭、借鉴传统的概念和制度,才能节约立法成本与推广成本,才能维系已经被我们接受的理论体系并便于理论探讨。

笔者把所有的占有回复请求权都统一在间接占有的旗帜之下,同时把所有的间接占有和直接占有都纳入了占有媒介法律关系之中,这是一种简化的思路。传统理论过于拘泥,忽视或否认了当事人之间存在的法定占有媒介关系,因此理论上出现了缺口。笔者的立法建议是:明文规定间接占有、直接占有及占有媒介关系,并通过列举侵权行为、无因管理行为等,表明立法承认法定占有媒介关系。

本权脱离占有后,成立间接占有,发生请求回复占有的效力。本权不一定是物权(物权作为本权都是自物权)。债权也可以作为本权,包括意定债权作为本权和法定债权作为本权。

直接占有应进一步区分为有权占有与无权占有。在笔者阅读的范围内,尚未发现这种明确的区分。以前的理论,只是对占有区分有权占有与无权占有。有回复占有义务者(直接占有人),不必为无权占有。有本权的直接占有人,得以占有抗辩权对抗占有回复请求权。

【立法例】

《中华人民共和国物权法》

第241条 基于合同关系等产生的占有,有关不动产或者动产的使用、收益、违约责任等,按照合同约定;合同没有约定或者约定不明确的,依照有关法律规定。

我国台湾地区"民法"

第761条[动产物权让与之生效要件——现实交付、简易交付、占有改定、指示交付] 动产物权之让与,非将动产交付,不生效力。但受让人已占有动产

---

① 参见王泽鉴:《法律思维与民法判例》,中国政法大学出版社2001年版,第168页。
② 参见梁慧星主编:《中国物权法草案建议稿》,社会科学出版社2000年版,第787—788页。

者,于让与合意时,即生效力。

让与动产物权,而让与人仍继续占有动产者,让与人与受让人间,得订立契约,使受让人因此取得间接占有,以代交付。

让与动产物权,如其动产由第三人占有时,让与人得以对于第三人之返还请求权,让与于受让人,以代交付。

第 941 条[间接占有人]　地上权人、农育权人、典权人、质权人、承租人、受寄人,或基于其他类似之法律关系,对于他人之物为占有者,该他人为间接占有人。

《德国民法典》

第 868 条[间接占有]　作为用益权人、质权人、用益承租人、使用承租人、受寄人或基于其他类似的法律关系而占有其物的人,由于此类关系对他人暂时享有占有的权利和义务时,该他人也是占有人(间接占有人)。

第 869 条[间接占有人的请求权]　1. 对占有人为禁止的擅自行为时,间接占有人也享有第八百六十一条和第八百六十二条规定的请求权。

2. 在发生侵夺占有时,间接占有人得请求回复原占有人的占有;原占有人如不愿或不能回复占有,间接占有人得请求将占有交回自己。

3. 在具备上述同样要件时,间接占有人得在有第八百六十七条的情形时,请求准许寻查和取走该物。①

第 1205 条[设定]第 2 款　所有权人间接占有物时,可以由所有权人向质权人移转间接占有,并将质权设立的情形通知占有人以代替交付。

《韩国民法典》

第 194 条[间接占有]　因地上权、传贳权、质权、使用借贷、租赁、保管及其他法律关系,使他人占有物的,享有间接占有权。

---

① 条文中提到的第 861 条,是"因占有被侵夺而生的请求权",第 862 条是"因占有被侵夺而生的请求权",第 867 条是"占有人的诉追权"。

第五条 【本权人及无权占有人的占有回复请求权】

所有权人行使占有回复请求权不受期间的限制,法律另有规定的除外。

所有权人以外的本权人的占有回复请求权,在本权存续期间内存续。

无权占有人对本权人享有与占有有牵连关系的债权,物又被第三人占有的,债权人在债权存续期间内对该第三人享有占有回复请求权。

无权占有人占有的物又被第三人占有的,本权人可以主张由无权占有人对第三人主张占有回复请求权。

【说明】

（一）本权人的占有回复请求权概述

（1）本权人的占有回复请求权也称为占有返还请求权、占有物返还请求权、返还原物请求权。条文中的"占有回复请求权",与《物权法》第34条的"请求返还原物"是一回事,《物权法》第34条的实质是返还"占有",不是返还"所有",但容易与不当得利的"返还原物"相混淆。本条的设计,应当比《物权法》第34条的规定更清晰一些。

（2）《物权法》第34条规定的"请求返还原物",从诉讼角度言之,是本权之诉,该条不设在"占有章"(第十九章)①,而设在"物权的保护章"(第三章)。本稿设在"占有与本权章"。

依本权请求回复占有是否适合规定在"占有与本权"一章,会有不同意见。我国《物权法》第三章"物权的保护"共七个条文(第32条至第38条),在未来的"民法典"中,不需要单设这一章。理由是:①第32条物权受到侵害的解决途径及第33条物权归属的确认之诉,属于无害条款。②第34条依本权请求回复对原物的占有,归入笔者为"民法典"设计的"占有与本权"一章更为合理,因为这种回复,是脱离占有的本权的效力。③第35、36、37、38条针对侵权行为的救济,宜归入"民法典"侵权责任部分,这样可以节约篇幅。

将本权人的占有回复请求权与占有人的物上请求权(参见本稿第7条)集中在同一章,在逻辑上应更恰当。另外,脱离占有的本权与占有抗辩权是矛盾的统一体,集中在一章一并作出规定为好。

《物权法》第35条的"妨碍排除请求权""危险消除请求权"②,应在"民法

---

① 《物权法》第34条规定:"无权占有不动产或者动产的,权利人可以请求返还原物。"

② 《物权法》第35条规定:"妨害物权或者可能妨害物权的,权利人可以请求排除妨害或者消除危险。"

典"侵权责任部分规定,此处若再予以规定,不免重复,必要性也不大。顺便指出,本权人在脱离占有时,仍得主张"妨碍排除请求权""危险消除请求权"。

(3)本稿第4条规定了间接占有,间接占有的本质,是脱离占有的本权。在本权与占有相脱离的情况下,才成立占有回复请求权。本条与第4条配合发生作用。

(4)"本权"对绝大多数人而言,是生疏的术语,但使用本权的概念或术语,有利于保障体系内部的一致性。因为,《物权法》第34条中的"权利"看起来似乎明白,实际上是含糊不清的,它的内涵和外延都不清晰。

(5)本权与占有相分离时,才有占有向本权回归的问题,才有"本权呼叫物"的问题。本权与占有相分离有两种情况:其一,本权人对物先有占有,后来物脱离了占有,其有权请求回复占有;其二,本权人对物从来没有占有过,但有权请求回复占有。

(6)占有回复请求权是实体权,可以径行行使,也可以通过诉讼的方式行使,以诉讼方式行使的,称为本权之诉。依本权请求返还,应当证明自己享有本权。

(7)请求权是相对权,必处于相对法律关系之中。依本权产生的占有回复请求权,并不仅仅存在于本权人与无权占有人之间的法律关系之中,也存在于本权人与有权占有人之间的法律关系之中。

《物权法》第34条的"请求返还原物"(请求回复占有),是针对无权占有人的;本条规定的占有回复请求权,既针对无权占有人,也针对有权占有人。例如,出租人甲将租赁物交付给承租人乙,租期为1年,在租期届满前乙是有权占有,但甲对其仍存在占有回复请求权,只不过乙得对甲行使占有抗辩权。

(8)原物分离出天然孳息的,本权人对无权占有人亦可请求回复对孳息的占有;对有权占有人是否可以请求返还孳息,要看当事人的约定。比如,出租人对使用租赁可以请求回复对孳息的占有,用益租赁的孳息归承租人所有,出租人无权请求返还。

(9)占有回复请求权,因占有物的灭失而消灭。比如,甲有一幅国画,在乙侵占期间,房屋失火,将该国画烧成灰烬,甲对乙的占有回复请求权消灭,甲的占有回复请求权转化为普通债权。甲的普通债权是赔偿请求权,受诉讼时效的限制。

(10)占有回复请求权因所有权丧失而丧失。例如,甲将一本有名人签字的书借给乙。后乙将书出卖给善意的丙,交付后丙善意取得了书的所有权,则甲的占有回复请求权消灭,同时甲对乙成立赔偿请求权,该赔偿请求权受诉讼时效限制。

(二)所有权和其他本权请求回复占有的效力

(1)本条所说的本权,包括所有权和其他本权。所有权是唯一的自物权,是物权性本权,"其他本权"是指债权性本权。比如,承租人、借用人、加工人、承运人、保管人、仓储人、留置权人、质权人等他物占有人的本权是债权。所有权人和其他本权人都可以请求他物占有人回复占有。比如,甲的物由乙保管时,乙的本权是债权,保管物被丙侵占,乙自得请求其返还占有。

物被他人占有时,即本权与占有分离时,所有权人又成立了物权请求权。债权人占有的物又被第三人占有的,则债权人对第三人请求返还物又成立了新的债权。比如,所有权人甲依与乙的债权合同将物交付给乙占有,乙又依与丙的债权合同将该物转交给丙占有。乙占有的本权是债权,在此基础上,其对丙还有一个请求回复占有的债权。

不管本权人请求返还是基于物权请求权,还是基于债权请求权,笔者都将其归入占有回复请求权。因为,两种请求权的内容或效力都是相同的,都是以交付的方式归还占有,区别是请求回复占有的依据不同、是否受期间的限制不同。

(2)本权相对于占有而言。①取得物权的同时,该物权就是本权,不管物权人是否取得占有。比如,张甲从李乙处买了一套房屋,尚未交付占有,先办理了过户登记手续,张甲取得的所有权同时是本权,只不过是脱离占有的本权。②取得占有时,债权可以同时是本权。比如,王丙卖给赵丁一套房屋,买受人赵丁请求交付占有的债权不是本权,在办理过户登记手续之前,王丙将房屋交付给赵丁占有,则赵丁占有的本权是债权,取得过户登记后,赵丁占有的本权转为物权。

(3)依物权(所有权)请求权请求回复占有,不受期间(除斥期间和诉讼时效)的限制,法律另有规定的除外。

(4)所有权人以外的本权人的占有回复请求权,在本权存续期间内存续。所有权人以外的本权人,是指享有债权性本权的人,其占有回复请求权分为对第三人和对所有权人两种。

①当物被第三人占有的,该债权人在本权存续期间内对第三人的占有回复请求权存续,过期消灭。例如,甲将房屋出租给乙1年,乙租用5个月时,经过甲同意转租给丙使用4个月,乙对丙交付后,其依本权(债权)主张占有回复请求权的期限持续7个月,7个月中的前4个月丙享有占有抗辩权,后3个月没有占有抗辩权。再如,甲将房屋出租给乙1年,乙租用5个月时,被丙侵夺占有。乙依本权请求回复占有的权利持续剩余的7个月,到期本权(承租权)消灭,应由

甲依所有权向丙请求回复占有。甲只能收乙1年的租金,不能多收。乙的占有被丙侵夺,乙也有过错的,甲可以追究乙的责任。

②债权人也有可能依本权向所有权人请求回复占有。比如,甲租给乙一套房屋,租期尚未届满,甲就无理由地通知乙解除合同并侵夺占有,将乙赶出房子,此时甲的解除无效。在租赁期限内(即在承租债权存续期间内),乙可依本权请求回复占有,也可依租赁合同请求甲交还房屋(继续履行)。本案的乙属于请求权竞合,其选择合同请求甲交付占有,其利益不受影响。

(三)无权占有人的占有回复请求权

(1)本条第3款规定:"无权占有人对本权人享有与占有有牵连关系的债权,物又被第三人占有的,债权人在债权存续期间内对该第三人享有占有回复请求权。"无权占有人,即无本权占有人。本权所发生的效力为占有回复请求权,这里规定无权占有人对第三人享有占有回复请求权,是将其视为本权人(参见第4条第4款)。

"无权占有人对本权人享有与占有有牵连关系的债权",是指本稿第14条第2、3款规定的情形。该条第2款规定:"善意占有人可以请求偿付因保存占有物所支出的必要费用;可以请求偿付因改良占有物、生产天然孳息所支出的有益费用,但以现存的增加价值为限。"第3款规定:"恶意占有人可以请求偿付紧急情况下因保存占有物所支出的特别必要费用;可以请求偿付生产天然孳息所支出的有益费用,但以现存的增加价值为限。"上述两款无权占有人对本权人的费用请求权,即是"与占有有牵连关系"的债权。赋予无权占有人对第三人以占有回复请求权,是为了保护他们的债权。例如,甲的物在乙侵占期间又被丙侵占,因乙是无权占有,应由甲向丙请求回复占有,但若乙在占有期间,发生了对甲的费用请求权,则应由甲对乙请求回复占有,乙对丙请求回复占有,即甲不得对丙直接请求回复占有,在甲对乙请求回复占有而未支付其费用时,乙对甲得行使占有抗辩权。此案占有媒介关系图示如下(箭头表示请求权针对的人):

甲——→丙(乙对甲没有债权时)
甲——→乙——→丙(乙对甲有债权时)

当无权占有人对本权人的债权消灭时,其对本权人的占有抗辩权消灭,对占有物的第三人的占有回复请求权消灭。

(2)本条第4款规定:"无权占有人占有的物又被第三人占有的,本权人可以主张由无权占有人对第三人主张占有回复请求权。"此规定旨在加强对本权人的保护,使本权人有选择的机会。例如,甲出租给乙一台吊车,租期届满,乙本应归还,却转租给丙并为交付。此案甲可以选择直接向丙主张占有回复请求权,也可以向乙主张占有回复请求权,由乙向第三人丙主张占有回复请求权。

(3)"无权占有人占有的物又被第三人占有",该第三人不一定是无权占有,即不一定是侵占人。比如,第三人可能是留置权人(有权占有人)。请求权不仅针对无权占有人存在,也针对有权占有人存在。

【案例模型】

(一)所有权人的占有回复请求权

例1:甲有1支录音笔,被乙偷去,乙将它转卖予丙,并为交付。经查,丙非善意取得。

只要该物未在物理上灭失,只要该物非被他人善意取得①,不管该物在何处,不管该物现在被谁占有,都不影响甲之所有权的存在。

甲对乙产生了占有回复请求权。由于物权的追及性,甲对丙也可以主张占有回复请求权。

例2:张甲的宠物狗丢失,被李乙捡到。李乙实施无因管理行为,花去必要费用160元。

张甲的占有回复请求权为物权请求权。李乙为无因管理人,其占有为有权占有,张甲未向李乙支付必要费用而请求返还,李乙可行使占有抗辩权,拒绝交付(参见第6条"占有抗辩权")。

例3:甲有一套别墅,暑期带全家前去度假,发现装修工头乙携女友在别墅中居住。

(1)甲的占有被乙侵占,甲有权请求乙及他的女友搬出别墅(回复占有)。甲的占有回复请求权为物权请求权。

(2)甲还可请求工头返还不当得利。乙"应付出而未付出",不当得利的金额,相当于租金的数额。

(3)如造成别墅损害,甲可以请求损害赔偿。

例4:张某与李某等三人共同出资成立了一家有限责任公司。按照约定,张某以一套价值100万元的房屋出资。办理公司设立登记时,就张

---

① 本稿第10条规定了占有脱离物的善意取得。

某的出资在工商行政管理机关办理了登记手续。但公司成立后,张某未将该房屋过户给公司。公司一直将该房屋作为办公用房。公司成立后1年左右,张某将该房屋卖给王某,并办理了过户手续。王某向公司主张权利,要求归还占有。请问:王某与公司之间是否成立物权请求权法律关系?

(1)王某的占有回复请求权是物权请求权,其与公司之间成立了物权请求权法律关系。

(2)依照《中华人民共和国公司法》的规定,股东以房屋出资的,应当办理产权的转移手续。本案出资的房屋未办理产权转移手续,因此,公司从未取得该房屋的所有权。公司对出资人张某,是债权请求权,本案也反映出物权优先于债权的规则。

例5:甲公司被裁定宣告破产,在清算过程中,出租人乙公司要求取回出租给甲公司的一套房屋。

《中华人民共和国企业破产法》第38条规定:"人民法院受理破产申请后,债务人占有的不属于债务人的财产,该财产的权利人可以通过管理人取回。但是,本法另有规定的除外。"乙公司依此规定,享有"一般取回权"。就物而言,该一般取回权,是民法规定的物权请求权,是脱离占有的本权,是请求返还"占有",不是请求返还"所有"。

例6:甲有1支派克钢笔,借给乙使用,乙以自己名义将它转卖给丙,并为交付,丙善意取得了所有权。

对占有委托物的善意取得是终局取得(参见第9条),使原物权本身消灭,所以,物权的追及效力当然也随同消灭,即甲的本权消灭,对乙、丙的占有回复请求权当然随同消灭。

例7:甲公司将一套外装修设备出租给乙,在租赁期间,乙公司声称是自己的设备,以合理的价格转卖给善意的丙公司,丙公司又转卖给丁公司,甲公司发现丁公司在使用这套设备,遂以强力取走。

丙公司是善意取得,丁公司是正常取得。对甲公司侵夺占有的行为,所有权人丁公司对侵夺人甲公司可以提起本权之诉请求回复占有,也可以提起占有之诉请求回复占有。

例8:甲卖给乙一套房屋,到了交付日期拒不交付,但已经给乙办理了过户登记手续,乙请求交付,是否受诉讼时效的限制?

给乙办理了过户登记手续,即所有权变更登记在乙的名下。乙作为所有权人请求交付的权利(占有回复请求权)是物权请求权,不受诉讼时效的限制。

例9:张男婚前有一套房屋,与李女结婚后,由夫妻二人居住。张男与李女离婚后,房屋一直由李女占有、使用。21年后,张男请求返还房屋,李女主张已过诉讼时效。

除非法律另有规定,物权请求权不受诉讼时效的限制,也不受除斥期间的限制。本案张男有权请求返还房屋,即有权请求回复占有。

例10:周某(男)与陈某结婚后不久出海打鱼,遇到罕见风暴不归。后陈某依照法律程序申请宣告周某死亡,之后继承了周某个人所有的房屋一套并办理了所有权变更登记手续。周某并未死亡,流落他乡几年后复归,经申请,法院撤销了死亡宣告。其请求返还原物的权利,是物权请求权,还是债权请求权,是否为本权?

(1)因房屋所有权已经发生了转移,因此请求返还原物是债权请求权,具体而言,是债权请求权中的返还不当得利请求权,不是物权请求权。

(2)并非所有的债权都是本权,本案周某没有本权,其请求返还原物的权利,不是请求返还"占有",而是请求返还"所有"。

例11:张甲受李乙胁迫,将祖传玉佩出卖给李乙并交付,半年后,张甲起诉撤销买卖合同,胜诉后,张甲对李乙可否行使占有回复请求权?

合同被判决撤销,自始失去效力。因玉佩所有权已经归李乙所有,张甲对李乙应以不当得利为由请求返还,此返还不是请求返还"占有",而是请求返还"所有"。该请求权,不是占有回复请求权,不能适用本条的规定。

(二)其他本权人的占有回复请求权

例1:甲将自己的房屋出租给乙2年,交付1个月后,乙经甲同意,转租给丙1年并为交付。丙的租期届满,乙请求返还租赁物。

本案存在甲对乙、乙对丙的请求权,可发展为甲对丙的请求权。

(1)甲的本权是物权,其依本权对乙请求返还原物占有的权利,为物权请求权,同时,甲还可依据租赁合同请求返还房屋,此为债权请求权。此种分析,有理论的繁琐化、复杂化之嫌。笔者认为,实务中,当事人的请求理由多样,事先有了理论概括,一是对解决实际问题有指导作用;二是可对号入座,针对当事人的具体请求说明其权源。

(2)不论是否到期,甲对乙的占有回复请求权都存在,只是未到期时,乙享有占有抗辩权。

(3)乙对丙的占有回复请求权,从交付开始持续,在1年转租期内,丙享有占有抗辩权。1年转租期届满,丙应当向乙回复占有,丙未回复占有的,乙的占有回复请求权继续存在,最长为1年零11个月。乙的2年租期届满,丙尚未回复占有的,乙对丙的占有回复请求权消灭,甲对丙享有占有回复请求权。

例2:甲未付1万元的汽车修理费,修理人乙留置了甲的汽车。一日,趁乙不备,甲开走了汽车。

(1)留置物被所有权人甲侵夺,乙似可提起占有之诉(参见第7条第1款),但甲会以本权(所有权)进行抗辩,主张不应向乙回复占有(参见第7条第5款),此时乙须证明自己有留置权,这实际上又回到了本权之诉。故乙应径行提起本权之诉。

(2)留置权是他物权,但留置权人的本权是合同债权。具体来说,是乙对甲1万元汽车修理费的合同债权。如果甲不向乙支付1万元的修理费,则应判决甲向乙回复占有。

(3)本案不属于交互侵夺,交互侵夺是两个侵夺,在交互侵夺的情况下,不应当判决所有权人回复占有。

例3:甲出差,将一只宠物猫交给乙保管,丙见该猫在乙门口,就抱回家中,据为己有。

(1)丙是"趁人不备"取得占有的行为,构成侵夺。

(2)甲的本权是物权(所有权),物权具有追及性,甲可直接请求丙返还,且不受除斥期间和诉讼时效的限制。

(3)乙在保管合同持续期间,有债权性本权,得向丙请求返还。

(4)乙还可以提起占有之诉。本稿第7条第1款规定:"物被他人侵夺占有的,占有人可以请求回复对原物的占有。自侵夺之日起一年内未以诉讼方式请求的,该请求权消灭。"

例4:月色之下,张甲潜入李乙承包的垂钓园钓鱼取乐,钓了几十条都扔回水里。见李乙带着狼狗巡夜而来,张甲惊慌逃窜,未及拿走鱼竿。第二天上午,张甲托人索要鱼竿,李乙表示赔偿损失后才能归还,下午鱼竿被常来钓鱼的王丙误当做自己遗失的物带走。

(1)李乙对鱼竿的占有为有权占有,本权是与占有有牵连关系的债权,该债权是因侵权行为产生的法定债权。

(2)王丙是无权占有,在对张甲的债权存续期间,李乙对王丙享有占有回复请求权。

（3）若在王丙占有期间，张甲赔偿了李乙的损失，李乙转化为无权占有人，张甲可以直接请求王丙向自己回复占有，也可以依据本条第4款的规定向李乙请求归还，由李乙向王丙请求回复占有。

(三) 无权占有人的占有回复请求权

例1：张甲的承包地被善意占有人李乙耕作，张甲向李乙请求回复承包地和天然孳息的占有，李乙归还了土地和部分天然孳息，留下了与必要费用相当的天然孳息。李乙保留占有的天然孳息被王丙侵夺。

（1）按本稿第14条第2款的规定，李乙对有益费用享有请求权。按本稿第6条的规定，无权占有人李乙保留部分天然孳息，为行使占有抗辩权的行为。

（2）李乙对张甲的债权，是与占有有牵连关系的债权。依照本条第3款，李乙对王丙有占有回复请求权。该款的设计，旨在保护无权占有人有牵连关系的债权。

例2：甲的一个盆景被乙侵夺，丙又从乙的手里侵夺。甲可以向谁请求回复占有？

甲可以直接向丙请求回复占有。若考虑向丙请求回复占有有难度或出于其他考虑，其可以依照本条第4款向乙请求回复占有，则乙向丙请求回复占有，这是一个占有连锁。乙是无权占有，依照本稿第4条第3款，视其为间接占有人。

【理论阐释】

一、占有回复请求权的界定

占有回复请求权，也称为占有返还请求权、占有恢复请求权、返还原物请求权、返还占有物请求权。对占有的回复，有关术语的使用并不统一。比如，有人区分占有返还请求权和返还原物请求权，其实二者经常是一回事，《物权法》所说的返还原物就是返还占有，不是返还所有。[①]

《物权法》仿台湾地区"民法"[②]，对所有物返还请求权（所有人返还请求权）

[①] 《物权法》强调的是"返还原物"，参见第27、34、245条。
[②] 我国台湾地区"民法"第767条［所有权人之物上请求权］规定："所有人对于无权占有或侵夺其所有物者，得请求返还之。对于妨害其所有权者，得请求除去之。有妨害其所有权之虞者，得请求防止之。前项规定，于所有权以外之物权，准用之。"第962条［占有人之物上请求权］规定："占有人，其占有被侵夺者，得请求返还其占有物。占有被妨害者，得请求除去其妨害。占有有被妨害之虞者，得请求防止其妨害。"第963条［物上请求权之期间限制］规定："前条请求权，自侵夺或妨害占有或危险发生后，一年间不行使而消灭。"

和占有物返还请求权(占有人返还请求权)予以分别规定。①

理论上需要有一个上位概念作为统帅,以反映依本权请求返还(本条)和依据占有请求返还(第7条第1款)的本质特征,并在立法上确定它们的共同规则(比如占有媒介关系规则)。占有回复请求权作为上位概念,有节约司法资源和理论资源的功效,也有统一认识的作用。

所有物返还请求权与占有物返还请求权都不宜作为上位概念。所有物返还请求权,是基于物权性本权的效力,在内涵上不包含以债权为本权的返还请求权,也不包括占有物返还请求权;占有物返还请求权,也是返还占有,是基于占有的效力,在内涵上,不包括基于所有权的占有回复请求权。

笔者的意思是,依据所有权返还原物的请求权,与依据原占有返还原物的请求权,都是占有回复请求权,即它们的效力内容都是相同的,都是在脱离占有的前提下,回归占有,实现本权与占有的合一。② 不宜认为占有人请求回复占有才是主张占有回复请求权,依据本权请求回复占有就不是主张占有回复请求权。从占有之诉和本权之诉的角度来看,它们所体现的实体法的效力,都是占有回复请求权。占有回复请求权,概括了不同法律事实导致脱离占有而须回复占有的同一性。

占有回复请求权涵盖上述两种请求权,也涵盖了依债权性本权回复占有的请求权。③ 对占有回复请求权的界定应当是:物脱离占有后,当事人依本权或原占有请求回复物之占有的权利。

占有回复请求权是本权的效力。有两类"视为"有本权的情形:①原占有被侵夺,依据原占有请求回复占有的,不考察原占有人是否有本权,即将其视为本权人(参见第4条第4款),这也体现了占有的效力。②依照本条第3、4款的规定,无权占有人享有占有回复请求权的,视其为本权人。

间接占有是脱离占有的本权,"视为"有本权,解决了占有媒介关系的成立与连锁问题。

依据本权请求回复占有,可以径直向直接占有人行使,也可以通过诉讼的方式行使,这称为本权之诉,依原占有请求回复占有,也可以径向直接占有人行使,以占有被侵夺为限,也可以通过诉讼的方式行使,这属于占有之诉。

---

① 我国《物权法》第34条实际规定的是"所有物返还请求权",第245条的规定是"占有物返还请求权"。

② 占有回复,并非单指恢复原来的占有状况,比如,在无权占有人占有的原物产生的天然孳息,本权人请求回复占有,其对天然孳息从未占有过。

③ 本权,包括物权和债权(参见第1条"理论阐释")。

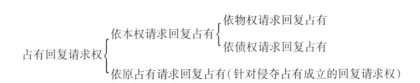

二、依物权产生的占有回复请求权

（一）物权与物权请求权的区别

物权请求权与物权在民法上是两种权利。物权是支配权、绝对权、对世权，物权存在于绝对法律关系之中。物权人没有特定的相对人，一切人都是义务人，义务人承担的是消极义务、不行为的义务。物权请求权是相对权，存在于相对法律关系之中，义务人承担的是给付义务。

物权请求权以物权为基础，是有本权的请求权。本权为物权（自物权）的占有回复请求权，是物权请求权的一种。

物权请求权应当作限制性解释，不宜泛化。笔者认为，依据物权性本权派生出的请求权以及物权为基础性权利派生出的请求权才是物权请求权。这里的物权性本权，特指自物权，唯一的自物权是所有权。依据物权性本权产生的占有回复请求权，是物权请求权之一种。《物权法》第35条规定的妨碍排除请求权和危险防止请求权，是基于物权性本权产生的，是物权请求权。共有人请求分割共有财产的请求权，是以物权作为基础性权利的，故而也是物权请求权。

以物权为本权的占有回复请求权人与占有人之间的相对法律关系，是占有媒介关系之一种，可以是意定占有媒介关系，也可以是法定占有媒介关系。

民法规则允许参照适用，物权请求权也可以参照适用债权请求权的规定。除非法律另有规定，物权请求权不受时间（诉讼时效和除斥期间）的限制。

（二）物权请求权与物上请求权的区别

物权请求权与物上请求权不但名称上相似，内容上也相似，比如两种请求权都包括返还占有（占有回复）请求权、排除妨碍请求权、消除危险请求权，但二者在效力来源上是不同的。

物权请求权是物权性本权的效力；物上请求权，不是本权的效力，而是占有的效力。前者为保护本权，后者为保护占有。比如《物权法》第245条规定的"返还原物""排除妨碍""消除危险"，是占有的效力，是以占有为根据主张权利的，权利人可能有本权，但无须证明自己的本权。

(三)回复占有的物权请求权的成立

1. 物权人脱离占有时,即成立回复占有的物权请求权

很多学者把物权请求权当做救济权,认为物权在被侵犯、被妨碍时,才发生物权请求权。笔者认为,把物权请求权仅仅当做救济权,是不正确的。物权请求权包括回复占有的物权请求权、排除妨碍的请求权、消除危险的请求权等,"妨碍""危险"都是妨碍物权的情形,但请求回复占有的物权请求权并非如此。

物权人脱离占有时,即成立请求回复占有的物权请求权,不一定在被侵犯、被妨碍时才成立物权请求权。比如,出租人对承租人交付占有后,即成立占有回复请求权,因租期未届满,承租人拒绝返还,这是行使占有抗辩权的行为。行使占有抗辩权是对抗占有回复请求权,并不否定占有回复请求权的成立和存在。

物权请求权也可以是救济权,比如,张甲的物被李乙侵夺,张甲请求回复占有的请求权,是物权请求权,也是救济权。

《物权法》第34条的"请求返还原物"针对的是"无权占有",其理论基础也是认为物权请求权在物权被侵犯、被妨碍时产生。笔者认为,请求返还占有的物权请求权,亦可以针对有权占有,这不仅是满足理论上的自圆其说,对实务的处理也有益处。这里举一例说明:甲的一辆电动三轮车借给乙,乙在使用过程中损坏,交给丙修理,丙修好以后,乙无故不支付修理费,丙善意取得留置权。甲等着用电动三轮车,但他不能依《物权法》第34条向丙请求返还,因为丙是有权占有,依该条,只能向无权占有人请求返还。甲只能向乙请求返还,而由乙向丙请求返还(占有媒介关系的连锁)。依照笔者设计的条文,占有回复请求权亦可向有权占有人请求返还,即甲可直接向丙请求返还,丙行使占有抗辩权,甲可代乙支付修理费,取回电动三轮车。当事人占有媒介关系如下:

(1)乙、丙成立意定占有媒介关系,甲、乙成立上级意定占有媒介关系。丙是直接占有人,乙是间接占有人,甲是上级间接占有人。甲可以通过这个渠道回复对电动三轮车的占有。

(2)甲和丙成立法定占有媒介关系,甲也可以通过这个渠道回复对电动三轮车的占有。

(3)两种渠道,甲可以选择。

2. 法定物权请求权与意定物权请求权

物权请求权分为法定物权请求权和意定物权请求权,前者直接依法律规定发生,后者依当事人的意思表示发生。

"依法律规定产生"只是一个习惯的表述,只有法律规定是不能形成法律关系的。"依法律规定产生",实际上是指依法定法律事实而发生,比如张甲的物被李乙侵夺,则张甲对李乙成立法定物权请求权。

"依当事人的意思表示产生"也是一个简略的说法,仅靠当事人的意思表示也不能产生物权请求权(指示交付和占有改定除外)。例如,出租人甲与承租人乙就1年期的租赁合同达成合意,双方之间并不发生物权请求权,甲依据租赁合同向乙交付租赁物后,甲与乙形成意定占有媒介关系,在此法律关系中,甲对乙有意定物权请求权,或者说,甲的占有回复请求权是意定占有回复请求权。

三、依债权性本权产生的占有回复请求权

(一)他物占有与依债权性本权产生的占有回复请求权

(1)他物占有(直接占有),有的是有本权占有,有的是无本权占有。他物有权占有,其本权只能是债权,不是物权,既不可能是自物权,也不可能是他物权。学者常举例说,质权人占有的本权是质权,其实,质权人占有的本权是合同债权,没有质押合同,质权哪有占有的权源?本权是占有所依据的权利,本权也是占有的权源。

(2)他物占有人的债权性本权分为意定和法定两种。①意定本权中,最常见的是合同本权,即依据合同享有占有他人之物的权利,依合同占有的一方,通常是依合同受领交付的一方。比如,出租人依据租赁合同是提交交付的一方,承租人请求交付的债权不是本权,其受领交付后,其债权才成为本权,此本权维持其占有的持续。②法定本权,是指以依法成立的法定债权作为本权,因无因管理占有他人之物成立的债权、因与占有有牵连关系而成立的债权等是法定本权。例如,张甲到乙饭店吃饭,饭毕后去而复返,原来他的羊毛围巾挂在椅背上忘拿了,因其未支付饭费,乙饭店表示付款才能拿走围巾。本案乙饭店对羊毛围巾的占有是有权占有,其本权是与占有有牵连关系的对饭费的债权。

(3)与债权性本权相脱离,物由第三人占有时,即依据债权性本权产生占有回复请求权。比如,甲的物由乙依债权合同占有,又由丙取得占有,则乙对丙成立占有回复请求权,这就是所谓"依债权性本权产生的占有回复请求权"。有几个要点:①第三人的占有,可以是有权占有,也可以是无权占有。②该占有回复请求权是本权与物分离时的效力,性质也是债权,但却是与本权不同的权利。就上例而言,乙本权是维持甲的给付,占有回复请求权是请求并为给付。③债权性

本权人的占有回复请求权,在本权存续期间内存续。仍就上例,当甲、乙的合同终止,乙的本权消灭,则乙丧失对丙的占有回复请求权。

(二)关于依他物权请求回复占有

(1)我国台湾地区"民法"第767条[所有权人之物上请求权]第1项规定:"所有人对于无权占有或侵夺其所有物者,得请求返还之。对于妨害其所有权者,得请求除去之。有妨害其所有权之虞者,得请求防止之。"第2项规定:"前项规定,于所有权以外之物权,准用之。"上述"所有权以外之物权",自是指他物权,即我国台湾地区"民法"认为,他物权是可以作为占有本权的。学者多依此展开论述,形成"通说"。

笔者认为,他物权人占有的本权实际上是债权。因为他物权人占有的本权是由物权人(自物权人)的给付所产生,存在于相对法律关系之中,是一种相对权。占有他物权作为物权具有对世性,这需要本权(债权)与占有的结合。

(2)他物权分为占有他物权和非占有他物权,占有他物权是以占有为成立要件的。

①就《物权法》规定的用益物权而言,四大用益物权中,农村土地承包经营权、建设用地使用权、宅基地使用权都是占有用益物权,他物权人的本权都是债权,标的物被侵占时,可依据本权请求回复占有。地役权有的处于他物占有状态,属于占有用益物权,有的不占有他人之物。占有地役权之标的物被第三人侵夺的,地役权人可依本权(债权)请求回复占有。

②就《物权法》规定的担保物权而言,分为占有担保物权和非占有担保物权。占有担保物权包括质权、留置权,《物权法》上的非占有担保物权是指抵押权,《合同法》第286条规定的不动产优先受偿权是非占有担保物权。① 占有担保物权人在标的物被第三人侵占时,可依本权(债权)请求回复占有。

四、关于本权之诉

依据本权而提起的诉讼,称为本权之诉,这里所说的本权之诉是指请求回复

---

① 《合同法》第286条规定:"发包人未按照约定支付价款的,承包人可以催告发包人在合理期限内支付价款。发包人逾期不支付的,除按照建设工程的性质不宜折价、拍卖的以外,承包人可以与发包人协议将该工程折价,也可以申请人民法院将该工程依法拍卖。建设工程的价款就该工程折价或者拍卖的价款优先受偿。"

占有。① 本权之诉是终局确定的保护。②

（一）本权之诉与占有之诉的选择

有学者认为："占有上请求权之发生与本权上请求权发生，互不相妨碍。占有与本权两者可以并存，所有人同时为占有人，而其所有物被侵夺时，对于侵夺人有所有权上之返还请求权与占有上之返还请求权。"③占有之诉实际不能排除本权之诉。占有之诉失败后可以提起本权之诉，不受一事不再理的限制。④ 我国"民法典"的设计，自应允许当事人在占有之诉和本权之诉之间进行选择，亦应允许当事人在占有之诉败诉之后，再提起本权之诉。但是在本权之诉败诉后，不得再提起占有之诉。因为，本权是占有的依据，具有终极确定占有归属的效力，如果允许本权之诉败诉后再提起占有之诉，则可能产生循环诉讼，浪费司法资源。例如，张甲放羊的时候，李乙说羊群中的一只羊羔是自己丢失的，抱起就走，张甲追赶不及。张甲提起占有之诉，若败诉后还可以提起本权之诉；若张甲提起本权之诉，经法院审理，判决该羊羔是李乙丢失的，张甲败诉后，不得再提起占有之诉。

原告既有本权，可径直提起本权之诉，何必先提起占有之诉？ 理由是："即使在被害人为本权人的情形下，基于本权而请求返还标的物，虽然在证明上（例如所有权的情形）或本权的性质上（例如承租权的情形）存在困难，但通过占有诉权予以回避是显而易见的。"⑤"证明占有的存在，主体仅需证明其此前对物进行的管领和控制的事实，而无须证明其本权的存在。"⑥还有就是程序上的方便。⑦

就现代情况而言，权属证明凭证（如超市小票、购物发票、仓单、提单、转账记录等）的完备及登记制度的完备，使本权的证明已无太大的困难，另外，也可以依占有推定本权的存在，也就是说，在现代，占有之诉的意义明显弱化。

---

① 本权之诉的内容还可以包括请求排除妨碍、消除危险。通常所说的本权之诉是以请求回复占有为内容的。
② 参见王泽鉴：《民法物权》，北京大学出版社2010年版，第550页。
③ 史尚宽：《物权法论》，中国政法大学出版社2000年版，第596页。
④ 参见史尚宽：《物权法论》，中国政法大学出版社2000年版，第597页；刘智慧：《占有制度原理》，中国人民大学出版社2007年版，第350页。
⑤ 〔日〕我妻荣：《新订物权法》，有权亨补订，罗丽译，中国法制出版社2008年版，第514页。
⑥ 石佳友：《〈物权法〉占有制度的理解与适用》，载《政治与法律》2008年第10期。
⑦ 按照我国台湾地区"民事诉讼法"第427条的规定"因请求保护占有涉讼者"，适用简易程序。这可认为采占有之诉的一个理由。

(二)上级本权与下级本权回复占有的顺序

1. 依上、下级本权的顺序请求回复占有的情形

针对直接占有人,在存在两级以上本权(间接占有)时,应依上下级本权的顺序请求回复占有,不应允许越序为自己主张回复占有。例如,甲将物出租给乙,租期尚未届满时被丙侵夺,甲有上级本权(物权),乙有下级本权(债权),自应由乙向丙请求回复占有,而甲对乙回复占有请求权可在租期届满时实现。依上、下级顺序请求回复占有,是为了保护下级本权人的债权及由该债权产生的占有抗辩权。

2. 本权人请求回复占有的"双轨制"

本稿第5条第4款规定:"无权占有人占有的物又被第三人占有的,本权人可以主张由无权占有人对第三人主张占有回复请求权。"这是笔者为解决实际问题设计的"双轨制"。所谓"双轨制",是指本权人在下列两种路径中择一主张权利:①本权人可以向原无权占有人请求回复占有,由无权占有人向第三人主张回复占有。②本权人可以直接向第三人请求回复占有。

甲的选择权是简单形成权,其选择原无权占有人请求回复占有,则该人视为间接占有人。

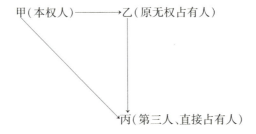

图示:图示中,甲为本权人,其本权可能是物权性本权,也可能是债权性本权;乙为无权占有人,物被第三人丙占有后,丙为直接占有人,乙成为原无权占有人。由于乙没有本权,所以甲应直接向丙主张回复占有,但为充分保护本权人的利益,保障占有回复请求权的实现,赋予甲以选择权,即可以选择乙为占有回复请求权的义务人,由乙向丙请求回复占有。

五、对占有回复请求权能否代位行使的探讨

按现行司法解释,在我国,请求返还原物的权利(占有回复请求权)不能代位行使。《合同法》第73条第1款规定:"因债务人怠于行使其到期债权,对债权人造成损害的,债权人可以向人民法院请求以自己的名义代位行使债务人的

债权,但该债权专属于债务人自身的除外。"最高人民法院《关于适用〈中华人民共和国合同法〉若干问题的解释(一)》第13条规定:"合同法第七十三条规定的'债务人怠于行使其到期债权,对债权人造成损害的',是指债务人不履行其对债权人的到期债务,又不以诉讼方式或者仲裁方式向其债务人主张其享有的具有金钱给付内容的到期债权,致使债权人的到期债权未能实现。次债务人(即债务人的债务人)不认为债务人有怠于行使其到期债权情况的,应当承担举证责任。"该条规定实际对《合同法》第73条作了适用上的限制,即只能适用于金钱之债。因而,我国现行的代位权,不能像传统代位权那样广泛适用。比如,甲向乙买了一枚解放区的邮票,该邮票在向甲交付前被丙非法侵占。乙对丙是物权请求权,甲对乙是债权请求权(非金钱之债)。当乙怠于向丙主张返还请求权时,甲不能主张代位权。笔者主张,借制定"民法典"之机,打破代位权对金钱之债的限制,即代位权的行使,不必以金钱债权为限。依上例,甲就可以行使代位权,直接要求丙向自己为给付(交付占有)。

六、关于依本权请求占有回复,是否应受时间的限制

这里所谓的"时间",仅指法定期间(除斥期间和诉讼时效)。

本权分为物权和债权。这里的物权仅指自物权(所有权),所有权是永久权,只要标的物存在,所有权就存在。所以,依所有权请求占有回复的,除法律另有规定,不应受时间(除斥期间和诉讼时效)的限制。①

承租人、质权人、用益物权人等请求交付(请求移转对标的物的占有)的债权②,并不是本权,交付之后,其债权是占有之本权。

笔者认为,本权为意定债权的,在请求占有回复时,应受诉讼时效的限制。

---

① 《物权法》第34条规定:"无权占有不动产或者动产的,权利人可以请求返还原物。"此条所说的权利人应为所有权人。《中华人民共和国婚姻法》第47条规定:"离婚时,一方隐藏、转移、变卖、毁损夫妻共同财产,或伪造债务企图侵占另一方财产的,分割夫妻共同财产时,对隐藏、转移、变卖、毁损夫妻共同财产或伪造债务的一方,可以少分或不分。离婚后,另一方发现有上述行为的,可以向人民法院提起诉讼,请求再次分割夫妻共同财产。人民法院对前款规定的妨害民事诉讼的行为,依照民事诉讼法的规定予以制裁。"最高人民法院《关于适用〈中华人民共和国婚姻法〉若干问题的解释(一)》第31条规定:"当事人依据婚姻法第四十七条的规定向人民法院提起诉讼,请求再次分割夫妻共同财产的诉讼时效为两年,从当事人发现之次日起计算。"对请求再次分割夫妻共同财产,请求人是有本权(所有权)的。此是返还所有物不受诉讼时效限制的例外。《物权法》第107条规定:"所有权人或者其他权利人有权追回遗失物。该遗失物通过转让被他人占有的,权利人有权向无处分权人请求损害赔偿,或者自知道或者应当知道受让人之日起二年内向受让人请求返还原物,但受让人通过拍卖或者向具有经营资格的经营者购得该遗失物的,权利人请求返还原物时应当支付受让人所付的费用。权利人向受让人支付所付费用后,有权向无处分权人追偿。"条文中"二年"为除斥期间。这是所有物返还不受除斥期间限制的一个例外。

② 质权合同、设立用益物权的合同是债权合同,其他设立他物权的合同也是债权合同。

例如：

（1）甲出租给乙一套房屋，租期5年，签订合同的当日交付，租至1年时，甲无故通知乙解除合同，强行把乙赶走。——甲的解除无效，甲对乙是侵夺占有，承租人乙占有的本权，是租赁合同约定的债权（意定本权），乙请求回复占有，应受诉讼时效的限制。若乙承租的房屋被第三人丙侵夺占有，乙对丙请求返还，受第7条1年除斥期间的限制。

（2）本条的一个案例模型是："甲未付1万元的汽车修理费，乙留置了甲的汽车，趁乙不备，甲开走了汽车。"——乙对甲的汽车占有的本权，是对甲1万元修理费的意定债权，乙主张占有回复请求权，应当受诉讼时效的限制。

【立法例】

《中华人民共和国民法通则》

第117条　侵占国家的、集体的财产或者他人财产的，应当返还财产，不能返还财产的，应当折价赔偿。

损坏国家的、集体的财产或者他人财产的，应当恢复原状或者折价赔偿。

受害人因此遭受其他重大损失的，侵害人并应当赔偿损失。

《中华人民共和国物权法》

第34条　无权占有不动产或者动产的，权利人可以请求返还原物。

《中华人民共和国民法总则》

第179条　承担民事责任的方式主要有：

（一）停止侵害；

（二）排除妨碍；

（三）消除危险；

（四）返还财产；

（五）恢复原状；

（六）修理、重作、更换；

（七）继续履行；

（八）赔偿损失；

（九）支付违约金；

（十）消除影响、恢复名誉；

（十一）赔礼道歉。

法律规定惩罚性赔偿的，依照其规定。

本条规定的承担民事责任的方式，可以单独适用，也可以合并适用。

第196条　下列请求权不适用诉讼时效的规定:
(一)请求停止侵害、排除妨碍、消除危险;
(二)不动产物权和登记的动产物权的权利人请求返还财产;
(三)请求支付抚养费、赡养费或者扶养费;
(四)依法不适用诉讼时效的其他请求权。

《中华人民共和国侵权责任法》

第15条第1款　承担侵权责任的方式主要有:
(一)停止侵害;
(二)排除妨碍;
(三)消除危险;
(四)返还财产;
(五)恢复原状;
(六)赔偿损失;
(七)赔礼道歉;
(八)消除影响、恢复名誉。

我国台湾地区"民法"

第767条[所有权人之物上请求权]　所有人对于无权占有或侵夺其所有物者,得请求返还之。对于妨害其所有权者,得请求除去之。有妨害其所有权之虞者,得请求防止之。

前项规定,于所有权以外之物权,准用之。

《德国民法典》

第985条[返还请求权]　所有权人得向占有人请求返还其物。

《瑞士民法典》

第641条[所有权的内容]第2款　所有权人对物的无权占有人,有请求交回该物并排除一切不法侵害的权利。

《韩国民法典》

第213条[所有物返还请求权]　所有人可请求占有其所有物的占有人返还占有物。但占有人对该物享有占有权的,可拒绝返还。

《俄罗斯民法典》

第301条[要求返还被他人非法占有的财产]　所有权人有权要求返还其被他人非法占有的财产。

第六条 【占有抗辩权】
所有权人或其他本权人请求回复占有,他物占有人对物也享有本权的,可以保留占有,违反公序良俗的除外。

占有两个以上的物或占有物为可分物的,保留占有的财产以满足债权为限。

占有回复请求权转移的,占有抗辩权可以对继受人行使。

无权占有人对本权人享有与占有有牵连关系的债权,参照上述规定。

【说明】

(1)规定占有抗辩权是为保障财产"动"的安全,重心是保障交易安全。行使占有抗辩权是一种违法阻却事由,在认定是否构成犯罪上也有一定的意义。例如,对寄存人行使占有抗辩权的,不构成侵占罪。①

(2)本条第1款是对占有抗辩权的一般性规定。占有抗辩权是针对占有回复请求权的反对权,是拒绝回复占有(返还原物之占有)的权利,是"所有"与"占有"相分离的产物。"保留占有",是行使占有抗辩权的行为方式。

(3)占有分为自物占有和他物占有,他物占有人可享有占有抗辩权。占有抗辩权可以对抗所有权人和其他本权人。所有权人对他人不成立占有抗辩权。所有权人拒绝向他人交付占有,依据并不是占有抗辩权,而是本权(所有权)。

(4)占有抗辩权来源于他物占有人的债权性本权。该本权一是源自占有媒介关系的基础法律关系;二是源自占有媒介关系的牵连法律关系。

①占有媒介关系的基础法律关系,是占有人产生占有的原因法律关系,也是保持占有所依据的法律关系。比如,保管法律关系是保管人占有的基础法律关系,保管人的本权是合同债权。

②牵连法律关系,是指与占有媒介关系有牵连的那一个法律关系。牵连法律关系,是占有人保持占有所依据的法律关系。比如,甲对乙偷盗,乙占有了甲的偷盗工具,则乙请求甲返还偷盗物法律关系或损害赔偿的法律关系是牵连法律关系。

③有本权的占有,就是我们通常所说的有权占有。他物占有人的本权,可以是意定本权,也可以是法定本权,前者如依据动产所有权保留买卖合同交付产生

---

① 《中华人民共和国刑法》第270条规定:"将代为保管的他人财物非法占为己有,数额较大,拒不退还的,处二年以下有期徒刑、拘役或者罚金;数额巨大或者有其他严重情节的,处二年以上五年以下有期徒刑,并处罚金。将他人的遗忘物或者埋藏物非法占为己有,数额较大,拒不交出的,依照前款的规定处罚。本条罪,告诉的才处理。"

的买受人的本权,后者如被盗者占有偷盗者遗留的工具的本权。意定本权是合同债权。

④本权人请求回复占有时,他物占有人也有本权的,形成"双本权","双本权",一个是上级本权,一个是下级本权,他物占有人的本权得对抗上级本权。例如,甲将一套房屋出租给乙1年,甲的所有权,是脱离占有的本权,是上级本权,乙的本权是债权,是下级本权,租期未满,乙可以行使占有抗辩权。

(5)他物占有人也是直接占有人,他物占有人的相对人是间接占有人。

占有抗辩权人可以是意定占有媒介关系的直接占有人和下级间接占有人,也可以是法定占有媒介关系的直接占有人和下级间接占有人。

(6)履行抗辩权与占有抗辩权都存在于相对法律关系之中,相对法律关系的客体(标的)是给付。行使履行抗辩权与行使占有抗辩权都是保留自己的给付,但它们有很明显的区别。行使履行抗辩权是保留自己的财产或劳务,行使占有抗辩权是保留对他人之物的占有。两种抗辩权可以发生竞合。

(7)占有抗辩权与留置权不同。①留置权是复合性权利,由三种权利组合而成,这三种权利是占有抗辩权、自助变价权和优先受偿权。留置权人以外的占有抗辩权人,无自助变价权和优先受偿权。行使占有抗辩权后矛盾得不到解决时,只能求助于法院。②留置权的标的物是动产;占有抗辩权的标的物可以是动产,也可以是不动产。占有抗辩权在一定程度上可以弥补留置权的不足。比如,不动产保管合同的保管人不能成立留置权,但可以成立占有抗辩权。③民事留置权由于两个牵连性的对待给付产生,占有抗辩权无此要件。

(8)保留占有违反公共秩序或善良风俗的,不成立占有抗辩权。比如,甲将物出租给乙,在乙租赁期间,该物为公共利益的目的被征用,乙不成立抗辩权。

(9)本稿第6条第2款为防止占有抗辩权的滥用,作了相应规定。占有两个以上的物或占有物为可分物的,依诚实信用原则,占有抗辩权人只应保留占有价值相应的物,否则,构成对财产的侵占。

(10)占有回复请求权与占有抗辩权是对立的统一。如果甲向乙请求回复占有,而甲实际没有占有回复请求权,相应的,乙就没有占有抗辩权,乙拒绝回复占有,不是行使占有抗辩权,而是进行权利不成立的抗辩或权利已消灭的抗辩。

(11)本稿第6条第3款规定,占有回复请求权移转时,占有人的占有抗辩权可以对继受人行使。比如,本权人死亡,占有人可以对继受占有的继承人行使抗辩权。再如,指示交付情况下占有人的占有抗辩权由对转让人行使,转为对受让人行使。①

（12）占有抗辩权源自自己的本权，无权占有人没有本权，故没有占有抗辩权。但无权占有人对本权人享有与占有有牵连关系的债权的，参照占有抗辩权的规定。本稿第 14 条第 2 款规定："善意占有人可以请求偿付因保存占有物所支出的必要费用；可以请求偿付因改良占有物、生产天然孳息所支出的有益费用，但以现存的增加价值为限。"第 3 款规定："恶意占有人可以请求偿付紧急情况下因保存占有物所支出的特别必要费用；可以请求偿付生产天然孳息所支出的有益费用，但以现存的增加价值为限。"上述费用请求权，就是有牵连关系的债权。

【案例模型】

（一）源自基础法律关系的占有抗辩权

例1：出租人甲与承租人乙签订了一份租期为二年的租赁合同，甲交付租赁物 1 年之后，心生悔意，通知乙解除租赁合同，要求返还租赁物，并表示愿意承担乙的损失。

（1）出租人甲没有单方解除权，承租人乙可主张解除无效，同时主张占有抗辩权。

（2）承租人的占有抗辩权来源于他在基础法律关系（租赁法律关系）中的债权（承租权），该债权是承租人本权。

（3）本案存在双本权，出租人甲的本权是脱离占有的本权，承租人乙的本权是直接占有的本权。

例2：甲到美国留学，将宠物猫"欣欣"交给乙无偿保管。甲在美国期间，将"欣欣"以 5 000 元的价格转让给丙，并通知了占有人乙。丙向乙请求交付，乙以甲欠猫粮费 900 元、医疗费 317 元的必要费用为由，拒绝向丙交付。

甲对丙为指示交付，乙对甲的占有抗辩权，得对丙行使（占有回复请求权移转时，占有抗辩权可以对继受人行使）。乙的占有抗辩权来源于基础法律关系（保管法律关系）中的债权。

例3：甲将房屋出租并交付给乙，同意其转租给丙，乙转租并交付

---

① 这类似债权让与的规定。《合同法》第 82 条规定："债务人接到债权转让通知后，债务人对让与人的抗辩，可以向受让人主张。"

给丙。甲、乙是占有媒介关系,乙、丙是占有媒介关系,甲、乙、丙形成占有媒介关系连锁。

如果甲同意乙转租给丙,并按约定直接将房屋交付给了丙(缩短给付),甲、乙、丙形成占有媒介关系连锁。

(1)若租赁期间甲向乙请求回复占有,乙可以拒绝回复占有(行使占有抗辩权),理由是租期尚未届满,自己仍享有占有的本权。租赁合同是占有媒介关系的基础法律关系。

(2)若租赁期间甲向丙请求回复占有,丙有权予以拒绝。理由是:第一,其与甲没有直接的占有媒介关系,即甲对自己没有请求权(丙行使的是权利不成立的抗辩);第二,其与乙的租期尚未届满,自己仍享有占有的本权(若乙对丙主张回复占有,丙得主张占有抗辩权)。

例4:甲把一套房屋卖给乙,约定先给乙办理过户登记,之后乙支付房款,再后甲交付房屋。办理过户手续后,乙只支付一半房款。乙向甲请求交付房屋,甲拒绝。乙又将该套房屋卖给丙,办理了过户登记,丙向甲请求交付房屋,甲拒绝。

(1)过户登记(转移所有权的登记)和交付占有,是出卖人甲的两个主给付义务。在过户登记之后交付之前,乙的所有权是脱离占有的本权(间接占有)。甲拒绝向乙交付房屋,是行使履行抗辩权的行为(拒绝履行合同义务的行为),也是行使占有抗辩权的行为,二者发生竞合。甲占有抗辩权,源自基础法律关系(买卖合同)中的债权。

(2)丙购买了该套房屋,请求甲交付房屋的物权请求权移转至丙,甲的履行抗辩权及占有抗辩权得对丙行使。

例5:孙某借给李某8万元。李某将自己的一辆汽车抵押给孙某,办理了抵押登记,并依约把机动车登记证交付给孙某。后孙某以李某到期不清偿借款为由,未经李某同意将这辆汽车开走。李某起诉请求返还汽车,并表示8万元已经偿还。受诉法院没有审理李某是否偿还借款,判决孙某将涉诉车辆和机动车登记证返还给原告李某。

(1)被告孙某对原告李某的机动车登记证,没有质权和留置权,但有占有抗辩权。双方没有约定孙某对机动车登记证享有质权和留置权,没有约定对机动车登记证有优先受偿的效力,没有违反物权法定原则。没有质权和留置权,并不影响占有抗辩权的成立和行使,法院判决返还机动车登记证是不正确的。如果双方当事人约定,孙某对机动车登记证有质权或留置权,虽然约定无效,但不影响占有抗辩权的成立和行使。本案的基础法律关系是双方的借款合同。

(2)孙某未经李某同意便将汽车开走,是侵夺占有的行为,法院判决返还是正确的。

(3)如果出于担保的目的,李某同意孙某开走汽车,可构成抵押与质押的竞合。占有抗辩权是质权的一项内容。

例6: 甲从乙处借款100万元,将一台车床交付给乙作为质物,到期甲还款90万元,请求归还车床。乙以尚有10万元未清偿为由,拒绝归还车床。

质权人乙享有占有抗辩权,这没有疑问。问题是,乙的占有抗辩权产生于哪一个法律关系?甲依质押合同将车床交付给乙后,双方之间成立占有媒介关系,从现象上看,质押合同是占有媒介关系的基础法律关系,质押合同是单务合同,其本身不能产生占有抗辩权。质押是从合同,从属于甲、乙之间的借款合同,借款合同是质押合同的基础法律关系,甲的给付,产生于借款合同,甲未完成给付,乙才能拒绝交还质物,应以主合同(借款合同)作为成立占有抗辩权的基础法律关系。

(二)源自牵连法律关系的占有抗辩权

例1: 张甲吃饭未交款便匆匆离去,将手机遗忘于乙饭店。张甲回头取手机,乙饭店要张甲交付饭费,张甲不交付,乙饭店可以行使占有抗辩权,拒绝交付手机。

本案乙饭店对张甲手机的占有,享有本权。张甲与乙饭店之间成立法定占有媒介关系。乙饭店的本权,产生于法定占有媒介关系的牵连法律关系。本例的牵连法律关系,是由于张甲不交付饭费的违约行为产生的债权债务,双方应同时为给付(交付饭费与交付手机)。另外,乙饭店虽然有占有抗辩权,但不成立留置权。

例2: 张甲在胡同踢足球,足球射穿李乙窗户落入客厅,张甲要求归还足球(行使占有回复请求权),李乙表示,要赔偿玻璃毁损带来的损失,否则不归还足球。

(1)李乙享有占有抗辩权,其本权是损害赔偿请求权(债权)。

(2)本案有两个法律关系,第一个是占有回复请求权法律关系(法定占有媒介关系),第二个是侵权损害赔偿法律关系。第二个法律关系是法定占有媒介关系的牵连法律关系。

例3：甲公司与乙公司有经济纠纷，甲公司职员欲侵入同楼乙公司的办公间，并用老虎钳剪开乙大门U形锁，乙公司恰有人在锁着的房间里睡觉，将甲公司的职员赶走，并将老虎钳扣押。不久，该楼物业公司来人，说老虎钳是物业公司借给甲公司的，请求乙公司返还。

（1）甲公司是侵夺占有行为，乙公司即时私力救济，是合法行为。

（2）乙的占有抗辩权，不但得对甲公司行使，也可以对所有权人物业公司行使。

例4：张甲放养的十几头猪进入李乙的菜地，毁掉不少蔬菜。李乙能否扣留张甲的猪？

李乙可以扣留张甲的猪，但不能全部扣留，以满足自己损害赔偿的债权为限。扣留，是李乙取得占有的方式，也是行使占有抗辩权的行为。

例5：老张早上将自养的一群羊放出圈，由它们自行上山觅食，晚上羊群归来，老张一点数，少了一只。老李捡到了这只羊（价值约600元），到处寻找失主，3天后送到老张家中。老李花去必要费用18元，老张拒绝支付，老李能否行使留置权？

（1）本案老李的无因管理必要费用请求权与老张的占有回复请求权，不能满足留置权要求的"同一法律关系"，故老李不能成立留置权。

（2）老李成立占有抗辩权，其本权来源于牵连法律关系，具体来说，来源于无因管理法律关系中的债权。

（3）留置权是组合权，是复合性的权利，由占有抗辩权、变价权和优先受偿权三种权利组成。无因管理人没有后两项权利。

例6：张甲搭了一个大棚养蚂蚱，按期按量供应给养甲鱼公司。蚂蚱需要按日投放饲料，且蚂蚱一旦逃逸，将对农业环境造成巨大危害，故张甲在大棚里隔离出一个单间，日夜监护。一日，张甲在外地打工的儿子在工地受伤，在医院抢救，张甲抛下大棚，赶去医院。同村李乙见状主动帮助料理，入住大棚。张甲一周后回村，要求李乙搬离大棚。李乙要求两项费用：一是无因管理的必要费用；二是辛苦费。张甲不给，请问李乙是否有占有抗辩权？

（1）辛苦费在法律上不能支持，不能就此成立占有抗辩权，但无因管理的必要费用应当支持，在必要费用支付前，李乙可行使占有抗辩权。

（2）本案大棚是不动产。不管标的物是动产还是不动产，都不影响占有抗辩权的成立。

例 7：甲占有乙的一只达乌尔母鼠（宠物），甲为善意占有人，在占有期间，母鼠生下 17 只小鼠，每只小鼠价值 15 元，母鼠价值 50 元，甲花去的必要费用为 20 元。若甲要行使占有抗辩权，应保留（扣留）几只达乌尔鼠？

善意占有人对必要费用有请求权。在权利人未给予补偿前，占有人可以暂时保留原物及其孳息，这是行使占有抗辩权的一种情况。但保留占有的物应与自己的债权相应，本案以扣留两只小鼠为宜。

(三) 不成立占有抗辩权的情形

例 1：甲、乙约定，甲用自己的一台写真机与乙的一台复印机互换（写真机与复印机的价值差不多）。双方互相交付后，丙找到甲，说这台复印机是自己借给乙的（经查属实，乙欺骗了甲），要求甲把复印机返回给自己。甲一口回绝，甲是行使占有抗辩权，还是行使权利不成立的抗辩？

甲是行使权利不成立的抗辩。
(1) 甲已经善意取得了复印机。
(2) 占有抗辩权是他物占有人享有的抗辩权。甲是自物占有人。

例 2：(1) 甲的遗失物被乙占有，甲对乙享有占有回复请求权。
(2) 第三人丙误以为该物是自己的，向乙请求返还占有。

(1) 乙对甲没有占有抗辩权，发生必要费用的除外。
(2) 乙自应拒绝丙的请求，因丙并无占有回复请求权，在占有回复请求权存在的情况下，才可能存在占有抗辩权。乙拒绝丙的权利并不是占有抗辩权，是权利不成立的抗辩。

例 3：(1) 甲将房屋出租给乙 20 年，租至 10 年时，甲要收回自用，乙拒绝。甲破门而入并进行装修，乙主张占有回复请求权。
(2) A 将一张八仙桌出租给 B，没有约定租期，A 结婚要用八仙桌，B 无故不还，A 强力抢回，B 主张占有回复请求权。

(1) 甲是侵夺占有的行为。尽管甲是自物占有，乙仍享有占有回复请求权，其占有回复请求权是债权性本权（承租权）的效力。甲虽然有本权（所有权），但没有占有抗辩权。
(2) 对不定期租赁合同，A 有随时解除权，但其强力抢回，是违法行为，可以令其承担相应的责任，但没有必要向 B 回复占有，因为 B 没有本权，A 破坏的只是社会秩序。因 B 没有占有回复请求权，A 拒绝回复占有的权利也不是占有抗辩权,而只是物权性本权对世效力的作用,是主张权利不成立的抗辩,即是说,没有请求权的抗辩,其实并不是行使抗辩权。

例4:甲与乙签订买卖合同,约定甲以500万元的价格,出卖给乙一套房屋。到期甲拒绝交付房屋,理由是乙到期没有付款。

(1)甲是自物占有人,依照买卖合同有交付的义务,乙请求交付的权利,不是占有回复请求权,是普通债权。占有回复请求权仅在本权与占有分离时发生。

(2)甲拒绝交付,不是行使占有抗辩权,而是行使履行抗辩权。

例5:甲欠乙15万元到期拒绝归还,一日,乙见甲将汽车开到自己门口,就扣下该车。甲请求乙返还,乙以甲欠款为由拒绝。

乙没有占有抗辩权。扣车是侵夺占有的行为。本案借贷法律关系不能作为扣车的基础法律关系,也不能作为扣车的牵连法律关系。

例6:一农妇被洪水冲到外地,打捞者挟尸要价10万元,死者家属同意给3万元。双方就价格未达成一致,打捞者拒绝交付尸体。

(1)因违反善良风俗,打捞者没有占有抗辩权,更没有留置权。

(2)从挟尸要价来看,打捞者不构成无因管理,假设构成无因管理,其仍不成立占有抗辩权和留置权。

(3)即便家属一分钱未给,打捞者也应交还尸体,若有金钱上的争议,应另行解决。

例7:甲公司将房屋出租给乙公司,租期2年,在租到1年时,乙擅自转租给丙公司,将租赁物交付给丙占有。甲能否直接向丙请求回复占有?

出租人甲能否直接向第三人丙请求回复占有,要看甲对乙转租采取什么法律手段。

(1)出租人甲通知转租人乙解除租赁合同,租赁合同解除,转租合同自然不能生效。此时,甲与丙形成法定占有媒介关系,甲有权向丙请求回复占有。丙无占有抗辩权。

(2)出租人仅对转租合同拒绝追认,租赁合同的效力保留。则甲与乙之间是意定占有媒介关系、乙与丙之间是法定占有媒介关系,两个占有媒介关系形成连锁,若甲直接向丙请求向自己回复占有,则丙可以甲无请求权为由拒绝回复占有(权利不成立的抗辩)。甲向乙行使占有回复请求权,则乙以租期未届满为由行使占有抗辩权,基础法律关系是租赁合同。当甲和乙都向丙请求回复占有时,丙没有选择的权利,只能向乙回复占有。

【理论阐释】

一、占有抗辩权的界定

抗辩权是对请求权的反对权。① 反对权也可以称为对抗权、拒绝权。有学者进一步指出,抗辩权以相对人请求权之存在及有效为前提之反对权,与否认相对人有权利存在之异议不同。② 请求权是相对权、对人权,是请求相对人为给付的权利;抗辩权是拒绝给付的权利。

占有抗辩权是抗辩权的一种,是对抗相对人占有回复请求权,而拒绝交付占有的权利。享有占有抗辩权的人,是占有回复义务人。占有抗辩权是被动的权利,不因期间的经过而消灭,即它不受诉讼时效和除斥期间的限制。

需要说明的是,占有抗辩权是"所有"与"占有"相分离的产物,是他物占有的产物。占有是指现实占有,现实占有可以区分为自物占有和他物占有。③ 自物占有,是所有权人对自己的物的占有,不发生占有抗辩的问题;他物占有,是对他人所有物的占有,可以发生占有抗辩的问题。他物占有人都是直接占有人,因而他物占有又可称为他物直接占有。他物占有人可以是他物用益人(用益物权人和用益债权人)、保管人、担保物权人(质权人、留置权人)、监护人、无因管理人、侵权人等。他物占有包括有权占有(有本权)和无权占有(无本权)两种情况。

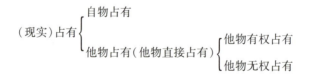

图 1

(一)占有回复请求权的客体和主体

占有抗辩权对抗的是占有回复请求权,因此须先分析占有回复请求权的客体和主体。

1. 占有回复请求权的客体

占有回复请求权,是请求以交付占有的方式为给付的权利,占有回复请求权

---

① 参见〔德〕卡尔·拉伦茨:《德国民法通论》,王晓晔、邵建东、程建英等译,法律出版社 2003 年版,第 328 页。
② 参见史尚宽:《民法总论》,中国政法大学出版社 2000 年版,第 28 页。
③ 间接占有是观念占有,因而,占有不能作为直接占有和间接占有的上位概念。

是请求回复现实占有。给付是请求权的客体,本质是相对法律关系的客体(标的),它是一种行为,包括作为和不作为,占有回复(向请求权人交付占有)显然是表现为作为的行为,不包括不作为。

回复占有是现实交付占有的行为,是给付之一种。观念交付并不能回复占有,因为,观念交付是用来移转和创设本权的,占有的实际状态并不发生改变。占有回复,一般是回复原状的一种形态;回复原状,是回复原利益状态,与恢复原状并非同一概念。

占有回复请求权与返还不当得利的请求权有所区别。在不当得利人处于他物占有的情况下,两种请求权可以是一种竞合关系。[①] 在不当得利人取得物权,成为自物占有人的情况下(如取得对货币占有的同时取得货币所有权),不发生竞合。

2. 占有回复请求权的主体

我国《物权法》规定的返还原物请求权,实质上是占有回复请求权,是请求返还"占有",不是请求返还"所有"。[②] 有学者认为:"返还原物请求权的主体并不一定是所有人,在一定情况下,他物权人也有权提起。"[③]这种观点实际上把请求权主体限制为自物权人和他物权人。其实,占有回复请求权的主体是间接占有人,包括两类:第一类是脱离占有的自物权人(自物间接占有人),第二类是脱离占有的原他物占有人(他物间接占有人)。[④]

$$\text{间接占有}\begin{cases}\text{自物间接占有(发生物权请求权的效力)}\\\text{他物间接占有(发生债权请求权的效力)}\end{cases}$$

图2

---

① "物的所有人亦得依不当得利规定向无权占有人请求返还物的占有。占有为法律上的地位,取得占有即取得受法律保护的利益,得发生占有的不当得利返还请求权。是就同一标的物的返还,得成立所有物返还请求权与占有不当得利请求权的竞合。"参见王泽鉴:《债法原理》(第二册),中国政法大学出版社2002年版,第269页。

② 我国《物权法》第34条规定:"无权占有不动产或者动产的,权利人可以请求返还原物。"第106条第1款规定:"无处分权人将不动产或者动产转让给受让人的,所有权人有权追回……"第243条规定:"不动产或者动产被占有人占有的,权利人可以请求返还原物及其孳息,但应当支付善意占有人因维护该不动产或者动产支出的必要费用。"第245条规定:"占有的不动产或者动产被侵占的,占有人有权请求返还原物;对妨害占有的行为,占有人有权请求排除妨害或者消除危险;因侵占或者妨害造成损害的,占有人有权请求损害赔偿。占有人返还原物的请求权,自侵占发生之日起一年内未行使的,该请求权消灭。"除106条第1款外,以上条文都使用了"返还原物"的表述,"返还原物"经常使人误解为返还所有权,不如占有回复的表现力强。且占有回复请求权人不仅包括所有权人,还包括其他权利人。"回复"二字,也表明原来是我占有的,或者应当是我占有的。

③ 王利明:《物权法研究》(上卷),中国人民大学出版社2007年版,第219页。

④ 间接占有人不以所有权主体之本人为限。参见曹杰:《中国民法物权》,中国方正出版社2004年版,第233页。

唯一的自物权是所有权。所有人脱离占有后,其保留的本权与自物间接占有同质,产生请求占有回复的效力(见图2)。自物权人对丧失占有的物可能曾经占有过,也可能从未占有过。比如甲的物被乙侵夺占有,该物在乙处又分离出天然孳息,甲对原物是曾经占有过的,甲对原物的天然孳息原始取得所有权,但从未占有过。间接占有与脱离占有的本权同质,故脱离占有的自物权人,可称为自物间接占有人。

在自物权人之外,有权请求回复占有的主体包括但不限于他物权人,否则大部分脱离占有的原他物占有人不能获得救济。他物权分为占有他物权和非占有他物权,前者如建设用地使用权、宅基地使用权、农村土地承包经营权、质权、留置权等,后者如抵押权等。只要是非所有权人的占有,都是他物占有。

他物占有是现实占有,其脱离占有的原因很多,或因向第三人交付占有、或因被第三人侵夺占有、或因意外事件由第三人占有等。原他物占有人对该第三人可以成立占有回复请求权,有占有回复请求权的原他物占有人可称为他物间接占有人(见图2)。

占有回复请求权可以移转,例如,所有权人可以将脱离占有的本权以指示交付的方式让与他人,受让人自可向直接占有人主张占有回复请求权。直接占有人的占有抗辩权不因此而受影响,只是对抗的主体发生了变化。

3. 占有回复请求权的权源

占有回复请求权是脱离占有的本权的效力。由于一物一权,只有自物权人的本权是物权性本权,发生的占有回复请求权是物权请求权;他物占有的本权,都是债权性本权,发生的占有回复请求权是债权请求权(见图2)。

间接占有的本质,是脱离占有的本权。自物间接占有,是脱离占有的物权性本权,源自该本权的占有回复请求权,是物权请求权,对其不应作时间上(除斥期间或诉讼时效)的限制。他物间接占有,是脱离占有的债权性本权,源自该本权的占有回复请求权,是债权请求权,对其应作时间上(除斥期间)的限制。

(二)针对物权请求权的占有抗辩权和针对债权请求权的占有抗辩权

本稿分别设计了本权人的占有回复请求权(第5条)和占有人的占有被侵夺时的占有回复请求权(第7条第1款),前者是基于本权的效力,后者是基于占有的效力。占有人的占有回复请求权只针对侵夺占有的行为,而侵夺占有人是没有占有抗辩权的。因此,这里只能谈针对依本权请求回复占有的抗辩权。

占有抗辩权分为两类:第一类是针对物权请求权的抗辩权,第二类是针对债权请求权的抗辩权。

1. 针对物权请求权的占有抗辩权

针对物权请求权的占有抗辩权又具体分为两种情况:

（1）他物直接占有人针对自物间接占人有的抗辩权。比如，出租人（自物权人）要求承租人交付租赁物的占有（归还租赁物的占有），承租人以租期尚未届满为由予以拒绝。这种抗辩是保留直接占有的抗辩权。

（2）他物间接占有人对自物间接占有人的占有抗辩权。这是在占有媒介关系连锁时，他物间接占有人对自物间接占有人（上级间接占有人的一种）的占有抗辩权，他物间接占有人本来就没有（现实）占有，但他可以从他物直接占有人处取得占有，然后向自物间接占有人交付，有了占有抗辩权，就不必这样做，且不必因自己的不作为承担责任。

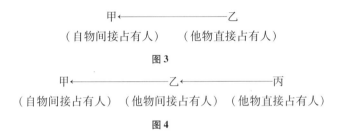

图 3 是他物直接占有人乙，对自物间接占有人甲的物权请求权的抗辩。

图 4 包括他物间接占有人乙，对自物间接占有人甲的物权请求权的抗辩。

2. 针对债权请求权的占有抗辩权

针对他物间接占有的抗辩权，是针对债权请求权的抗辩权。图 4 是甲与乙、乙与丙两个占有媒介关系连锁（当然连锁不限于两个，可以更多），他物直接占有人丙对他物间接占有人乙的抗辩，是对债权请求权的抗辩。由于法律关系的相对性，丙对甲并不能产生占有抗辩权，当乙丧失本权，甲与丙之间形成占有媒介关系时，丙才可能成立对甲的占有抗辩权。

（三）占有抗辩权的行使方式及放弃

1. 占有抗辩权的行使方式

占有抗辩权的行使，是一种不作为方式的自助行为。

回复占有的行为是交付占有，是双方行为，现实回复占有是直接占有人向间接占有人交付占有，须直接占有人向间接占有人提出给付，由间接占有人受领。行使占有抗辩权，是保留给付的行为。如前所述，包括他物直接占有人保留给付和他物间接占有人保留给付。

占有抗辩权是实体法上的权利，在诉讼中亦可行使，由于它是被动的权利，在诉讼中行使时，不需要提出反诉。占有抗辩权在诉讼中须以明示的方式主张，否则视为放弃。"当事人如不为抗辩之主张,法院不得主动斟酌。"① 法院若主动认定占有抗辩权,就失去了居间公断的立场。

2. 占有抗辩权的放弃

倘抗辩权人不为抗辩,而满足对方之请求,亦属有效。② 义务不能抛弃,权利是可以放弃的。占有抗辩权的放弃,表现在两个方面:

(1) 是对请求权人回复占有。直接占有人本可保留占有,但却将标的物交付给间接占有人,二者之间的占有媒介关系消灭。

(2) 在占有媒介关系连锁时,下级间接占有人不对直接占有人请求回复占有,而改由上级间接占有人径直向直接占有人请求占有回复,此种情况是下级间接占有人对上级间接占有人放弃占有抗辩权。例如,甲将机器出租给乙并交付占有,承租人乙经甲同意转租并交付给次承租人丙,若转租期限已经届满但本租赁期限尚未届满,承租人乙对出租人甲享有占有抗辩权,乙可放弃对甲的占有抗辩权,通知次承租人丙直接向甲回复占有。

(四)占有抗辩权是延缓的抗辩权

行使占有抗辩权,并不导致占有回复请求权的消灭,它属于延缓抗辩权。所谓"延缓",是指该抗辩权致使请求权在一定期间内不能实现,故延缓抗辩权也称为一时抗辩权。占有抗辩权不是永久的权利,否则,占有回复请求权就失去了意义。行使占有抗辩权者,不构成迟延责任。

如果占有回复请求权自始不存在或者被消灭,占有人的"抗辩"则不是行使"占有抗辩权",而是主张权利不存在(不成立或者权利已消灭)的抗辩,没有请求权的抗辩,其实并不是行使抗辩权。

(五)占有抗辩权与占有防御权的区别

占有防御权也称为自力防御权、己力防御权或抗拒权,是占有人对于侵夺其占有或妨碍其占有的行为,以己力防御的权利。③ 占有抗辩权与占有防御权都是对抗权,但二者有明显区别:

(1) 占有抗辩权针对占有回复请求权,是拒绝给付的行为;占有防御权是针对私力侵犯,是阻止侵夺占有或排除妨碍占有的行为。

(2) 占有抗辩权只能针对特定的人(间接占有人)行使,是相对法律关系(占有媒介关系)中的相对权;占有防御权可针对任何私力侵犯的人行使,是绝对法

---

① 黄立:《民法总则》,中国政法大学出版社2002年版,第67页。
② 参见韩忠谟:《法学绪论》,北京大学出版社2009年版,第151页。
③ 参见谢在全:《民法物权论》(下册),中国政法大学出版社2011年版,第1219—1220页。

律关系中的绝对权。

（3）占有抗辩权主要是本权的效力；而有无本权，不影响占有防御权的成立。即有占有不一定有占有抗辩权，而只要占有存在，占有防御权就存在，纵为无权占有人，也可以行使占有防御权，占有防御权也可以由直接占有人对间接占有人行使。

（4）占有抗辩权的制度设计，主要是为协调间接占有人与直接占有人两种法益的冲突，其次也是为协调间接占有人与上级占有人两种法益的冲突；占有防御权的制度设计是为了维护社会秩序。

二、占有抗辩权与基础法律关系和牵连法律关系

有学者指出，抗辩权是基于基础权利被侵害或有危险的原因而成立。[①] 基础权利是基础法律关系中的权利。具体到占有抗辩权，它是由于基础法律关系的效力或牵连法律关系被侵害或有危险的原因而成立。"抗辩权均具有救济权属性。"[②]占有抗辩权所"救济"的，是基础或牵连法律关系中的债权。从现象上看，占有抗辩权的产生，主要原因是有权占有的期限未届满以及相对人未提出对待给付。

（一）占有抗辩权与基础法律关系

原因法律关系是占有媒介关系的基础法律关系，或者说它是占有人产生、保持占有所依据的法律关系。由于基础法律关系的效力，占有媒介关系中的直接占有人可成立占有抗辩权。占有抗辩权的成立，须有债权性本权，而债权性本权来源之一是基础法律关系。

基础法律关系本身并不产生占有媒介关系。以合同为例，租赁合同、使用借贷合同、保管合同、质押合同、建设用地使用权合同等本身并不产生占有媒介关系，依据上述合同的交付（新的法律事实），才产生占有媒介关系。

基础法律关系与占有媒介关系 $\begin{cases} A：甲（出质人）————乙（质权人） \\ B：甲（自物间接占有人）————乙（他物直接占有人） \end{cases}$

图 5

这里借助图 5 简要说明一下：图 5 中的甲与乙订立了质押合同，约定甲把自己的一枚旧纪念章质押给乙。质押合同签订后，甲、乙之间只有质押合同法律关系（图 5A），并无占有媒介关系。3 天后，甲把该纪念章交付给乙，甲、乙之间才

---

① 参见龙卫球：《民法基础与超越》，北京大学出版社 2010 年版，第 19 页。
② 同上注。

成立占有媒介关系(图 5B)，图 5A 是图 5B 的基础法律关系。当基础法律关系存在时，甲(自物间接占有人)向乙(他物直接占有人)请求回复占有，乙可以行使占有抗辩权。

在双务合同作为基础法律关系时，还可以作更具体的分析。双务合同是由两个单一法律关系组成的结合法律关系。结合法律关系也称复合法律关系。[①] 在一个单一法律关系中为债权人的，在另外一个单一法律关系中就是债务人。站在任一方当事人的角度，其作为债权人的单一法律关系称为债权单一法律关系，作为债务人的单一法律关系称为债务单一法律关系。直接占有人的占有抗辩权的权源，可具体到债权单一法律关系，此中的债权，就是直接占有人的本权。以租赁为例，在承租人为债权人的单一法律关系中，租期尚未届满时，承租人有权(债权性本权)拒绝返还租赁物，须到期或者提前解除租赁合同，出租人(间接占有人)才能现实地请求回复占有。

无偿合同作为基础法律关系又应当如何解释呢？这里以使用借贷为例加以说明。贷与人的义务是将借用物(非消费物)交付给借用人并允许其无偿使用。借用人并不需要支付对价，但借贷合同到期或者借贷合同解除后应将物的占有返还给贷与人。使用借贷存在给付方向相反的两个单一法律关系，由于两个给付未构成对价关系，因此使用借贷是不真正双务合同。具体而言，借用人作为债权人的单一法律关系，是占有媒介关系的基础法律关系，是借用人占有抗辩权成立的原因，使用借贷的期限届满，借贷人的占有抗辩权消灭。贷与人解除合同时，一般要给借用人以必要的准备时间，准备时间届满，占有抗辩权消灭。

(二)占有抗辩权与牵连法律关系

占有抗辩权，也可以由于法律关系之间的"牵连性"而产生，具体来说，占有媒介关系的牵连法律关系，也是占有抗辩权的权源之一。比如，占有媒介法律关系与侵权损害赔偿法律关系可能有牵连。如甲在胡同里踢足球，足球洞穿乙的窗户玻璃，被乙扣住足球，甲有足球的占有回复请求权，乙有损害赔偿请求权，两个单一法律关系方向不同的给付，实质上有牵连性，依据牵连性，乙对占有的足球享有本权，并依本权成立占有抗辩权。若甲对乙予以赔偿，乙自应当归还足球(回复占有)。

[①] 结合法律关系(zusammengesetztes Rechtsverhältnis)，由一系列关系所构成，例如买卖关系。参见施启扬：《民法总则》，中国法制出版社 2010 年版，第 24—25 页。"复合法律关系指包含两组以上对应的权利义务构成的法律关系。"参见龙卫球：《民法总论》，中国法制出版社 2002 年版，第 114 页。复合法律关系与结合法律关系是对同一现象的描述。

$$牵连的两个法律关系\begin{cases}A：甲（间接占有人）\longleftarrow 乙（直接占有人）\\ B：甲（侵权人）\longrightarrow 乙（被侵权人）\end{cases}$$

图 6（箭头为给付的方向）

牵连性，实质是两个相对法律关系的给付有牵连性。第一个法律关系是法定占有媒介法律关系，其客体是直接占有人向间接占有人以交付占有的方式为给付（如图 6A 法律关系）；第二个法律关系是有权受领占有的一方向对方为财产给付（如图 6B 法律关系）。第二个法律关系称为牵连法律关系。

牵连法律关系与基础法律关系不同。基础法律关系是占有媒介关系发生的原因，而牵连法律关系不是占有媒介关系发生的原因。

这里讲的"牵连"，是指与法定占有媒介关系有"牵连"的法律关系，不是指同一双务合同两个单一法律关系的牵连性。如买卖一个空气净化器的合同，包括出卖人为给付的单一法律关系和买受人为给付的单一法律关系。这种牵连性，是同一双务合同中对待给付的关系。

以无因管理为例，可以说明占有抗辩权成立的"牵连性"。例如，甲的动产丢失，乙是拾得人、无因管理人，乙的本权是法定债权，该本权的意义主要在于对其占有合法性的支撑（无因管理人对他人之物的占有是有权占有）。乙享有请求甲偿还因管理事务而支出的必要费用的债权，这个请求给付特定财产的第二个法定本权，是乙占有抗辩权的权源。交付必要费用与回复占有两种给付应当认为有"牵连关系"。失主拒绝返还必要费用的，无因管理人可以拒绝返还拾得物（行使占有抗辩权）。

有"牵连"法律关系的，在占有回复的诉讼中，应当允许被告提出反诉，进行合并审理，有提高司法效率之意义。

三、占有抗辩权与履行抗辩权的比较研究

履行抗辩权是对抗权，是给付拒绝权。[①] 占有抗辩权是对抗权，也是给付拒绝权。占有抗辩权与履行抗辩权同属针对请求权的抗辩权，都是延缓抗辩权、一时抗辩权。在诉讼中，抗辩权人（被告）须主张自己的占有抗辩权或履行抗辩权，否则应判决被告败诉。[②] 两种抗辩权都是私力救济的表现，都是解决两种法

---

① 参见〔德〕卡尔·拉伦茨：《德国民法通论》，王晓晔、邵建东、程建英等译，法律出版社 2003 年版，第 298 页。

② 王泽鉴教授在谈到台湾地区"民法"的同时履行抗辩权时指出："同时履行抗辩权属于所谓一时抗辩权，被告必须主张，法院始得追究，从而在被告缺席之情形，法院仍应为被告败诉之判决。"参见王泽鉴：《民法学说与判例研究》（第 6 册），中国政法大学出版社 1998 年版，第 140 页。同理，占有抗辩权及我国《合同法》上的同时履行抗辩权、先履行抗辩权和不安抗辩权，被告在法庭上均应予以主张。

益冲突之道。两者都是被动的权利,故都不受诉讼时效和除斥期间的限制,在诉讼中也不需要提出反诉。两者也可以发生竞合。

不过,它们毕竟是两种不同的民事权利,区别也是很明显的。

(一)拒绝的给付不同

(1)履行抗辩权是债务人对抗债权人的一种权利。履行抗辩权一般是拒绝为对待给付(对价性给付)的行为,是基于对待给付产生的抗辩权。行使抗辩权的行为表现,包括拒绝交付自己的物、拒绝移转无形财产、拒绝提供劳动成果、劳务等。例如,在买卖合同中,约定买受人先交付货款,若不先交付货款,出卖人就拒绝交付自己的作为对价的物。再如,劳务合同中约定,雇主先付报酬,若不支付,雇员自可不提供劳务。

(2)占有抗辩权是他物直接占有人、他物间接占有人拒绝交付占有的权利,并不是拒绝交付自己的物。他物直接占有人是拒绝交付现实占有。他物间接占有人的占有抗辩权也是拒绝交付现实占有吗?他物间接占有人虽然没有取得现实占有,但是可以取得现实占有,在取得现实占有之前、之后都可以拒绝向占有回复请求权人交付,都可成立占有抗辩权。

他物直接占有人、他物间接占有人行使占有抗辩权,一般不是保留对待给付(对价性给付)。一般是拒绝回复原状,比如保管人拒绝归还占有,而归还占有并非其对价性给付义务。

行使占有抗辩权,不包括拒绝移转无形财产、拒绝提供劳务等行为。

(二)针对的请求权不同

履行抗辩权与占有抗辩权对抗的请求权并不相同。履行抗辩权并不对抗基于本权的请求权;占有抗辩权是对抗基于本权产生的请求权。

履行抗辩权对抗的是债权人的请求权。给付的内容,不管是请求移转物的所有权,还是请求移转物的占有,抑或请求劳务等,这种请求权并不是本权的效力,申言之,债权人的请求权并不是脱离占有的本权的作用。从债权人请求给付的角度来看,可以分为金钱之债和非金钱之债,两者都受诉讼时效的限制。

占有抗辩权对抗的占有回复请求权是脱离占有的本权的效力。前已述及,第一种脱离占有的本权,是物权(自物权),由该本权产生的占有回复效力是物权请求权;第二种脱离占有的本权是债权,由该本权产生的占有回复效力是债权请求权。

(三)成立的基础不同

(1)履行抗辩权的成立,主要基于双务合同中两个对待给付的牵连性。"所谓因契约互负债务者,系指双务契约而言。双务契约是建立在'汝与则吾与'(do ut es)之原则上,即一方当事人所以愿意负担给付义务,旨在使他方当事人因此亦负有对待给付之义务。给付与对待给付具有不可分离之关系,称为双务契约之牵连性。"①郑玉波先生指出,双务合同的两个债务之间的牵连性,包括成立上的牵连性、履行上牵连性和存续上的牵连性。②三个牵连性实为两个单一法律关系的牵连性。"双务契约之债务,在一方债务未履行之前,他方亦得拒绝履行,是为履行上之牵连性。"③履行抗辩权能够成立,在于两个给付之间存在牵连关系,也就是在于两个单一法律关系之间的牵连关系。行使履行抗辩权是保留自己的给付,也就是拒绝进行给付的交换,是一个双务合同之下两个单一法律关系效力的博弈。保留自己的给付其实是为了保障对待给付的实现,这是交易制度保障性措施。对于双务合同,交易的双方都可以依法成立自己的履行抗辩权。履行抗辩权由于受履行顺序的限制,区分为同时履行抗辩权、先履行抗辩权和不安抗辩权,三种抗辩权各有自己的抗辩事由。④双务合同无效,合同履行抗辩权不能成立。但在双方返还财产的情况下,可以参照适用履行抗辩权的规定。⑤

(2)占有抗辩权的成立,是由于基础法律关系的效力或由于牵连法律关系的效力。它可以与双务合同有关,也可能毫无关系。

(四)导致权利消灭的法律事实不同

占有抗辩权与履行抗辩权都是延缓抗辩权、一时抗辩权,当出现特定事由时就会消灭。它们的消灭,有共同的原因,如请求权实现、混同等,也有各自特殊的原因。

(1)履行抗辩权的消灭,一般是由于对待给付实现或得到了相应的担保。比如,某甲享有并主张不安抗辩权,对方某乙在提供了确切担保之后,某甲的不安抗辩权消灭,应当履行合同。

(2)占有抗辩权的消灭,原因要复杂得多。

①占有与本权合一,不存在占有媒介关系或消灭了占有媒介关系,当然也不存在占有抗辩问题。例如,在租赁合同,租期尚未届满时,承租人享有占有抗辩权,但是在租赁期间,出租人将租赁物出卖给承租人,实行了简易交付,消灭了占有媒介关系,占有抗辩权随之消灭。在占有改定,是创设了占有媒介关系,在基

---

① 王泽鉴:《民法学说与判例研究》(第6册),中国政法大学出版社1998年版,第138—139页。
② 参见郑玉波:《民法债编总论》,陈荣隆修订,中国政法大学出版社2004年版,第345页。
③ 同上注。
④ 参见《合同法》第66、67、68条。
⑤ 参见史尚宽:《债法总论》,中国政法大学出版社2000年版,第580、581页。

础法律关系存在时,占有人是享有占有抗辩权的。在指示交付、移转或者创设间接占有脱离占有的本权,可产生新的占有抗辩权。

②基础法律关系的消灭,占有媒介关系尚未消灭时,直接占有人的占有抗辩权可率先消灭,因为直接占有人丧失了继续占有的本权。例如,如质权人的主债权得到清偿,质权人就没有理由继续占有质物了。再如,监护人占有被监护人的财产,监护关系是基础法律关系,当监护关系终止(如被监护人年满18周岁、解除收养关系等)时,监护人的继续占有失去了依据(失去了债权性本权),也就失去了占有抗辩权,此时应当回复占有。

③牵连法律关系消灭,也是占有抗辩权消灭的原因。例如,善意占有人对必要费用的债权已经实现,就不能继续占有他人之物,应当及时返还占有。

(五)既是占有抗辩权又是履行抗辩权的情形

履行抗辩权人同时是他物直接占有人或间接占有人时,即发生与占有抗辩权的竞合。例如,房屋出卖人在交付占有之前,给买受人办理了过户手续(移转不动产本权的行为),从自物占有人演变成他物占有人。若买受人拒不支付价款,出卖人拒绝交付房屋的占有,是行使履行抗辩权还是行使占有抗辩权?此种情况下,买受人是自物间接占有人,出卖人是他物直接占有人,因而出卖人行使的是占有抗辩权,此点至为明显。房屋出卖人拒绝交付占有,同时也是行使履行抗辩权的行为。这是占有抗辩权与履行抗辩权竞合的现象。

有一个示例:甲将自有房屋卖给乙,合同签订后,乙付清了房款并住进房屋,但甲、乙并未办理房屋过户手续,若此时甲要求乙搬出房屋,乙是否可以进行占有抗辩?① 笔者认为,由于乙没有返还占有的合同义务,因此不成立履行抗辩权,但乙有债权性本权,成立占有抗辩权。另外,承揽合同中的加工合同,加工人将定作人交付的材料加工为定作物,该定作物归定作人所有,加工人在有权拒绝交付占有时,既是行使履行抗辩权的行为,又是行使占有抗辩权的行为。

(六)关于通知义务

履行抗辩权的行使,除了不安抗辩权外,我国现行法律未明确规定行使同时履行抗辩权和先履行抗辩权的通知义务。② 行使抗辩权的通知义务是一种附随

---

① 参见吕伯涛主编:《适用物权法重大疑难问题研究》,人民法院出版社2008年版,第398页。
② 我国《合同法》第66条未规定行使同时履行抗辩权时的通知义务,第67条未规定行使先履行抗辩权时的通知义务,第69条规定了行使不安抗辩权时的通知义务。

义务①，笔者认为，行使同时履行抗辩权和先履行抗辩权也可以发生通知的附随义务。例如，某一双务合同，应先履行的甲方迟延1个月履行，后履行的乙方有权将自己的履行顺延1个月，但不一定顺延1个月，也可能顺延几天就可履行，其对先履行义务人的通知，可使其早作安排，避免损失的扩大。

占有抗辩权也是以保留给付的方式行使，也可发生通知的附随义务。例如，失主向无因管理人（有权占有人）、善意占有人（无权占有人）请求遗失物的回复占有，无因管理人及善意占有人为请求必要费用而保留占有，应当告知失主，这种告知也是通知。

四、结语

占有抗辩权对抗的是占有回复请求权。占有回复请求权应统一在间接占有的旗帜之下。间接占有的本质是脱离占有的本权，发生占有回复请求权的效力。占有回复请求权区分为物权请求权和债权请求权。

占有抗辩权是一种自助的权利，是直接他物占有人和间接他物占有人拒绝交付占有的权利。它对保护交易安全，寻求当事人利益的平衡，具有重要的作用。

占有抗辩权的产生，可以是因为基础法律关系的效力，也可以因为牵连法律关系的效力。

占有抗辩权不同于履行抗辩权，履行抗辩权通常是双务合同的效力，而占有抗辩权适用的范围要广泛得多。不存在他物占有就不会发生占有抗辩权，也就是说，自物占有不存在占有抗辩的问题。自物占有人若成立拒绝向他人交付占有的抗辩权，成立的是履行抗辩权。

占有抗辩权是占有制度不可或缺的一环，是占有与所有分离的产物。占有抗辩权阻却了民事责任的发生。无占有抗辩权而拒绝回复占有，则可成立违约责任、侵权责任或不当得利责任。

占有抗辩权具有抗辩权的一般属性。我国学界目前对抗辩权的研究主要局限于履行抗辩权、先诉抗辩权、诉讼时效完成的抗辩权三种，欠缺对占有抗辩权的研究。深入研究占有抗辩权是完善和丰富抗辩权理论体系的内在要求，有助于在理论上完善抗辩权的"权利群"，在实务上也有助于明晰当事人的权利义务关系。

对占有抗辩权，处于立法供应严重不足的局面。唯一能援引的条文是我国《物权法》第241条："基于合同关系等产生的占有，有关不动产或者动产的使用、收益、违约责任等，按照合同约定；合同没有约定或者约定不明确的，依照有

---

① 我国《合同法》第60条第2款规定："当事人应当遵循诚实信用原则，根据合同的性质、目的和交易习惯履行通知、协助、保密等义务。"

关法律规定。"此条语焉不详,且只间接反映了占有媒介关系的基础法律关系,即只是间接反映了占有抗辩权成立的基础。我国"民法典"应当明确规定占有抗辩权,否则,当事人的拒绝给付就欠缺了支撑。

【立法例】

我国台湾地区"民法"

第 151 条 [自助行为]　为保护自己权利,对于他人之自由或财产施以拘束、押收或毁损者,不负损害赔偿之责。但以不及受法院或其他有关机关援助,并非于其时为之,则请求权不得实行或其实行显有困难者为限。

第 152 条 [自助行为人之义务及责任]　依前条之规定,拘束他人自由或押收他人财产者,应实时向法院声请处理。

前项声请被驳回或其声请迟延者,行为人应负损害赔偿之责。

第 791 条 [寻查取回物侵入之允许]　土地所有人,遇他人之物品或动物偶至其地内者,应许该物品或动物之占有人或所有人入其地内,寻查取回。

前项情形,土地所有人受有损害者,得请求赔偿。于未受赔偿前,得留置其物品或动物。

《德国民法典》

第 986 条 [占有人的抗辩]　1. (1) 占有人或作为其权利来源的间接占有人,对所有人有权占有时,占有人得拒绝将物返还。(2) 间接占有人对所有人无权将占有让与占有人时,所有人得向占有人请求返还占有于间接占有人,或者在间接占有人不能或不愿重新承担占有时,所有人得请求将物返还于自己。

2. 依第九百三十一条规定因让与返还请求权而受让的物的占有人,得以其享有对受让请求权的抗辩对抗所有人。①

第 1000 条 [占有人的留置权]　1. 占有人在应向自己偿还的费用得到清偿前,得拒绝将物返还。

2. 占有人因故意侵权行为而取得占有物者,不享有留置权。

《韩国民法典》

第 213 条 [所有物返还请求权]　所有人可请求占有其所有物的占有人返还占有物。但占有人对该物享有占有权的,可拒绝返还。

---

① 条文中所说的第 931 条,是"让与返还请求权"(指示交付)的规定。

第七条 【占有人的物上请求权】

物被他人侵夺占有的,占有人可以请求回复对原物的占有。自侵夺之日起一年内未以诉讼方式请求的,该请求权消灭。

间接占有人不得行使第一款占有人的权利。

对妨害占有的行为,占有人可以请求排除妨害或者消除危险。

因侵夺或者妨害占有造成损害的,占有人可以请求损害赔偿。

占有人提起占有之诉的,人民法院不得基于本权的理由进行裁判,本权人对无权占有人侵夺占有的除外。本权人对无权占有人侵夺占有的,按治安管理处罚法处理,构成犯罪的,依法追究刑事责任。

【说明】

(一)概说

(1)本条规定了占有人的物上请求权。占有人的物上请求权以占有为要件,是因占有某物而产生的权利,是法律对占有进行保护的体现。行使占有人的物上请求权,无须证明自己有本权。

物上请求权与物权请求权不同:前者是基于物的占有产生的请求权,是占有的效力;后者是基于本权(自物权)产生的请求权,是本权的效力。

(2)占有人的物上请求权是实体权利,也可通过诉讼方式行使。通过诉讼方式行使的,称为占有之诉、占有诉讼,包括侵夺占有回复之诉、排除妨碍占有之诉、消除危险占有之诉及损害赔偿占有之诉。

习惯上,常把侵夺占有回复之诉简称为占有之诉。

(3)占有人的物上请求权,是针对违法行为的,对合法行为,自不存在对占有人的占有保护问题。比如,对国家的收缴行为、民事主体行使相邻权的行为等,占有人不成立物上请求权。

(4)占有之诉,在民事诉讼法上,宜规定为简易程序。①

(二)请求侵夺人回复对原物的占有

(1)本稿第7条第1款的"请求回复对原物的占有",是占有回复请求权的一种,另一种是依本权请求回复占有(参见第5条)。《物权法》第245条称为"返还原物",这种表述容易发生歧义,比如不当得利,也可以请求返还原物,但它是返还"所有",《物权法》所说的返还原物,是返还"占有"。实务中,有不少理

---

① 《中华人民共和国民事诉讼法》没有相应的规定,这是需要改进的。

解混淆的现象。本条第 1 款的表述,明确了对"占有"的返还。"回复"二字,表明恢复原占有状态。

占有人请求回复占有,表明其必曾是占有人。此点与本权人占有回复请求权有所不同:本权人可能曾是占有人但脱离了占有,也可能从未对请求的标的物占有过。

(2) 请求回复对原物占有的权利主体是占有人,由于相对人的侵夺,其丧失了占有,该占有人实际上是"原占有人"。

(3) 本条第 1 款只适用于"侵夺",其他侵占行为不适用。"侵夺"占有,与"侵占"占有不同。侵夺是以暴力、盗窃等手段主动剥夺他人占有的行为。侵占包括侵夺,还包括一些其他侵占行为,例如,保管人到期不交还保管物,承运人无故不向收货人交付货物,是"侵占"占有,但不是"侵夺"占有。由于他人的交付而取得占有,不构成侵夺。侵夺是特殊侵占行为,侵夺以外的侵占行为,是一般侵占行为。

$$侵占\begin{cases}侵夺(特殊侵占行为)\\其他侵占行为(一般侵占行为)\end{cases}$$

《物权法》第 245 条第 1 款的"返还原物",是针对"侵占"行为,含义不清。本条第 1 款改为"侵夺"。

侵夺以外的其他侵占行为,不受本条调整,当事人可适用本稿第 5 条"本权人的占有回复请求权"的规定。

(4) 本条第 1 款规定的是"可以"请求回复对原物的占有,《物权法》第 245 条第 1 款规定的是"有权"请求返还原物,《物权法》第 34 条依本权请求返还,规定的是"可以"请求返还原物。笔者认为,规定"可以"请求回复对原物的占有是比较恰当的。

(5) 侵夺人没有占有抗辩权,若认可侵夺人享有占有抗辩权,则有害社会公共秩序。

(6) 关于 1 年除斥期间。

①本条第 1 款规定的起诉时间为 1 年,为除斥期间,起算标准为客观标准,即"从侵夺之日起"计算。即便是隐秘侵夺,如盗窃,仍采用客观标准。侵夺的当日,是法律事实发生的当日,不足 1 天,故该天不计入在内,次日计算在内,比如 3 月 1 日发生侵夺,到第二年 3 月 1 日截止,第二年的 3 月 1 日起诉,仍在一年除斥期间之内。

②该 1 年为占有人应当提起诉讼的时间,本权之诉自不受其限制,在超过 1 年后,仍可依本稿第 5 条提起本权之诉。

③该 1 年只限制侵夺占有回复之诉,排除妨碍占有之诉、消除危险占有之诉不受该 1 年的限制,因为,处在占有状态时,以除斥期间限制当事人的请求权并无必要,且有违占有保护的理念。

④在 1 年内没有提起侵夺占有回复之诉的,占有人也就不能就侵夺占有带来的损害单独主张赔偿。当事人仍可依据本权请求回复占有并主张损害赔偿。排除妨碍占有之诉与消除危险占有之诉不受 1 年的限制,请求损害赔偿随之不受 1 年限制。

(7) 本稿第 7 条第 2 款规定:"间接占有人不得行使第一款占有人的权利。"被侵夺占有的人若是他物占有人,则存在间接占有人的,间接占有人不能行使占有人的权利,理由是:①占有人被侵夺占有,主张占有回复请求权,是不需要证明自己有本权的,而间接占有本身是权利,权利是否存在需要证明。②若间接占有人可以行使占有人的权利,行使侵夺占有之诉,则导致法律关系复杂化。

间接占有人在直接占有人(他物占有人)被侵夺占有后,可以行使自己的权利,可以对被侵夺人或侵夺人提起本权之诉。例如,张甲有一条"京哈"宠物狗,出差前交给"狗托所"(替他人保管动物、出卖动物及有关物品的商店)保管。李乙从"狗托所"偷走了这条"京哈"。①"狗托所"对李乙有占有回复请求权,可以提起侵夺占有回复之诉。②基于物权的追及性,间接占有人张甲也可以直接对李乙主张占有回复请求权。其不是被侵夺人,不能依本条起诉,但可以依本稿第 5 条提起本权之诉。

(三)排除妨害、消除危险

本稿第 7 条第 3 款规定:"对妨害占有的行为,占有人可以请求排除妨害或者消除危险。"妨害占有也称为妨碍占有,是对占有人正常使用物造成障碍的行为。妨害占有,占有人并没有丧失占有。比如,某楼前有施工场地,挖出来的泥土堆在楼前,妨碍了业主们的出行,施工人的行为是妨碍业主占有的行为。

危险,是尚未发生现实损害的对占有的一种妨害。比如,甲院子的大树树干已经中空,如遇到暴风雨,有可能倾倒而砸到邻居乙的房屋,乙有权请求消除危险。

妨害占有的行为是持续性侵权行为,因此排除妨碍和消除危险的请求权不受期间限制。

(四)损害赔偿

(1) 我国《物权法》仿《瑞士民法典》的规定,将损害赔偿作为占有物上请求权的内容,本条仿《物权法》作出规定,但单列一款(第 4 款)。

损害赔偿请求权当在"民法典"侵权责任部分予以规定,但被请求人,可能以对方无本权进行抗辩,在"占有与本权"章作出特别规定,请求赔偿时不要求占有人证明自己有本权,体现了对占有人加强保护的立法政策,也有助于减少不必要的争议。

(2)本款规定的赔偿请求权,不以享有本权为要件。

(3)本款规定的赔偿请求权,以行为人有过错为要件。

(4)本款没有规定对消除危险请求损害赔偿,因为所谓危险,尚未发生现实损害。因消除危险发生的必要费用,当然可以请求制造危险的一方承担。

(五)占有之诉与本权的关系

(1)占有之诉,包括侵夺占有回复之诉、排除妨碍占有之诉、消除危险占有之诉和损害赔偿占有之诉。

(2)本稿第7条第5款第1句规定:"占有人提起占有之诉的,人民法院不得基于本权的理由进行裁判,本权人对无权占有人侵夺占有的除外。"

"人民法院不得基于本权的理由进行裁判",这是对侵夺占有行为的特别规制,是维护静态安全的需要,也体现了对社会秩序保护的"迅速、简便"的要求。法院既不审查原告是否有本权,也不审查被告是否有本权。

"本权人对无权占有人侵夺占有的除外"。①这里所说的侵夺人是指享有本权的人,包括以物权(自物权)和债权为本权的人。②这里所说的被侵夺人是指无权占有人,该无权占有人包括在先的侵夺人和其他侵占人。③本权人可以证明自己有本权,以避免回复占有。

本权人对侵夺人以侵夺方式回复占有的,构成"交互侵夺"。比如,甲抢走了乙的手提电脑,乙趁着夜黑风高又偷回来。本权人对侵夺以外的侵占,以侵夺方式回复占有的,不构成交互侵夺,因为交互侵夺是两个侵夺、互相侵夺。比如,甲借给乙汽车,乙到期拒不归还,甲以暴力的方式抢回来,这是本权人单方的侵夺占有,不是交互侵夺。

(3)本稿第7条第5款第2句规定:"本权人对无权占有人侵夺占有的,按治安管理处罚法处理,构成犯罪的,依法追究刑事责任。"本权人对无权占有人侵夺占有的,没有必要再令本权人向被侵夺人回复占有。法律保护的,是社会秩序,因而除法定情况外,不允许本权人私力救济,否则社会就会陷入混乱。不过,法律对无权占有的保护,并非终局性保护,若允许回复到无权占有的状态,等于对原破坏秩序的行为进行保护。

(4)占有人提起占有之诉败诉的,仍可提起本权之诉。对本权的保护,是终局性保护。

【案例模型】

(一) 侵夺占有回复请求权

例1：甲对一个升降机的占有被乙侵夺，甲提起了侵夺占有回复之诉。

甲不必证明对升降机享有本权，只要证明升降机是乙从自己手里夺走的即可。证明自己被侵夺，也就证明了自己是原占有人。

例2：2月2日，张甲（出卖人）与李乙（买受人）签订了二手房买卖合同。2月10日，张甲将房屋交付给李乙，但尚未办理过户登记手续。李乙将房屋锁上，四处寻找装修公司，准备装修。2月12日，王丙撬门而入，李乙报警，警察到场后，王丙拿出租赁合同说自己是该房屋的承租人，警察认为是经济纠纷，让当事人去法院解决。2月15日，李乙向法院提起诉讼，请求王丙腾退房屋。① 被告王丙向法庭出示张甲与其签订的为期10年的租赁合同，该合同的签订日期为2月1日，比买卖合同早一天。王丙承认撬门，但提出"买卖不破租赁"，其有权按与张甲约定的租金租用10年。原告李乙提出两点："其一，租金极低，怀疑张甲与王丙恶意串通订立了租赁合同。其二，买卖不破租赁，须承租人已经占有租赁物，而自己作为买受人在2月10日已经取得对房屋的占有，王丙在2月12日才通过非法手段取得占有。"受诉法院认为原告李乙取得占有在先，不适用买卖不破租赁的规则，判决王丙腾退房屋。

本案实际是按本权起诉、按本权之诉审理的，走了弯路。恶意串通很难证明，而"买卖不破租赁"与占有的关系，《合同法》规定得不清楚，理论上也有争议。② 李乙提起占有之诉，则可避免上述麻烦，只要证明自己是原占有人即可。

例3：张甲与李乙口头约定，李乙借给张甲20万元，借期1年，张甲将自己价值40万元的奔驰小轿车质押给李乙。张甲交付汽车后，李乙转给了张甲20万元。1个月后，该奔驰汽车丢失，李乙报案，经公安机关侦查，发现是张甲用预留的车钥匙在李乙住处门口将汽车盗走。

(1) 质押合同是要式合同，应当采用书面形式，但张甲已经交付质物，属于"履行补救"，质押合同和质权有效成立。

---

① 审判实践中，此类案件所列案由一般为排除妨碍，实际应为回复占有或返还占有。
② 买卖不破租赁，实为承租人占有的效力。

(2)质权人李乙的本权是债权,所有权人张甲侵夺李乙的占有,李乙请求回复占有,可以依本条提起占有之诉,也可以依本稿第 5 条提起本权之诉。

(3)李乙提起占有之诉,张甲可能以自己对汽车享有所有权(本权)进行抗辩。本条第 5 款第 1 句规定:"占有人提起占有之诉的,人民法院不得基于本权的理由进行裁判,本权人对无权占有人侵夺占有的除外。"①本案是"本权人对本权人的侵夺",法院得依据双方的本权关系进行裁判。②张甲的本权是物权,李乙的本权是债权,李乙的本权足以对抗张甲的物权。③不论李乙提起本权之诉,还是提起占有之诉,都应判决张甲回复占有。

例 4:王某有一个儿子王子、一个女儿王女。王某立一份遗嘱,将自己的房子给儿子,但规定女儿有权在该房屋居住终生。王某去世后,王子将王女赶出房子。

(1)王子将王女赶出房子,是侵夺占有的行为。王女有权请求返还原物之占有,即有权主张占有回复请求权。

(2)王女可以提起本权之诉,也可以提起占有之诉。两种请求权,是竞合关系。

(3)依物权法定原则,王女的居住权不可能是物权,只能是债权,王女占有之本权,就是债权。所有权变动,不破用益债权①,即所有权变动,不破用益法律关系。王某的所有权,由儿子王子继承,所有权发生变动,但不能击破王女的债权。

(4)王女若提起占有之诉,应证明原先是自己居住,无须证明享有本权。但是,占有之诉受 1 年除斥期间的限制。若王女提起本权之诉,需证明自己享有本权,但不必证明自己为占有人,本权之诉不受 1 年的限制。

例 5:甲将 A、B 两个巷道的开采权发包给乙。乙将 B 巷道的开采权转包给丙。丙不仅在 B 巷道开采,还越界侵占 A 巷道开采。乙起诉丙违反合同。最高人民法院《关于适用〈中华人民共和国合同法〉若干问题的解释(一)》第 10 条规定:"当事人超越经营范围订立合同,人民法院不因此认定合同无效。但违反国家限制经营、特许经营以及法律、行政法规禁止经营规定的除外。"受诉法院据此判决甲、乙及乙、丙之间的合同无效,驳回了乙的诉讼请求。乙是否可以再起诉丙?

乙对 A 巷道是无权占有,仍可对丙提起占有之诉,请求回复占有并予以赔

---

① 参见隋彭生:《用益债权原论》,中国政法大学出版社 2015 年版,第 253、254 页。

偿,其在法律上能够胜诉。

例6:张甲有一套老式房屋,李乙趁张甲不备揭了房上的一片古瓦拿回家。

(1)这块瓦已经脱离了张甲的房屋,成为独立之物、特定物,基于一物一权的原则,张甲对房屋是一个所有权,对该瓦是另外一个所有权。张甲对古瓦的本权(所有权),是脱离占有的本权。

(2)李乙是侵夺占有的行为,张甲有权请求回复占有。张甲既可以提起占有之诉,也可以提起本权之诉。

(3)若该瓦灭失,所有权无所依存便会随之消灭。此时只能按不当得利的规则请求李乙返还不当利益,或者请求侵权损害赔偿。

例7:张甲与李乙同住一个院子,张甲在院子里盖了一间小厨房,是违章建筑。李乙强占小厨房,张甲起诉李乙请求腾退。李乙抗辩说,违章建筑不受法律保护。

李乙是侵夺占有的行为。占有保护的主要目的是维护社会秩序,违章建筑亦受占有保护,应当判决李乙腾退。所谓腾退,就是回复占有。

例8:张甲把自己的汽车借给儿子张乙(成年人),张乙将汽车停在某停车场,被跟踪而来的李丙扣住,原来张乙借李丙20万元到期未还。李丙声称:"不还钱休想开走汽车!"

李丙是侵夺占有的行为,被侵夺人是张乙。有两条维权途径供所有权人张甲选择:第一条,张乙与李丙之间,是法定占有媒介关系,张乙是间接占有人,李丙是直接占有人;张甲是张乙的上级间接占有人,二人之间是意定占有媒介关系;两个占有媒介关系构成连锁。第二条,张甲与李丙之间是法定占有媒介关系,这体现了物权的追及性。张甲是张乙的间接占有人,也是李丙的间接占有人,自可直接向李丙请求回复占有。根据本条第2款,张甲对李丙只能提起本权之诉,不能提起占有之诉。

例9:甲留置了乙的1辆自行车,被丙侵夺。1年多以后,甲起诉丙要求返还占有,乙也要求丙返还原物。应当支持谁?

甲的占有之诉已经超过了1年,不能要求丙返还。但乙有一个本权(所有权),因此他可以要求丙返还,不受1年除斥期间的限制。

例10:张甲将自己收藏的一枚袁大头银元借给同事李乙把玩,李乙谎称被偷,哀求张甲免除自己的责任。该银元价值1万元,双方达成合意,李乙象征性赔偿1 000元了事。达成和解协议的第二天(3月1日)银元被邻居王丙偷走,第二年3月2日李乙才发现是王丙偷的。

(1)王丙侵夺占有的行为,是隐秘侵夺。王丙偷盗的3月1日,因不足1日,不计算在内,故李乙对王丙提起诉讼的1年期间,到第二年的3月1日截止。到第二年3月2日,李乙作为原占有人已经丧失对王丙的占有回复请求权。

(2)本案和解协议不属于因欺诈成立的有效合同。李乙伪造了事实,不存在有争议的基础法律关系,故和解协议无效。张甲对袁大头银元未丧失所有权,得依本权请求王丙回复占有。李乙已经构成侵占,丧失了借用人的债权性本权,故其不得按本稿第5条的规定,依本权请求王丙回复占有。

例11:甲的一箱冬虫夏草由乙保管期间,被丙侵夺占有。1年后,乙起诉丙,请求回复占有并请求赔偿损失。

因超过了1年除斥期间,对乙的两项请求都不能予以支持。但乙有债权性本权,可以本权人的身份起诉丙,请求返还对原物的占有并请求赔偿损失。

(二)排除妨害、消除危险请求权

例1:甲将汽车停在乙的车位前,虽然没有占用乙的车位,但影响了乙的进出。

甲为妨碍占有的行为,乙有权请求排除妨碍。乙可以依本权提出请求,也可以依照本条第2款请求占有保护。排除妨碍是占有保护的一种方式。

例2:张女与李男是恋人关系,在一次意外怀孕之后,二人签订"赔偿协议",约定张男给李女20万元后,二人不再来往。"赔偿协议"签订后张男未按约支付该20万元,李女以找张男协商为名进入张男家中,在该房(三居室)东侧卧室居住达3个月之久,张男起诉,要求李女腾房,李女以有"赔偿协议"进行抗辩,法院判决李女腾房。

(1)张男请求"腾房",是主张占有回复请求权,还是主张排除妨碍?我国司法实践一般认为应主张排除妨碍。笔者认为,排除妨碍是成立的,但本稿第2条规定了"视为部分占有",故本案也可以定性为部分侵夺占有。

(2)本案"赔偿协议"是和解协议,不能构成李女妨碍张男占有的理由。

(3)张男可以提起占有之诉,也可以提起本权之诉。提起占有之诉,须证明房屋由自己占有;提起本权之诉,须证明自己对该房屋享有本权。其本权,可以是所有权,也可以是承租权或借用权。

例3:甲住平房,村民乙在该平房一侧盖了一座小楼,小楼歪斜,若倒塌,将殃及池鱼,乙安之若素。

甲可依占有提出排除危险的请求,即依本条第 3 款请求占有保护;甲也可以依本权提出排除危险的请求。

例 4:张甲开拖拉机撞断乙小学的旗杆,旗杆砸在李丙的房顶上,砸出一个窟窿,现旗杆一端架在房顶上,一端架在李丙的院墙上。李丙对乙小学请求排除妨碍(搬走旗杆)、赔偿损失,过错是否为请求权成立的要件?

(1)过错不是请求排除妨碍的要件,无论乙小学是否有过错,李丙都有权请求排除妨碍。

(2)过错是请求赔偿的要件,若乙小学有过错,就应赔偿,若无过错则不承担赔偿责任。

(三)不得请求回复占有的情形

例 1:甲将二手房卖给乙,办理了过户登记,但到期没有交付给乙,乙催了几次不管用,见房上挂了把小锁,就扭开入住,甲提起诉讼,请求回复占有。

办理了过户登记但未交付时,出卖人甲是直接占有人,买受人乙是间接占有人。间接占有,是脱离占有的本权。乙侵夺占有后,为有本权(物权)的占有,此时不应再判决回复占有。乙侵夺占有,破坏了社会秩序,应另行处理。

例 2:张甲将手提电脑借给李乙,到期李乙拒绝归还。趁着夜黑风高,张甲潜入李乙家中,将电脑秘密取回。李乙提起占有之诉,请求返还对电脑的占有。

张甲为本权占有,对李乙的请求不应予以支持。对张甲侵夺占有的违法行为,应另行处理。

例 3:张甲向朋友李乙炫耀 ipad,李乙一把夺走,一边跑一边说要玩儿 10 天,张甲没追上李乙。第二天夜,张甲潜入李乙家中,将 ipad 秘密取回。李乙请教律师王丙。王丙说:"李乙可以提起占有之诉,请求返还对 ipad 的占有,因为我国《物权法》第 245 条第 1 款规定,无权占有人'有权'请求返还原物。"

本案为交互侵夺,一般认为应支持李乙的占有回复请求权。按照笔者对本条第 4 款的设计,因张甲享有本权,不应向李乙回复占有。循环回复占有,并无意义,张甲侵夺占有,危害的是社会秩序,应另行处理。

例 4：张甲偷了一辆电动车，中途停车上厕所，电动车被第三人偷走，张甲报了案。派出所经调看录像，发现李乙偷了张甲开的电动车，同时发现张甲开的电动车是偷的，遂对张甲刑事拘留。

张甲和李乙都是侵夺占有的行为。若按现行《物权法》第 245 条第 1 款"有权"的规定，张甲有权请求返还对电动车（赃物）的占有，但按本条第 1 款"可以"的规定，张甲无权请求回复对电动车的占有。法律的适用结果，不得违反社会公共利益。

【理论阐释】

一、概述

本稿第 7 条占有保护的设计，包括四项请求权：侵夺占有回复请求权、妨碍排除请求权、危险防止请求权和损害赔偿请求权。此四项请求权称为占有人的物上请求权，也称为占有保护请求权。该四项请求权是实体权利，但也可以通过诉讼的方式行使，合称为占有之诉，分别称为侵夺占有回复之诉、妨碍排除之诉、危险防止占有之诉和损害赔偿之诉。对占有之诉，除本权人侵夺外，不得以本权的理由进行裁判。

物上请求权不等于物权请求权①，前者是占有的效力，后者是本权的效力。本条强调的是对占有的保护，并不是直接对物权本身进行保护。

有人认为，物上请求权是对无权占有人的保护或者主要是对无权占有人的保护，这种观点是不正确的。占有保护，只是不去考察是否有本权，不去考察是否为无权占有，立法目的是为了处理争议的便捷以及加强对社会秩序的维护。无权占有受到保护，是搭了便车，并不是对无权占有在价值上的肯定，并不是鼓励无权占有。无权占有，是应当努力减少、消除的现象。

（一）侵夺占有回复请求权

（1）侵夺占有回复请求权，是请求返还对原物的占有，是救济权，是实体权利，是占有回复请求权的一种。侵夺人须以交付的方式返还。这种返还，是相对法律关系中的给付。

侵夺占有回复请求权只针对侵夺行为，不针对侵夺以外的一般侵占行为。有学者指出："所谓占有之侵夺，系指违反占有人之意思，以积极之不法行为，将

---

① 如果表述为"所有人的物上请求权"，则该物上请求权是物权请求权。

占有物移入自己管领而言。"①"惟侵夺占有,是否出于故意或过失,则非所问。"②笔者把侵占行为分为特殊侵占行为(侵夺)和一般侵占行为(侵夺以外的侵占行为)。侵夺导致了占有的移转,而侵夺以外的侵占行为(一般侵占行为)本身,并未导致占有的移转。常见的一般侵占行为有:租期届满、使用借贷期限届满,承租人、借用人拒不返还标的物;买卖合同解除,买受人拒不返还标的物;买卖合同所有权保留,条件未成就,买受人拒不返还标的物;合同无效或撤销,占有人拒不返还标的物;错误交付后,占有人拒绝返还标的物;遗失物拾得人拒不返还标的物;无因管理人拒不返还标的物;因事件取得占有的无权占有人拒绝返还标的物;等等。

侵夺占有回复请求权只针对侵夺,重点是抑制以积极行为侵害他人占有的行为。而且,侵夺行为比较容易判断和认定,适用占有之诉比较合理。

对一般侵占行为,没有必要以占有之诉进行保护,被侵占人得以本权之诉请求保护。另外,一般侵占行为经常涉及经济纠纷,不容易判断和认定,采用本权之诉更为合理。

(2)占有人对侵夺人请求回复占有,应设计除斥期间予以限制:①这是为了防止法律关系长期处于不稳定的状态。②侵夺占有回复之诉,是以简便的方式,为当事人提供占有保护,不宜给当事人过长的时间。③诉讼时效是可变期间,不宜以诉讼时效进行限制。④将除斥期间定为一年,有立法例上的传统。

该除斥期间,消灭的是依占有发生的请求权,不是消灭本权。占有人享有本权的,仍然可以提起本权之诉。本权是物权的,派生出物权请求权;本权是债权的,本身就是请求权。

本条设计,要求在 1 年内以诉讼方式主张请求权。如果没有诉讼方式的限制,占有人向侵夺人在 1 年内以通知的方式主张过一次,就可以将请求权持续下去,这显然是不合理的。

该 1 年的起算标准是客观标准,即便是隐秘侵夺,仍然从侵夺占有之日起计算。采主观标准对占有人的保护期间过长,不利于占有秩序的稳定。

除斥期间是不变期间,不能中断、中止和延长。引发的理论问题是:除斥期间是限制形成权的,能不能限制请求权?笔者认为,根据需要以除斥期间限制请求权,并无法理上的障碍。理由主要有两个:其一,形成权是形成(发生、变更、消灭)法律关系的权利,行使形成权的行为是单方法律行为,行使形成权后,可

---

① 王泽鉴:《民法物权》,北京大学出版社 2010 年版,第 537 页。
② 谢在全:《民法物权论》(下册),中国政法大学出版社 2011 年版,第 1225 页。谢在全教授列举八种具体情况,分析是否构成侵夺占有,颇值参考。参见该书第 1225—1226 页。

以产生相对法律关系中的请求权。除斥期间越过当事人行使单方法律行为这个环节,直接限制请求权,是在不需要当事人自主选择情况下的决策,不会造成对当事人利益的损害。其二,诉讼时效(可变期间)限制请求权与除斥期间(不变期间)限制请求权,并无本质区别。

(3)占有媒介作为相对法律关系,有两端,一端是间接占有人,另一端是直接占有人。间接占有是脱离占有的本权,而提起占有之诉,请求回复占有,有无本权在所不论,在解释上,应"视为"原告与被告存在法定占有媒介关系。

(二)排除妨碍请求权、消除危险请求权

(1)排除妨碍请求权,可以作为占有物上请求权存在。占有被妨碍,也称为占有被妨害。"占有被妨害者,系指以使占有人完全丧失占有以外之方法,妨碍其占有,使不能对占有物实行完全之事实管领力而言,此与占有之侵夺,占有人已丧失占有,而侵夺人已经取得占有不同。盖占有之妨碍,占有人未丧失占有,妨害人亦未取得占有,不过系对现占有状态之妨害而已。"①

妨碍存在,即侵权处于"进行时",占有人请求排除妨碍,不受诉讼时效的限制,当然也不应受除斥期间的限制。受到妨碍的占有人,请求赔偿不受本条1年除斥期间的限制。

排除妨碍请求权是实体权利,以诉讼方式,请求排除妨碍,称为"排除妨碍占有之诉"。在罗马法,此项保护的"令状"称为"确认占有之令状"。此种令状之目的,在禁止他人妨碍占有人之享用也,故又称为持续占有和保存占有。占有人于其占有被妨碍时,则可请求发给此项确认令状。②

(2)消除危险请求权,可以作为占有物上请求权存在。危险存在尚未造成实际后果,仍应认为是一种侵权行为。在危险实际存在的情况下,不存在超过诉讼时效的问题。

(3)排除妨碍、消除危险属于实体上的权利,当事人也可以通过诉的方式行使。提起排除妨碍占有之诉、消除危险占有之诉,无须证明自己享有占有的本权,法院不得以本权的理由进行裁判。

(4)本稿第5条设计的是依本权请求回复占有。笔者主张,依本权请求排除妨碍、防止危险,将来宜在"民法典"侵权责任部分予以规定。本条对依占有请求排除妨碍、防止危险单独加以规定,原因是仅凭占有就主张排除妨碍、防止危险,可能不为一般观念所接受,这里专门予以规定,为法院裁判提供了具体依

---

① 谢在全:《民法物权论》(下册),中国政法大学出版社2011年版,第1228页。
② 参见丘汉平:《罗马法》,中国方正出版社2004年版,第217页。

据,也是为了加强对占有的保护。

二、《物权法》第245条第1款的"硬伤"及改进

《物权法》第245条第1款规定:"占有的不动产或者动产被侵占的,占有人有权请求返还原物……"笔者认为的"硬伤",是指上述条文中的占有人"有权请求"返还原物。这与大陆法系的立法例有重大区别。《德国民法典》《日本民法典》《意大利民法典》、我国台湾地区"民法"规定占有人"得""可以"请求占有回复。① "得""可以",虽是设权规范,但法官仍有自由裁量权,比如请求返还违反公共秩序或善良风俗时,法官有权判决不予以返还。而面对"有权请求"的规定,法官并无自由裁量权。因为,《物权法》第245条第1款是"严格规定"而非"衡平规定"。②《瑞士民法典》的规定比较特殊,在第927条从侵夺人的角度规定了返还占有的义务,这就留下了解释的空间。该条还规定了在交互侵夺的情况下,本权人得拒绝返还占有。③

《物权法》第245条第1款中所说的"有权请求返还",不考虑请求人是否有本权,本权人可能有本权,也可能没有本权。侵夺者被侵夺占有而"有权请求返还",其逻辑结果是:第一个强盗从银行抢劫的银箱又被第二个强盗抢劫后,第一个强盗对第二个强盗有法律保护的返还请求权。④ 法律是严密的逻辑体系,但逻辑判断不能伤害到价值判断。如果回复违法占有,又置民法的"合法原则"于何地呢?对侵夺占有后的实际占有的保护,应当是静态意义上的,而不应是动态意义上的。另一个例子是交互侵夺,甲侵夺乙占有之物,其后乙又向甲夺回之,如果甲对乙行使占有物返还请求权后,乙又依本权向甲请求占有物返还请求

---

① 参见《德国民法典》第861条、《日本民法典》第200条、《意大利民法典》第168条、我国台湾地区"民法"第962条。

② "法条可依其对主管机关(特别是法院)之拘束力的强弱,区分为严格规定与衡平规定。称严格规定,指将一个一般而清楚之法律效力连结于一个一般而清楚之构成要件上的法律规定。基于上述特征,当其构成要件被充分满足时,连结于其上之法律效力便毫无例外地因而发生。法院或其他主管机关对之不享有判断余地(关于法律构成要件部分)或裁量余地(关于法律效力部分),相对于适用该法条之机关,该等法条在此意义下定性为严格规定。称衡平规定,主要是指就所定法律效力之发生与否及其范围,赋予法院或主管机关以裁量余地的法律规定。"参见黄茂荣:《法学方法与现代民法》,法律出版社2007年版,第152、153页。

③ 《瑞士民法典》第927条[侵夺占有之诉]规定:"(一)以非法暴力侵夺他人占有物的,有返还占有的义务。即使侵夺人主张对该物有优先的权利,亦同。(二)但是,如被告能立即证明自己的优先权利并基于同一原因有权请求原告交付该物时,得拒绝返还。(三)本条的侵夺占有之诉,以返还占有物及损害赔偿为内容。"

④ 我国《物权法》颁布后,很多教师给学生讲授类似的例子,并主张第一个强盗依据《物权法》第245条第1款有占有物返还请求权。

权,诉讼上甚不经济,何况甲取得占有,具有瑕疵,扰乱物的占有秩序,较值非难,得排除侵夺者(甲)的占有物返还请求权。① 上例若按《物权法》第245条第1款,就可以循环诉讼,使受害人二次受害。

"有权请求"的规定,显然受无权占有者享有占有物返还请求权传统民法理论的影响。有学者指出:"罗马法将占有与所有为区别,以占有之诉与所有之诉,完全分离。占有诉讼惟依占有之关系以决定,而排除所有权及其他本权所生之抗辩。此原则为近代立法所采用,对于占有上请求权,不得以本权上之理由为异议,惟得提起反诉或另行起诉,盖以禁止的私力破坏和平者,首应回复其原状也。"② 实际上,禁止私力侵犯只能是对抗权,有本权才能产生请求权,以禁止私力侵犯为理由而回复原状,在逻辑判断和价值判断上都不能成立。在《物权法》的立法过程中,有学者主张:"在占有之诉与本权之诉的关系上,中国应采各国通例,即二诉相互独立,本权人不得以其对物享有的权利作为抗辩,以贯彻对占有人的保护。但对本权人提出的反诉或另行提出的诉讼,应与占有之诉合并审理。审理时应依占有人与本权人之间的法律关系决定物的占有的归属。"③ 问题在于,怎么能够针对"有权请求"而反诉或者另行起诉呢?能对"有权请求"胜诉吗?本诉与反诉的两笔诉讼费不是冲突的吗?更何况,本权人可能还不知道他人对自己标的物占有存在的争议。还有,占有抗辩权是本权的从权利,不允许抗辩,理由何在?为了"维持和平"的理由,并不能成立。没有本权而占有,本身就是对秩序的破坏。因为如果承认侵夺占有之后的秩序是一种和平的新秩序而不容破坏的话,再一次被侵夺,新的占有仍然是一种和平的新秩序,仍然不允许去破坏(回复原秩序),怎么能以法律之力再去破坏呢?何况回复原秩序是回复违法的状态!维持秩序,是维护现有秩序,不等于回复原秩序。本权占有是应然状态,不能再以法律之力回复到违法的原实然状态。或许有人认为,不允许私力破坏新秩序,但允许法律之力破坏新秩序。这种观点违反法律正义的价值目标,不利于发挥法律的教化作用,而且欠缺实益。在交互侵夺中,本权人是以违法的手段达到合法的目的,需要惩戒的是手段,而不是目的,对侵夺人可以给予行政或者刑事处罚,但其保留占有应当得到支持。

"有权请求"的规定,不仅偏离了法律的正常轨道,而且束缚了法官的手脚,甚至扭曲了人们的思维。因为,侵夺等原因产生的无权占有,在被侵夺后还有权请求返还,并不符合社会的一般观念。以判决来维护甚至追求一种违法的状态,

---

① 参见王泽鉴:《民法物权》,北京大学出版社2010年版,第547页。
② 史尚宽:《物权法论》,中国政法大学出版社2000年版,第597页。
③ 梁慧星主持:《中国物权法草案建议稿》,社会科学文献出版社2000年版,第822页。

不仅是在价值判断上出了问题,也浪费了司法资源。它既不符合法律对社会秩序的一般安排,也没有道德力作为支撑。而立法例上的"得""可以"的规定,则使法官有了回旋余地,可以根据价值判断及对本权的保护作出正确的裁决。

依据以上观点,笔者设计了本条第5款:"占有人提起占有之诉的,人民法院不得基于本权的理由进行裁判,本权人对无权占有人侵夺占有的除外。本权人对无权占有人侵夺占有的,按治安管理处罚法处理,构成犯罪的,依法追究刑事责任。"该规定排除了本权人对无权占有人侵夺占有(含交互侵夺)时,被侵夺人的占有回复请求权。

【立法例】

《中华人民共和国物权法》

第245条 占有的不动产或者动产被侵占的,占有人有权请求返还原物;对妨害占有的行为,占有人有权请求排除妨害或者消除危险;因侵占或者妨害造成损害的,占有人有权请求损害赔偿。

占有人返还原物的请求权,自侵占发生之日起一年内未行使的,该请求权消灭。

《中华人民共和国民法总则》

第179条 承担民事责任的方式主要有:

(一)停止侵害;

(二)排除妨碍;

(三)消除危险;

(四)返还财产;

(五)恢复原状;

(六)修理、重作、更换;

(七)继续履行;

(八)赔偿损失;

(九)支付违约金;

(十)消除影响、恢复名誉;

(十一)赔礼道歉。

法律规定惩罚性赔偿的,依照其规定。

本条规定的承担民事责任的方式,可以单独适用,也可以合并适用。

第196条 下列请求权不适用诉讼时效的规定:

(一)请求停止侵害、排除妨碍、消除危险;

(二)不动产物权和登记的动产物权的权利人请求返还财产;

(三)请求支付抚养费、赡养费或者扶养费;

(四)依法不适用诉讼时效的其他请求权。

《中华人民共和国侵权责任法》

第 15 条第 1 款　承担侵权责任的方式主要有:

(一)停止侵害;

(二)排除妨碍;

(三)消除危险;

(四)返还财产;

(五)恢复原状;

(六)赔偿损失;

(七)赔礼道歉;

(八)消除影响、恢复名誉。

我国台湾地区"民法"

第 962 条[占有人之物上请求权]　占有人,其占有被侵夺者,得请求返还其占有物。占有被妨害者,得请求除去其妨害。占有有被妨害之虞者,得请求防止其妨害。

第 963 条[物上请求权之期间限制]　前条请求权,自侵夺或妨害占有或危险发生后,一年间不行使而消灭。

《德国民法典》

第 861 条[因占有被侵夺而生的请求权]　(1)以禁止的擅自行为侵夺占有人的占有时,占有人得向对占有人为有瑕疵占有的人请求回复占有。

(2)被侵夺的占有如现占有人或其前权利人原有瑕疵的,且系在侵夺之前一年内被取得者,无前款请求权。

第 862 条[因占有被妨害而生的请求权]　1.(1)占有人因禁止的擅自行为致其占有受妨害时,得向妨害人请求除去其妨害。(2)占有仍有继续受妨害之虞者,得请求法院颁发禁令。

2. 占有人的占有对妨害人或其前权利人为有瑕疵的占有,并系在妨害之前一年内取得者,无前款请求权。

第 863 条[侵夺人或妨害人的抗辩]　对第八百六十一条和第八百六十二条规定的请求权,仅在以对占有的侵夺或妨害并非是禁止的擅自行为作为理由时,始得主张占有的权利或为妨害的权利。

第 864 条[占有请求权的消灭]　(1)基于第八百六十一条和第八百六十二

条规定的请求权,如未以起诉的方式实行主张时,自禁止的擅自行为发生后因一年间不行使而消灭。

(2)在禁止的擅自行为发生后,虽因确定判决确定,加害人对物享有权利,而由于享有此权利,加害人得请求回复符合其行为方式的占有状态时,前款请求权也因而消灭。

《瑞士民法典》

第927条[侵夺占有之诉] (一)以非法暴力侵夺他人占有物的,有返还的义务。即使侵夺人主张对该物有优先权利,亦同。

(二)但是,如被告能立即证明自己的优先权利并基于同一原因有权请求原告交付该物时,得拒绝返还。

(三)本条的侵夺占有之诉,以返还占有物及损害赔偿为内容。

第928条[妨害占有之诉] (一)占有因他人的非法行为受妨害时,占有人得对妨害人提起诉讼。即使妨害人主张其权利,亦同。

(二)妨害占有之诉,以排除妨害,禁止妨害人继续妨害及损害赔偿为内容。

第929条[诉讼的提出及其时效] (一)前二条的诉讼,只有在知悉侵害事实及侵害人后立即请求返还其物或排除侵害行为时,始得提出。

(二)上述诉讼,在侵夺或妨害行为发生后,经一年时间时效消灭。占有人即使事后始知悉侵夺及侵夺人的,亦同。

《日本民法典》

第197条[占有之诉] 占有人可以依后五条的规定,提起占有之诉。为他人实行占有者,亦同。

第198条[占有保持之诉] 占有人于其占有受到妨害时,可以依占有保持之诉,请求停止妨害及赔偿损害。

第199条[占有保全之诉] 占有人于其占有有受妨碍之虞时,可以依占有保全之诉,请求预防妨害或提供损害赔偿的担保。

第200条[占有回复之诉] (一)占有人于其占有被侵夺时,可以依占有回复之诉,请求返还其物及损害赔偿。

(二)占有回复之诉,不得对侵夺人的特定承受人提起。但是,承受人已知侵夺事实时,不在此限。

第201条[占有之诉的提起期间] (一)占有保持之诉,应于妨害存在期间或妨害停止后一年内提起。但因工程而对占有物产生损害时,不得于工程开工一年后或工程竣工后提起。

(二)占有保全之诉,可于妨害的危险存在期间提起。但是,因工程而对占有物有产生损害之虞时,准用前款但书的规定。

(三)占有回复之诉,应自被侵夺时起一年内提起。

第202条[与本权之诉的关系]　占有之诉与本权之诉互不妨碍。对占有之诉,不得基于本权理由进行裁判。

《意大利民法典》

第1168条[归还占有之诉]　被以暴力或者秘密的方式侵夺占有的人,可以自权利被侵夺之日起一年内,向侵夺者提出归还占有的请求。

持有人也可以提起上述诉讼,因提供服务或者因友情而持有物的情况除外。

被秘密侵夺占有的,请求归还占有的诉讼时效期间自发现权利被侵夺之日起开始计算。

由法官依据单纯的事实证据下令立即进行归还。

第1169条[针对明知侵夺的取得占有者提出的归还]　还可以针对明知是侵夺的占有仍然以特定名义取得占有的人,提出归还占有的请求。

第1170条[保持占有之诉]　在占有不动产、不动产上的物权或者动产的集合体时受到侵扰的占有人,可以自发生侵扰之日起一年内提起保持占有之诉。

非暴力、非秘密地取得占有并且不曾中断地持续占有一年以上的,允许提起保持占有之诉。以暴力或秘密的方式取得占有的,自暴力终止或者公开占有之时起超过一年方可提起保持占有之诉。

只要符合前款规定的条件,即使被非暴力、非秘密地侵夺占有的人同样也可以提出归还占有的请求。

《韩国民法典》

第204条[占有的回复]　(一)占有人在其占有被侵夺时,可请求返还占有物和损害赔偿。

(二)前款规定的请求权,不得对侵夺人的特别承继人行使。但承继人为恶意的除外。

(三)第一款规定的请求权,应自被侵夺之日起一年内行使。

205条[占有的保护]　(一)占有人的占有受到妨害的,可请求排除妨害和损害赔偿。

(二)前款规定的请求权,应自妨害结束之日起一年内行使。

(三)在因施工导致占有受到妨害的情形下,若开始施工已经一年或工程已经完成的,不得请求排除妨害。

第206条[占有的保全]　(一)占有人的占有有受妨害之虞时,可请求预防妨害或提供担保。

（二）因施工而致占有有受妨害之虞时,准用前条第三款规定。

第207条[间接占有的保护]　（一）前三条的请求权,第一百九十四条所规定的间接占有人亦可行使。

（二）占有人的占有被侵夺时,间接占有人可请求侵夺人将该占有物返还于占有人,占有人不能或不愿受领该占有物的返还时,间接占有人可请求向自己返还。

第208条[占有之诉与本权之诉的关系]　（一）以占有权为诉因的诉讼和以本权为诉因的诉讼,互不影响。

（二）以占有权为诉因的诉讼,不得基于本权的理由进行裁判。

《魁北克民法典》

第929条　持续占有一年以上的占有人对妨害其占有或剥夺其占有的人享有停止侵害或回复占有的诉权。

第八条 【占有权利推定】
占有人于占有物上行使或主张的权利,推定为其合法享有。
对过去的占有,可以推定为间接占有。
占有权利推定,不得与已登记的物权发生冲突。

【说明】
(1)对占有的权利推定,是推定占有人对占有物享有本权。占有是权利的外观,占有,可以表彰物权(自物权),也可以表彰债权。
(2)本权包括自物权(所有权)和债权。占有权利推定的本权,并不仅仅推定占有人享有所有权,也可以推定占有人享有债权。
(3)占有权利推定要借助占有人的主张或表示,占有人可能主张或表示自己享有所有权(物权),也可能主张或表示自己享有债权。占有人占有一物,主张或表示物权的,可推定其有物权;主张或表示债权的(如主张承租权),则可推定其有债权。
(4)对专属国家的财产,不能推定所有权,但可以推定债权。
(5)占有的客体是有体物、独立之物,电力、无线电电波等不是有体物;资源性财产等不是独立之物。非占有的客体不适用占有权利推定规则。
(6)对动产和不动产都可以适用占有权利推定规则。
①对机动交通运输工具,对使用权(债权性本权),可以适用占有权利推定;对机动交通运输工具所有权,原则上不适用占有权利推定,因为机动交通运输工具是登记物权,且按社会一般观念,对机动交通运输工具的所有权,是以登记来判断的。
如果某人到4S店买一辆新的汽车,汽车并未登记(没有初始登记、首次登记),适用占有权利推定,买者自然推定销售商对待售的汽车享有所有权。
②对因事实行为成立的不动产物权,亦可适用占有权利推定。比如,某甲新盖一所房屋,尚未办理首次登记(初始登记),此种情形,可以"以占有推定所有"。
③占有权利推定,不得与已经登记的物权发生冲突。比如,对一套已经登记的二手房,登记人与占有人不一致的情况下,不能推定占有人享有所有权。对不动产的债权(如用益债权)的推定,自不受登记的影响,比如,房屋登记在甲的名下,由乙占有,丙对乙占有的权利质疑,乙表示自己有承租权(本权),可推定乙有承租权(本权)。
(7)占有权利推定,是占有公信力的体现,是动产善意取得人善意的一个前提。

(8)我们平时所说的占有,是现实占有,现实占有包括自物占有和他物占有,他物占有是直接占有。① 占有权利推定也适用于"过去的占有"(原占有),即推定某人成立间接占有,间接占有是脱离占有的本权,不能先认定某人是间接占有,再依据该间接占有推定其有本权。

(9)不以占有为内容的权利,不在推定之范围,例如,抵押权不以占有标的物为要件,自非权利推定之范围。②

(10)在日常生活、交易和民事诉讼中,占有者不用自证享有本权。占有权利推定,减轻了占有一方当事人的举证责任。在民事诉讼中,占有本身可以构成高度盖然性证据,但依占有推定的权利,他人可以通过反证将其推翻。

【案例模型】

例1:张某到李某家串门,李某指着家里的跑步机说,我的跑步机1 000元卖给你,要不要?张某一是看到李某对跑步机的占有;二是听到李某表示是他自己的跑步机(表示有所有权),于是,张某就认为这是张某的跑步机(占有权利推定)。

通过占有权利推定,张某便放心地与李某交易,取得跑步机的所有权。若是李某占有第三人的跑步机,张某可以善意取得。

例2:张甲牵着一条小毛驴在路上行走,李乙看到毛驴的左耳上有一个缺口,就说这毛驴是其丢的。张甲说,我的毛驴左耳一直有一个缺口,这个毛驴就是我的。

占有毛驴的本身已经构成高度盖然性证据,应当认定毛驴是张甲的。这个结论是占有权利推定规则的运用。李乙主张其是毛驴的所有权人,应对此负责举证,即李乙负担推翻占有权利推定的举证责任。

例3:张甲的钱包被李乙抢走。

依占有权利推定,钱包是张甲的,这是对过去占有的权利推定,张甲与李乙形成法定占有媒介关系,在此法律关系中,张甲过去为间接占有,李乙为无权直接占有。李乙因有侵夺占有的法律事实,主张占有权利推定的请求,不能成立。

例4:甲公司为乙公司保管了10万台洗衣机。

(1)洗衣机是种类物,是占有的客体。

---

① 参见隋彭生:《自物占有与他物占有的分类及比较研究》,载《政治与法律》2014年第3期。
② 参见谢在全:《民法物权论》(下册),中国政法大学出版社2011年版,第1175页。

(2) 有人认为,种类物被占有,种类物就是特定物,这种观点是不正确的。

(3) 对种类物,不能说"占有即所有",但对种类物,可以推定占有人享有本权。依照占有人的主张,可以推定占有人为所有权人或推定占有的本权为债权。例如,占有人主张自己是所有权人,可以推定其是所有权人;占有人主张自己是保管人,则可以推定其有债权性本权。

> **例5**:甲将一台挖掘机出租给乙(已经交付),乙以占有主张本权,甲以原先的占有(交付前的占有)主张本权。

甲的本权是所有权(间接占有,是脱离占有的本权),乙的本权是债权,这是"双本权"现象。两个占有权利推定,并不矛盾。

> **例6**:张某盖了一座小楼,尚未办理入户登记(首次登记、宣示登记)。

可以张某的占有,推定其对小楼享有所有权。

> **例7**:一套别墅,李某是登记的所有权人,王某是装修人、占有人。李某以登记为据主张自己是所有权人,王某以占有为据主张自己是所有权人。

占有权利推定,不能对抗已经登记的物权。该套别墅,自应认定属于李某所有。

> **例8**:甲出卖给乙一幅祖传国画。乙将该国画挂在客厅。乙家中小猫将国画从墙上抓下。从画轴中滚落出一枚价值连城的钻戒。甲起诉乙要求返还该钻戒。甲的律师说是重大误解可撤销。乙的律师指出,甲不能证明钻戒是甲的。

(1) 此案不构成重大误解。因为有意思表示,才可能有重大误解,甲对该钻戒从未有过意思表示。

(2) 该钻戒是独立物,不是国画的成分,既不是重要成分,也不是非重要成分,属于隐藏物。隐藏物可以隐藏在动产之中,也可以隐藏在不动产之中。

(3) 有一种证明叫"魔鬼证明",即要从传来取得,一直证明到原始取得。这在罗马法时期就被抛弃了,取而代之的是占有权利推定规则。甲证明自己对该钻戒"曾经占有过"即可,具体的证明内容是证明该国画是自己交付给甲的(在诉讼中被告通常会自认)。对国画"曾经占有过",也就对钻戒"曾经占有过"(我国采"纯客观说")。对"曾经占有过"适用占有权利推定规则,推定该钻戒属于甲所有,即认定甲对钻戒有脱离占有的本权(脱离占有的所有权)。

(4)本案对钻戒没有交付行为,交付是双方法律行为,本案对钻戒的移转是事实行为。

(5)甲可主张参照法律对遗失物的规定而请求返还钻戒。① 本案应判决钻戒归甲,并判决乙归还对钻戒的占有。

例9:张甲翻盖老宅,推倒厚厚的土墙,发现土墙里有一陶罐,内有银元300块。老宅为张甲祖父所盖,由张甲之父继承,再由张甲继承。张甲祖父有3个儿子,在张甲祖父之后,都已死亡,3个儿子各有一个儿子。根据已知条件,银元归谁?

(1)张甲祖父将藏有银元的房屋只传一子,不能认为将银元也只传一子。房屋与银元是不同的物。

(2)张甲祖父所盖房屋,土墙里藏有一罐银元(隐藏物),银元原为张甲祖父占有,现为张甲占有,按占有权利推定规则,应推定张甲祖父(生前)所有,不应推定张甲所有。

(3)张甲祖父没有遗嘱,应按法定继承,3个孙子每人继承100银元。

例10:甲、乙就乙手中的一枚宝石戒指的归属发生争议。甲称该戒指是其在2015年10月1日外出旅游时让乙保管,属于甲所有,现要求乙返还。乙称该戒指为自己所有,拒绝返还。甲无法证明对该戒指拥有所有权,但能够证明在2015年10月1日前一直合法占有该戒指,乙则拒绝提供自2015年10月1日后从甲处合法取得戒指的任何证据。对此,应当认定甲对戒指享有合法权利,因其证明了自己的先前占有。②

(1)乙现实占有戒指,推定乙享有所有权;甲是在先占有人,依占有权利推定,推定甲是所有权人。两项权利推定发生了矛盾。

(2)"反证如能证明有某种与受推定之权利状态完全不相容之权利状态存在时,即足以推翻该项推定(参见1950年台上字第127号判决)。""例如,甲对乙行使所有物返还请求权,依举证原则甲须证明其为所有人,乙为占有人,果尔,乙受所有权之推定,乙似无须就其占有权源负举证之责,然一旦甲证明其为所有权人后,因一物不能有两所有权,是乙前开推定即被推翻,而须就其占有具有权

---

① 《物权法》第114条规定:"拾得漂流物、发现埋藏物或者隐藏物的,参照拾得遗失物的有关规定。文物保护法等法律另有规定的,依照其规定。"
② 参见司法考试2016年卷三第9题。

源负证明之责矣。"①

（3）甲是在先占有，乙是在后占有，双方证据相比，甲无须证明权源。宝石戒指归甲，是基于高度盖然性证据。

【理论阐释】

一、占有权利推定的意义

（一）占有权利推定的意义

通常认为占有的一般效力主要有占有的保护效力、占有的权利推定效力、占有的权利取得效力、占有人对占有物的使用和收益权以及占有人的有关费用偿还请求权等。② 占有权利推定，是占有效力之一种。

有学者指出："占有的权利推定效力源自于日耳曼法，在罗马法中并不存在。这一效力是基于占有表彰本权效力的延伸，所体现的价值是着眼于占有与本权之间的紧密联系，即占有往往是权利外衣的这一社会经验法则。占有的推定效力演变至今，已经成为占有效力中一项重要的内容。"③占有权利之推定，基于占有之表彰本权机能而生。④

占有之推定，包括占有权利推定和占有事实推定，它们有明显区别：①占有权利推定，是依据占有的事实，推定占有人享有占有的适法权利，该权利就是占有之本权，本权包括物权和债权。②占有事实的推定，也称为占有状态的推定。"是依据生活经验而对占有标的物及其他事态的存在与否及真伪进行的推定。"⑤它不是对本权的推定，不涉及占有背后的权利义务关系。占有事实的推定包括是否为自主占有的推定、是否为善意占有的推定、是否为不间断占有的推定等。

占有具有公信力，占有权利推定规则是对占有表彰本权机能的肯定。"受权利推定的占有人不负有权占有的举证责任。"⑥有权占有是有本权占有的简称，"占有乃是权利存在之外观，占有存在时，通常均有实质或真实之权利为其

---

① 谢在全：《民法物权论》（下册），中国政法大学出版社 2011 年版，第 1177 页。
② 参见刘智慧：《占有制度原理》，中国人民大学出版社 2007 年版，第 279 页。
③ 赵晓钧：《论占有效力》，法律出版社 2010 年版，第 114 页。
④ 参见谢在全：《民法物权论》（下册），中国政法大学出版社 2011 年版，第 1174 页。
⑤ 赵晓钧：《论占有效力》，法律出版社 2010 年版，第 112 页。
⑥ 房绍坤：《民商法问题研究与适用》，北京大学出版社 2002 年版，第 177 页。

基础。占有权利之推定,是基于此种权利存在之盖然性"。① 这种实质或真实性权利就是本权。这种盖然性是高度盖然性,从人们生活习惯和交易习惯的角度来说,占有的权利推定规则也符合一般公众对占有的认识。

占有权利推定规则是占有制度不可或缺的组成部分。"法律根源于一定的社会经济生活条件,其落脚点也在于它与社会需要的契合度。"② 在所有权与用益权(用益物权和用益债权)分离日益广泛的情况下,在民法典中设立占有权利推定的一般条款,就会具有更重要的意义。法律设立占有权利推定规则的理由主要有五点:

(1)贯彻民法的效益原则,保护交易安全。有学者指出:占有的权利既受推定,则产生公信力,使善意依赖占有而与占有人进行交易的相对方受到保护,有益于交易安全。③

在现代市场经济条件下,交易十分频繁,不能追根溯源地考察让与人的物的来源,可以仅根据其占有推定其享有本权而与其交易。如果不能从占有这一事实状态推定占有人是本权人,那么受让人就必须对占有背后的权利进行调查,这就必然影响到交易的速度。

推定占有者享有本权,有偿的动产善意受让人可以受到保护,占有权利推定是动产善意取得的基石。

占有权利推定也为动产先占制度的设立提供了基础。

(2)保护他物用益制度。"与占有无法分离的不是财产归属,而是财产利用。占有是一切财产利用关系的支点,与其说占有是所有权的外部表现,不如说占有是财产利用的外部表现。"④ 占有权利推定的规则的适用,也可以是推定占有人有对物使用的权利(推定占有人有用益债权、用益物权),这有利于提高物的利用效率,促进物尽其用,也是保护交易安全的一个方面。

(3)占有权利推定是维护社会秩序、社会平和而普遍适用的规则,尽管无权占有也受保护,但对有本权的占有进行保护,更符合社会一般观念,推定占有人享有本权,为占有保护提供了道德支撑,同时也是对本权本身进行保护。

占有权利推定,对防止人们之间私力侵夺财产有重要的作用。在占有被侵占(侵夺等)、妨碍时,占有人可依(推定的)本权主张占有保护。

(4)符合诉讼效益原则。占有权利推定规则,是实体法规范,经常运用于诉

---

① 谢在全:《民法物权论》(下册),中国政法大学出版社2011年版,第1174页。
② 姜占军:《论占有权利推定对不动产上占有的适用》,载《法律科学》2001年第4期。
③ 参见中国物权法研究课题组(梁慧星主持):《中国物权法草案建议稿条文、说明、理由与参考立法例》,社会科学文献出版社2001年版,第793页。
④ 孟勤国:《占有概念的历史发展与中国占有制度》,载《中国社会科学》1993年第4期。

讼程序之中。占有者的占有,已经足以把反证的责任推向相对人。有学者指出:占有通常多基于占有人对物所享有的权利,具有权利存在的盖然性,尤其在民法对动产物权的移转采交付主义时,更是如此;占有的推定可以使占有人免除举证责任的困难,易于排除侵害,维护物之秩序。①

但占有的事实只具有推定的效力,他人可以反证推翻,在一个特定角度,说明了占有推定效力的合理性。

(5)"脱离占有的本权"(间接占有)的存在,可以依照"过去的占有"(原占有、曾经的占有)来推定,原占有人可以此来请求实现占有回复请求权。占有权利推定为实行本权之诉提供了重要规则。

(二)"民法典"应设占有权利推定的一般条款

我国《物权法》未设占有权利推定的一般条款。但是,《物权法》实际是承认占有权利推定规则的,最明显的例子是该法第 106 条规定的动产善意取得,其成立的基本前提,是受让人对占有的权利推定,即推定让与人享有本权,处分权依赖于本权,受让人的推定,并不是直接对处分权的推定。

有学者指出:"我国《物权法》对此虽然没有设置专门的条文,也应承认该项推定,主要理由如下:(1)由于占有某物通常多基于本权,具有权利存在的盖然性,尤其在法律对动产物权的移转采取交付主义(第 23 条前段)的背景下,占有权利的推定具有保护占有背后权利的功能。(2)占有权利的推定可以避免占有人就权利存在举证的困难,使排除本权的妨害趋于容易,维护物的秩序。我们所穿衣服,所戴手表,所驾汽车,所用钢笔,倘若不推定为我们所有,则他人任意争执,诉讼不断,危及社会秩序……(5)《物权法》就不动产登记承认了权利推定(第 16 条第 1 款),对动产物权的移转采取了交付主义(第 23 条前段),设置了善意取得制度(第 106 条),从体系化的角度看,可认为《物权法》不否认占有权利的推定。"②"为动产占有的利益,推定占有动产之人为该动产的所有权人。这就是所有权推定。《物权法》对此虽然未设明文,但其第 106 条规定的善意取得制度、第 245 条第 1 款规定的占有请求权等,都折射出它已经承认了这种所有权推定。"③

全国人大常委会办公厅 2005 年 7 月 8 日公布的《中华人民共和国物权法草案》对占有权利推定制度作出了设计。该草案第 260 条规定:"不动产或者动产

---

① 参见中国物权法研究课题组(梁慧星主持):《中国物权法草案建议稿条文、说明、理由与参考立法例》,社会科学文献出版社 2001 年版,第 793 页。
② 崔建远:《物权:规范与学说——以中国物权法的解释论为中心》(上册),清华大学出版社 2011 版,第 349 页。
③ 同上书,第 269 页。

的占有,除有相反证据证明外,推定有权占有。"①但是,在提交全国人大审议前,草案中的有关占有权利推定的规定被删除。因为,有人担心这一类规则为侵夺国有资产、集体资产的行为打开了方便之门;还有人质疑,认为刑法里有巨额财产来源不明罪,而为什么在民法里说不清来源就是合法的呢? 这一类观点其实是一种误解。因为权利推定规则只有推定效力,不是终局确定归属的效力。

(1) 侵夺国家、集体、他人财产而取得占有构成犯罪的,须国家司法机关举证以否定权利推定的效力,犯罪嫌疑人不能自证其罪。民法中权利推定规则与民事诉讼的举证规则、刑事诉讼的举证规则在精神上是一致的,只不过民事诉讼由当事人举证、刑事诉讼由国家举证。

(2) 对巨额财产来源不明罪来说,主体是国家机关工作人员,对这类特殊主体,作出特殊规定是合理的。② 而占有的权利推定适用的主体是民事主体,不能要求其说明或证明财产的来源。

历次《物权法》草案中都明确确立了占有的权利推定制度。然而在第六次审议稿和此后正式通过的《物权法》中却被抛弃,对此全国人大及其常务委员会并未提供说明。权利推定规范于今日世界仍遭受如此断然的"封杀",不失为比较法上的有趣现象。③

占有权利推定在我国古代是以习惯法的形式存在的,在现代也是广泛被认可的社会经验法则,占有权利推定是占有的主要效力之一,如果不入法,不光民法体系残缺,法官判决也找不到明确依据,会影响"民法典"的社会功能。另外,规定占有权利推定,也与笔者设计的本稿第 1 条(占有与本权)相呼应。

强调"一般条款",是因为存在动产善意取得等"特殊条款"。立法未设占有权利推定规则的一般条款,就不存在纲举目张之"纲",这妨碍了理论体系的建立,也影响到对法律具体规则的适用。设立占有权利推定的一般条款,不但对社会安全、社会秩序的维护有重大作用,在所有权与用益权(用益物权和用益债权)分离日益广泛的情况下,在"民法典"中设立占有权利推定的一般条款,就具有了更重要的意义。笔者认为,设立占有权利推定的一般条款,反映或代表了占

---

① 这样的表述是有问题的,因为,第一,不动产物权是登记物权,占有权利推定不应与物权登记发生冲突。第二,对动产物权占有权利推定,应当是"先"推定有权占有,"再"规定反证可以推翻,其中逻辑顺序不可不察。

② 《中华人民共和国刑法》第 395 条第 1 款规定:"国家工作人员的财产、支出明显超过合法收入,差额巨大的,可以责令该国家工作人员说明来源,不能说明来源的,差额部分以非法所得论,处五年以下有期徒刑或者拘役;差额特别巨大的,处五年以上十年以下有期徒刑。财产的差额部分予以追缴。"

③ 参见朱广新:《论物权法上的权利推定》,载《法律科学》(西北政法大学学报)2009 年第 3 期。

有制度发展的正确方向。

二、占有权利推定,是推定本权,而不是推定占有权

占有权利推定,是推定占有者对占有物享有本权。不可把本权与占有权相混淆。学界对"占有权"这个术语的使用比较混乱,欠缺确定性。

设立占有权利推定规则的一个重要的理论前提,是区分占有权与本权,或者说,应当严格区分占有权与本权。依据占有推定的权利不宜称为"占有权",而应称为本权。罗马法认占有为权利,称为占有权,法国(《法国民法典》第2228条)、日本(《日本民法典》第180条)与韩国(《韩国民法典》第192条)民法采之。日耳曼法则认为占有为事实,称为占有,德国(《德国民法典》第854条)、瑞士(《瑞士民法典》第919条),以及我国台湾地区"民法"仿德国、瑞士立法例,规定占有仅系一项事实而非权利。① 大陆学者基本上认为占有是一项事实而非权利,《物权法》虽然没有对占有的概念作出规定,实际上也因袭了台湾地区"民法"对占有的界定。结合上述立法发展的两道轨迹,在认为占有为事实而非权利的前提下,对本权就不宜称为占有权。

从机能上来看,占有的保护效力是承继罗马法的占有制度,主要为防止人们之间私力侵夺财产、维护物的和平秩序为目的;而占有权利推定效力则来自日耳曼法的占有法理,主要是为维护占有背后的本权,保护交易安全而设。两者在基本功能和作用上是完全不同的。② 罗马法认为占有为权利,称为占有权。罗马法之占有乃是不问有无所有权或其他本权,凡是对物有事实支配者,即加以保护之制度。③ 依上所述,无论有无本权的占有,占有人都享有占有权。

本权是归属权,本权是交易的对象,可以脱离占有而流转。本权的效力是很广泛的,占有回复请求权也是基于本权的效力。

综上,占有作为一种事实,其背后的权利若称为占有权,在理论研究和法律适用上就容易发生混淆的后果。承认占有为事实,其背后的权利应为本权。即占有权利推定,是推定有本权,而不是推定有占有权。

三、占有权利推定的本权

(一)占有推定的本权包括物权性本权和债权性本权

占有分为自物占有和他物占有。自物占有的本权是所有权(或称为物权性

---

① 参见谢在全:《民法物权论》(下册),中国政法大学出版社2011年版,第1141页。
② 参见罗晓静:《论占有权利推定在不动产上的适用》,载《法律适用》2004年第9期。
③ 参见谢在全:《民法物权论》(下册),中国政法大学出版社2011年版,第1141、1144页。

本权),他物占有的本权是债权(或称为债权性本权)。① 占有权利推定,并非仅推定占有人享有所有权,也包括推定占有人享有债权。

自物权(所有权)作为本权,反映了物的归属。现代民法理论的占有之本权并不限于所有权。所有物的占有与所有权人分离是经常出现的现象,出租、出借、寄存、运输就是明显的例子。有学者指出:"凡占有人于占有物上行使之权利,均被推定其适法有此权利,不限于所有权,尚包括债权(如租赁权)或限制权利在内……以租赁之意思行使其权利于占有物时,推定其有租赁权。"②即推定的本权可以是债权。他物占有是由于给付(一般表现为现实交付)产生时,他物占有人的本权为债权。他物占有人包括用益物权人和用益债权人。用益债权人的本权是债权自不必再论。用益物权虽然具有物的排他性(物权的效力),但它的本权,从来源来看仍是债权。笔者认为,他物占有之本权,由于是基于所有权人给付而产生,故是一种债权请求权,而不是物权。债权作为本权通常是对他人之物使用、收益的根据。债权性本权与占有相结合,才能发生排他效力。

本权是物权还是债权并非全部基于外形的判断,还要看占有人如何行使权利,占有人的"主张"是行使权利的一种重要表现。例如,动产占有人主张所有权,则可推定其本权为物权;动产占有人主张是承租权,此时应当推定其本权为债权。

(二)对动产占有的权利推定和对不动产占有的区别

(1)动产基本上是以占有表彰所有权的,因此可以推定动产占有人为所有权人,即可推定本权为自物权。动产所有与占有可以分离,故也可以推定占有人的本权为债权。

(2)不动产物权基本是以登记表彰所有权的,已经登记所有权人的不动产,推定占有人为所有权人显然不可,即占有权利推定不得与登记的内容发生冲突。有学者指出:"对于已登记之不动产物权,其交易相对人所信赖者,乃地政机关之登记,不能依凭不动产之现时占有状态而为权利之推定。"③对登记的不动产,推定占有人享有债权性本权,则是正常的事情。

不过,对因事实行为取得的房屋,在未登记(此处登记指初始登记、首次登记)之前,自可以占有推定所有。

---

① 参见隋彭生:《论占有之本权》,载《法商研究》2011年第2期。
② 王泽鉴:《民法物权》(2),中国政法大学出版社2001年版,第235—236页。
③ 王泽鉴:《民法物权》,北京大学出版社2010年版,第465页。

(三)对"过去的占有",推定本权

占有推定不能仅仅限于对现实占有的推定,否则就会限缩它的意义。

"过去的占有",又称为"曾经的占有""原占有",对过去的占有推定本权,即是推定间接占有的存在。

物的占有因交付而丧失,或者由于被侵夺等原因丧失,原占有人应承担举证占有交付或被侵夺等事实之义务,即他应举证曾经占有的事实,再根据这个事实,推定其为本权人,这种本权,是脱离占有的本权(间接占有)。不能仅因现实占有的事实而否定原占有人的本权。

原占有人得以推定的本权请求回复占有,这就等于确认双方具有占有媒介关系。

有学者认为:"占有权利推定,不限于直接占有,间接占有亦包含在内。例如,甲占有某画,出租予乙,乙转租予丙时,依其所使的权利,推定甲(最高层的占有人)为该画所有人,乙(间接占有人)和丙(直接占有人)有租赁权。"①笔者认为,间接占有是观念占有,不能从间接占有推定间接占有,其本身不具有占有权利推定功能。上例推定甲为最高层次的间接占有(上级间接占有),是根据其"曾经的占有",而"曾经占有"的认定,又是根据租赁合同作出的结论,对一下级间接占有的推定,也是根据租赁合同(乙对该画可能"曾经占有",也可能从未占有过,如乙直接请甲把画交付给了丙)。

(四)占有权利推定是为了占有人的利益

《德国民法典》第1006条明确规定,占有的权利推定是"为了占有人的利益"。《瑞士民法典》《日本民法典》以及我国台湾地区"民法"并未作此规定。亦有不少学者认为占有权利推定不限于为了占有人的利益。如:

(1)推定是仅为占有人的利益而进行的吗?《德国民法典》(第1006条)虽然明确规定了应当予以肯定的宗旨,但由于日本民法中未作限制规定,因此,推定既是为了占有人的利益,也是为了占有人之非利益。②

(2)"因民法未如德国民法第1006条第1项明定,推定之效力为占有人之利益始得推定,且占有权利之推定乃基于占有之表彰本权之机能,而非单在占有人之保护,故不仅为占有之利益而设,对其不利益亦得适用。例如,承租人占有之物置于承租之不动产者,得推定为承租人所有,依第445条规定,有不动产出

---

① 王泽鉴:《民法物权》,北京大学出版社2010年版,第465页。
② 参见〔日〕我妻荣:《新订物权法》,有泉亨补订,罗丽译,中国法制出版社2008年版,第505页。

租人之留置权存在是。"①

（3）"占有权利的推定，不仅适用于对占有人有利益的场合，也可以适用于对占有人不利益的场合。例如，承租人占有的某动产被放置于所租房屋之内时，可推定为承租人所有。在承租人擅自拒付租金的情况下，出租人有权留置该动产。"②

笔者认为，占有权利推定的本质，是为了占有人的利益，也是为了维护交易安全、社会秩序和诉讼效益。诚然，占有权利推定可能会为占有人带来不利益，但它并不是占有权利推定的本旨，占有权利推定毕竟是推定占有人享有本权，即享有占有的依据，其不利益可以是本权的副产品。且占有权利推定，反证人是占有人的相对人；在占有权利推定使占有人承担不利益的场合，占有人可能不主张占有权利推定。

四、援用占有的权利推定规则的主体：主张自己有本权的人与主张对方有本权的人

有学者指出，可以援引占有权利推定效力的主体可以是占有人，第三也可以主张。不仅目前占有人可以援用，过去的占有人亦可以适用。不仅占有人于消极地位时可以援用，占有人对他人积极主张其为有权占有时亦可援用，即其"非仅用防御，亦可用于攻击"。③"权利推定的效力，不仅占有人可以援用，第三人也有权援用。例如，债权人对于债务人占有的动产，可以援用债务人即为该动产的所有权人的推定效力，申请法院将该动产查封。再如，甲占有的动产，被乙故意破坏，乙向甲负责赔偿，无论甲是否为该动产的所有权人，都发生清偿的效果。"④以上论述说明，占有权利推定的主体，并不限于占有人。占有是一项事实，依据该项事实，进行是否有本权的推定。按由谁主动援引占有权利推定规则，可将占有权利推定规则的适用主体分为本权人（被推定人）和占有相对人。

（一）主张自己有本权的人

可以援引占有权利推定规则，主张自己享有本权的主体，包括占有人、占有

---

① 谢在全：《民法物权论》（下册），中国政法大学出版社 2011 年版，第 1176 页。台湾地区"民法"第 445 条［不动产出租人之留置权］规定："不动产之出租人，就租赁契约所生之债权，对于承租人之物置于该不动产者，有留置权。但禁止扣押之物，不在此限。前项情形，仅于已得请求之损害赔偿及本期与以前未交之租金之限度内，得就留置物取偿。"
② 崔建远：《物权：规范与学说——以中国物权法的解释论为中心》（上册），清华大学出版社 2011 版，第 350 页。
③ 参见王泽鉴：《民法物权》，北京大学出版社 2010 年版，第 466 页。
④ 崔建远：《物权：规范与学说——以中国物权法的解释论为中心》（上册），清华大学出版社 2011 版，第 350 页。

主人、间接占有人。

1. 占有人

占有人是指现实占有人,在需要交易时、在面临侵夺占有时、在就本权发生争议时,总而言之,在需要时,占有人自得主张自己是占有物的本权人,如前所述,其主张本权是物权还是债权,并不受限制。占有人包括自物权人、占有他物权人(占有用益物权和占有担保物权)、占有用益债权人等。

2. 占有主人

存在占有主人(占有本人)与占有辅助人时,仅占有主人是占有人,占有辅助人是持有人,是与占有物有物理接触的人(参见本稿第3条的"说明"和"理论阐释")。占有权利推定,自应推定占有主人享有本权,不应推定占有辅助人享有本权。

应注意加以区别的是,承租人、保管人、加工合同的承揽人、承运人等,并不是辅助占有人,他们是直接占有人。

3. 间接占有人

(1)对间接占有的适用。直接占有和间接占有是具有关联性的一对概念。直接占有人对物有实际控制力,间接占有是观念占有(间接占有是一种观念,或者说存在于观念之中)。

间接占有人主张占有权利推定,实际是主张自己成立间接占有,因为,间接占有是脱离占有的本权,是一种法律的拟制,间接占有人并没有对物的实际控制和支配,只是占有的一种观念性存在,因此称为观念占有。① 观念的占有并不是对占有概念的扩大。

有学者指出:"间接占有系经直接占有维持其对物之事实管领力,仍系占有人,故关于占有之规定,于间接占有亦有适用。"②但笔者所说间接占有人可以主张占有权利推定,是指推定某人成立间接占有(间接占有是脱离占有的本权),推定间接占有就等于推定其有本权,不能先认定某人是间接占有人,再依据该间接占有推定其有本权。

(2)间接占有的性质。间接占有人在成立间接占有之前,曾为占有人。间接占有是脱离占有的本权,直接占有是他物占有,对直接占有的权利推定,只能是推定直接占有人的本权是债权,而间接占有的性质,则可能是物权,也可能是债权。

---

① 参见隋彭生:《民法新角度——"用益债权原论"阶段性成果》,北京大学出版社2012年版,第238页。

② 谢在全:《民法物权论》(下册),中国政法大学出版社2011年版,第1154页。

如果知道占有连锁的存在,则只能推定下级间接占有的性质为债权。以图示为例,如果知道了甲的存在,就只能推定乙的间接占有的性质为债权。

甲————————乙————————丙
（上级间接占有人）　（下级间接占有人）　（直接占有人）

（二）主张对方有本权的人（占有相对人）

主张对方有本权的人,在学者的著述中常被称为第三人。有学者指出,第三人可以援用占有权利推定效力而受到保护的原因在于,赋予占有以推定效力所产生的转换举证责任的法定效果,对于具有权利外观的人及交易中的第三人都会产生极大的便利。①

比如：

(1)动产善意取得人,主张让与人有本权。

(2)留置权人对留置(占有)的动产,主张被留置人享有本权。

(3)质权人对占有的动产,主张出质人享有本权。

(4)登记机关(行政机关)主张占有人对不动产享有本权。

五、占有权利推定与登记的冲突

（一）对不动产的占有权利推定与登记的冲突

对动产推定占有人享有本权,在理论上已经没有什么争议,但是对不动产能否依占有推定本权却存在着对立观点。有学者主张,占有的权利推定不适用法律规定应当办理登记的权利。② 这种观点是没有问题的。反过来说,占有权利推定规则,对未登记的不动产是可以适用的。

笔者的观点是,不动产也可以因占有而表彰本权。它表彰的本权包括物权和债权。不动产由他人占有、使用的时候,占有人享有债权性本权,与物权人"脱离占有的本权"并不发生冲突。最明显的例子就是,房屋所有人将房屋出租,承租人仍为有权占有,但其本权不是物权,而是债权。在承租人因占有与他人发生争议的时候,仍然可主张其占有具有适法的权利。

不动产占有权利推定不得与不动产登记发生冲突。例如,经登记的所有权人将房屋出租,承租人依占有主张享有所有权(物权性本权),自不得作如此推定。但无疑尚未取得登记的不动产也是可以占有表彰本权的。例如,一套尚未

---

① 参见赵晓钧：《占有效力论》,法律出版社 2010 年版,第 121 页。
② 参见姜占军：《论占有权利推定对不动产上占有的适用》,载《法律科学》2001 年第 4 期。

登记房屋,自应以占有推定所有。再如,农村土地承包经营权也可以占有来推定该权利的存在。

（二）对特殊动产占有权利推定与登记

特殊动产是指机动交通运输工具,它们是动产登记物权,但交付就可发生物权变动。① 有学者指出,它们以登记作为物权变动的对抗要件,因此在发生占有的权利推定力与登记的推定力冲突时,理应优先适用登记的权利推定。② 笔者认为:①在静态意义上,已登记的机动交通运输工具,应以登记推定权利（所有权）。②机动交通运输工具与登记人脱离占有的,仍应以登记推定所有权,但因买卖、赠与等让与合同交付的除外。

【立法例】

我国台湾地区"民法"

第943条[占有权利之推定]　占有人于占有物上行使之权利,推定其适法有此权利。

前项推定,于下列情形不适用之:

一、占有已登记之不动产而行使物权。

二、行使所有权以外之权利者,对使其占有之人。

《法国民法典》

第2279条　对于动产,占有有相当于权利根源的效力。

《德国民法典》

第1006条[占有人的所有权推定]　1.(1)为了动产的占有人的利益,推定占有人即为物的所有人。(2)但此规定不适用于对占有物系被盗窃、遗失或以其他方式丢失的前占有人,但占有物为金钱或无记名证券者,不在此限。

---

① 我国《物权法》第24条规定:"船舶、航空器和机动车等物权的设立、变更、转让和消灭,未经登记,不得对抗善意第三人。"最高人民法院《关于审理买卖合同纠纷案件适用法律问题的解释》第10条规定:"出卖人就同一船舶、航空器、机动车等特殊动产订立多重买卖合同,在买卖合同均有效的情况下,买受人均要求实际履行合同的,应当按照以下情形分别处理:(一)先行受领交付的买受人请求出卖人履行办理所有权转移登记手续等合同义务的,人民法院应予支持;(二)均未受领交付,先行办理所有权转移登记手续的买受人请求出卖人履行交付标的物等合同义务的,人民法院应予支持;(三)均未受领交付,也未办理所有权转移登记手续,依法成立在先合同的买受人请求出卖人履行交付标的物和办理所有权转移登记手续等合同义务的,人民法院应予支持;(四)出卖人将标的物交付给买受人之一,又为其他买受人办理所有权转移登记,已受领交付的买受人请求将标的物所有权登记在自己名下的,人民法院应予支持。"

② 参见姜宇:《我国占有的权利推定的立法设计》,载《法制与社会》2010年第36期。

2. 为了前占有人的利益,应推定前占有人在其占有期间为物的所有人。

3. 在间接占有人的情形,上述推定适用于间接占有人。

《瑞士民法典》

第930条[所有权的推定] (一)动产的占有人,应推定为该动产的所有人。

(二)原占有人,应推定曾为该动产的所有人。

第931条[非独立占有时所有权的推定] (一)某人虽善意占有某物,但不愿为其所有人时,得依所有人推定的方法,推定其善意受领该物时的让与人为所有人。

(二)某人以有限物权或以个人权利占有某动产时,应推定其权利的存在,但不得对受领该动产时的让与人援引此推定。

第937条[占有不动产的权利推定] (一)已在不动产登记簿上登记的不动产,对其占有权利的推定及占有诉权,仅属于登记人。

(二)但实际支配不动产的人,对他人非法侵夺或妨害占有,得提起诉讼。

《日本民法典》

第188条[权利适法的推定] 占有人于占有物上行使的权利,推定为适法的权利。

《韩国民法典》

第200条[权利适法的推定] 占有人对占有物行使的权利,推定为适法享有。

《魁北克民法典》

第928条 占有人被推定享有他正行使的物权。异议此等推定的人证明其权利的负担;如有可能,并应证明该占有人为无原因、原因有瑕疵或占有有瑕疵。

第九条 【动产善意取得】

无处分权人以自己的名义将占有的共有动产、他人动产转让给受让人,符合下列要件的,受让人善意取得该动产的所有权:

(一)转让的动产已经交付给受让人;
(二)动产交付时,受让人对转让人的无权处分,不知情且无重大过失;
(三)以合理的对价转让。

货币、货币债权的善意取得,不受对价种类的限制。

通过观念交付善意取得,简易交付须受让人在达成合意时为善意;占有改定、指示交付须受让人在现实交付时为善意;单据交付须受让人在取物单据交付时为善意。

参照第一款,债权人可以善意取得质权、留置权。

无处分权人以自己的名义将占有的共有动产、他人动产抵押,办理抵押登记的,债权人可以善意取得抵押权。

【说明】

(1)本条是对动产善意取得的规定。善意取得是关于交易的规则,侧重保护动态安全。我国台湾地区"民法"将其规定在"占有章"。

①动产善意取得是占有效力的表现,是从"占有到占有",受让人通过取得占有而取得本权。规定在"占有与本权"一章,较为合理。

②动产善意取得与不动产善意取得的规则不同,前者的善意,是对动产占有的权利推定;后者的善意,是对不动产登记的权利推定。分别规定与合并规定,各有优劣。分别规定,能明确区分各自的要件,有利于掌握、理解和运用,在引用条文的时候,会更贴切、更具体、更方便。

(2)很多法律人将对应善意取得的无权处分误解为包括两种情况:一是处分自己的权能受限制之物(如抵押物);二是以自己的名义无权处分他人之物。其实,动产善意取得是为解决"所有与占有相分离"时的交易安全问题,不动产善意取得是为解决"所有与登记相分离"时的交易安全问题。"处分自己的权能受限制之物",受让人要么不能取得,要么是正常取得,不可能善意取得。

与善意取得对应的无权处分,是指无权处分人以自己的名义处分占有的共有之物或他人之物。处分与他人共有之物,等于处分了他人享有的确定份额或潜在份额。按份共有,份额是确定的。共同共有,份额没有具体确定,这种份额称为潜在份额。处分他人之物,等于处分了他人之物百分之百的份额。

为减少误解,本条没有采纳传统的表述方法,而是通过条文确定了无权处分的内涵。本条的表述是立法技术的一种改进。

(3)无权代理人"处分"被代理人动产的,受让人不能善意取得①,转让人动产与占有分离,且代理人构成表见代理的,受让人可以善意取得。

①无权代理人以被代理人的名义,擅自"处分"占有的被代理人的动产,不属于本条所说的无权处分,受让人不能善意取得。张甲将自己的金星钢笔交付给李乙保管,李乙对王丙表示,这是张甲的钢笔,让我代理卖掉,双方以合理的价格成交,李乙将钢笔交付给王丙,王丙不能善意取得,因为动产善意取得是基于占有权利推定,本案是以张甲的名义出卖的(张甲是出卖人),被权利推定人是张甲,而李乙作为代理人应当"视为"占有辅助人(参见第3条)。

②被代理人占有自己的动产,代理人以被代理人的名义擅自"处分"的,不属于本条所说的无权处分。这种无权代理,不能表现出被代理人有处分的意思。

③被代理人占有自己的动产,代理人构成表见代理的,受让人的取得,为正常取得,不为善意取得。被代理人占有他人的动产,代理人构成表见代理的,受让人可以善意取得。

④从代理人占有被代理人动产的本身,并不能推定其享有代理权。

(4)本条规定的善意取得,是对占有委托物(占有移转物)的善意取得,受让人是终局取得。对占有脱离物的善意取得,本稿第10条作了专门规定。

①物权有追及性,受让人善意取得所有权的,原所有权人不得追回,丧失了物权,就不会有物权的追及性;若受让人没有善意取得所有权,所有权人自可追回。

②受让人善意取得所有权的,转让人(无权处分人)也不得请求返还。

(5)动产善意取得是占有的效力,但并不是善意占有的效力。善意占有是无权占有的一种,占有委托物的善意取得,转让人是有权占有,善意受让人对取得的动产是有权占有。善意占有在静态层面上,善意取得在动态层面上。

(6)动产善意取得的要件:

①转让人是无处分权人,同时是共有物或他人之物的占有人。无权处分是指未经授权处分占有的共有之物或他人之物。动产善意取得,一般情形是转让人占有委托物(占有移转物),特殊情形是转让人占有脱离物(占有丧失物),本条规定的是一般情形,第10条规定了特殊情形。

②受让人在交付时是善意的。

A. 善意的法律构成,是不知情且无重大过失。受让人的善意,一般持续一

---

① 无权代理人"处分"被代理人不动产的,受让人亦不能善意取得。

段时间,但立法没有必要对这个时间段进行规定,规定最后的时间节点则便于把握。对现实交付,善意的时间节点是在"交付时"。《物权法》第106条和第108条是在"受让时","交付"是指交付占有,比"受让"更具体、更准确。

B. 通过观念交付善意取得,对善意的时间节点有不同要求。简易交付的受让人在达成转让合意时,已经占有标的物,不发生现实交付,故无法规定"受让人在交付时为善意"。善意取得是现实占有的效力,占有改定和指示交付,须受让人在现实交付即取得占有时为善意。如果是正常取得(一般取得),在占有改定达成合意、指示交付通知送达时,受让人即取得动产所有权。单据交付须受让人在取物单据交付时为善意,即受让人取得对单据的占有时为善意。正常取得与善意取得,都在受让人取得对单据的占有时。

③以合理的对价转让。

A. "以合理的对价转让",是有偿的表现。善意取得要基于有偿合同,依据无偿行为不能善意取得。有偿行为,包括买卖、互易、代物清偿、合意抵销等。

B. "以合理的对价转让",不要求已经获得对价。比如,约定合理价格,不等于转让人已经取得了合理价款。受让人尚未付款或者只支付一部分款项的,不影响善意取得。受让人付款陷入迟延的,可令其承担违约责任。

C. 将《物权法》第106条第1款规定的以合理的"价格"转让,改为以合理的"对价"转让,是因为价格通常只是针对买卖而言,这样善意取得就会受到不合理的限制。比如,代物清偿的对价不是价款(价格),甲欠乙借款100万元,甲用为丙保管的钢材抵债,乙是可以善意取得的。次如,甲出卖给乙铝锭,将价款改为消费借贷,如果甲对铝锭是无权处分他人之物的话,乙可以善意取得。再如,以物易物也可存在善意取得问题,虽然可以用价格合理来解释,但不如对价贴切。还有,本稿第19条规定了准占有,需要参照本条对债权的准占有的移转而善意取得,债权准占有的移转是为了清偿债务,但不一定是清偿贷款债务。

④转让的动产已经交付给受让人。交付是指交付占有。动产善意取得,是动产"从占有到占有":首先,须先有转让人的占有,占有具有公信力,受让人依占有推定转让人有本权(这是善意的表现);其次,须转让人交付占有,受让人取得占有的同时,善意取得本权。

一物一占有,一个主物,若有一个从物,就有两个占有,若有两个从物,就有三个占有。从物应当随同主物交付,主物交付从物未交付的,对从物不能善意取得,因为,受让人对从物未取得占有。

(7)货币与货币债权。

①货币(现金)是有体物,是动产,是所有权的客体,处分他人的货币,受让人也是可以善意取得的。

②货币债权是请求给付一定数额货币的债权,货币为给付物。现代市场下的交易,往往不要求实际给付货币(现金),而采取给付货币债权的方法履行合同。给付货币债权,是一方当事人将对第三人(一般是银行)的债权转让给另一方当事人。比如,甲公司出售给乙公司煤炭,合同书上写明货款为100万元,同时注明了甲公司在银行的账号,这就明示乙应当通过转让方式对甲履行义务,即其应将对第三人的100万元债权转让给甲。如果合同书上没有注明甲的账号,按交易习惯乙也是应当以转让债权的方式履行合同义务。

③对货币(动产)是占有,对货币债权(财产权利)是准占有。本来应在本稿第9条第2款规定:"货币债权的善意取得参照第一款规定。"但考虑到可以善意取得的财产权利不只债权这一项,如果在此规定可能产生只有债权才能参照动产善意取得的误解,故未予以规定。依照本稿第19条准占有的规定,债权等财产权利可以参照本条(第9条)和第10条善意取得。

④为了保障货币、货币债权的流通性,这两类财产的善意取得,不受对价种类的限制。所谓对价种类,如移转货物的所有权作为对价、提供物的用益作为对价、提供劳务作为对价。货币、货币债权之对价,并不限于转让所有权。例如,债务人甲为偿还借贷给了债权人乙1万元,即便甲是无权处分,乙仍可善意取得。再如,丙欠丁劳务费,丙通过非法控制的戊的账号给丁转账5万元,丁仍可善意取得。

(8)观念交付与善意取得。

①简易交付的受让人为现实占有,可以善意取得。简易交付的占有权利推定,是对转让人过去占有的权利推定。

②占有改定的权利推定,是对转让人占有的权利推定,指示交付是对转让人过去占有的权利推定。

占有改定和指示交付本身,不能使受让人取得现实占有,因而受让人不能因占有改定和指示交付的本身而善意取得。占有改定之后,占有人再向受让人现实交付,受让人仍可善意取得。指示交付之后,占有人(第三人)再向受让人现实交付,受让人仍可现实取得。最高人民法院《关于适用〈中华人民共和国物权法〉若干问题的解释(一)》第18条认为指示交付本身可以善意取得,是不恰当的,"民法典"不应采纳这种观点。

③单据交付,是通过取物单据对转让人过去的占有进行权利推定。

(9)无权处分人,对原所有权人不但构成侵权责任,还可以构成不当得利返还责任,还可能构成违约责任,即可发生责任竞合。

(10)可以善意取得的其他动产物权,包括质权、留置权、动产抵押权。他物权的善意取得,也对应无权处分。

(11)对拾得物、盗赃物等禁止流通物①,受让人、承揽人等相对人仍可善意取得留置权。原因在于,留置权人的劳动已经融进标的物,有时留置权人的动产已经附合于标的物,而留置权优先受偿的部分,不超过自己"劳动"与付出"财产"之和。在本质上,留置权的优先受偿权,是针对"自己的财产"和"自己创造的财产价值"。故对留置权,应与质权区别对待。

(12)动产抵押权的善意取得,不以取得人(抵押权人)的占有为要件,但仍然要以抵押权的设立人(抵押人)的占有为要件,此是占有权利推定的基础,是抵押权人善意的基础。

动产抵押权的善意取得,以抵押权人取得登记为要件。换言之,未取得登记的,不能善意取得。不动产的善意取得是"从登记到登记";动产的善意取得是"从占有到占有";动产抵押权的善意取得是"从占有到登记"。

动产抵押权的设立,是登记对抗主义,不登记也生效,但不能对抗善意第三人②,但动产抵押权通过善意取得设立,不能采上述规则,因为:第一,未登记的动产抵押权,只不过是债权物权化的表现;第二,动产抵押人作为无处分权人,对其应当有更高的要求。

【案例模型】

(一)动产所有权善意取得

例1:甲的一个住人集装箱,交由乙保管,乙冒充自己的集装箱(欺诈),以合理的价格卖给善意的丙,乙把集装箱交付给丙后,丙善意取得了集装箱的所有权。

善意取得涉及三方当事人(如图示)。

---

① 《物权法》第109条规定:"拾得遗失物,应当返还权利人。拾得人应当及时通知权利人领取,或者送交公安等有关部门。"第113条规定:"遗失物自发布招领公告之日起六个月内无人认领的,归国家所有。"

② 《物权法》第188条规定:"以本法第一百八十条第一款第四项、第六项规定的财产或者第五项规定的正在建造的船舶、航空器抵押的,抵押权自抵押合同生效时设立;未经登记,不得对抗善意第三人。"条文中所说的抵押财产是动产。

(1)甲是所有权人、丧失占有的人。
(2)乙是无处分权人、转让人,占有委托物的人(有权占有人)。乙是以自己名义让与标的物的人。转让人一般是欺诈人,但也有的转让人将占有物误解为自己所有。
(3)乙与丙之间是有偿法律关系,包括买卖、互易、代物清偿、合意抵销等。
(4)丙是善意取得人。善意取得对应无权处分,正常取得对应有权处分。
(5)丙的善意取得,是终局取得。
(6)甲与丙之间,没有相对法律关系。

例2:张某受托保管李某的一头奶牛,张某冒充自己的牛对养殖公司折价出资,将牛交付给善意的养殖公司。养殖公司是否取得了这头牛的所有权?张某是否取得了股权?

在牛交付给养殖公司后,公司善意取得了这头牛的所有权,而张某取得股权。李某不能追回这头牛,也不得主张股权,李某只能追究张某的侵权责任、违约责任或不当得利责任。

例3:张甲和李乙合伙购买了一台爆米花机,一起在街头经营。到了淡季二人收摊,李乙将爆米花机拿回家保管。后王丙到李乙家串门,李乙以合理的价格卖给王丙。王丙在街头经营,张甲发现爆米花机被卖,遂要求王丙返还。

张甲与李乙一起经营时,对共有的爆米花机是共同占有,李乙拿回家保管,是单独占有,这是占有与所有脱离的一种现象。王丙善意取得了爆米花机。对占有委托物的善意取得,都是终局取得,张甲无权索回。

例4:甲的照相机借给了乙,乙冒充自己的照相机以1 000元的合理价格卖给了善意的丙。当天(1月1日)乙将照相机交付给丙,丙答应2月份付款。

丙在取得占有的同时,善意取得了照相机的所有权,是否交付对价款,不影响善意取得。

例5:时近中秋,甲公司搞福利,从乙食品公司购买了100张月饼票发给职工,张丙领到一张,因要出去游泳,将一堆细碎东西(包括这张月饼票)交给外单位的李丁保管,李丁外号马大哈,以为月饼票是自己单位发的,以合理的价格卖给善意的王戊。王戊持票到乙公司开的食品店领到一盒礼品装的月饼。

(1) 月饼票是无记名有价证券,王戊善意取得的,是月饼票,不是月饼。本条和第 18 条所说的取物单据是物权证券,本案,月饼票是债权证券,持票人对月饼并无所有权。

(2) 无记名证券是特殊动产,仅依交付而生让与效力,交付是指交付占有,王戊在取得占有时善意取得月饼票。

(3) 不能认定李丁对月饼票"占有即所有",李丁对月饼票是他物占有、有权占有、无权处分。

例 6:1 月 1 日,甲租给乙激光切割机一台,约定租期为 12 个月。至同年 7 月 1 日,甲、乙签订买卖合同,将该切割机出卖给乙。后发现,这台切割机是第三人丙交给甲修理的,甲冒充自己的卖给了乙,欺诈了乙。乙是否善意取得了这台切割机的所有权?

乙因简易交付善意取得了所有权。依简易交付能善意取得,是因为买受人取得了现实占有。

例 7:出卖人甲与买受人乙签订了买卖 1 台手扶拖拉机的合同,在乙到甲处取拖拉机的时候,甲又提出租用 3 天,乙同意。乙始料不及的是,这台拖拉机是第三人丙借给甲的,甲冒充自己的拖拉机卖给了乙,欺诈了乙。现丙要从甲处取走拖拉机,甲说乙已经善意取得了这台拖拉机,丙无权取走。

(1) 甲、乙约定了占有改定方式的交付,乙没有取得(现实)占有,不能善意取得。丙有权对甲主张回复占有。

(2) 如果甲租用时丙未主张权利,3 天期满,甲将拖拉机交付给乙,乙因取得现实占有而善意取得。

例 8:5 月 1 日,甲将一台小型机床交给乙有偿保管 1 年。同年 6 月 1 日,甲、丙签订了买卖合同,把机床出卖给了丙。甲在第二天(6 月 2 日)通知保管人乙:"此机床已经卖给丙,归他所有了,他来取机床时,请交给他。"丙在同月 5 日到乙处取了机床。后来发现这台机床是丁交给甲保管的,甲转交给乙保管后,又以自己的名义卖给善意的丙。请问:甲、丙之间为何种交付?丙是否取得了所有权?

甲、丙之间为指示交付。甲对乙通知的到达时间(6 月 2 日)为指示交付时间,此时,丙尚未取得现实占有,不能善意取得机床所有权,到同月 5 日,丙取得现实占有时,善意取得了所有权。

(二)动产质权、动产留置权、动产抵押权的善意取得

例1：甲从乙处借了一辆汽车,后甲因急需用钱,就伪造了全套手续证明汽车是自己的,质押给善意丙,借了一笔钱。后来,乙发现此事,请求丙归还汽车,丙则主张自己有质权,拒绝向乙归还。

丙善意取得了质权,对乙得主张占有抗辩权。

例2：周某卖给李某一个价值3万元的坤包。约定:坤包先交付,3个月内分期付清价金,每期1万元,3万元付清之前,李某不能取得所有权。李某付款1万元之后,将坤包质押给乔某。乔某并不知道实情。请问:乔某能否取得质权?

周某与李某虽然约定了所有权保留,但没有所有权保留公示的手段,因此不能对抗第三人。乔某不知实情,是善意的第三人,可以善意取得质权。李某如果将坤包卖给乔某,乔某也可以善意取得所有权。

例3：张甲把价值9万元的金表出质予李乙,为自己6万元的无利息债务作担保。李乙瞒着张甲,谎称金表是自己的,将金表出质予不知情的王丙,为自己的8万元无利息债务作担保。后李乙对王丙的债务到期,王丙为实现质权,把金表以10万元价格卖给了赵丁。此时张甲的债务清偿期也已经到了。请问:李乙对王丙是转质还是出质?赵丁能否得到该金表?

(1)李乙隐瞒了金表是质物的事实,对王丙是出质,不是转质,转质是在保留原质押法律关系的基础上,由质权人对第三人的再次质押。

(2)王丙善意取得了质权,对质物有权自助出卖,其对质物的出卖是有权处分,不是无权处分。赵丁能取得该金表的所有权,但其取得是一般取得(正常取得),不是善意取得。

例4：债务人甲与债权人乙约定,甲将一枚保存27年的安宫牛黄丸质押给乙,达成质押合意后,甲将该枚药丸交付给乙。到期甲无力履行债务,双方合意,甲将安宫牛黄丸以合理的价格折价给乙,以清偿债务。后第三人丙出面,证明该药丸是自己交给甲保存的,请求乙归还药丸。

若符合善意取得的条件,则乙先因现实交付善意取得质权,后因简易交付善意取得所有权。取得所有权时,由于质权与所有权的混同,质权消灭。不能支持丙的请求。

例 5：甲的一台除螨吸尘器被乙偷走，乙使用时发现故障，交给丙修理，后乙拒绝交付修理费。

尽管是盗赃物，丙仍可善意取得留置权。

例 6：甲公司把一套包装机设备（动产）出租给乙公司，乙公司冒充自己的设备抵押给丙公司，丙公司看见乙公司占有这套设备，就以为这是乙公司的，丙公司无重大过失。

如果办理了抵押登记，丙公司可善意取得对该设备的抵押权。

(三) 不属于善意取得或不能善意取得的情形

例 1：出卖人甲与买受人乙签订了试用买卖合同，将一台脱谷机交给乙试用。乙以自己的名义卖给了善意的丙（已交付），价格合理。丙是否为善意取得？

丙不是善意取得，是正常取得。

(1) 乙以自己的名义出卖，是以所有权人的名义出卖。对试用买卖来说，买受人对标的物法律上的处分或者事实上的处分，视为对标的物的认可，即视为同意购买。最高人民法院《关于审理买卖合同纠纷案件适用法律问题的解释》第41条规定："试用买卖的买受人在试用期内已经支付一部分价款的，人民法院应当认定买受人同意购买，但合同另有约定的除外。在试用期内，买受人对标的物实施了出卖、出租、设定担保物权等非试用行为的，人民法院应当认定买受人同意购买。"

(2) 乙因简易交付取得了这台脱谷机的所有权（本权）。丙不是善意取得，而是正常取得。

例 2：乙善意取得了一台电脑，要卖给丙。丙知道它原来是甲的，以为乙是无权处分，但觉得便宜就买下了，这时能说丙是恶意吗？

本案不存在善意、恶意的问题。丙是跟乙在交易，而不是与甲交易。乙善意取得了一台电脑，再卖给丙，不是无权处分，是有权处分。丙误以为乙是无权处分，不影响其取得所有权。不过丙是正常取得，不是善意取得。

例 3：甲把一个加湿器卖给乙，约定3天后交付，在第二天甲又卖给丙，一手交钱，一手交货。

一物双卖，不是本条所说的无权处分，丙是正常取得，不是善意取得。

例 4：乙把有名家签名的一本法律书抵押给甲，又卖给丙，交付之后,丙取得了书的所有权,但无论抵押是否登记,丙都不是善意取得。

(1)动产善意取得所对应的无权处分,是他物占有人以自己的名义处分他人之物,或者是共有人以自己的名义处分占有的共有物。

(2)第三人受让抵押物,无善意取得之可能。动产善意取得,解决的是占有与所有分离时的交易安全问题。抵押人与抵押物,并不发生占有与所有的分离。

(3)共有物由部分共有人占有,其他共有人脱离占有,也是占有与所有分离的一种现象。

例5:甲将一只名贵鹦鹉抵押给债权人乙,没有办理抵押登记,在抵押期间,甲将鹦鹉赠送给不知情的丙。丙能否取得鹦鹉的所有权,理由是什么?

(1)未登记的动产抵押权不能对抗善意第三人,丙取得鹦鹉的所有权,不是善意取得,是正常取得。

(2)丙取得所有权后,乙的抵押权消灭。若抵押经过登记,则丙知道或者应当知道,丙的鹦鹉上附有乙的抵押权。

(3)有人会以有偿才能善意取得的理由否认丙取得所有权,但本案不能以善意取得制度来考量。因为,动产善意取得,适用于占有与所有相分离的无权处分,本案不存在这种情形。

(4)《合同法》第74条就债权人撤销权规定:"因债务人放弃其到期债权或者无偿转让财产,对债权人造成损害的,债权人可以请求人民法院撤销债务人的行为。债务人以明显不合理的低价转让财产,对债权人造成损害,并且受让人知道该情形的,债权人也可以请求人民法院撤销债务人的行为。撤销权的行使范围以债权人的债权为限。债权人行使撤销权的必要费用,由债务人负担。"若符合上述规定,乙可以起诉请求撤销对丙的赠与。

例6:甲有一块纪念手表(机械表),乙借去把玩。后乙告诉甲手表丢了。甲、乙达成和解协议,由乙赔偿500元了事。再后,甲闲逛北京潘家园,在丙的店铺里发现一块手表与自己原有的手表是同一款式,就以2 000元的价格买下,聊补缺憾。后来手表"罢工",指针不走了。甲拿到超市门口的修理铺,修理工打开手表后盖,发现里面有小指甲大的纸片,上有隶书"忠心"二字。甲回忆起,这是自己亲自书写,放入手表中的。原来,丙是乙的朋友,乙将手表送给了丙。请问:甲无意之中把自己的手表买回,是否构成动产善意取得?

乙将手表赠送给丙为无权处分,因是无偿行为,丙不能善意取得,丙将手表出卖给甲,甲不是善意取得。

动产善意取得,是在取得现实占有的同时取得本权。甲将手表交付给乙,乙取得占有未取得所有权,乙将手表交付给丙,丙取得占有亦未取得所有权,丙将手表交付给甲,是移转占有,本权(所有权)还是甲的,未发生变动,只是本权与占有的合一,并不发生善意取得。对自己的动产不能善意取得,对自己的不动产当然也不能善意取得。

例 7:甲从乙处借来一个计算器,冒充自己的,以 60 元的合理价格出卖给善意的丙,丙 17 岁,可以善意取得。

受让人为限制行为能力人的,有两种情况:第一,能够认识自己行为的性质和后果的,可以善意取得;第二,不能认识自己行为的性质和后果的,须经监护人追认才可以善意取得。经监护人追认而善意取得的,自该限制行为能力人取得占有时,取得本权。

例 8:甲未经同意将乙的猎枪冒充为自己的,出卖给善意的市民丙,丙不是猎人。

甲既是无权处分,合同又有无效事由,猎枪只能在特定的主体之间流通,买卖合同因违反了效力性强行性规定而无效,丙不能善意取得。

【理论阐释】

一、动产善意取得规定在"占有与本权章"的理由

(一)动产善意取得建立在占有公信力的前提之下

我国《物权法》将动产善意取得与不动产善意取得规定在同一个条文里(第106条)。有学者分析了其优劣:"善意取得制度统一适用于动产物权和不动产物权,便于说明公示的公信力制度和善意取得制度之间的相互关系。公示的公信力制度是善意取得制度得以建立和存在的逻辑前提及技术前提,善意取得制度则是公信力的必然结果,是公信力落实的具体体现之一。"[①]"站在立法论的立场上,《物权法》将动产物权的善意取得和不动产的善意取得统一规定在同一个条文,极易模糊两者的差异,似有斟酌的余地。未来修法或制定新法时,宜分别

---

① 崔建远:《物权法》,中国人民大学出版社 2011 年版,第 70—71 页。

规定,且明晰地规定两者在构成要件及举证责任方面的不同。"①

笔者认为,对不动产善意取得与动产善意取得分别予以规定的基础,是不动产登记的公信力与动产占有的公信力的不同。前者以登记表彰权利,后者以占有表彰权利。

不动产的善意取得,解决"登记"与"所有"分离时的交易安全问题。动产的善意取得,解决"占有"与"所有"分离时的交易安全问题。它们有共性,也有各自的特性,分别予以规定,可以更好地展现它们的特性和要件。

（二）动产善意取得,需要"两端"占有公信力

动产善意取得是占有的效力,是"从占有到占有"的过程,即是以交付方式（动产物权变动的公示方式）,从转让人的占有移转到受让人占有的过程。对这种两端都具备权利表征的要求,笔者称为"两端"占有公信力,前端是转让人占有的公信力,后端是受让人的公信力。前端公信力,是为满足占有权利推定的要求。② 要求后端发生公信力,一是为满足动产物权变动的公示要件③;二是为了动产继续流转,能够进行新的占有权利推定,宏观上看,受让人并不等于终极消费者。

从两端公信力的角度看,动产善意取得放在笔者所设计的"占有与本权"一章,应是恰当的。总而言之,动产善意取得与占有的流转密不可分。

二、动产善意取得不是善意占有的效力

一般认为,动产善意取得是善意占有的效力之一。④ 王泽鉴教授认为,一方面动产善意取得,以善意受让占有为要件;另一方面,又把善意取得归入善意占

---

① 崔建远:《物权:规范与学说——以中国物权法的解释论为中心》（上册）,清华大学出版社2011年版,第234页。

② 善意取得之理论基础,乃系来自交易安全之保护与占有之公信力（信赖保护原则之权利外观）。而占有之公信力系源于占有之表彰本权机能。动产即以占有为其物权公示方法,占有即具有权利之外观,则信赖这种公示方法（外观）所表现之物权状态,而与动产交易之第三人,自应受法律之保护,亦即纵占有人之动产无处分权,该第三人仍取得该动产物权,是动产物权之善意取得实系承认占有公信力之直接规定。又此项占有之公信力系指让与人之动产占有,而非受让人之占有。参见谢在全:《民法物权论》（下册）,中国政法大学出版社2011年版,第1180页。

③ 参见《物权法》第6条、第23条。

④ 参见曹杰:《中国民法物权论》,中国方正出版社2004年版,第231页;史尚宽:《物权法论》,中国政法大学出版社2000年版,第540页;〔日〕我妻荣:《新订物权法》,有泉亨补订,罗丽译,中国法制出版社2008年版,第485页;〔日〕田山辉明:《物权法》,陆庆胜译,法律出版社2001年版,第121页;刘智慧:《占有制度原理》,中国人民大学出版社2007年版,第140页。

有的范畴之中。① 谢在全教授在阐释"善意占有与恶意占有"的分类时指出,在动产之善意取得,以善意受让占有为要件②,在阐释"无瑕疵占有与有瑕疵占有"的分类时指出,这种分类在取得时效与善意取得之要件上更表现其实益。③"无瑕疵占有与有瑕疵占有"是无权占有的分类。可以看出,谢在全教授认为动产善意取得人的占有,是无权占有中的无瑕疵占有。

其实,动产善意取得与善意占有是不同范畴。④ 善意占有是无权占有的一种,是善意无权占有的简称。动产善意取得人在取得占有的同时,也取得了本权,即是说,动产善意取得人的占有,是有权占有。动产善意取得,是对善意受让人占有的保护,善意取得是占有的效力,是指善意取得人占有的效力。

(1)"善意受让占有",是受让占有时的主观状态,是对转让人占有的信任,其基础是占有权利推定。"善意受让占有"是误以为让与人(对方)有占有之本权,"善意占有"是误以为自己有本权。

(2)与动产善意取得人对应的转让人,一般情形是占有委托物(占有移转物)的人,即转让人一般由于所有权人的交付而取得占有,这是有权占有,与善意占有无关;特殊情形是转让人占有脱离物(占有丧失物),这是无权占有,但也不一定是善意占有,也可能是恶意占有,受让人善意取得(参见第10条),也是善意取得本权,受让人的占有也是有权占有。

(3)动产善意取得,是"从占有到占有",即从转让人的占有,移转到受让人的占有。转让人的占有都是他物占有,善意取得人的占有都是自物占有。

三、动产善意取得的要件

依法律行为取得物的所有权,分为正常取得和善意取得。正常取得也称为一般取得,是相对于善意取得而言的。这种取得符合法律规定的一般要件。善意取得则须符合法律规定的特别要件。

(一)转让人是无权处分人、共有物占有人或他人之物占有人

动产善意取得中的转让人,是无处分权人,是以自己的名义有偿转让共有之物或他人之物的人,是共有物占有人或他物占有人。

---

① 参见王泽鉴:《民法物权》,北京大学出版社 2010 年版,第 429 页。
② 参见谢在全:《民法物权论》(下册),中国政法大学出版社 2011 年版,第 1149、1150 页。
③ 同上注。
④ 参见隋彭生:《动产善意取得与善意占有之比较——动产善意取得不是善意占有的效力》,载隋彭生:《民法新角度——"用益债权原论"阶段性成果》,北京大学出版社 2012 年版,第 254—262 页。

1. 转让人是无权处分人

(1)概述。处分是指直接导致物权变动的行为。导致相对人善意取得的无权处分,是指转让人"以自己的名义处分他人的财产",处分共有的财产,也包含处分他人财产。因为共有财产,有他人的确定份额(按份共有)或潜在份额(共同共有)。无权处分经常伴随着转让人对受让人的欺诈,也有转让人误以为占有物是自己之物的情形。

"以自己的名义处分自己的财产",受让人不能善意取得。例如,甲以自己的财产为乙设立了抵押权,未经乙同意又出卖给丙,受让人丙取得财产所有权,是正常取得,与善意取得无关。

(2)无权处分与表见代理的区别。①无处分权人与表见代理人都具有权利的外观。前者披着"所有权人"的外衣,后者披着"有权代理人"的外衣。对无权处分人,通过占有权利推定,推定其有本权;对表见代理,通过授权文书等,推定代理人有代理权。②无处分权人以自己的名义签订合同,表见代理人以被代理人的名义签订合同。③无权处分人欲使处分的对价归属于自己,表见代理人欲使代理的后果归属于被代理人。④无权处分,可导致受让人善意取得;因表见代理签订合同,不产生善意取得的问题。

2. 转让人是共有物占有人或他人之物占有人

无权处分的转让人是他物占有人或共有物的占有人,没有例外。动产善意取得制度的设计,是为保护动产与占有相分离时的交易安全。他物占有,所有权人脱离占有。共有物由一人或数人占有,其他共有人脱离占有,是动产与占有相分离的一种情形。

他物占有又分为占有委托物及占有脱离物两种情形。一人或数人占有共有物,其他共有人不占有的,视为占有委托物。

(1)一般情形,转让人是占有委托物的人。占有委托物,也称为占有移转物,是指基于原占有人的意思而占有的物。占有委托物,一般是基于他人交付而占有的物,如基于保管合同、委托合同、租赁合同等合同而占有的物,是占有委托物。转让人是无权处分人,但对占有委托物,却是有权占有。

(2)特殊情形,转让人是占有脱离物的人。占有脱离物,也称为占有丧失物,是指盗赃物、遗失物及其他非基于原占有人之意思而丧失占有的物。让与占有脱离物,受让人也可以善意取得(参见第10条)。

(二)受让人取得该动产占有时不知情且无重大过失

善意取得,要求受让人须为善意,善意的法律构成(内容)为不知情且无重大过失。如果规定为"善意为不知情且无过失",则过苛善意取得制度是对交易安全、交易效率的保护制度,它的核心,是对受让人的信赖加以保护,这种信赖,是对转让人占有的信赖,即动产受让人之善意,成立的基础是受让人对转让人的占有权利的推定。

取得占有之后,受让人了解了庐山真面目,知道转让人是无权处分,这并不影响善意取得。

(三)约定了合理的对价

所有权善意取得的要件之一,是约定了合理对价。善意取得的制度是交易制度,交易的双方不仅为不同的法律主体①,还须双方实施的是有偿行为,依据无偿行为不能善意取得。有偿行为是有对价的行为,包括买卖、互易、代物清偿等。

价格是以货币衡量或表现的,而货币也是可以善意取得的。货币(纸币、金属币)是民法上的物,是动产,是种类物。"货币占有即所有",在善意取得的语境下,对让与货币的一方解释为占有权利推定才能说得通。对货币的占有也有自物占有和他物占有两种情况。让与人对货币是他物占有时,才构成无权处分,才存在受让人善意取得问题。

约定合理的价格,不等于转让人已经获得了价款或其他对价,也就是说,只要约定了合理价格,就满足了有偿取得的要件。以付款为例,在转让人先交付动产、受让人后付款以及分期付款的情况下,受让人都可以善意取得。

价格是否合理,也是判断受让人是否为善意的一个标准。如果价格过于低廉,依一般社会经验或专业知识应当引起合理怀疑的,应认定受让人为非善意。

依无偿合同(非交易合同)不能善意取得所有权。质押合同和动产抵押合同是无偿合同、单务合同,合同本身没有对价,为什么能善意取得质权和抵押权呢?因为,质押合同、抵押合同是从合同,它们担保的主合同是有偿合同、有对价的合同(交易合同)。留置是法定担保方式,也是对交易的担保,故也可善意取得。

(四)转让的动产已经交付给受让人

1. 受让人取得现实占有,才能善意取得

受让人取得现实占有,才能善意取得。因为这才能满足动产物权变动的公示要件。《物权法》第6条规定的物权变动的公示原则,是规范民事法律行为致

---

① 动产所有权善意取得制度在于保护交易安全,须限于交易行为。交易行为,是指让与人和受让人在法律或经济上非属于同一主体。如甲公司与乙公司合并为丙公司,而移转属于甲公司的动产于丙公司时,因主体同一,不具交易行为的性质,无适用善意取得规定的余地。参见王泽鉴:《民法物权》,北京大学出版社2010年版,第467页。

物权变动的原则,并不规范非民事法律行为(事实行为、事件、判决、行政行为等)导致的物权变动。① 而交付,是双方法律行为,是受让人取得现实占有的双方法律行为,无处分权人对受让人的交付,也是双方法律行为,这种交付致物权变动,还须同时具备其他要件(如善意、约定合理对价)。

善意取得的受让人取得的是现实占有,但该现实占有并不是直接占有(他物占有),直接占有对应间接占有,善意取得人的占有,不对应间接占有,是自物占有。也就是说,善意取得人在取得对动产占有的同时,取得所有权。

从物是独立于主物的物,对从物的善意取得,亦须交付,即受让人亦须取得占有。

2. 简易交付,受让人可以善意取得

简易交付是观念交付之一种,是向对方移转本权或者为对方设立本权(设质)的合意。简易交付可以使受让人善意取得动产所有权,也可以使受让人善意取得质权。

简易交付的受让人处在现实占有的状态,在简易交付前,其与让与人之间存在占有媒介关系。受让人善意取得动产所有权的,占有媒介关系消灭。受让人善意取得质权的,占有媒介关系不一定消灭。比如,甲将某动产交给乙保管,乙冒充为自己的物出租给丙,后又以简易交付的方式,将该动产质押给不知情的丙,丙善意取得质权后,与乙之间仍然存在占有媒介关系。

在简易交付,受让人的占有权利推定,是对转让人过去占有的权利推定,比如,甲将为他人保管的某动产出租给乙,乙愿意承租,是因为相信甲有所有权(占有权利推定),在现实交付后,甲与乙又达成买卖协议,约定甲将该动产出卖给善意的乙,乙善意取得的该动产的所有权,乙的善意,是对甲过去的占有的善意。

所有权的取得方式有原始取得和继受取得两种。善意取得是按法律直接规定而取得,依通说是原始取得。在动产善意取得,受让人的占有,是因交付而得,是继受取得,受让人的本权是原始取得,转让人并不能向受让人移转本权,因为他没有这种本权。

---

① 《物权法》第6条规定:"不动产物权的设立、变更、转让和消灭,应当依照法律规定登记。动产物权的设立和转让,应当依照法律规定交付。"第23条规定:"动产物权的设立和转让,自交付时发生效力,但法律另有规定的除外。"第28条规定:"因人民法院、仲裁委员会的法律文书或者人民政府的征收决定等,导致物权设立、变更、转让或者消灭的,自法律文书或者人民政府的征收决定等生效时发生效力。"第29条规定:"因继承或者受遗赠取得物权的,自继承或者受遗赠开始时发生效力。"第30条规定:"因合法建造、拆除房屋等事实行为设立或者消灭物权的,自事实行为成就时发生效力。"

3. 依占有改定、指示交付之后的现实交付，受让人可以善意取得

（1）依占有改定之后的现实交付，受让人可以善意取得。占有改定，是观念交付之一种，是转让人（占有人）向受让人移转本权的双方法律行为。观念交付是"占有不动，本权动"，依占有改定的方式交付，受让人未取得占有，也不能善意取得本权。因为，受让人没有取得现实占有，不符合动产物权变动的公示方式。

在占有改定之后，转让人对受让人又为现实交付，则受让人可以善意取得。例如，甲将他人之动产冒充自己的，出卖给不知情的乙，到了提货期（1月1日），乙要求甲保管几天，说在1月6日提货，甲同意。在1月1日，甲并未因占有改定将本权移转给乙，在1月6日，因现实交付，乙善意取得该动产的所有权（本权）。乙的占有权利推定，是依据甲的现实占有，乙受动产善意取得的法律保护，是因为乙取得了现实占有。

这里出现一个例外：在一般情况下，仅依占有改定的观念交付方式，受让人就可以取得本权；在转让人为无权处分的情况下，须再由其向受让人现实交付，才能满足善意取得的要件。占有改定与现实交付有一个时间差，有一个空窗期。

（2）依指示交付之后的现实交付，受让人可以善意取得。指示交付，是观念交付之一种，交付的不是占有，而是本权。指示交付的转让人与受让人之间，是移转本权的双方法律行为，除此之外，转让人还要通知占有动产的第三人，在通知送达时，本权移转给受让人。

在转让人无权处分的场合，仅依照指示交付本身，受让人不能善意取得。首先受让人对转让人过去的占有进行权利推定，以满足善意的要件，又由于第三人向受让人的现实交付，则受让人可以善意取得本权。例如，甲将动产无偿交付给乙使用，在乙占有期间，甲又与丙达成买卖合意。如果甲是有权处分，则其脱离占有的本权（即间接占有）移转给丙；如果甲是无权处分，则丙因未取得现实占有，不能善意取得本权。在乙将该动产现实交付给丙，丙才可以善意取得。

在一般情形下，指示交付+通知，受让人即可取得本权，但善意取得保护的是受让人的占有，宜规定在受让人取得占有的同时，取得本权。占有改定与现实交付有一个时间差，有一个空窗期，指示交付也可以有，也应该有。有学者在谈到动产善意取得时指出，为使交易安全之动态保护与所有权之静态保护间取得平衡，宜认为让与返还请求权以代交付之情形，受让人需取得动产之直接占有，方取得其所有权。①

---

① 参见陈自强：《"民法"第948条动产善意取得之检讨》，载苏永钦主编：《民法争议问题研究》，清华大学出版社2004年版，第256页。

最高人民法院《关于适用〈中华人民共和国物权法〉若干问题的解释（一）》第18条认为，指示交付本身可以善意取得，值得商榷。民法典的立法，不应采纳上述第18条的观点。观念交付作为替代现实交付的方式，应当有所节制。

4. 对单据交付的特殊规定

单据交付，是指通过对取物单据的交付，转让动产物权。本稿第9条第3款中规定，"单据交付须受让人在取物单据交付时为善意"。本稿第18条第4款规定："转让由第三人占有的动产物权，转让人将第三人出具的取物单据交付给受让人时发生效力。"单据交付是一种特殊的指示交付，取物单据是本权的表彰物，交付单据后本权移转给受让人，占有回复请求权是本权的效力，受让人有权向占有动产的第三人请求回复对动产的占有。

四、善意取得后，原所有权人与转让人、受让人之间的法律关系

（一）原所有权人与转让人之间的法律关系

"原所有人因丧失所有权，对于让与人可就下列权利择一行使之：①双方当事人间如原有债权关系存在时，如使用借贷、租赁、寄托，可依债务不履行之规定请求损害赔偿；②无权处分其所有物乃侵害其所有权，可依侵权行为之法请求损害赔偿；③让与人如为有偿处分，因让与人基于有偿行为（如买卖契约）取得受让人所支付之对价（如价金或其请求权），构成不当得利，故原所有人得依不当得利之规定请求返还所受之利益。"[①]也就是说，转让人无权处分所有人之物，在转让人与原所有权人之间，可构成合同责任法律关系、侵权责任法律关系、不当得利责任法律关系，也可构成法律关系的竞合。

第三人善意取得后，除有特殊规定外，取得人是终局取得，原所有权人与善意取得人之间不存在相对法律关系。

（二）原所有权人与受让人之间的法律关系

对善意取得占有委托物与善意取得占有脱离物采不同立法政策。

1. 善意取得占有委托物为终局取得

受让人善意取得占有委托物为终局取得，原所有权人不得请求取得人返还原物。有学者指出："在所有人依其意思使让与人占有其物的情形，所有人自己创造了一个可使第三人信赖的状态，对交易安全产生危险性，理应承担其物被无权处分的不利益。"[②]关于请求善意取得人原物返还的限制规则是历史形成的，

[①] 谢在全：《民法物权论》（上册），中国政法大学出版社2011年版，第282页。
[②] 王泽鉴：《民法物权》，北京大学出版社2010年版，第476页。

还在中世纪的日耳曼法中就建立了"Hand Muss Hand wahren"(应当手手相扶，而非相互掣肘)的原则。换言之，如果所有权人"一只手"将自己之物交给一个人使用、保管等，而这个占有人之后不合法地将其转让给了第三人，则他只能向第一个合同相对人提起相应的诉讼(另一只手)，而不能向物之取得人提起。显然，这一规则有助于保护日益发展的财产流转参加人的利益。① 总而言之，对占有委托物，所有权人应当承担被第三人善意取得的风险。

对占有脱离物，所有权人或其他权利人是被动脱离占有的，为保护交易安全，仍规定第三人可以善意取得，但对所有权人或其他权利人应有特别保护，即应规定权利人返还物的请求权(参见第 10 条)。

2. 善意取得占有脱离物的特别规定

民法是平衡的艺术。转让人占有脱离物，如遗失物、盗赃物等，原所有权人或其他占有人并没有基于自己的意思对转让人让渡占有，应当给予法律上的一定优惠，准其在一定期间内(二年内)对受让人善意取得之物请求返还。因已经被受让人善意取得，故其返还请求权是债权请求权，为保障货币、无记名有价证券的流通性，这两类特殊的动产不得请求返还。请求返还原物分为无偿请求返还和有偿请求返还。受让人通过拍卖或者向具有经营资格的经营者购得的，应当有偿回赎，以保护人们对公开市场的信赖(参见第 10 条)。

(三)关于回首取得

所谓回首取得，即无权处分人将动产转让给善意受让人之后，再次取得该动产。例如，甲将他人的寄存物转让给善意受让人乙，再从乙处购回；或者乙将物再次转让，后辗转为甲购得。基于善意取得的终局性，善意受让人乙及其后手转让动产的行为均属于有权处分。依此逻辑推论，似应允许原无权处分人甲取得动产所有权。但考虑到善意取得制度的目的，在于保护善意受让人的利益、维护交易安全，而对于无权处分人并无保护的必要。因此，应当肯定无权处分人不能通过回首取得而获得动产之所有权。②

无权处分人分为恶意和善意两种③，笔者认为应当区分对待。

(1)恶意的无权处分，是知道自己没有处分权，仍然对标的物予以处分的行

---

① 参见〔俄〕E. A. 苏哈诺夫主编：《俄罗斯民法》(第 2 册)，王志华、李国强译，中国政法大学出版社 2011 年版，第 567、568 页。

② 参见梁慧星主持：《中国民法典草案建议稿附理由·物权编》，法律出版社 2004 年版，第 159 页。

③ 恶意的无权处分、善意的无权处分与恶意占有和善意占有不同。恶意占有与善意占有都是无权占有，而无权处分人对占有委托物是有权占有，对占有脱离物是无权占有。

为。相对于受让人,是一种欺诈。无权处分人在出卖后再购回,相当于"洗钱",法律自不能支持这种违法行为。

无权处分人回购并取得动产的占有后,在解释上,原所有权人是依据所有权请求返还回购动产,还是按不当得利请求返还回购动产?笔者认为,应认定恶意转让人回购的法律效果转归"原所有权人",即在效果上视为原所有权人回复所有权,其可依据所有权请求恶意无权处分人返还占有物。"视为",是民法的一种技术手段,为什么用"视为"的技术手段呢?因为恶意让与人回购的,善意取得人仍保有所有权,因其有出让行为,在恶意让与人、善意取得人和原所有权人三者中,应优先保护原所有权人。

(2)善意的无权处分,是误以为自己是有权处分。比如,把他人动产误当做自己的物出卖。笔者认为,应认定其购回取得了动产所有权,但仍要优先保护原所有权人的利益,允许原所有权人按不当得利请求返还原物。依所有权请求返还原物,是请求返还占有,依不当得利请求返还,一般是请求返还所有权。这里所说的原所有权人请求返还,是债权人请求返还所有权。

五、动产善意取得与不动产善意取得的比较

(一)动产善意取得,针对"占有与所有分离";不动产善意取得,针对"登记与所有分离"

(1)动产善意取得之转让人,是无处分权人,是以自己的名义处分共有之物或他人之物的人。动产善意取得,是针对"占有与所有的分离"。所有权人对动产的处分权能受到限制,不属于"动产与占有分离"的情况,受让人如果取得所有权,也是正常取得,不是善意取得。比如以下三种情况,丙不能善意取得,但可以正常取得:①甲将抵押给乙的物卖给丙。②甲、乙约定,甲之物不能卖给丙,甲卖给了丙。③甲卖给乙物,约定乙不得转卖给丙,乙转卖给丙。

(2)不动产善意取得之转让人,当然也是无处分权人,也是以自己的名义处分共有之物或他人之物。不动产善意取得,是针对"登记与所有的分离"。所有权人对不动产的处分权能受到限制,不属于"不动产与所有分离"的情况,受让人如果取得所有权,也是正常取得,不是善意取得。例如,张甲找了两个群众演员装作自己的父母,到公证处办理了授权张甲代理父母出售房屋的公证,张甲将父母的房屋出卖给李乙。李乙并不能善意取得,因为本案并不存在"登记与所有分离"的现象,需要讨论和认定的,只是张甲能否构成表见代理。

(二)动产善意取得是"从占有到占有",不动产善意取得是"从登记到登记"

(1)动产善意取得是"从占有到占有",是指动产善意取得的过程中存在两

个占有。第一个占有,是转让人的占有,这是对共有动产或他人动产的占有,此占有,是受让人进行占有权利推定的基础。第二个占有,是受让人的占有,受让人通过取得占有,而取得本权。在观念交付时,前后两端的占有,有所变通。

(2)不动产善意取得是"从登记到登记",是指不动产善意取得过程中,存在两个登记:第一个登记,是转让人的登记(共有人之不动产或他人之不动产登记在转让人名下),此登记,是受让人进行登记权利推定的基础;第二个登记,是受让人的登记,受让人通过取得登记(过户登记、所有权变更登记)而取得本权。

【立法例】

《中华人民共和国物权法》

第106条 无处分权人将不动产或者动产转让给受让人的,所有权人有权追回;除法律另有规定外,符合下列情形的,受让人取得该不动产或者动产的所有权:

(一)受让人受让该不动产或者动产时是善意的;

(二)以合理的价格转让;

(三)转让的不动产或者动产依照法律规定应当登记的已经登记,不需要登记的已经交付给受让人。

受让人依照前款规定取得不动产或者动产的所有权的,原所有权人有权向无处分权人请求赔偿损失。

当事人善意取得其他物权的,参照前两款规定。

最高人民法院《关于适用〈中华人民共和国物权法〉若干问题的解释(一)》

第15条 受让人受让不动产或者动产时,不知道转让人无处分权,且无重大过失的,应当认定受让人为善意。

真实权利人主张受让人不构成善意的,应当承担举证证明责任。

第17条 受让人受让动产时,交易的对象、场所或者时机等不符合交易习惯的,应当认定受让人具有重大过失。

第18条 物权法第一百零六条第一款第一项所称的"受让人受让该不动产或者动产时",是指依法完成不动产物权转移登记或者动产交付之时。

当事人以物权法第二十五条规定的方式交付动产的,转让动产法律行为生效时为动产交付之时;当事人以物权法第二十六条规定的方式交付动产的,转让人与受让人之间有关转让返还原物请求权的协议生效时为动产交付之时。

法律对不动产、动产物权的设立另有规定的,应当按照法律规定的时间认定权利人是否为善意。

第19条　物权法第一百零六条第一款第二项所称"合理的价格",应当根据转让标的物的性质、数量以及付款方式等具体情况,参考转让时交易地市场价格以及交易习惯等因素综合认定。

第20条　转让人将物权法第二十四条规定的船舶、航空器和机动车等交付给受让人的,应当认定符合物权法第一百零六条第一款第三项规定的善意取得的条件。

第21条　具有下列情形之一,受让人主张根据物权法第一百零六条规定取得所有权的,不予支持:

(一)转让合同因违反合同法第五十二条规定被认定无效;

(二)转让合同因受让人存在欺诈、胁迫或者乘人之危等法定事由被撤销。

最高人民法院《关于适用〈中华人民共和国担保法〉若干问题的解释》

第84条　出质人以其不具有所有权但合法占有的动产出质的,不知出质人无处分权的质权人行使质权后,因此给动产所有人造成损失的,由出质人承担赔偿责任。

第108条　债权人合法占有债务人交付的动产时,不知债务人无处分该动产的权利,债权人可以按照担保法第八十二条的规定行使留置权。

最高人民法院《关于适用〈中华人民共和国公司法〉若干问题的规定(三)》

第7条　出资人以不享有处分权的财产出资,当事人之间对于出资行为效力产生争议的,人民法院可以参照物权法第一百零六条的规定予以认定。

以贪污、受贿、侵占、挪用等违法犯罪所得的货币出资后取得股权的,对违法犯罪行为予以追究、处罚时,应当采取拍卖或者变卖的方式处置其股权。

第25条　名义股东将登记于其名下的股权转让、质押或者以其他方式处分,实际出资人以其对于股权享有实际权利为由,请求认定处分股权行为无效的,人民法院可以参照物权法第一百零六条的规定处理。

名义股东处分股权造成实际出资人损失,实际出资人请求名义股东承担赔偿责任的,人民法院应予支持。

第27条　股权转让后尚未向公司登记机关办理变更登记,原股东将仍登记于其名下的股权转让、质押或者以其他方式处分,受让股东以其对于股权享有实际权利为由,请求认定处分股权行为无效的,人民法院可以参照物权法第一百零六条的规定处理。

原股东处分股权造成受让股东损失,受让股东请求原股东承担赔偿责任、对于未及时办理变更登记有过错的董事、高级管理人员或者实际控制人承担相应责任的,人民法院应予支持;受让股东对于未及时办理变更登记也有过错的,可以适当减轻上述董事、高级管理人员或者实际控制人的责任。

最高人民法院《关于审理融资租赁合同纠纷案件适用法律问题的解释》

第9条　承租人或者租赁物的实际使用人,未经出租人同意转让租赁物或者在租赁物上设立其他物权,第三人依据物权法第一百零六条的规定取得租赁物的所有权或者其他物权,出租人主张第三人物权权利不成立的,人民法院不予支持,但有下列情形之一的除外:

(一)出租人已在租赁物的显著位置作出标识,第三人在与承租人交易时知道或者应当知道该物为租赁物的;

(二)出租人授权承租人将租赁物抵押给出租人并在登记机关依法办理抵押权登记的;

(三)第三人与承租人交易时,未按照法律、行政法规、行业或者地区主管部门的规定在相应机构进行融资租赁交易查询的;

(四)出租人有证据证明第三人知道或者应当知道交易标的物为租赁物的其他情形。

最高人民法院《关于审理技术合同纠纷案件适用法律若干问题的解释》

第12条　根据合同法第三百二十九条的规定,侵害他人技术秘密的技术合同被确认无效后,除法律、行政法规另有规定的以外,善意取得该技术秘密的一方当事人可以在其取得时效的范围内继续使用该技术秘密,但应当向权利人支付合理的使用费并承担保密义务。

当事人双方恶意串通或者一方知道或者应当知道另一方侵权仍与其订立或者履行合同的,属于共同侵权,人民法院应当判令侵权人承担连带赔偿责任和保密义务,因此取得技术秘密的当事人不得继续使用该技术秘密。①

我国台湾地区"民法"

第801条[动产所有权之善意取得]　动产之受让人占有动产,而受关于占有规定之保护者,纵让与人无移转所有权之权利,受让人仍取得其所有权。

第948条[动产物权善意取得之要件及限制]　以动产所有权,或其他物权之移转或设定为目的,而善意受让该动产之占有者,纵其让与人无让与之权利,其占有仍受法律之保护。但受让人明知或因重大过失而不知让与人无让与之权利者,不在此限。

动产占有之受让,系依第七百六十一条第二项规定为之者,以受让人受现实

---

① 《合同法》第329条规定:"非法垄断技术、妨碍技术进步或者侵害他人技术成果的技术合同无效。"

交付且交付时善意为限,始受前项规定之保护。①

《德国民法典》

第929条[合意与交付] 1. 为让与动产所有权必须由所有权人将物交付于受让人,并就所有权的移转由双方达成合意。

2. 如受让人已经占有此动产者,仅须让与所有权的合意,即生效力。

第930条[占有改定] 所有人占有动产的,让与得通过所有人与受让人间约定法律关系使受让人取得间接占有,以代替交付。

第931条[让与返还请求权] 物由第三人占有时,所有人得以对于第三人的返还请求权让与受让人,以代替交付。

第932条[从无权利人处的善意取得] 1.(1)物即使不属于出让人,受让人也可以因第九百二十九条规定的让与成为所有权人,但在其根据上述规定取得所有权的当时非出于善意的除外。(2)在第九百二十九条第二款规定的情况下,仅在受让人从出让人处取得占有时,始适用本款规定。

2. 受让人明知或者因重大过失不知物不属于出让人的,视为受让人非出于善意。

第933条[占有改定时的善意取得] 根据第九百三十条的规定出让的物不属于出让人的,在出让人将物交付于受让人时,受让人成为所有权人,但其在当时非出于善意的除外。

第934条[返还请求权让与时的善意取得] 根据第九百三十一条让与物不属于让与人,如让与人为物的间接占有人,受让人在向其让与请求权时,成为所有人,或者在其他情形下,受让人从第三人取得物的占有时,成为所有人,但受让人于让与或取得占有的当时并非善意者除外。

第935条[丢失的物无善意取得] 1.(1)从所有人处盗窃的物、由所有人遗失或因其他方式丢失的物,不存在基于第九百三十二条至第九百三十四条的规定而取得所有权。(2)所有权人仅为间接占有时,物为占有人所丢失者,亦同。

2. 对金钱、无记名证券以及公开拍卖方式让与的物,不适用前款规定。

《瑞士民法典》

第714条[占有的移转] (一)动产所有权的移转,应当移转占有。

(二)以善意将动产移转为自己所有,并受占有规定保护的,即使该动产的让与人无此转让权,该善意占有人仍取得该动产的所有权。

第933条[因善意受让] 凡以善意受让动产所有权或有限物权的人,即使

---

① 第761条第2项是对占有改定的规定。

让与人未被授予转让权,亦应保护受让人取得该动产的事实。

《日本民法典》

第 192 条［即时取得］ 平稳而公然地开始占有动产者,如系善意且无过失,则即时取得行使于动产上的权利。

《韩国民法典》

第 249 条［善意取得］ 和平、公然受让动产,善意且无过失占有该动产时,让与人即使为非正当所有人,亦立即取得该动产所有权。

第十条 【占有脱离物善意取得的特别规定】

受让的动产是遗失物、盗赃物或其他非基于所有权人、其他权利人的意思而丧失占有的动产,权利人自丧失占有之日起二年内,可以向善意取得人请求返还原物,货币、无记名有价证券除外。

第一款权利人请求返还的原物,是受让人通过拍卖或者向具有经营资格的经营者购得的,权利人应当支付受让人所付的费用。

所有权人和其他权利人都请求返还原物的,参照第四条第二款、第五条第二款的规定。

对善意取得的货币债权,不得请求返还。

【说明】

(一)占有脱离物的善意取得及请求返还

(1)本条对占有脱离物(占有丧失物)的善意取得作了特别规定。遗失物、盗赃物、侵夺物等,是本条调整的占有脱离物。占有脱离物,是非基于权利人的意思而脱离占有的物。

(2)对占有脱离物的善意取得,应具备善意取得的一般要件(参见第9条)。动产是交易频繁的物,承认占有脱离物的善意取得,是为了保障再交易的安全,否则,下游交易还须层层考察新的受让人是否为善意,标的物不能进行正常流通。

(3)依本条第1款,所有权人或其他权利人可在二年内无偿请求善意取得的受让人返还原物。

①此处返还原物,包括返还对原物的本权和占有。

②受让人是在取得占有时善意取得动产所有权,并非在满二年时善意取得,故权利人的原物返还请求权是债权请求权。

③第1款的返还,是无偿返还、无代价返还,由受让人承担对价损失及相关损失的风险。当然,受让人可追究转让人的民事责任。

④权利人返还请求权兼有形成权的性质。

⑤返还义务人是善意取得人,善意取得人将善意取得的动产再转让(买卖、赠与等)给第三人的,或者第三人继承该物的,取得该动产的第三人不是返还义务人,其有权拒绝返还。该第三人是正常取得,不适用善意取得的规则。

⑥本条规定的"二年",为不变期间。起算标准是客观标准,具体来说,自权利人丧失占有之日起开始计算。此处所谓"丧失占有之日",是从动产成为占有脱离物之日起二年内请求返还。

超过二年,善意取得人终局取得,权利人只能追究无处分权人(转让人)的民事责任。

若受让人未构成善意取得,所有权人、其他权利人请求占有回复,自不受二年的限制。

⑦对货币和无记名有价证券的善意取得,是终局取得,不得请求返还。这是为了保障货币和无记名有价证券的流通性。这里的货币(现金)和无记名有价证券是特殊动产,是占有的客体。本条所说的有价证券,是纸面形式的,不包括无纸化的股票、债券等。

(4)依本条第2款,受让人通过拍卖或者向具有经营资格的经营者购买而善意取得的占有脱离物,权利人请求返还的,应当支付受让人所付的费用。权利人有代价的请求返还的权利,称为回赎权。虽说权利人有回赎权,但该款也是对脱离物善意取得人的特别保护,使其在返还时能索回代价。

①第2款规定的回赎权是债权请求权,也是一种形成权,是第1款返还请求权的一种特殊情况。

②回赎权也应当在二年内行使。

③回赎权的主体,不限于原所有权人,也包括其他权利人。比如,承租人可以回赎,回赎后承租权继续存在。

④回赎义务人,是通过拍卖或者向具有经营资格的经营者购得动产的善意取得人,善意取得人将善意取得的动产转让(买卖、赠与等)给第三人的,或者第三人继承该物的,取得该动产的第三人不是返还义务人,其有权拒绝返还。

⑤受让人所付的费用包括价金、必要费用、有益费用。

(5)货币债权是准占有的客体。权利人的货币债权被善意取得,受让人是终局取得,权利人不得请求返还。

(二)请求返还原物的权利人

(1)请求返还的主体,不限于原所有权人,还包括其他权利人,其他权利人是指原他物占有人,包括保管人、承租人、借用人、质权人、留置权人等,其他权利人是有权占有人,其本权是债权。

(2)本条第3款规定:"所有权人和其他权利人都请求返还原物的,参照第四条第二款、第五条第二款的规定。"

①第4条第2款规定:"间接占有人与直接占有人之间形成占有媒介法律关系,间接占有人与间接占有人之间形成上级占有媒介法律关系;间接占有人对直接占有人或下级间接占有人享有占有回复请求权。"由于受让人对标的物已经

善意取得,故对该款是参照适用。依该款,所有权人和其他权利人同时存在,都请求返还占有脱离物的,应支持其他权利人的请求,因为,其他权利人是原现实占有人并享有本权的人。例如,甲的动产质押给乙,乙保管不善丢失,拾得人丙卖给丁,丁善意取得了该动产,如果乙对所有权人甲的债权仍存在,甲、乙都请求丁返还原物的,则应支持乙的请求。

②第5条第2款规定:"所有权人以外的本权人的占有回复请求权,在本权存续期间内存续。"对该款项也是参照适用,因为标的物被受让人善意取得后,所有权人已经转化为原所有权人,其请求返还原物的请求权是债权请求权。依此款,所有权以外的人须存在债权性本权,才能成为请求权的主体。例如,甲的动产由乙承租1年,租赁6个月时,被丙盗走并出卖给丁,丁善意取得了该动产所有权。等到发现该动产在丁手里,已经超过了租期,则只能由甲请求返还原物,不能由乙请求返还原物。

【案例模型】

例1:某年6月1日,张甲将纪念手表遗失,李乙拾到后冒充自己的物,出卖给王丙,王丙善意取得了手表。后张甲与王丙偶然相遇,见到王丙腕上的手表正是自己丢失的手表,向王丙请求返还。

(1)按本稿第10条第1款,从6月1日起二年内,张甲可以无偿要求王丙返还(债权请求权),购买风险由王丙承担。

(2)张甲也可选择向李乙请求赔偿损失或者返还不当得利(返还价款)。

例2:张甲的一副有名人签字的羽毛球拍丢失,李乙拾到,卖给王丙。王丙善意取得后,又卖给赵丁(已经交付)。张甲能否向李乙、赵丁请求返还?

(1)张甲已经失去所有权,不能向李乙请求返还,但张甲可以要求李乙承担侵权责任或返还不当得利的责任。

(2)张甲不能向赵丁请求返还。王丙是有权处分,赵丁是一般取得(正常取得),不是善意取得。

例3:张甲欠李乙房款10万元,张甲抢了银行现金100万元后,当天交给善意的李乙10万元。第二天张甲被抓获。银行向李乙请求返还10万元,应否支持银行的请求?

(1)张甲对抢劫100万元现金,是他物占有、无权占有,此处不能认为"货币占有即所有"。

(2) 为清偿债务,张甲交给李乙 10 万元,属于无权处分。

(3) 李乙善意取得该 10 万元,对货币和无记名有价证券的善意取得,是终局取得,不得请求返还。

例 4:李乙到张甲家串门,问:"你家客厅挂的丝绣山水图不见了?"张甲说:"借给王丙了。"张甲、李乙达成口头协议,将该幅丝绣山水图卖给李乙,出卖人张甲给李乙写了一张纸条,上书:"王丙请将丝绣山水图交给持条人。"实际上,该幅丝绣山水图也是张甲借来又借给王丙的,李乙并不知情。

(1) 张甲写的这张纸条不是本稿第 10 条所说的无记名证券。其一,无记名证券发行人为给付人,本案给付人王丙不是发行人;其二,无记名证券是可以替代给付的格式化书面凭证,是一种特殊种类物,是一种特殊动产。以上两点,有其一即不是无记名有价证券。

(2) 本案是指示交付,李乙取得该幅丝绣山水图现实占有时,才能善意取得该图的所有权(参见第 9 条第 3 款、第 18 条第 3 款)。

例 5:甲将一枚纪念邮票质押给乙,2017 年 1 月 1 日交付给乙,丁同年 2 月 1 日从乙处盗得,3 月 1 日卖给善意的戊,同日交付。应由谁向善意取得人戊请求返还?二年除斥期间如何计算?

(1) 甲 2017 年 1 月 1 日将邮票交付给乙,邮票是占有委托物,不是占有脱离物,同年 2 月 1 日被盗,才成为占有脱离物。应由乙请求返还,二年的最后一天是 2019 年 2 月 1 日。

(2) 本案的返还请求权是回赎权,同时也是形成权。

例 6:张甲偷了李乙的 10 只"溜达鸡"(散养鸡),卖给超市租赁柜台出售禽类的恶意的王丙,王丙宰杀后,在柜台上销售,消费者赵丁买了一只。

(1) 赵丁取得所有权,是善意取得,不是正常取得。

(2) 王丙是具有经营资格的经营者,李乙要求赵丁返还(有偿回赎)得不偿失,也没有必要。李乙可向张甲、王丙请求赔偿。

例 7:李某刑满释放后,整天在火车站附近溜达,见一辆电动车未上锁,便顺手牵羊骑走,在十几公里外见到路边有一修车铺,就推进去说是自己的电动车,等钱用,要卖给修车铺。修车铺张老板问:"有发票吗?"李某说:"有,在家呢,挺远的,我可以适度降价。"二人以 200 元的价格成交。这辆电动车在市场上至少能卖 500 元。

本案电动车是盗赃物，盗赃物是占有脱离物的一种。对占有脱离物的善意取得，适用本稿第9条规定的要件。本案不是以合理价格成交，且合理价格是判断受让人是否为善意的一个标准。本案张老板显然不构成善意，不能善意取得。

例8：大学生张某的德国造旧自行车丢失，本校学生李某捡到后，以自己的名义和合理的价格卖给同学王某，王某又送给同学赵某。一日，骑车的赵某被拦住，张某翻开自行车坐垫，上书张某的姓名。张某可否向赵某请求返还原物？

王某对自行车是善意取得，依本条，王某的善意取得不是终局取得，张某本可向其请求返还，但是，王某已经把自行车送给了赵某。返还请求权是债权、相对权，返还义务人是善意取得人，故张某不得向赵某请求返还。

例9：张甲的老式怀表丢失，李乙捡到后，将怀表卖给寄售商店（合法设立的企业），善意的王丙从寄售商店处购得该怀表。请问：王丙能否善意取得？可否回赎？

（1）若按《物权法》第107条，寄售商店是无权处分，王丙可以善意取得。张甲可以向王丙请求回赎。

（2）若按本条，寄售商店可以善意取得，寄售商店善意取得后卖给王丙，则王丙为正常取得，不为善意取得。在寄售商店善意取得之后、王丙取得之前，张甲可以向寄售商店请求回赎。王丙若从寄售商店取得所有权，依本条规定，张甲不能向其请求回赎。因为，本条规定的回赎义务人，是善意取得人。回赎权是债权、相对权，只能针对特定相对人。

例10：张甲是某商店仓库保管员，他将一台行车记录仪偷回家，冒充自己的卖给李乙。李乙能否善意取得？

张甲作为保管员，对仓库货物是辅助占有人。本稿第3条第2款规定："占有物由受指示人持有且非为指示人利益的，受指示人为直接占有人，指示人为间接占有人。"张甲将行车记录仪偷回家，从辅助占有人转化为直接占有人。李乙基于对占有的权利推定，可以善意取得。

例11：甲的一辆德式老自行车交给乙保管1年，丙偷走该自行车后卖给丁。丁善意取得了自行车所有权。甲和乙发现自行车在丁处，都要求丁返还原物。此时甲、乙约定的保管期刚到半年。应当支持谁的返还请求？

应当支持所有权人甲的返还请求。保管合同的寄存人有随时解除权,甲、乙的保管合同视为解除。

【理论阐释】

一、对占有脱离物作特别规定的必要性

我国《物权法》仅规定了对遗失物的善意取得(第 107 条),没有规定对其他占有脱离物的善意取得。① 民法是衡平的艺术,对占有脱离物作特别规定,兼顾了对"静"和"动"两个方面的保护,在进行交易时,不能要求受让人考察标的物的来源,也不宜要求转让人证明标的物的来源。证明标的物的继受取得和原始取得,在罗马法学说上称为"魔鬼证明"。

对占有脱离物,维护了占有权利推定规则的统一适用性。受让人在交易时,无从判断交易的动产是占有脱离物,还是占有委托物,仍依靠占有权利推定来进行判断。

不承认对盗赃物、遗失物等占有脱离物的善意取得,不符合生活实际,也不符合司法实践。生活中,在公开市场交易,受让人并不考虑销售商品的来源,也很少有人对受让人进行追索;对"一对一"的交易,自然会产生信赖;对交付的货币,受领人也不会究问来源。最高人民法院、最高人民检察院、公安部、国家工商行政管理局《关于依法查处盗窃、抢劫机动车案件的规定》(1998 年)第 12 条规定,对明知是赃车而购买的,应将车辆无偿追缴;对违反国家规定购买车辆,经查证是赃车的,公安机关可以根据《中华人民共和国刑事诉讼法》的规定进行追缴和扣押。对不明知是赃车而购买的,结案后予以退还买主。这里的"退还买主"实际上是承认了买主的善意取得。

对占有脱离物的善意取得,作为制度设计不会导致国有资产的大规模流失。占有国有资产的人将资产中的动产转让,被第三人善意取得,则无权处分人对国家仍负有"归还"的责任,只不过这种"归还",变换了财产形式,即由动产转换为债权。比如某甲将国有的一台价值 3 万元的仪器出卖,不能追回,某甲负担赔偿该 3 万元及相关损失的责任。另外,对未以拍卖方式或未从具有经营资格的经营者处善意取得,国家还可以无偿向善意取得人追回动产。

---

① "按照第三次审议稿的规定,购买盗窃物、遗失物的'善意受让人'是可以善意取得所有权的。但自第四次审议稿起却删去了'盗窃物',显然是受到关于物权法违宪的政治争论的影响。删去关于'盗窃物'适用善意取得的规定,就造成了法律漏洞。"参见梁慧星:《〈物权法〉若干问题》,载《浙江工商大学学报》2008 年第 1 期。

二、对占有脱离物的界定

占有物区分为占有委托物(占有移转物)和占有脱离物(占有丧失物)。对委托物的占有,是基于所有权人或其他权利人的意思而占有;对脱离物的占有,是非基于所有权人或其他权利人的意思而占有。对委托物的占有,是有权占有;对脱离物的占有,是无权占有。

(一)遗失物、盗赃物、侵夺物等

遗失物、盗赃物、侵夺物等,是本条调整的脱离物。有学者指出,由诈欺、侵占或恐吓所取得之物,不属于占有丧失物(占有脱离物),因为,就其物移转占有,仍系出于占有移转人之意思而非违反其意思。[1]

侵夺物与盗赃物有重合之处,侵夺是以暴力、盗窃等方法取得占有的行为,因而侵夺物也可能同时就是盗赃物。侵夺与侵占不同,侵夺完全违背了原占有人的意思,而侵占并非如此。比如,承租人到期不归还租赁物,就转化为侵占,从有本权转化为无本权,但其占有是由于出租人交付,因而不构成侵夺,不构成占有脱离物,从原因来说,是占有委托物。

误占物、遗忘物(遗忘于他人住处或车船等)、埋藏物或偶坠入他人土地之物,在性质上属于丧失占有物(占有脱离物)。[2]

(二)无行为能力人移转的占有物

交付是移转占有的行为。笔者认为,适格的交付是双方法律行为。狭义的行为能力,是实施法律行为的能力。双方法律行为,一般要求双方均具有相应的行为能力,但受让交付的一方,是获得利益的一方,故也可不要求其具有行为能力,重点在提交交付的一方,须具备相应的行为能力。占有与交付占有不同,占有是一种事实状态,不以具备行为能力为要件。

有学者指出,无行为能力人将其占有物移转占有者,因其不具备移转占有之意思能力,故属丧失占有。[3] 即无行为能力人向他人移转的占有,该物应认做占有脱离物。例如,甲将一枚猴票(价值不菲的纪念邮票)送给过6岁生日的儿子,乙诱骗甲之子将邮票送给自己,并转卖给了善意的丙。适格交付是双方法律行为,要求实施者具有行为能力,故该邮票是占有脱离物,不是占有委托物。换句话说,若丙善意取得,是对脱离物的取得,不是对委托物的取得,这在法律适用

---

[1] 参见谢在全:《民法物权论》(下册),中国政法大学出版社2011年版,第1185页。
[2] 同上书,第1184页。
[3] 同上注。

上,有明显的区别。依本条设计,甲作为法定代理人,在二年内可以代理其子请求丙无偿返还原物。

(三)关于依无效合同、被撤销合同交付的物

无效合同自始无效,合同被撤销以后自始无效。依这两种合同交付的物是占有委托物,还是占有脱离物?笔者认为,订立合同的行为与交付行为,是不同的行为、不同的法律事实,应当予以区分,一份合同无效或一份合同被撤销,如标的物已经交付,则占有移转是既成事实。依无效合同交付的物和交付物以后合同被撤销,若受领交付的一方没有取得所有权,则其对物的占有,仍为占有委托物,不是占有脱离物,不适用本条。

三、权利人请求返还原物的权利

(一)请求返还原物的主体

请求返还原物的主体,为原所有权人或者其他权利人。其他权利人是他物占有人,如保管人、承租人、借用人、加工人(承揽人之一种)、质权人、留置权人等。其他权利人是原现实占有人、有权占有人,其本权是债权性本权。原所有权人和其他权利人都请求返还占有脱离物的,应支持其他权利人的请求,因为,物是在其他权利人处脱离占有的,且其他权利人有足以对抗所有权人的本权。例如,甲将充电器出租给乙,在乙占有期间被丙侵夺,丙卖给了丁,丁善意取得了该充电器,甲、乙都请求丁返还时,应支持乙的请求;如果乙的租期届满未归还租赁物,在乙无权占有期间被丙侵夺,丙卖给丁,丁善意取得了该动产,此时的"权利人"只有甲一个。

非原现实占有人不能为"其他权利人"。例如,甲将一台天文望远镜抵押给乙,在抵押人甲占有期间,望远镜被丙盗窃,出卖给善意的丙,抵押权人乙不是原占有人,因而不是"其他权利人",只能由甲请求丙返还原物。

(二)返还原物请求权的性质和分类

1. 返还原物请求权的性质

对善意取得人返还原物的请求权是债权请求权,是实体权利,该请求权兼具形成权的性质。当事人可以直接向善意取得人要求返还,也可以提起诉讼,请求法院判决返还。请求权成立的,法院没有自由裁量的余地,应当判决返还,这是形成之诉的性质决定的。

有学者指出,在被害人或遗失人未为请求回复前,其所有权是否仍属于原所有人,抑或属于善意取得人?学说上极有争论,然遗失物与盗赃非当然为即时取

得之标的,且亦不能解为对已经取得所有权之人尚得请求回复,故以采第一说为当。① 对盗赃、遗失物等占有脱离物都否善意取得(即时取得),是立法政策问题。允许对占有脱离物善意取得,与对占有物善意取得相比,重在保护善意取得之后继续流通的安全。至于对已经善意取得的物请求返还,债权请求权也能胜任,此处无物权请求权,并无弊端。

2. 返还原物请求权的分类

本条对占有脱离物的善意取得,应具备善意取得的一般要件。但考虑脱离占有,并非基于所有权人或其他权利人的意思,立法上应有一定倾斜保护,具体来说,就是权利人可以无偿请求返还脱离物或有偿请求返还脱离物,对委托物的善意取得,是不能请求返还原物的(参见第 9 条)。

权利人对脱离物善意取得人的返还原物请求权 { 无偿返还请求权 / 有偿返还请求权(回赎权)

有偿返还原物请求权又称为回赎权,回赎权的设计,体现了民法平衡的艺术。回赎,须支付受让人花费的价金和有关费用。有关费用,包括必要费用和改良费用。若只支付价金,则对受让人不公平,规定支付价金和相关费用,可以减少回赎现象。

(三)返还原物请求权的期间限制

占有脱离物被第三人善意取得的,权利人请求返还原物的,不论是无偿请求返还,还是有偿请求返还,均受二年期间的限制。期间完成,权利人返还请求权即丧失,受让人对占有脱离物的取得由非终局取得,转变为终局取得。

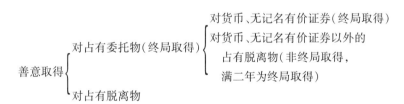

规定二年的除斥期间及起算标准,是为了防止财产关系长期不稳定。受让人取得占有但未构成善意取得的,权利人请求回复占有,自不受该二年期间的限制。

该二年期间以权利人丧失占有之日为起算点,即采取起算的客观标准。②

---

① 参见曹杰:《中国民法物权论》,中国方正出版社 2004 年版,第 246 页。
② 从知道或者应当知道之日起,开始计算,为主观标准。主观标准以外的标准,为客观标准。

权利人丧失占有之日,是占有物成为占有脱离物之日。《物权法》第107条规定的二年期间,起算采主观标准:"自知道或者应当知道受让人之日起二年内向受让人请求返还原物"。此起算方法,也会使财产关系长期处于不稳定状态,权利人也可能过了几年、十几年才知道或者应当知道,采用客观标准为宜。

该期间性质上是除斥期间,不发生中断、中止和延长的问题。

四、货币和无记名有价证券的若干问题

（一）对"货币占有即所有"的简要分析

货币包括纸币和金属币,是民法上的特殊动产,是种类物、一般等价物。法律人多接受"货币占有即所有"的观念,认为"占有即所有",转让人就不能成立无权处分,受让人也就不能成立善意取得。笔者认为,对"货币占有即所有"的认定,应当区分具体情况,不能一概而论。例如,对消费借贷、消费保管,交付占有后,货币所有权移转给借款人、保管人,出借人、寄存人由物权人转化为债权人,此时可以用"占有即所有"来解释。以货币作为对价支付,一般也是交付占有后移转所有权,但并非绝对。

对作为脱离物的货币,占有人可能与自己原有的货币混合在一起无法区分,这只是事实上无法区分,在法律上无法认定为自物占有（对所有物的占有）,只能说,有些货币是自物占有,有些是他物占有（他物占有又包括对委托物的占有和对脱离物的占有）。一物一占有,对一枚硬币是一个占有,或一张纸币是一个占有。张甲有10张纸币,其中5张是偷来的,5张是自物占有,5张是他物占有。货币的自物占有,与他物占有中对脱离物占有无法区分或难以区分时,可以成为认定货币受让人为善意的一个理由。

对货币的占有,有时很容易区分自物占有和他物占有。比如,张甲从押运车上抢了银行的现金,这就是明显的他物占有,明显的对脱离物的占有,张甲从抢劫的现金中拿出一部分清偿自己以前的债务,属于无权处分,受领货币的人,要么不能取得,要么善意取得,不能正常取得。

货币作为种类物、一般等价物,具有高度替代性、高度流通性的特征,因此货币的善意取得,为终局取得,权利人不得请求返还。

对货币是占有,对货币债权是准占有。对善意取得的货币债权,也是终局取得,不得请求返还,道理与货币的终局取得类同。

（二）无记名有价证券的认定

有价证券,是占有人（一般称为持有人）对于发行人可以请求其依所记载之

内容为给付的证券。"有价",表明证券有财产内容且可以价格衡量。这里所说的证券,是指格式化书面形式的证券,是一种可以替代给付的种类物,是一种特殊动产,不包括电子化证券(无纸化证券)。无记名证券不记载权利人,持有(占有)证券者,即可以请求发行人为给付。常见的无记名有价证券如超市发行的"赠品兑换券"、食品公司发行的月饼票、京剧院发行的戏票、彩票,等等。

无记名证券发行人为给付人。对请求第三人交付某一特定物专门制定的物权证券,不属于本条所说的无记名有价证券。

无记名有价证券是民法上的特殊动产,一般所说的对无记名有价证券的"持有",实际上是"占有"。对无记名有价证券的善意取得,与其他动产一样,也是建立在占有权利推定的基础之上的。

无记名有价证券也不能一概认为是"占有即所有",对无记名有价证券也区分为自物占有和他物占有,也区分为占有委托物和占有脱离物。比如,对抢夺、盗窃物的占有,对拾得物的占有等,是他物占有,是对脱离物的占有。

转让人处分占有脱离物的,受让人可以善意取得。无记名有价证券可以为占有脱离物,也可以被善意取得。

允许对无记名有价证券终局善意取得,除了为保护交易安全以外,也是为保障这种证券能够"高速"流通。有学者指出,金钱与无记名证券有最高度之流通性,若许回复请求,殊阻害其流通性,生妨害交易安全之结果,故应除外。[①]

【立法例】

《中华人民共和国物权法》

第107条 所有权人或者其他权利人有权追回遗失物。该遗失物通过转让被他人占有的,权利人有权向无处分权人请求损害赔偿,或者自知道或者应当知道受让人之日起二年内向受让人请求返还原物,但受让人通过拍卖或者向具有经营资格的经营者购得该遗失物的,权利人请求返还原物时应当支付受让人所付的费用。权利人向受让人支付所付费用后,有权向无处分权人追偿。

我国台湾地区"民法"

第949条[盗赃遗失物之回复请求权及行使之效果] 占有物如系盗赃、遗失物或其他非基于原占有人之意思而丧失其占有者,原占有人自丧失占有之时起二年以内,得向善意受让之现占有人请求回复其物。

依前项规定回复其物者,自丧失其占有时起,回复其原来之权利。

---

① 参见曹杰:《中国民法物权论》,中国方正出版社2004年版,第246页。

第950条〔盗赃遗失物回复请求权之限制〕 盗赃、遗失物或其他非基于原占有人之意思而丧失其占有之物,如现占有人由公开交易场所,或由贩卖与其物同种之物之商人,以善意买得者,非偿还其支出之价金,不得回复其物。

第951条〔盗赃遗失物回复请求权之禁止〕 盗赃、遗失物或其他非基于原占有人之意思而丧失其占有之物,如系金钱或未记载权利人之有价证券,不得向其善意受让之现占有人请求回复。

第951条之1〔盗赃遗失物回复请求权行使之限制〕 第九百四十九条及第九百五十条规定,于原占有人为恶意占有者,不适用之。

第721条第1项〔无记名证券发行人之责任〕 无记名证券发行人,其证券虽因遗失、被盗或其他非因自己之意思而流通者,对于善意持有人,仍应负责。

《法国民法典》

第2279条 对于动产,占有有相当于权利根源的效力。

但占有物如系遗失物或盗窃物时,遗失人或被盗窃人自遗失或被盗窃之日起三年内得向占有人要求返还其物,但占有人得向其所由取得该物之人行使求偿权。

第2280条 现实占有人如其所占有的盗窃物或遗失物系由市场、公卖或贩卖同类物品的商人处购得者,其原所有人仅在偿还占有人所支付的价金时,始得请求回复其物。

《德国民法典》

第935条〔丢失的物无善意取得〕 1.(1)从所有人处盗窃的物、由所有人遗失或因其他方式丢失的物,不存在基于第九百三十二条至第九百三十四条的规定而取得所有权。(2)所有人仅为间接占有人时,物为占有人所丢失者,亦同。①

2. 对金钱、无记名证券以及公开拍卖方式让与的物,不适用前款规定。

《瑞士民法典》

第934条〔因丧失占有〕 (一)因动产被窃、丢失或因其他违反本意丧失占有的,得在丧失的五年内请求返还。

(二)但前款的动产被拍卖或经市场或经专营商人转卖的,对第一位及其后的善意取得人,非经赔偿其支付的价格,不能请求返还。

(三)前款以外的返还给付,亦适用有关善意占有人请求权的规定。

---

① 第932条为"从无权利人处善意取得",第933条为"占有改定的善意取得",第934条为"返还请求权让与时的善意取得"。

第935条[因货币及不记名证券] 货币及不记名证券,即使系未经所有人同意而丧失占有的,所有人亦不得向善意取得人请求返还。

《日本民法典》

第193条[盗赃、遗失物的特则1] 与前条情形,占有物系盗赃或遗失物时,受害人或遗失人自被盗或遗失之时起二年间,可以向占有人请求回复其物。①

第194条[盗赃、遗失物的特则2] 盗赃及遗失物,如系占有人由拍卖处、公共市场或出卖同种类物的商人处善意买受时,受害人或遗失人除非向占有人清偿其支付的代价,不得回复其物。

《韩国民法典》

第250条[关于盗窃物、遗失物的特例] 前条规定的情形,若该动产为盗窃物或遗失物,受害人或遗失人自被盗窃或遗失之时起二年内,可请求受让人返还。但盗窃物或遗失物为金钱的除外。②

第251条[对盗窃物、遗失物的特例] 受让人通过拍卖或在公开市场或从出售同种物品的商人处善意买受盗窃物、遗失物的,受害人或遗失人偿付受让人所给付的价款后,可请求返还其物。

《俄罗斯联邦民法典》

第302条[向善意取得人要求返还财产] 1. 如果财产系从无权转让的人那里有偿取得,取得人并不知悉或者不可能知悉向他转让财产的人没有转让该财产的权利(善意取得人),而当财产原是被其原所有权人遗失或者被他交付占有的人遗失时,或者是从他们二者那里被盗窃时,或者由于他们意志以外的其他方式而丧失其占有时,则财产所有权人有向取得人要求返还的权利。

2. 如果财产系从无权转让的人那里无偿取得,则财产所有人在任何情况下均有权要求返还该财产。

3. 对金钱、无记名有价证券,不得向善意取得人要求返还。

---

① 第193条为"即时取得"的规定。
② 第249条为"善意取得"的规定。

第十一条 【动产善意取得后原有权利负担的消灭】

善意取得动产后,该动产上的原有权利负担消灭,但受让人在交付时知道或者应当知道该权利负担的除外。

依第十条受让人向权利人返还原物后,该动产上消灭的权利负担,自权利人丧失占有时起恢复。

【说明】

(1)本条仿自《物权法》第108条,但把"善意受让人取得动产后",改为"善意取得动产后",这样更明晰,可以减少不必要的误解。[①] 本条的立法目的,在于保护交易安全。

(2)《物权法》第108条规定,善意受让人取得动产后,"原有权利"消灭。"原有权利"的提法不够清晰,故改为"原有权利负担"。原有权利负担是指所有物上的负担(所有权人的负担),主要是指"原有担保权",包括该动产上的质权、留置权和抵押权。质权、留置权和经登记的抵押权是动产担保物权,未经登记的动产抵押权不过是物权化的债权,本质上不是动产担保物权。"原有权利负担"还包括转让人的动产用益债权(如承租权)。

(3)动产善意取得后,该动产上的原有担保权消灭,原有担保权包括无权处分人(转让人)的留置权、质权和第三人的质权、留置权,也包括第三人的动产抵押权。

动产占有担保物权人丧失占有的,可能丧失担保;动产抵押权未登记的,也可能丧失担保。

①对于无权处分人(转让人)的动产质权、动产留置权来说,受让人善意取得时,转让人丧失了占有,也就同时丧失了以占有为要件的动产质权、动产留置权。

受让人善意取得,也会发生第三人的质权、留置权丧失的结果。例如,留置权人甲将留置物交给乙修理,乙冒充自己的物出卖给善意的丙,丙善意取得后,甲的留置权消灭。

[①] "善意受让人"在理解上会有多种含义。比如,最高人民法院《关于审理城镇房屋租赁合同纠纷案件具体应用法律若干问题的解释》第24条规定:"具有下列情形之一,承租人主张优先购买房屋的,人民法院不予支持:(一)房屋共有人行使优先购买权的;(二)出租人将房屋出卖给近亲属,包括配偶、父母、子女、兄弟姐妹、祖父母、外祖父母、孙子女、外孙子女的;(三)出租人履行通知义务后,承租人在十五日内未明确表示购买的;(四)第三人善意购买租赁房屋并已经办理登记手续的。"其中第(四)项的第三人,就是善意第三人,但却与房屋(不动产)的善意取得无关。对非法律专业人士来讲,总会有困惑的地方。

在转让人或第三人享有动产质权或动产留置权的情况下,转让人将占有物转让给受让人,是将占有物冒充为自己物或者误以为占有物是自己的物,受让人基于占有权利推定,误以为转让人享有所有权(自物权),自不会认为转让人或第三人享有动产质权或留置权(他物权),受让人在认识上不会自相矛盾。

②对于未经登记的第三人的动产抵押权,在善意取得该动产时,受让人不知道或不应当知道的,该抵押权消灭,否则抵押权依然存在。经登记的第三人的动产抵押权,受让人是知道或者应当知道的,善意取得该动产后该抵押权仍然存在。

(4)依本稿第10条的规定,对占有脱离物善意取得后,在二年期间内,权利人还有请求返还原物的债权请求权。该请求,一是请求返还本权;二是请求返还占有。

本稿第11条第2款规定:"依第十条受让人向权利人返还原物后,该动产上消灭的权利负担,自权利人丧失占有时起恢复。"

①动产上的权利负担,是所有权人的负担,是他人(原他物占有人)的权利。所以,该款的"权利人"是所有权人以外的权利人,包括原质权人、留置权人和承租人等。因抵押不是占有担保物权,故该权利人不包括抵押权人。

②恢复的时间,是(原他物占有人)丧失占有时,即权利的恢复溯及既往。

【案例模型】

例1:甲将一个手包质押给乙,已交付。乙对第三人丙说了一句经典的台词:"这是我的包",与善意的丙达成了买卖合意,并为交付。

(1)丙是否善意取得了手包?

(2)乙对甲的质权是否继续存在?

(1)丙构成了善意取得。

(2)乙对甲的质权在丙善意取得后消灭。

(3)丙善意取得的要件之一,是取得占有,丙取得占有,质权人乙丧失占有,丧失占有也就丧失了质权。

例2:甲将一瓶老酒质押给乙,已交付。乙向第三人丙借钱,对丙说:"这是我存了30多年的老酒,质押给你。"乙将这瓶老酒交给善意的丙。

(1)丙是否善意取得了质权?

(2)乙对甲的质权是否继续存在?

(1)丙善意取得了质权。
(2)乙对甲的质权在丙善意取得后消灭。
(3)本案是冒充自己的物的"出质",不是"转质"。经出质人同意的转质,转质人保留质权,第三人取得转质权。

例3:甲留置了乙的太阳镜,在宽限期尚未届满时,甲冒充自己的太阳镜,出卖给善意的丙。丙善意取得太阳镜之后,甲的留置权还存在吗?

(1)宽限期尚未届满,甲为无权处分。
(2)甲丧失了占有,也就丧失了留置权。

例4:甲将价值100万元的煤炭质押给乙,由火车站丙货场保管,丙对丁称是自己的货物,出卖给丁。丁善意取得后,乙对甲的质权是否还存在?

乙的质权消灭。

例5:甲将一架喷洒农药的飞行器(不属于机动交通运输工具)交付给乙,并说:"你把这台飞行器抵押给信用社,借点钱买化肥。"乙以自己的名义将这台飞行器抵押给信用社丙,但没有办理抵押登记。之后,乙又以自己的名义(冒充为自己的物)出卖给善意的丁并为交付。丁善意取得该飞行器后,信用社丙对乙的抵押权是否继续存在?

(1)信用社丙对乙的抵押权在丁善意取得后消灭。
(2)丁有两个善意:第一个善意,是以为飞行器是乙的;第二个善意,是不知道抵押权的存在。第一个善意,导致善意取得飞行器的所有权;第二个善意,导致信用社的抵押权消灭。
(3)如果该飞行器办理了抵押登记,丁只有一个善意:以为飞行器是乙的,这个善意导致丁善意取得了飞行器的所有权。丁对抵押权的存在,是非善意。因为抵押已经登记,丁知道或者应当知道,由于丁的非善意,信用社的抵押权继续存在,可以对丁所有的飞行器行使抵押权。

例6:甲在为乙保管搅拌机期间,为担保自己的债务,将该搅拌机抵押给善意的丙,办理了抵押登记;之后甲又将该搅拌机出卖给善意的丁。丁善意取得后,丙的抵押权是否消灭?

按照本稿第9条第5款,丙善意取得了抵押权。丁善意取得搅拌机后,丙的抵押权不消灭,因为对经登记的抵押权,丁知道或者应当知道。

例7：张甲为举办画展，从李乙处租了一幅版画，在展览期间，参观的王丙以为版画是张甲的，提出高价购买。张甲欣然同意，将版画交付给了王丙。

(1) 若王丙善意取得，张甲对李乙的承租权（用益债权）消灭。

(2) 若王丙未善意取得，张甲的承租权继续存在，但李乙可以通知张甲解除租赁合同。

例8：甲公司（承租人）从乙公司（出租人）处租用一镂空玉鼎，租期为1年。租用半年时，被张丙偷走，卖给具有经营资格的丁公司，丁公司卖给善意的王戊。王戊善意取得后，甲公司的承租权是否还存在？甲、乙公司得知王戊善意取得后，甲公司表示不愿意出资回赎，乙公司回赎后卖给赵己并交付，甲公司主张买卖不破租赁，要求赵己继续履行租赁合同。

依本条，王戊善意取得后，甲公司承租权（用益债权）消灭，若甲公司依本稿第10条第2款的规定回赎，则其承租权恢复。本案由所有权人乙公司回赎并卖给赵己，则甲公司不能继续承租。因为，承租权是债权，借助占有才有物权化的效力，即借助占有才能对抗买受人（所有权人），才能适用买卖不破租赁的规则，而甲公司已经丧失了占有。

例9：甲将破碎机抵押给乙，未办理抵押登记。在抵押期间，甲将该破碎机出卖给善意的丙，丙取得占有后了解到抵押的情况，其可以善意取得为由主张抵押权已消灭？

动产抵押未登记的，不能对抗善意第三人。丙是善意第三人，取得占有后，抵押权消灭。但丙不是善意取得，是正常取得。因为甲不是本稿第9、10条所说的无权处分人。

例10：甲将一古鼎租给乙用做研究，约定的租期为一年半。租到1个月时，丙从乙处偷走古鼎出卖给丁，丁善意取得了古鼎的所有权。乙请求丁返还原物，取得对古鼎的占有后，租期尚有3个月。乙是否恢复承租权？

(1) 依据本稿第10条第3款，乙请求丁返还原物，取得占有后，有权主张继续履行租赁合同，直至原约定的租期届满。

(2) 因乙的承租权自始恢复，仍应交付给甲一年半的租金。

【理论阐释】

一、概述

(一)"原有权利负担"解释

善意取得的动产,可能有权利负担。权利负担包括两类:

第一类是转让人、第三人对动产的用益债权(如转让人、第三人是承租人)①,受让人善意取得动产所有权之时,转让人、第三人的用益债权随之消灭。

第二类权利负担,是指转让人或第三人的担保权,担保权是主债权的从权利。这里使用"担保权"的术语,没有使用"担保物权"的概念,原因是,未经登记的动产抵押权欠缺权利外观,只是物权化的债权,严格意义上的动产担保物权,不包含这种抵押权。

(二)权利负担消灭的理论基础

1. 动产善意取得人的两个善意

有学者指出:"法律一般性地准许善意取得的事由,不仅引起所有权之取得,而且亦以同等方式使取得不具有负担。也就是说,如受让人在负担方面为善意,则发生无负担之取得。即受让人取得所出让之物,并且不承担任何负担。负担设定终局地归于消灭。"②笔者将受让人的善意分解为两个善意,一个是针对转让人占有动产的善意,另一个是针对动产权利负担的善意。善意的不同,决定了动产被善意取得后,权利负担有消灭和继续存在两种情形。

这两个善意有关联,也有区别。一个是善意取得动产所有权的要件,一个是消灭动产上权利负担的要件。

(1)针对转让人占有动产的善意,是基于受让人对转让人的占有权利推定。这第一个善意,使受让人可以善意取得动产所有权。

(2)针对动产权利负担的善意。转让人占有动产,受让人出于一物一占有的观念,自不会认为第三人对该物基于占有成立权利,更不会认为转让人作为动产所有权人,同时又是担保权人、用益债权人。基于第二个善意,所有权上的权利负担(占有担保物权、用益债权)消灭。

(3)抵押权不是占有担保物权,不受占有效力的影响。对经登记的抵押权,不

---

① 用益物权为不动产物权,故动产不能负担用益物权。将来法律规定动产可为用益物权的标的物时,善意取得的动产亦可存在用益物权的权利负担。

② 杜景林、卢谌:《德国民法典评注:总则·债法·物权》,法律出版社2011年版,第503页。

存在所谓第二个善意。善意取得人知道或者应当知道抵押权的存在,为维护登记的公信力,应承认抵押权继续存在。对未经过登记的动产抵押权,可以存在第二个善意,该善意消灭了善意取得的动产上的抵押权。如果善意取得动产所有权的受让人知道或应当知道抵押权的存在,给予其担保权消灭的特别保护就丧失了必要性。

(4)对善意取得的动产负载的占有担保权(质权、留置权)是否消灭,从占有的公信力角度分析,比较恰当;对动产抵押,从登记的公信力的角度分析,比较恰当。也就是说,质权、留置权人丧失占有后,丧失公信力,善意取得人不能依据占有来对占有担保物权进行权利推定。

2. 原始取得是否必然消灭权利负担

学者一般认为,善意取得是原始取得,也有个别学者认为是继受取得。① 学者多从动产原始取得和继受取得的角度,来看动产上权利负担是否消灭。"通说认为,善意取得在性质上属于原始取得,因此受让人无须向继受取得人那样,在因出让人的意思获得所有权的同时,也须承受标的物上原有权利负担。原始取得是一种无负担的取得,因该所有权取得的效果,不仅原所有人的所有权消灭,而且他人在物上的其他权利也将消灭。……当然,基于与善意取得所有权相同的立法政策考虑,如果受让人在知道或者应当知道标的物上存在他人权利的,则该项权利不消灭。"②

笔者认为,动产所有权的原始取得本身并没有消灭标的物权利负担的效力,不能认为"无权利负担是原始取得的应有之义"。

动产的原始取得包括依事实行为取得和依法律行为取得。动产负载的担保等权利是以法律行为设定的,以事实行为取得的动产,是没有权利负担的物,比如收获的庄稼、制作的工业品等都不能因事实行为负担他人权利。③ 动产所有权善意取得,是依法律行为取得,具体地说,在动产善意取得情形下,占有是继受取得(通过交付取得),本权是原始取得(无所有权人转让之意思,依法律规定取得)。由于法律行为而原始取得物权,物负载的权利应当由法律依价值判断进行取舍。动产的本权为原始取得时,该动产上的权利负担消灭——这个理由并不能成立。

---

① 参见姚瑞光:《民法物权论》,中国政法大学出版社2011年版,第69页。
② 刘加安:《物权法论》,中国政法大学出版社2015年版,第110页。
③ 对于浮动抵押,在抵押期间,因生产、养殖等事实行为取得的新的物,可事先由法律行为设定为抵押物。

二、对以占有为要件的权利负担消灭的分析

（一）占有担保物权（动产质权、留置权）的消灭

在动产善意取得的前提下，无权处分人（转让人）的占有动产担保物权（质权、留置权）不可能再存在。因为，动产善意取得，须取得占有，善意取得人取得占有，原占有人（无权处分人、转让人）丧失了占有，也就丧失了占有担保物权。

另外，无权处分人（转让人、占有人）转让的标的物，负担着第三人的质权、留置权。比如，质权人甲将出质人乙交付的质物交给丙修理，丙冒充自己的物，出卖给善意的丁。此时如何认定质权的存废？第一，甲将质物交付给丙，丙为直接占有人，甲为间接占有人，但为保持甲的质权，将丙"视为"辅助占有人（参见第 3 条）；第二，丙冒充自己的物，出卖给善意的丁，丁由于取得占有而善意取得标的物的所有权，甲丧失了占有，应认定其质权消灭。

（二）对动产的用益债权的消灭

保管人、承揽人、承运人等对标的物（动产）的保管、加工、运输等行为，不是所有权人的权利负担。对动产的用益债权及动产负载的担保，才是所有权人的权利负担。"对物用益债权，是对他人所有的不动产或者动产依法享有的占有、使用、收益的债权。"①对物用益债权是占有用益债权，以占有为成立的要件。对动产的用益债权，是对物用益债权的一种，包括承租权、使用借贷的借用权等。

动产善意取得人既然相信转让人享有所有权（具备第一个善意），则自会相信第三人不会享有以占有为要件的权利（包括对动产的用益债权），当然，相信转让人享有所有权，也绝不会又认为转让人同时拥有用益债权。第二个善意导致用益债权消灭。

三、关于原有权利负担的恢复

依照本稿第 10 条，权利人在二年之内可以向善意取得占有脱离物的受让人请求返还原物。本稿第 11 条第 2 款规定："依第十条受让人向权利人返还原物后，该动产上消灭的权利负担，自权利人丧失占有时起恢复。"

本稿第 11 条第 2 款的设计参考了台湾地区"民法"第 949 条第 2 项，该项规定："依前项规定回复其物者，自丧失其占有时起，回复其原来之权利。"（该条第 1 项是对盗赃遗失物之回复请求权的规定）谢在全教授对该项的分析是：不但是

---

① 隋彭生：《用益债权原论》，中国政法大学出版社 2015 年版，第 9 页。

请求物之交付,以回复物之占有,而且占有丧失前权利关系溯及自占有丧失起复活。详言之,于所有权人请求回复时,足使原来之权利回复,原来之权利若为所有权与其他权利关系(例如有租赁关系存在之情形),于原所有人以外之原占有人(如承租人或受寄人)请求回复时,亦使所有权与其他权利一并自占有丧失时起回复之效果。① 王泽鉴教授对该项的分析是:"盖善意取得占有物之恢复乃善意取得之例外,原即重在财产权之安全的保障,故以自丧失占有时起,溯及恢复其原来的权利。善意受让人取得的所有权,因此项恢复请求权的行使,而归于消灭,负返还其物的义务。请求恢复之后,善意受让人纵未将标的物交付于请求恢复之人,原权利关系仍当然恢复。"② 结合学者的上述观点,阐明以下几点。

(1)原权利人请求返还原物后,他物占有人的原有权利随同所有权一同自始回复,即原所有权人回复了他的所有权,但是对他的权利负担(第三人的质权、留置权、对物用益债权)一同恢复。转让人不属于请求返还原物的权利人,自己原有的质权、留置权、对物用益债权自不得恢复。

(2)原权利人依照本稿第 10 条请求返还原物的权利,是债权请求权,兼有形成权的性质。现实是,善意取得的受让人已经取得了标的物的所有权。不能像王泽鉴教授所说的那样,"善意受让人纵未将标的物交付于请求恢复之人,原权利关系仍当然恢复"。在原权利人向善意取得人主张返还原物后,所有权和其他权利关系不能自行恢复,须受让人将动产交付给权利人,所有权和他物占有人的其他权利才能恢复。这是为了满足以民事法律行为变动动产物权的公示要件。如果权利人提起诉讼,请求受让人返还原物,则自法院判决生效时,权利人的原有权利即可恢复。因为,法院的判决不是民事法律行为,不受物权变动公示要件的制约。法院判决使权利恢复,与当事人的交付恢复有明显的区别。例如,甲的动产出质给质权人乙,在质权存续期间,丙窃取该动产并出售给丁,丁善意取得该动产后,乙起诉丁,请求返还原物,法院判决返还,在判决生效时丁仍然占有该动产。乙是以间接占有保持质权的。本稿第 17 条第 5 款规定:"占有丧失,原占有人成立间接占有的,可以保持质权、留置权的效力。"顺便指出,法院应当明确作出原有权利恢复的判决,而不是仅仅判决回复占有。

(3)在权利人请求返还原物并取得占有后,或法院判决受让人返还原物后,原有权利自权利人丧失占有时起恢复。规定权利的恢复具有溯及力,是为维护原有的权利关系,"视为"原有权利关系没有消灭。

---

① 参见谢在全:《民法物权论》(下册),中国政法大学出版社 2011 年版,第 1188 页。
② 王泽鉴:《民法物权》,北京大学出版社 2010 年版,第 500 页。

【立法例】

《中华人民共和国物权法》

第108条　善意受让人取得动产后,该动产上的原有权利消灭,但善意受让人在受让时知道或者应当知道该权利的除外。

我国台湾地区"民法"

第949条[盗赃遗失物之回复请求权及行使之效果]　占有物如系盗赃、遗失物或其他非基于原占有人之意思而丧失其占有者,原占有人自丧失占有之时起二年以内,得向善意受让之现占有人请求回复其物。

依前项规定回复其物者,自丧失其占有时起,回复其原来之权利。

《德国民法典》

第936条[第三人权利的消灭]　1.(1)在让与物上设定第三人的权利时,此权利因取得所有权而消灭。(2)但在有第九百二十九条第二款的情形时,此规定仅在受让人从让与人取得占有时,始适用之。(3)依第九百二十九a条或第九百三十条规定为让与时,或依第九百三十一条让与的物不由让与人占有时,第三人的权利仅在受让人基于让与而取得物的占有时,始行消灭。

2. 如受让人在依第一项规定的时间,对此权利为非善意者,第三人的权利不消灭。

3. 如在第九百三十一条的情形权利属于第三占有人,此权利即使对善意的受让人也不消灭。①

---

①　第929条第2款是对"简易交付"的规定,第929a条是对"对未登记的远洋轮的合意"的规定,第930条是对"占有改定"的规定,第931条是对"返还请求权的让与"(指示交付)的规定。

(二)笔者采纳和主张的观点

(1)占有他人之物,不知自己无本权且无怀疑的,构成善意占有,则值得法律保护;知道自己无本权及误信自己有本权但有怀疑的,构成恶意占有,这种"怀疑",也是一种过错。占有他人之物,自己有无本权并无把握,仍然占有他人之物,应认定是过错行为,在道德上也应予以否定性的评价。

"有怀疑"是一种心理活动,需要就相关事实进行综合判断和认定。但目前这种判断和认定,并无可供遵循的标准。笔者主张,以过错性质和程度来区分善意占有和恶意占有。

(2)笔者认为,仅仅以消极的"不知"和"知"有无本权作为区分善意占有和恶意占有的标准,虽然简便,却是不可取的。因为法律给善意占有人在合理损耗、赔偿等方面以特定的利益,而仅仅因为无权占有人的"不知",就享受善意占有人的利益,对真正权利人是不公平的,也欠缺道德上的支撑。还应加上一个要件(对不知):无重大过失。

(3)借鉴有关观点,笔者认为,善意占有之善意的法律构成(内容)应当是:对自己的无权占有(没有物权性本权或债权性本权)不知且无重大过失。知情(故意过错)或不知情但有重大过失的,为恶意占有。以过错区分善意占有和恶意占有,有明显的实益。

第一,真正确立了区分善意占有与恶意占有的标准。

"知"和"不知"的标准虽然明确,但在价值判断上不合理,对此不必多论。是否有"怀疑",在价值判断上虽然合理,但它不能作为法律上的一个明确的标准。因为,"怀疑"作为一种心理活动,是很难掌握的,甚至"怀疑"可能只是心理上的"一闪念"。再说,怀疑也要依据相关的事实产生。如果是由于权利人的原因,导致占有人对自己是否有权占有产生怀疑,占有人可能是有过错的,也可能是无过错的;可能是故意,也可能是过失;可能是重大过失,也可能是轻过失。针对不同情况,规定不同的效果才是合适的,才算是有具体标准。唯有主观要件,才有区别无权占有的效果和意义。

第二,引入了注意义务。

恶意占有是故意侵权行为。善意占有包括有过失占有和无过失占有,有过失占有之过失,又包括有重大过失和有轻过失。相应的,善意占有,有的是过失侵权,有的是无过失侵权。恶意占有和有过失的占有,是违反注意义务的结果。换句话说,过错的性质、程度的认定和判断,以行为人的注意义务的违反为前提。"占有者于占有当时,信其自己有为占有之权利,虽为相当注意,仍不能知其权利者,其占有为无过失。反之,占有者纵令信其有为占有权利,但如为相当注意,即可知为无权利者,斯为有过失。"①

至于何为重大过失,应以当事人欠缺何种注意义务进行判断。有学者指出,重大过失,其对当事人所要求的注意义务甚低,而其标准是客观的,即显然欠缺一般人之注意义务时,始认为有过失,否则稍加注意,即不致有过失,故谓之有重大过失。②

对注意义务的理解,有成熟的理论作为支撑,而对"怀疑"却欠缺深入的研究,"怀疑"与注意义务也缺少固定的联系。以怀疑作为标准,在实践中欠缺可行性。对"不知",采用重大过失与轻过失的"二分法"(即不知无本权但无重大过失的为善意,有重大过失的为恶意),就有了对欠缺注意义务的具体分析,这种标准,才有可行性。

第三,为适用过错相抵规则提供了基础。

过错,一般不是民事赔偿量化的基础,即过错大的不一定赔偿多,过错小的不一定赔偿少。民法上的赔偿,采用损害填补规则,有多少损失,就赔偿多少。但这并不说明过错没有"用处"。除了在认定责任的成立上"有用"之外,通过过错相抵以减少赔偿额,也是过错"有用"的一个表现。占有制度包括善意占有人的有限赔偿和恶意占有人的完全赔偿,将善意占有与恶意占有的认定与过错联系起来,就有了适用过错相抵规则的余地。而对本权有无的"怀疑",须进一步将它转化为过错,才能适用过错相抵规则。

(三) 善意占有之善意并非动产善意取得之善意

善意占有之善意的法律构成(内容)是"不知情且无重大过失"。《物权法解释(一)》第15条第1款采纳通说,规定:"受让人受让不动产或者动产时,不知道转让人无处分权,且无重大过失的,应当认定受让人为善意。"两种制度的善意法律构成(内容)基本相同,但善意占有之善意并非借鉴、取自动产善意取得之善意。善意占有与动产善意取得,有以下区别:

1. 效力不同

法律对两种善意给予不同的保护。法律给善意占有人一些优惠,比如,善意占有人对占有物的毁损、灭失,享有不予以赔偿、有限赔偿的权利;善意取得人之善意,是善意取得本权的一个要件。

2. 是否有本权不同

善意占有是无权占有,即占有人不享有本权;动产善意取得人的占有,从受

---

① 曹杰:《中国民法物权论》,中国方正出版社2004年版,第231页。
② 参见郑玉波:《民法总则》,中国政法大学出版社2003年版,第348页。

领交付时起,即为有权占有,占有与本权同时取得,本权的取得,是占有的效力。

3. 占有人的"身份"不同

善意占有人是他物占有人,动产善意取得之后,受让人是自物占有人,不动产善意取得人取得占有的,也是自物占有人。自物占有人不与他人形成占有媒介关系。他物占有是直接占有,直接占有人与间接占有人形成占有媒介关系。

4. 误信的对象不同,产生的基础不同

善意占有人之善意,是不知自己无本权,误以为自己是有权占有,善意产生的基础,不一定是对他人的占有权利推定。占有是权利的外观,动产善意取得人之善意,是误以为他人(转让人)对动产有本权,产生的基础,是对他人(转让人)的占有权利推定,是对他人(转让人)占有权利的信赖。

5. 发生的领域不同

善意占有,可能与交易有关,也可能与交易无关,比如对遗失物的善意占有,就与交易无关。善意取得是交易规则,发生在交易(有偿让与)过程中。

6. 相对人不同

善意占有,是他物占有,必然存在于相对法律关系之中。善意占有人的相对人,可能是原自物占有人,也可能是原他物占有人。前者如甲的动产遗失,被乙善意占有;后者如承租人丙将承租的动产遗失,被丁善意占有。动产善意取得的相对人是(有偿)转让人,转让人是无权处分人,这是固定不变的。

7. 适用的范围不同

善意占有,包括对动产和不动产的善意占有;动产善意取得,是对转让人占有动产之善意。不动产的善意取得,是对他人不动产登记的权利推定,与善意占有更是无关。

(四)关于不构成善意占有的证明责任

真实权利人主张占有人不构成善意占有(构成恶意占有)的,应当承担举证证明责任。理由在于,对无权占有人,首先推定其为善意占有,欲推翻此推定的,应当承担举证责任。

二、善意占有向恶意占有的转化

(一)善意占有向恶意占有转化的四种情况

善意占有包括两种情况,第一种是不知自己无占有的本权,自己就此也没有过失,即不知情且无过失(以 A 代表);第二种是不知自己无占有的本权,自己就此有轻过失(以 B 代表)。恶意占有也包括两种情况:第一种是知道自己没有占有的本权而占有(以 C 代表);第二种是不知道无本权(误信有本权亦属不知道无本权),但有重大过失(以 D 代表)。

占有是一个持续的过程,在这个过程中,占有人的主观方面会发生变化。一般不会由恶意占有向善意占有转化,经常出现的情形是善意占有向恶意占有转化,这种转化有四种情况。

(1) A 变为 C。比如,张甲和李乙分别买了同一房地产公司的商品房(尚未办理产权移转登记),物业公司填写的入住通知单有误,导致张甲入住李乙买的房子,张甲是善意占有人,待到查清事实,张甲仍不从李乙的房屋撤离,张甲从善意占有转化为恶意占有。具体地说,张甲从善意自主占有人,转化为恶意他主占有人。

(2) A 变为 D。比如,甲赠送给乙 10 幅书法作品,在交付后第三天,甲又告诉乙其中有一幅书法作品是为丙保管的,赠送的时候忘了此事。丙在甲的陪同下找乙索要,乙认为自己已经善意取得了该幅作品,拒绝归还占有。依据无偿合同不能善意取得,但乙仍相信自己有本权(误信自己有本权,也是不知自己无占有本权),乙基于对法律的错误认识而拒绝回复占有的行为,是有重大过失的行为,应认定乙转化为恶意占有。如果认为乙"确知"无本权才转化为恶意占有,是不公平的。

(3) B 变为 C。此与 A 变为 C 类似,不赘。

(4) B 变为 D。此与 A 变为 D 类似,不赘。

(二) 不采纳台湾地区立法例的理由

我国台湾地区"民法"第 959 条第 1 项规定:"善意占有人自确知其无占有本权时起,为恶意占有人。"笔者将本稿第 12 条第 2 款设计为:"善意占有人自知道其无占有本权时起,或自成立重大过失时起,转为恶意占有人。"

笔者不采台湾地区立法例,重新作出设计,主要是为统一对善意占有和恶意占有的认定标准。台湾地区"民法"的"确知"是一种无怀疑的心理状况。试想,如果善意占有人从"确知"其无占有的本权起,变为恶意占有,那就排除了恶意占有的一种情况:"占有他人之物,因重大过失而不知无本权"(见上例 A 变为 D 和 B 变为 D)。

综上,以"确知"作为转化为恶意占有的标准不周延的,是不恰当的。

(三) "视为"恶意占有

我国台湾地区"民法"第 959 条第 3 项规定:"善意占有人于本权诉讼败诉时,自诉状送达之日起,视为恶意占有人。"笔者参照上述规定,将本稿第 12 条第

3 款设计为:"善意占有人本权诉讼败诉的,自民事起诉状送达之日起,视为恶意占有人。"

"视为"恶意占有,在学理上认为是恶意占有的拟制。有学者认为,在本权之诉中,因占有人无权占有须待法院判决其败诉时才能确定,为防止占有人在诉讼进行中以善意占有人的资格处分占有物,使享有本权之人蒙受不测之损害,在法律上应当视为其在诉讼开始时其主观上即已变更为恶意。① 笔者认为,这不能作为拟制为恶意占有的主要理由。因为善意占有与恶意占有对占有物都是没有处分权的,占有人在诉讼中对占有物的处分行为,与其是善意占有还是恶意占有没有什么关系。

对本权之诉,在民事起诉状送达之日,法院还没有判决,占有人仍可能是善意,但这种"视为"(拟制)是合理的,因为一般来说,起诉状的送达,应当引起善意占有人对自己是否享有本权的怀疑。"视为"(拟制)是为了"剥夺"善意占有人享有的法律上的优惠,因为占有人有了"怀疑",可以推定其继续占有成立了重大过失,有些可以认定是故意(已经知道没有本权),这就为"剥夺"其享有法律上的优惠提供了价值判断的依据或基础。

本权诉讼(本权之诉)相对于占有诉讼(占有之诉)而言。这里的本权诉讼主要是指本权人的请求占有回复之诉,即本权人丧失占有之后,对占有人提起的请求返还原物(非返还所有,而是返还占有)的诉讼。这对善意占有人的主观状态当然会有影响。如果是本权人提起的排除妨碍之诉、防止危险之诉,固然属于本权诉讼,但本权人未丧失占有,也就谈不上被告是善意占有还是恶意占有的问题。

三、无因管理人对他人之物的占有,不是善意占有,也不是恶意占有

(一)无因管理对恶意占有和善意占有的排除

无权占有分为恶意占有和善意占有,无因管理对恶意占有和善意占有的排除,就是对无权占有的排除。无权占有与有权占有之间并没有中间状态,故排除了无权占有,即为有权占有。

恶意占有人知道对他人之物无占有之本权,或者由于重大过失不知道无占有之本权。善意占有人,对他人之物不知自己无本权且无重大过失。恶意占有是故意侵权行为或者是因重大过失成立侵权行为。"我们究竟应当如何确定善

---

① 参见梁慧星主编:《中国民法典草案建议稿附理由·物权编》,法律出版社 2004 年版,第 430 页。

意占有人的地位呢？他不是合法占有人,那么只能给他戴上不法的称号。"①过失善意占有虽不带有侵占的目的,但构成过失侵权,无过失善意占有仍处于不法状态,构成无过失侵权。"主观的不法是一种有过错的侵犯,客观的不法是一种无过错的侵害。"②恶意占有与善意占有均不具有无因管理主观为他人的本质特征。无因管理的主观状态不仅与恶意占有根本对立,与善意占有人的主观状态也大相径庭。也就是说,因实施无因管理行为而对他人(被管理人)物的占有,既不是恶意占有,也不是善意占有,亦即不是无权占有,而是有权占有。无权占有处于不法状态,管理人的占有处于适法状态。无因管理是维护他人法益的行为,无权占有是侵害他人法益的行为,二者水火不相容。

(二)占有拾得物——无因管理人占有他人之物的一个典型表现

1. 对拾得物的占有,是否构成无因管理,是否为无权占有

拾得物是指对遗失物的拾得。"拾得,谓发现、占有两要素之结合行为。"③

"通常拾得之活动,属于无因管理,诚实拾得人以为他人管理之意思为之者,构成无因管理,不诚实之拾得人以为自己之意思为之者,构成准无因管理。惟以为无主物拾得人,非无因管理人。"④笔者认为,无因管理须有为他人管理的意思,即须主观为他人,"不诚实之拾得人以为自己之意思为之者",实为恶意占有人,准无因管理并不是无因管理。

对遗失物的占有,是有权占有,还是无权占有？通说认为是无权占有。⑤ 通说存在的问题实际上是"一棍子打死",否定了对遗失物存在有权占有的可能。笔者认为,对遗失物的占有,应区分为两种:构成无因管理的,为有权占有;不构成无因管理的,为无权占有。

2. 因无因管理而对遗失物占有的主客观分析

无因管理,是在没有法律义务的情况下,管理人为本人管理事务。无因管理是法律行为以外的合法行为、事实行为。

对拾得物进行无因管理的人主观上并没有可归责性。民法中可归责性,在

---

① 〔德〕鲁道夫·冯·耶林:《罗马私法中的过错要素》,何伟才译,中国法制出版社2009年版,第8页。
② 同上注。
③ 史尚宽:《物权法论》,中国政法大学出版社2000年版,第130页。
④ 同上注,第131页。
⑤ 王泽鉴:《民法物权》(2),中国政法大学出版社2001年版,第177页;谢在全:《民法物权论》(下册),中国政法大学出版社1999年版,第941页;曹杰:《中国民法物权论》,中国方正出版社2004年版,第232页;黄松有主编:《〈中华人民共和国物权法〉条文理解与适用》,人民法院出版社2007年版,第704页。

刑法理论中类似的概念是"有责性","有责性"要求构成犯罪须有罪过(故意、过失)。罪过在民法中类似的概念称为过错,在刑法中,所有的犯罪都须有过错(罪过),而对遗失物进行无因管理的管理人是没有过错的,因而无因管理是犯罪违法阻却事由。在民法中,归责原则有过错责任原则(含过错推定)、无过错责任原则和公平责任原则。让管理人依无过错责任原则承担责任,或依公平责任原则分担责任,均为"天理"(公理)所不容,无须多论。无因管理行为是没有过错的,因实施无因管理而必须占有,也是没有过错的,是民事侵权违法阻却事由。

占有遗失物,是进行无因管理的必要条件,即管理人妥善保管遗失物是合法行为。常识告诉我们,保管是以占有为前提的。此时认为管理人占有是无权占有(不合法行为),就会发生与法律相冲突的结果。因为,管理人不能一方面有权向本人请求必要费用,另一方面又因侵犯占有而须对本人承担责任。如果把针对遗失物管理而必须的占有行为,分解为无因管理合法行为与无权占有的非法行为,同样陷入了自相矛盾的境地。因为,无权占有是侵权行为或处于不法状态的行为,并非逃脱价值判断的单纯的事实状态。

拾得遗失物,应当返还权利人。拾得人应当及时通知权利人领取,或者送交公安等有关部门。"返还""通知"和"送交",都是无因管理行为的客观表现。若失主发布了寻物悬赏广告,拾得人向失主交付拾得物的行为,就是受委托完成事务的行为,双方成立委托法律关系。在完成事务前,拾得人的占有应推定为有权占有,但不属于本书所说的对遗失物的无因管理。

3. 无因管理占有的本权

笔者认为,无因管理人对遗失物为有权占有,有权占有是存在本权的占有,其本权就像法定代理权一样,是法定授权。法授何权?是债权,即无因管理人占有拾得物的本权为法定债权。此法定债权并非请求本人为给付,而是作为占有的根据,是债保持力的体现。就像保管一样,无偿保管人无权请求寄存人作为对价的给付,但其占有保管物的本权却是债权;有偿保管人请求寄存人作为对价的给付是保管费,其占有保管物的本权同样也是债权。不过,保管人占有的本权是意定债权。法律为维护无因管理的正当性,应当授权无因管理人对遗失物以占有的权利。当然,这种占有的权利,是为了维护失主的利益,而不是占有人从此得到什么好处。

笔者以为,通说笼统地认为对遗失物的占有为无权占有,原因之一,是没有明确地认识到这种占有本权的客观存在。通说把对遗失物的占有界定为无权占有,但没有人具体说明、论述理由。有学者指出,无权占有与有权占有区别之实益,"在占有人为有权占有者,则得拒绝他人本权之行使"。① 据此推论出来的理由只有一个:拾得人有返还义务,而无权占有似乎就昭示了这种义务。认为无因管理人对遗失物的占有为无权占有,思维障碍或许是"承认了管理人的有权占有,就否定了管理人的返还义务"。其实,有权占有,不等于永久占有。直接有权占有就是暂时有本权的占有。有权占有并不否认失主返还原物的物权请求权。例如,在保管法律关系中,保管人对于保管物固然是有权占有,但不会影响到寄存人的原物返还请求权。在保管人拒绝归还的时候才会转化为无权占有。占有遗失物,也可以因占有人拒绝归还而从有权占有转化为无权占有。无因管理是为了本人(被管理人)的利益,自不妨碍本人回归物权圆满状态的权利。顺便指出,有权直接占有虽不否认失主返还原物的物权请求权,但其本权经常是占有抗辩的理由,间接占有的本权与直接占有的本权,有可能发生冲突。

(三)结语

无因管理之债,是法定之债之一种,无因管理行为是法律积极肯定的合法行为,也是道德应当大加鼓励的行为。而无权占有也不仅仅是对事实的描述,也包括了法律和道德否定性的评价。

不少学者认为,"善意"与"恶意"绝不是道德评价,而仅指是否知情。笔者认为,法律、法理采用"善意"和"恶意"的术语并非如此简单。"善意"行为是在不知情的状态下进行的行为,"恶意"行为是在知情的状态下进行的行为。两者的区分,不仅有法律上的效力评价、过错评价,也包含道德上的善恶评价。不知可为而为与知不可为而为,评价自有不同。无因管理是"好意",把因无因管理占有他人之物归入无权占有的"恶意"状态,与社会一般观念不符。因无因管理占有他人之物的"好意",与善意占有的道德评价也有不同。无因管理占有"好意"是为他人,善意占有的"善意"是为自己。

认定无因管理行为人对他人之物的占有为有权占有,是有道德鼓励价值的,而认为是无权占有,就会产生道德上的可非难性。

无因管理制度排除了管理行为的违法性,换言之,无因管理是一种违法阻却事由。无权占有却是一种剥夺有权占有的违法行为。

如果认为无因管理是合法的事实行为,又认为无因管理而占有拾得物是无权占有(侵权行为),则不仅规则出现混乱、制度出现混乱、逻辑出现混乱,价值判断也出现混乱。

---

① 参见曹杰:《中国民法物权论》,中国方正出版社2004年版,第232页。

【立法例】

我国台湾地区"民法"

第944条[占有态样之推定]　占有人推定其为以所有之意思,善意、和平、公然及无过失占有。

经证明前后两时为占有者,推定前后两时之间,继续占有。

第959条[善意占有人变为恶意占有人]　善意占有人自确知其无占有本权时起,为恶意占有人。

善意占有人于本权诉讼败诉时,自诉状送达之日起,视为恶意占有人。

《法国民法典》

第2268条　在任何情形均推定占有人为善意,主张恶意者,应负举证责任。

第2269条　在取得占有时为善意的,即为善意占有。

《日本民法典》

第186条[占有形态等的推定]　(1)占有人,可推定为以所有的意思、善意、平稳且公然地占有之人。

(2)在有前后两个时间占有的证据时,推定其连续占有。

《意大利民法典》

第1147条[善意占有]　不知道侵犯他人权利(535、1159)进行占有的人是善意占有人。

善意占有不适用于因重大过失造成不知的情况。

善意应当推定,且实行占有之时的善意足以推定(113、1153、1415、1415、2033)。

第十三条　【善意自主占有人的使用权及对正常损耗的免责】
善意自主占有人可以无偿使用占有物,对因使用产生的正常损耗,不承担民事责任。

【说明】
(1)依本条规定,善意自主占有人对占有的他人之物(不动产和动产)享有使用权。"无偿使用",是指使用者无须支付对价。"无偿使用"与"对正常损耗不承担民事责任",是一体两面,虽有叠床架屋之嫌,但对减少争议很有作用。

(2)"无偿使用"与"对正常损耗不承担民事责任",不但排除了侵权赔偿责任,也排除了不当得利责任。

(3)正常损耗(磨损、折旧等价值减损),是对物的正常使用产生的损耗,不包括物的毁损、灭失等。占有人按物的性质使用、适度使用产生的损耗,才能称为正常损耗。

对占有物的损害(毁损、灭失),除法定免责、减责事由外,善意占有人(包括善意自主占有人)也要承担责任(参见第15条)。

(4)无权占有是指无本权占有,分为善意占有和恶意占有。善意占有是善意无权占有的简称,恶意占有是恶意无权占有的简称。善意占有人是不知自己无本权且无重大过失的人,"不知"自己无本权,从另一个角度看,是"误信"自己有本权。"不知"是消极的不知,"误信"是积极的相信,二者之间没有空白地带,只是角度不同,当然角度的不同会对证明责任产生影响,主张"不知"的善意占有人,就"不知"免除举证责任。因此可以把"不知"解释为"误信"。

善意占有人,可能误以为自己有所有权(物权性本权),也可能误以为自己有占有的债权(债权性本权)。前者是善意自主占有,后者是善意他主占有。

善意占有人,对自己的无权占有,一种是无过失,还有一种是无重大过失。一般认为,令善意占有人对使用占有物产生的合理损耗承担责任,不免过苛。笔者认为,令善意自主占有人对使用占有物产生的合理损耗承担责任,才是过苛的。善意他主占有人,应当对使用产生的合理损耗承担赔偿损失、返还不当得利等民事责任。一是善意他主占有人通常是因为交易的缘故占有他人之物;二是善意占有人应当承担较高程度的注意义务。

(5)对自主占有、他主占有的判断,不能以当事人的表述为标准,而应考察客观情况、具体情况进行综合判断。例如,承租人自称为自主占有,我们仍应认其为他主占有。再如,小偷对盗窃的一枚戒指否认自主占有,我们仍应认其为自主占有。

(6)善意无过失的占有人,有时虽然占有了他人之物,但却不自知(本稿所谓占有,不以心素为要件),也就谈不上自主占有,也就不可能去使用。对此点本条未作规定。但依举重以明轻的解释规则,其对物的自然损耗,自不承担民事责任。

(7)因无因管理占有他人之物,无适用本条之余地。因为,无因管理人的占有是有权占有(参见第12条"理论阐释")、他主占有。无因管理人无使用他人之物的权利,除非是由于无因管理行为本身的需要。

【案例模型】

例1:(1)快递将一个"家庭清扫机器人"误送到甲家,甲家妻子以为是在外的丈夫在网上购买的,在家里使用了5天。

(2)快递将一个"家庭清扫机器人"误送到乙家政公司,乙家政公司一位主管以为是自己公司购买,以机器人为噱头招揽生意,连续使用5天,如果是租用机器人的话,租金每天为60元。

(1)甲家妻子是善意自主占有人,对使用5天的正常损耗不承担责任。

(2)乙家政公司的注意义务应当高于甲家妻子,乙属于"不知但有重大过失",为恶意占有人,应当返还300元的不当得利或赔偿300元。

例2:甲出租给乙一所房屋,租期已经届满,乙误以为未到期,继续使用,未返还租赁物的占有。甲向乙发出通知,要求归还房屋。

(1)租赁合同是有偿合同、有对价的合同。乙为善意他主占有人。乙超期使用,获得了物的用益价值,应就物的使用支付对价。

(2)乙接到通知后,转化为恶意占有人。

例3:甲租赁给乙一套设备,乙使用1年后,甲以乙未支付租金为由,起诉到法院。审查后法院判决该租赁合同无效。乙不知合同存在无效事由,对此也无重大过失。

乙为善意占有人、他主占有人,乙作为善意他主占有人,对使用的1年,仍应承担民事责任。

例4:张甲偷了李乙的一台压榨机,找到王丙,说:"这是我的压榨机,我要出国旅游,闲着也是闲着,借给你用,也算你帮我保管。"王丙是卖芝麻酱的,一共使用压榨机20天,如果租用的话,1天需租金10元。

王丙是善意他主占有人,依笔者设立的该条,其应当向李乙支付200元。若依《物权法》第 242 条,王丙则无须向李乙支付任何费用,还可依据《物权法》第 243 条,请求李乙支付维护压榨机的必要费用,这显然是不合理的。

例 5:张甲赠送李乙一套房屋,交付使用 10 年后,李乙起诉张甲,请求办理过户登记手续(所有权变更登记)。开庭时,张甲先说诉讼时效已经超过,后又当着法官的面,通知李乙撤销赠与合同。请问:此案应当如何处理?

(1)赠与合同撤销后自始失去效力,否则无法返还。但受赠人李乙应"视为"自始善意占有人,用益利益不用返还。对赠与物因正常使用的损耗(价值减损),也不用承担责任。

(2)收到撤销通知后,李乙转化为恶意占有人,对继续占有使用,应当承担民事责任。

例 6:张甲善意占有李乙的一个生日蛋糕,邀请亲朋好友一起吃掉。

蛋糕是消费物,吃掉以后,蛋糕灭失,不是本条所说的正常损耗。张甲应当给李乙一个蛋糕的钱。

【理论阐释】

一、善意自主占有与善意他主占有的认定

"以是否具有所有之意思为标准而区分,对于物以所有意思而占有者,谓之自主占有;对于物不以所有之意思而占有者,谓之他主占有。所谓所有之意思,无须为依法律行为取得所有权意思表示之意思,凡事实上对于物具有与所有人为同样管领之意识即属之。"[①]善意占有也包括自主占有与他主占有。善意占有,占有人不知自己无占有之本权且无重大过失。此处的"不知"无本权,换一个角度说就是"误信"自己有本权。这里所说的本权,包括物权(自物权)和债权。在无重大过失的情况下,误信自己有所有权的,为善意占有人;误信自己有债权性本权的,为善意他主占有人。善意自主占有人,如把价值较小的遗失物误以为无主物而先占的人、不知租赁合同无效占有租赁物的承租人。

自主占有与他主占有,是一种心态,能否依当事人的主张或表述予以认定

---

① 谢在全:《民法物权论》(下册),中国政法大学出版社 2011 年版,第 1151 页。

呢？二者是否可以随时变换呢？有学者指出："他主占有与自主占有的区别，仅仅在于占有人的意思。理论上，占有人可以任意变更自己的意思，使他主占有变更为自主占有。"①笔者不采这种观点。实际上，自主占有和他主占有尽管是主观状态，但仍具有客观性。比如小偷对于盗窃物，尽管主张是他主占有，也应当认定为是自主占有；承租人对于租赁物，尽管主张是自主占有，仍应认定为是他主占有。若为适用本条，善意占有人主张是自主占有，须就个案具体分析，不能以当事人的表述或主张为准。

二、无偿使用权——法律的优惠

（一）对善意自主占有人的一项法律优惠

（1）善意自主占有人有权无偿使用占有物，没有就使用而支付对价的义务，对正常的损耗不承担责任，这是一项法律优惠。

善意占有人对占有物的使用权，在性质上属于无偿法定用益债权，是用益侵权的法定阻却事由。权利人对占有人没有侵权损害赔偿请求权，也不能以不当得利为由，请求善意占有人返还使用产生的财产利益。

正常损耗，产生于正常使用。正常使用，要求占有人按照物的用途使用、按正常的方法使用。非按物的用途使用、过度使用，造成价值减损的，是非正常损耗，善意自主占有人仍须承担民事责任。

正常使用包括对占有物的维护、观赏等行为，比如，某甲捡了一条宠物狗，每天早晚去遛狗，某乙借了一把吉他，过期忘了归还，每天弹奏，就明显属于正常使用。

正常使用也可以包括获得一定经济利益的行为。比如，某甲的鱼塘的抽水机被偷，小偷见某甲追得太急，便将抽水机扔在半路，某甲拿回去继续使用。不料，小偷当晚还偷了某乙的抽水机，慌乱中，扔在半路的抽水机是某乙的。某甲不知，其使用无须支付对价，对正常损耗，也无须承担民事责任。若某甲知道是某乙的抽水机，其为恶意占有人，自不享有法律上的优惠。

（2）善意占有人通过使用，可以获得、保有使用利益，若其通过使用获得了天然孳息和法定孳息，则适用本稿第 14 条第 1 款的规定。该款规定："本权人可以请求无权占有人将天然孳息随原物一并回复占有；可以依不当得利的规定请求返还法定孳息。天然孳息毁损、灭失的，适用本法第十五条的规定。"

（3）善意自主占有人使用占有的他人之物，获得使用利益，不影响本稿第 14

---

① 梁慧星主持：《中国民法典草案建议稿附理由·物权编》，法律出版社 2004 年版，第 430 页。

条第 2 款的适用。该款规定:"善意占有人可以请求偿付因保存占有物所支出的必要费用;可以请求偿付因改良占有物、生产天然孳息所支出的有益费用,但以现存的增加价值为限。"

(二)善意他主占有人和恶意占有人不享有该项优惠

(1)善意他主占有人不享有该项优惠。

①"他主"说明占有人不是以"所有的意思占有",说明占有人知道是他物占有。对他人之物不能随意使用,这是一种常识。违背这种常识,应当承担相应代价。

②从生活经验可知,善意占有人通过使用他人之物得到的利益,一般是很微小的,保护这种利益对权利人影响不大。但是,善意他主占有人明知是他人之物仍然使用,如果仍然保护其使用利益,对权利人是不公平的。

③他主占有经常产生于交易过程。他主占有人擅自使用他人应负担对价义务之物,就应当承担相应的民事责任,比如承担侵权赔偿责任或返还不当得利责任。

最高人民法院《关于审理城镇房屋租赁合同纠纷案件具体应用法律若干问题的解释》第 5 条第 1 款规定:"房屋租赁合同无效,当事人请求参照合同约定的租金标准支付房屋占有使用费的,人民法院一般应予支持。"有偿合同是交易合同,尽管租赁合同无效,对当事人权利义务关系仍应进行调整。无效租赁合同的承租人是他主占有人,可能是善意他主占有人,如果仅仅规定善意占有人有使用权的话,他就可以提出抗辩,拒绝支付占有使用费,而依本稿第 13 条,并没有无偿使用权,不能免除给付义务。

(2)占有人知道自己无本权及不知自己无本权但有重大过失的,为恶意占有人。恶意占有人,不可能享有上述法律优惠。换句话说。恶意占有人对使用占有物产生的"正常损耗"(比如折旧等引起的价值减损),应承担侵权赔偿责任或不当得利责任。

顺便指出,无因管理人对他人之物的占有,不属于恶意占有,也不属于善意占有,是有权占有。① 无因管理人无权使用占有的他人之物。若因实施无因管理行为之必须而使用物,对正常损耗,自不承担责任。

三、不采用《物权法》第 242 条的原因

《物权法》第 242 条规定:"占有人因使用占有的不动产或者动产,致使该不

---

① 参见隋彭生:《对拾得物无因管理的占有是有权占有》,载《华东政法大学学报》2010 年第 1 期。

动产或者动产受到损害的,恶意占有人应当承担赔偿责任。"该条是无权占有人使用他人之物对"损害"不承担赔偿责任的规定。笔者不采该条有以下原因:

(1)《物权法》第242条没有正面规定善意占有人的使用权。它的立法意图要靠"猜"。对条文的"恶意占有人应当承担赔偿责任"进行反面解释,得出"善意占有人不承担赔偿责任"的结论,也不排除"善意占有人可以不承担赔偿责任"的结论。笔者还认为,仅应给善意自主占有人以法律上的优惠,善意他主占有人应当承担使用的代价。

(2)《物权法》第242条对善意占有人是否要承担赔偿以外的民事责任(如不当得利责任)没有作出规定,条文本身也解释不了这个问题。

(3)《物权法》第242条中的"损害"是指磨损、折旧等引起的价值减损,而"损害"通常是指毁损、灭失等。在一部法典之中,概念或术语不应有两个以上的含义,故笔者不采"损害"的表述,而采用"正常损耗"的术语。

【立法例】

《中华人民共和国物权法》

第242条 占有人因使用占有的不动产或者动产,致使该不动产或者动产受到损害的,恶意占有人应当承担赔偿责任。

我国台湾地区"民法"

第952条[善意占有人之权利推定] 善意占有人,依推定其为适法所有之权利,得为占有物之使用及收益。

《德国民法典》

第988条[无偿的占有人收益] 以物作为属于自己的意思而占有其物的占有人,或以行使在实际上并不属于自己的收益权为目的而占有其物的占有人,如无偿取得此物的占有时,应依返还不当得利的规定,向所有人返还其在发生诉讼拘束前所取得的收益。

《瑞士民法典》

第938条[使用、收益] (一)物的善意占有人,依其被推定的权利得使用并收益该物的,对权利人无损害赔偿的责任。

(二)前款情形,物消灭或受损害的,占有人无须赔偿。

第十四条 【本权人对孳息的请求权及无权占有人的费用请求权】
本权人可以请求无权占有人将天然孳息随原物一并回复占有；可以依不当得利的规定请求返还法定孳息。天然孳息毁损、灭失的，适用本法第十五条的规定。

善意占有人可以请求偿付因保存占有物所支出的必要费用；可以请求偿付因改良占有物、生产天然孳息所支出的有益费用，但以现存的增加价值为限。

恶意占有人可以请求偿付紧急情况下因保存占有物所支出的特别必要费用；可以请求偿付因生产天然孳息所支出的有益费用，但以现存的增加价值为限。

【说明】

1. 本条第 1 款的内容，可以分解为三项内容

（1）无权占有人并没有取得对占有物及其天然孳息的所有权，本权人可以请求无权占有人回复对原物及其天然孳息的占有，本权人享有的是占有回复请求权。无权占有人包括善意占有人和恶意占有人，与传统民法不同，本条沿袭《物权法》，规定善意取得人仍有返还天然孳息之占有的义务。

占有回复请求权也称为占有返还请求权，它包括两种情况：其一，本权人原先占有的物脱离占有，其请求回复占有；其二，本权人对从未占有过的物，请求回复占有，比如，本权人请求无权占有人交回原始取得占有的天然孳息。

《物权法》采用"权利人"的表述，笔者认为这种表述不清晰，改为"本权人"。

本稿第 14 条第 1 款上半句与本稿第 5 条"本权人的占有回复请求权"有所重复，但第 5 条"本权人的占有回复请求权"针对的占有人包括有权占有人和无权占有人，本条规定的本权人的占有回复请求权只针对无权占有人。

（2）天然孳息毁损、灭失的，适用本法第 15 条的规定。该条规定："占有物因可归责于占有人的事由毁损、灭失时，恶意占有人、善意他主占有人，对权利人承担赔偿责任；善意自主占有人，仅以因毁损、灭失所受利益为限承担赔偿责任，没有所受利益的免除责任。"天然孳息包括有机孳息（如幼畜、牛奶、庄稼）和无机孳息（如煤炭、矿石、石材、石油、黏土）。

（3）本权人可以依照不当得利的规定请求返还法定孳息。法定孳息是用益的对价，无权占有人可能采取将占有物出租等方法获得法定孳息。法定孳息物质表现的基本形式是货币，货币以外的法定孳息是非常罕见的。货币具有"占有与所有的同一"的特性，因而本权人不能要求返还对货币的占有，可以按不当得利的规则请求返还法定孳息。权利人也可以采取损害赔偿的方法主张权利。

2. 本稿第 14 条第 2 款规定善意占有人可以请求必要费用和有益费用

（1）必要费用,包括通常必要费用和特别必要费用。通常必要费用是日常的保全费用,比如甲捡到一只小狗,为维持小狗的"正常生活",每天要喂 3 元钱的狗粮,该狗粮钱就是通常必要费用。特别必要费用是在紧急情况下的保全费用。对两种必要费用,善意占有人都可以主张。

（2）本条所说的有益费用包括两项,一项是改良占有物所发生的费用,还有一项是生产天然孳息所支出的有益费用。两项费用都以现存的增加价值为限。①善意占有人花去改良费用 1 万元,在回复占有时,由于使用、消耗,占有物增加的价值只剩余 6 000 元,无权占有人则可请求 6 000 元的有益费用。②善意占有人花去改良费用 1 万元,占有物却只增值 5 000 元,则不能请求支付 1 万元。③善意占有人花去有益费用 2 万元,在回复占有时,生产的天然孳息价值 3 万元,其可以请求偿付 2 万元。④善意占有人花去有益费用 2 万元,在回复占有时,生产的天然孳息价值 1 万元,其可以请求偿付 1 万元。

3. 本条第 3 款规定,恶意占有人可以请求支付特别必要费用和特定的有益费用

（1）特别必要费用是紧急情况下因保存占有物所支出的费用。例如,张甲对李乙的房屋是恶意占有人,适逢雨季,房屋漏水,张甲花钱请某公司来修理,张甲所花费用为特别必要费用,得向李乙追偿。

（2）特定的有益费用,是指生产天然孳息所支出的费用。生产天然孳息,是使原物产出天然孳息的生产行为(包括投资)。对该项有益费用的主张,以现存的增加价值为限。比如,王丙是赵丁养的一条母藏獒的恶意占有人,王丙花 5 000 元给母藏獒配种,生了 6 只小藏獒。赵丁是母藏獒和 6 只小藏獒的所有权人,有权请求回复占有。王丙有权请求赵丁支付有益费用 5 000 元,日常的狗粮钱,是通常必要费用,无权请求赵丁支付。

【案例模型】

例 1:张甲拾得 1 条怀孕的宠物狗,在占有期间,宠物狗生了 3 只小狗。

不管张甲是善意占有人还是恶意占有人,都应返还对原物和天然孳息的占有。

例 2:张某拾得 1 条宠物狗,喂养 10 天,每天用去 3 元钱的狗粮,张某的支出为合理支出。后失主李某前来索要宠物狗。

若张某是善意占有,得请求 30 元必要费用;若张某是恶意占有,则无权请求。

例 3:甲占有乙的煤矿(甲为善意占有人),采煤价值 1 200 万元,出售给丙,丙善意取得了所购买的煤炭。

(1)煤炭是天然无机孳息,因第三人丙善意取得(终局取得),乙已无请求返还的余地。

(2)乙有权请求回复对煤矿的占有,并请求返还或赔偿 1 200 万元。请求返还是以不当得利为由,请求赔偿是以(过失)侵权为由。

(3)甲可以主张通常必要费用和有益费用。

例 4:甲恶意占有乙闲置的蔬菜大棚,生产番茄 2 000 斤,采摘后出售 1 000 斤,得价款 2 000 元,另有 1 000 斤存在仓库。

虽然有甲的劳动,番茄仍为天然孳息。具体来说,番茄是生产孳息、加工孳息。

(1)对已经出售的 1 000 斤番茄的价款,乙可按照不当得利请求返还,但要扣除特别必要费用。

(2)对存在仓库的 1 000 斤番茄,乙可以请求返还(请求返还孳息),但要扣除特别必要费用。

例 5:张甲之子到英国留学,张甲陪读,家中无人。同村的李乙擅自开锁入住。张甲的房屋是危房,听到台风将至的广播,李乙买来木料,对危房进行临时加固,由于预防措施得当,台风没有摧毁房屋。

李乙是恶意占有人,不是无因管理人。无因管理人的占有是有权占有。李乙所花费用,是特别必要费用,可以请求张甲支付。

【理论阐释】

一、对善意占有人和恶意占有人不同的立法政策

无权占有人分为善意占有人和恶意占有人。善意和恶意是一种主观状态,恶意占有人是故意或因重大过失侵占他人财产的行为,对社会秩序的危害也比较大。善意占有和恶意占有都是侵权行为,但善意占有人具有可宽宥性,恶意占有人应认为不具有可宽宥性,对善意占有人和恶意占有人应当有不同的立法政策,法律上应当给予善意占有人一些优惠。

（一）善意占有人享有使用权没有收益权，恶意占有人没有使用权和收益权

本稿正面规定了善意自主占有人的使用权（参见第 13 条），没有规定其享有收益权，本条规定善意占有人和恶意占有人都有返还孳息的义务。

从比较法来看，一般规定由善意占有人取得孳息，不用返还。我国台湾地区"民法"第 952 条规定："善意占有人于推定其为适法所有之权利范围内，得为占有物之使用、收益。"立法理由认为："善意之占有人既推定其有适法之权利，自应使其得使用及收益占有物，即其取得之孳息亦无归还于恢复占有物之义务，盖历年取得之孳息，若令其悉数返还，善意之占有人，必蒙不测之损害。非保护善意占有人利益之道。"①《物权法》"一反常态"，在第 243 条规定，不管是善意占有人还是恶意占有人，都应当返还孳息。《物权法》施行以后，尚未发现什么不妥。故笔者沿袭这种规定，即否定了无权占有人（善意占有人和恶意占有人）的收益权。

不过，有些天然孳息是消费物，保存期限很短，比如牛奶、蔬菜、动物粪便等。善意占有人可能消费、用作肥料等，也可能抛弃，还有可能转让。不规定善意取得人对孳息的取得权，逻辑上权利人对孳息的灭失就可以求偿，但这里需要做特殊处理。日本学者我妻荣指出："对于尽管没有取得孳息的权利，但却误信自己有该权利而占有原物的人，此后如果认为本权人可以向其请求返还该孳息，则对占有人而言极其苛刻。因为，孳息通常是由占有原物的人收取并消费，这正是设定第 189 条的理由。"②笔者对返还天然孳息及对占有物（含天然孳息）的毁损、灭失采取予以分别规制的方法，即采用不同的政策，在第 15 条规定了无权占有人对占有物毁损、灭失的赔偿责任。

对法定孳息，本权人可以请求返还。无权占有人（善意占有人和恶意占有人）将占有物交付给第三人使用，收取货币，就是法定孳息。一般情况下，无权占有人收取法定孳息，是取得所有权。故本权人请求返还是依不当得利的规则请求返还。本条依不当得利请求返还的规定，不影响本权人选择行使损害赔偿请求权。

（二）善意占有人和恶意占有人可以主张的费用

善意占有人与恶意占有人，对请求偿付费用的权利，有所区别。

1. 善意占有人可以主张的费用

此费用分为必要费用、有益费用和奢侈费用。

---

① 王泽鉴：《民法物权》，北京大学出版社 2010 年版，第 520 页。
② 〔日〕我妻荣：《新订物权法》，有泉亨补订，罗丽译，中国法制出版社 2008 年版，第 505、506 页。《日本民法典》第 189 条第 1 款规定："善意占有人取得由占有物所生的孳息。"

（1）必要费用可以分为通常必要费用和特别必要费用。通常必要费用如饲养费、治疗费、日常维修、维护费用等。特别必要费用（或称临时必要费用）如房屋遭受地震、汽车被洪水淹没而支出的重大修缮费用。① 善意占有人得请求返还通常必要费用和特别必要费用。

（2）学者指出，所谓有益费用，指利用或改良占有物，且增加其价值的费用。例如将汽车车门由手摇改为电动等。占有物的价值既因改良而增加，应使善意占有人于现存限度内得请求返还，否则恢复占有物人将获不当得利，不足以昭公允。② 笔者所说的有益费用，还包括对生产天然孳息（农作物、动物幼崽等）投入的费用。改良占有物，没有增加新的物；生产天然孳息，增加了新的物。

（3）无权占有人对奢侈费用当然没有返还请求权。奢侈费用，是花费不当的费用。对所谓奢侈费用，我国台湾地区"最高法院"1992年台上字第222号判决谓："所谓乃超过物之保存、利用或改良所必要支付而支付之费用。"③

2. 恶意占有人可以主张的费用

（1）《物权法》第243条规定："……应当支付善意占有人因维护该不动产或者动产支出的必要费用。"对该条的反面解释，是恶意占有人不得请求必要费用或可以对恶意占有人不支付必要费用。此规定比较粗疏，对恶意占有人欠缺必要的救济。恶意占有人连特别必要费用都无权请求支付，一是不公平；二是等于不鼓励恶意占有人"抢救"占有物，不鼓励恶意占有人为保全占有物采取积极措施。

对恶意占有人付出的特别必要费用，应当允许其请求偿付，这对鼓励恶意占有人在紧急情况下投入保全费用是有积极作用的。

（2）笔者所说的有益费用包括两类：第一类是改良占有物投入的费用；第二类是为生产天然孳息投入的费用。笔者认为，对恶意占有人花费的第一类费用不宜加以保护。因为，改良往往违反了本权人的意愿。比如，甲恶意占有了乙的房屋，花了10万元装修，一般来说，装修后比装修前要增值，但乙可能希望保持原样，并不喜欢装修。对第二类恶意占有人的有益费用给予保护，考虑到了民法的效益原则。有益费用以现存的增加价值为限，否则对本权人不公平。

（3）恶意占有人权利和义务的设计，应考虑与不法管理（不适法管理）制度作必要的衔接。我国台湾地区"民法"第177条就"不适法管理之本人权利义务"规定："管理事务不合于前条之规定时，本人仍得享有因管理所得之利益，而

---

① 参见王泽鉴：《民法物权》，北京大学出版社2010年版，第527页。
② 同上注。
③ 同上注。

本人所负前条第一项对于管理人之义务,以其所得之利益为限。前项规定,于管理人明知为他人之事务,而为自己之利益管理之者,准用之。"① 第 957 条就"恶意占有人之必要费用偿还请求权"规定:"恶意占有人,因保存占有物所支出之必要费用,对于回复请求人,得依关于无因管理之规定,请求偿还。"

在学理上,恶意占有人的行为,有些等同于恶意占有人的不法管理。而不法管理,将来必在我国"民法典"中作出规定。笔者的设计,仅在生产天然孳息的有益费用上,按不法管理处理,对恶意占有人通常必要费用和改良有益费用不予保护。

二、天然孳息的界定

(一)天然孳息的含义

《物权法》对天然孳息的概念未作规定。② 天然孳息,被原物所孕育,因此天然孳息的原物,又称为母物。孳息与原物,是产出关系。天然孳息是原物的派生物。原物与孳息的关系,表面上是物与物的关系,实际上是以物为媒介的人与人之间的法律关系,是孳息所有权的归属关系。

"孳"是派生的意思。天然孳息是一种依照物之用法所收取的出产物、收益物,是原物(母物)派生的物。天然孳息的产生受自然规律的制约,"天然"有"自然"之意。如大地产庄稼、母畜产幼崽等都是自然规律的体现。法定孳息之所以称为拟制孳息、间接孳息,是因为它们与自然规律无关。

原物与孳息是"共存"关系,"收益须不以改变物的性能为前提"。③ "有谓不消耗原物所收获之物为天然孳息者,如 Wind‐scheid, Enneccerus 诸氏是。"④ 反对者认为,"盖如此说,则矿产之矿物,非此之所谓孳息矣"。⑤ 笔者认为,原物的本质是不消费物,原物产生孳息以后,原物依然"风姿依旧"。一个鸡蛋孵化

---

① 我国台湾地区"民法"第 176 条就"适法管理之管理人请求权"规定:"管理事务,利于本人,并不违反本人明示或可得推知之意思者,管理人为本人支出必要或有益之费用,或负担债务,或受损害时,得请求本人偿还其费用及自支出时起之利息,或清偿其所负担之债务,或赔偿其损害。第一百七十四条第二项规定之情形,管理人管理事务,虽违反本人之意思,仍有前项之请求权。"
② 《日本民法典》第 88 条规定:"依物的用法所收取的出产物,为天然孳息。"我国台湾地区"民法"第 69 条规定:"称天然孳息者,谓果实、动物之产物及其他依物之用法所收获之出产物。"《意大利民法典》第 820 条第 1 款规定:"无论是否需要人的劳动,由物直接产生的收益,如农产品、木柴、动物的幼崽、金属矿、石矿的矿产品是自然孳息。"第 2 款规定:"分割前的孳息是主物的一部分;但是孳息作为未来的动产可以处分。"
③ 张俊浩主编:《民法学原理》,中国政法大学出版社 1991 年版,第 390 页。
④ 胡长清:《中国民法总论》,中国政法大学出版社 1997 年版,第 170 页。
⑤ 同上注。

成小鸡,小鸡则不是鸡蛋的孳息,因为鸡蛋已经不存在了。小鸡是鸡蛋的转化物。大牛产小牛后而亡,仍认小牛为孳息,因为这没有违背派生的规律。直接用工业化方式合成的"鸡蛋",就不是孳息,因为不存在原物与孳息的关系。

孳息与原物的物质形式不必相同,如母牛产小牛,物质形式相同,而奶牛产牛奶,物质形式并不相同。

天然孳息都是动产,既可以是种类物,也可以是特定物。前者如收获的花生(绝大部分农产品是种类物),后者如名马产下的马驹(动物的崽也可以是种类物)。"所谓特定物有客观特定物和主观特定物之分,前者指独具特征而不能为他物所替代的物;后者指经当事人意思表示而特定化的种类物。"[①]天然孳息进入交易状态后,才有区分种类物和特定物及区分客观特定物和主观特定物的现实意义。

产生天然孳息的原物,既可以是动产,也可以是不动产;既可以是种类物,也可以是特定物。不过,与天然孳息一样,进入交易状态的原物,才有区分种类物和特定物的现实意义。

天然孳息分为有机孳息与无机孳息。前者如树木之果实、动物之乳雏;后者如矿山之矿物、石山之石材。[②] 本条所规定的天然孳息,既包括有机孳息,又包括无机孳息。

天然孳息与原物是相互独立的物,按照一物一权的原则,它们是不同的所有权,如一个原物产生一个孳息,那就是两个所有权。原物与孳息,可能同属于一人,也可能分属不同的人。原物与孳息只是在产出上有关联。

(二)不属于天然孳息的情形

1. 人身派生物、脱离物不是孳息

人是主体(法律人格),人格权可以反指自身(客体人格),但人身不能作为财产权的客体。人不能为物,因此,人身不能为原物,故从人身分离的头发、指甲等人身派生物、脱离物虽然是独立之物,虽然可以作为物权的客体,但不是孳息。

2. 增值利益不是孳息

因为孳息是独立之物,孳息与原物是两个物之间的关系,所以增值利益不是孳息,增值利益是该物本身的交换价值的增加。未分离的孳息,孕育中的孳息,可以导致财产增值。

---

① 张俊浩主编:《民法学原理》,中国政法大学出版社1991年版,第557页。
② 参见胡长清:《中国民法总论》,中国政法大学出版社1997年版,第170页。

3. 未分离的孳息不是孳息

"未分离的孳息不是孳息"①,通过将孳息分离于主物(Hauptsache, principal subject),他才能够将孳息作为一个单独的、自存的物而成为孳息的所有权人。②

"未分离的孳息"只是物的成分,不能独立地为所有权的客体。物的成分一般分为重要成分和非重要成分,这种分类与添附制度结合,才有明显的作用。但这种分类对于孳息而言意义并不大。笔者把物的成分分为一般成分和特殊成分,可以转换为孳息的成分为物的特殊成分,其他成分为一般成分。例如,一棵苹果树,未采摘的苹果为特殊成分,树枝为一般成分。苹果、树枝脱落了,应当是产物,而不是孳息。对可以变成孳息的特殊成分,我们可以有合理的期待,可以作为未来物,约定到债权合同当中。特殊成分与一般成分的区分,要以物之用途为标准。

孳息的分离,与物的整体分割虽然都产生不同的所有权(如一头牛分割成四个部分,产生四个所有权),但它们的产生方式是不同的。③ 物的整体分割,不是天然派生的表现,而天然孳息的产生,是天然派生的表现。整体分割,原物不复存在。物的部分分割,是一种分离,要看分离的是一般成分还是特殊成分。分离一般成分,该成分成为独立之物后,不宜认为是孳息,因为这不是按物之用法进行的分离,分离特殊成分,使该成分成为独立之物,则是取得孳息的行为。因为这是按物之用法的分离。

天然孳息分离于原物,究为自然分离、事故分离(因事件分离)还是人工分离(因事实行为分离),不影响对孳息的认定。因为分离的方式如何,不影响孳息成为独立之物,也不影响孳息天然派生的本质。但当事人可以特约分离方式对取得孳息所有权的效力。

4. 关于孳息与产物

关于孳息与产物,罗马法学者指出:"孳息,在罗马古代,是指由按期产生供人畜食用之物。法学昌明时期,孳息的含义渐广,是指依原物的用途而按期产生的收益。此外,不是依物的用途产生,或从原物不定期产生的物,则被称为产物。由上可见,孳息与产物是有区别的:第一,权利人使用一物的目的,是决定孳息与产物的主观条件。山地树木按时采伐的为孳息。花园的树木为了点缀观赏,即

---

① 参见周枏:《罗马法原论》(上册),商务印书馆1994年版,第315页。
② 参见〔德〕弗里德里希·卡尔·冯·萨维尼:《论占有》,朱虎、刘智慧译,法律出版社2007年版,第214页。
③ 萨维尼认为,孳息的分离与整体的实际分割(例如牲畜的肢解、房屋的拆除)有着相同的特征。参见〔德〕弗里德里希·卡尔·冯·萨维尼:《论占有》,朱虎、刘智慧译,法律出版社2007年版,第215页。笔者认为,这是针对取得所有权而言,不是从孳息产生的特点方面论述的。

使偶尔因为调整布局而采伐,亦为产物而非孳息。又如土地所藏矿产,如供开采的,则矿物也是孳息。第二,收益具有相当的定期性,此乃决定孳息与产物的客观条件,故被大风偶尔吹断的树枝,是产物而不是孳息。"①笔者认为,"定期",只是天然孳息产生的自然规律的表现,但按"定期"的时间性标准判断孳息与产物,是相当困难的。以笔者上述的特殊成分与一般成分的分类来区分孳息与产物,就容易得多。特殊成分脱离原物的为孳息,一般成分为产物。

孳息与产物区分的意义,对本条的适用有什么意义呢?本条规定了对孳息请求返还,产物一般是价值较小的物(可以忽略不计),不必给本权人和(原)占有人以占有回复请求权,否则过于浪费司法资源,当事人甚至会借此缠讼。如果产物价值过高,则视为孳息,按返还孳息的规则处理。

三、法定孳息的界定

(一)法定孳息的本质

对法定孳息有不同的定义,笔者认为下列学者的定义具有代表性或者特色:

(1)"法定孳息(德 rechtsgeschaeftliche Fruechte),基于所有权之存在,因法律行为,就所有物而取得孳息也,故亦称间接孳息(德 mittelbare Fruechte)。所谓法定孳息,系指就交易上通常情形,而得以收取之利益而言。例如因金钱借贷而得之利息,不动产因租赁关系而收取之房租或地租是。至若因出卖不动产而取得其价金者,此项价金,系不动产之对价,而非孳息也。"②

(2)"法定孳息是原物根据法律规定带来的物。如存款利息、股利、租金等。"③

(3)"法定孳息,是指物依法律关系而产生的收益,包括利息、租金等。"④

(4)"法定孳息,是指根据法律的规定,由法律关系所产生的收益,如出租房屋的租金、借贷的利息。法定孳息是由他人使用原物而产生的。自己利用财产所得到的收益以及劳务报酬等,不是法定孳息。"⑤

《物权法》对孳息概念未作规定。就法定孳息定义的立法,最具参考价值的有两条。一是《日本民法典》在第88条中的规定:"作为物的使用对价而收取的金钱或其他物,为法定孳息。"二是我国台湾地区"民法"在第69条中的规定:

---

① 周枏:《罗马法原论》(上册),商务印书馆1994年版,第314页。
② 梅仲协:《民法要义》,中国政法大学出版社1998年版,第86页。
③ 张俊浩主编:《民法学原理》,中国政法大学出版社1991年版,第323页。
④ 梁慧星主编:《中国民法典草案建议稿附理由·总则编》,法律出版社2004年版,第124页。
⑤ 王利明:《物权法研究》(上卷),中国人民大学出版社2007年版,第76页。

"称法定孳息者,谓利息、租金及其他因法律关系所得之收益。"学界对法定孳息的定义或解释多参照上述规定,认为法定孳息是因法律关系所得的收益。但这种说法不能解释买卖合同的价金、委托合同的报酬等为什么不是法定孳息。如果因法律关系所得的收益都是法定孳息的话,这个概念就彻底丧失了意义。我国台湾地区"民法"第69条中的"其他因法律关系所得之收益",应作限制解释,即将因法律关系的其他收益解释为与利息、租金性质相同的用益收入。这种解释的结果,与《日本民法典》的规定是一致的。

《德国民法典》将孳息分为物之孳息和权利孳息两种。① "它们又可进一步分为直接的物的孳息、间接的物的孳息、直接的权利孳息和间接的权利孳息。"② 在德国民法理论中,物之孳息,是所有权人就自己之物而取得的孳息;权利孳息,是就他人之物而取得的孳息;直接孳息,是物派生的孳息;间接孳息,是依法律关系取得的孳息。③ 直接孳息,是我们通常所说的天然孳息,间接孳息是我们通常所说的法定孳息。笔者以为,德国民法理论中,关于间接孳息、直接孳息的表述,对揭示法定孳息(间接孳息)与天然孳息(直接孳息)的本质具有一定的意义。

笔者的意见是作下列大体区分:转移所有权的对价称价金;提供劳务的对价称报酬;用益他人财产(有体物和无形财产)的对价称法定孳息。价金、报酬、法定孳息的概念能够反映商品交换的性质。规范性的用语对立法的统一性和规制对象性质的揭示是很有帮助的。④

笔者主张将法定孳息定义为:"因财产交他人用益而产生的收益。"笔者还主张把用益他人财产的法律关系,统称为用益法律关系。为什么不把法定孳息定义为"因用益法律关系产生的收益"呢? 因为用益他人之财产的用益人,也会有天然孳息的收益(如用益租赁的承租人就是如此)。在作一般性介绍的时候,也可以将法定孳息表述为"因用益法律关系产生的收益",但在作概念性表述时,应当防止混淆。

法律关系之前加"用益"二字,说明法定孳息并非产生于任何法律关系,也说明了用益与法定孳息的对价关系。用益法律关系是相对法律关系、是持续性给付的法律关系。用益法律关系通常是双务法律关系,产生法定孳息的用益法

---

① 《德国民法典》第99条规定:"(1)物的果实,指物的出产物及依物的使用方法所取得的收获物。(2)权利的果实,指依其使用方法所取得的收入。特别是,有取得土地组成部分者,其所取得的组成部分,即为权利的果实。(3)果实也指物或权利,由于法律关系所产生的收入。"

② 陈卫佐:《德国民法总论》,法律出版社2007年版,第144页。

③ 相关理论,参见陈卫佐:《德国民法总论》,法律出版社2007年版,第144—145页;梅仲协:《民法要义》,中国政法大学出版社1998年版,第85—86页。

④ 参见隋彭生:《用益债权——新概念的提出与探析》,载《政法论坛》2008年第3期。

律关系必然是双务法律关系。

按照笔者前述定义,可以看出法定孳息的本质:法定孳息是财产供他人用益的对价。

(二)法定孳息的物质表现形式一般是货币

货币为一般等价物,不但财产的交换价值用货币衡量,用益价值也适宜用货币衡量。法定孳息的物质形式是可以有例外的。《瑞士债法典》第275条第2款(用益租赁)规定:"租金可以由现金支付,也可以是果实一部分或者出租人参与收益分配。"用益租赁的承租人对收取的果实,取得了所有权,即用益债权人依债权取得了天然孳息的所有权。承租人用一部分果实向出租人支付,出租人取得的是法定孳息,但不是货币。

无权占有人不依本条返还法定孳息的,本权人或(原)占有人可以提起债权人代位诉讼。①

(三)增值利益不是法定孳息

法定孳息是用益的对价,是对价物,他的产生需要有他人用益的法律事实,而增值利益是该物本身的交换价值增加,并不要求有他人用益的法律事实。所以,增值利益既不是天然孳息,也不是法定孳息。

(四)法定孳息与天然孳息的区别

法定孳息与天然孳息都有孳息之名,从世界各国和地区现有的立法例看,多将其并列规定,但它们的本质并不相同,而且分属不同领域。两者区分的基础,在于法定孳息是交易之物,天然孳息是派生之物。

1. 物质形式不同

法定孳息因为是用益(用益物权和用益债权)对价,因此原则上用一般等价物来衡量,即法定孳息的物质形式原则上是货币、是种类物。天然孳息可以是种类物,也可以是特定物。前者如收获的小麦,后者如产下的一只熊猫。但天然孳息进入交易状态后,才有区分种类物和特定物的法律意义。天然孳息都是动产,法定孳息因允许当事人自由约定,故在逻辑上也可以是不动产,但笔者并未发现实务中有这样的例子。因为,不动产的价值一般较高,作为用益的对价,一般是得不偿失的。

---

① 《合同法》第73条规定:"因债务人怠于行使其到期债权,对债权人造成损害的,债权人可以向人民法院请求以自己的名义代位行使债务人的债权,但该债权专属于债务人自身的除外。代位权的行使范围以债权人的债权为限。债权人行使代位权的必要费用,由债务人负担。"

2. "收取"的性质不同

"就一般言,天然孳息之收取,应依物权法之规定,法定孳息之收取,应依债法之规定。"①法定孳息在取得前,是债权请求权;取得后(货币或其他动产占有后)是物权。对天然孳息的收取是(直接)取得物权。

天然孳息,是原始取得;法定孳息,是传来取得。或者进一步说,天然孳息作为产出,是原始取得;法定孳息,作为对价是传来取得。天然孳息的法律规范,主要是静态归属规则;法定孳息的法律规范,都是动态的交易规则。

法定孳息从来都不是物之成分,因而就占有和所有权,都只能是传来取得,不可能是原始取得。

法定孳息是用益的对价,所有权人或其他人须将标的物交付给相对人用益,才能向相对人请求交付法定孳息。这种请求权,实为债权请求权。实际上,并不可能出现仅以物权人身份收取法定孳息的情况。

3. 与原物、原本的关系不同

天然孳息,被原物所孕育,因此天然孳息的原物,又称为母物。孳息与原物,是产出关系,不是用益法律关系。法定孳息,是指以有体物或无形财产供他人用益而获得的收入,产生于用益法律关系。法定孳息,是商品交易的表现,实际上是拟制的孳息。法定孳息与原本,是对价关系。

对法定孳息的对应概念,现在学界有的称为"原物",有的称为"原本",显得有些混乱,有梳理的必要。笔者以为,法定孳息既然是有体物和无形财产用益的对价,它的对应概念还是称为原本较好。这样,原物与原本就有了各自特定的意义,代表了不同的内涵:原物反映与天然孳息的关系;原本反映与法定孳息的关系。

【立法例】

《中华人民共和国物权法》

第34条 无权占有不动产或者动产的,权利人可以请求返还原物。

第243条 不动产或者动产被占有人占有的,权利人可以请求返还原物及其孳息,但应当支付善意占有人因维护该不动产或者动产支出的必要费用。

我国台湾地区"民法"

第952条[善意占有人之权利推定] 善意占有人于推定其为适法所有之权利范围内,得为占有物之使用、收益。

---

① 梅仲协:《民法要义》,中国政法大学出版社1998年版,第86页。

第954条［善意占有人之必要费用偿还请求权］ 善意占有人因保存占有物所支出之必要费用,得向回复请求人请求偿还。但已就占有物取得孳息者,不得请求偿还通常必要费用。

第955条［善意占有人之有益费用偿还请求权］ 善意占有人,因改良占有物所支出之有益费用,于其占有物现存之增加价值限度内,得向回复请求人,请求偿还。

第957条［恶意占有人之必要费用偿还请求权］ 恶意占有人,因保存占有物所支出之必要费用,对于回复请求人,得依关于无因管理之规定,请求偿还。

第958条［恶意占有人之孳息返还义务］ 恶意占有人,负返还孳息之义务,其孳息如已消费,或因其过失而毁损,或怠于收取者,负偿还其孳息价金之义务。

《德国民法典》

第985条［返还请求权］ 所有权人可以向占有人请求返还其物。

第987条［发生诉讼拘束后的收益］ （1）占有人应将发生诉讼拘束后收取的收益返还所有人。

（2）占有人在诉讼拘束发生后,对其依通常的经营方式按常例可能收取的收益而不收取者,以负有过失者为限,应对所有人负赔偿义务。

第988条［无偿占有人的收益］ 以物作为属于自己的意思而占有其物的占有人,或以行使在实际上并不属于自己的收益权为目的而占有其物的占有人,如无偿取得占有时,应依不当得利的规定,向所有人返还其在发生诉讼拘束前所取得的收益。

第993条［善意占有人的责任］ （1）如不具备第九百八十七条至第九百九十二条所列要件,以果实依通常经营方法不能认为物的收益者为限,占有人应将取得的果实,依关于不当得利的规定返还之;除此以外,占有人不负返还收益或损害赔偿的义务。

（2）对占有人保留收益期间,适用第一百零一条的规定。①

第994条［必要费用］ 1.（1）占有人得向所有人请求偿还对占有物所支出的必要费用。（2）但是占有人对保留收益期间通常所需要的费用,不得请求偿还。

2. 占有人在诉讼拘束发生后或在第九百九十条规定的责任开始后支出必

---

① 第987条是对"发生诉讼拘束后的收益"的规定;第988条是对"无偿的占有人的收益"的规定;第989条是对"发生拘束后的损害赔偿"的规定;第990条是对"恶意占有人的规定";第991条是对"占有媒介人的责任"的规定;第992条是对"违法占有人责任"的规定;第101条是对"果实的分配"的规定。

要费用时,所有人的偿还义务依关于无因管理的规定确定之。①

第995条[负担] (1)占有人为消除物上的负担所支出的费用,也属于第九百九十四条规定的必要费用。

(2)占有人在保留收益期间内,仅就可认为在增加物的基本价值的特殊负担的费用请求偿还。

第996条[有益费用] 占有人在必要费用之外支付其他费用者,仅以费用在发生诉讼拘束之前或在第九百九十条中规定的责任开始之前所支出者,以及在所有权人取回其物的当时,因支出费用而增加了物的价值为限,始得请求偿还。②

《日本民法典》

第189条[善意占有人与孳息] (一)善意占有人取得由占有物产生的孳息。

(二)善意占有人于本权之诉中败诉时,自提起该诉时起,视为恶意占有人。

第190条[恶意占有人与孳息] (一)恶意占有人负有返还孳息的义务,并负偿还其已消费的、因过失而毁损的及怠于收取的孳息代价的义务。

(二)前款规定,准用于以强暴或秘密实行占有者。

《韩国民法典》

第201条[占有人与孳息] (1)善意占有人,取得占有物的孳息

(2)恶意占有人应返还其所得孳息,已经消费或因过失毁损的,应补偿该孳息的对价。

(3)前款规定,准用于暴力或隐秘的占有人。

第203条[占有人的偿还请求权] (一)占有人返还占有物时,可向回复人请求其为保存占有物所支出的金额及其他必要费用。但占有人取得孳息的,不得请求通常的必要费用。

……

《俄罗斯民法典》

第303条[返还非法占有财产时的结算] 在要求返还被他人非法占有的财产时,财产所有权人有权要求知道或应当知道其占有为非法的人(恶意取得人)返还或者赔偿该人在整个占有期间获得的或应该获得的全部收益;要求善意占有人返还或赔偿自他获悉或应该获悉其占有为非法或者收到关于财产所有权人要求返还财产的诉讼传票之时起的期间内所获得的或应该获得的全部收益。

---

① 第990条是对"恶意占有人"的规定。
② 第990条是对"恶意占有人"的规定。

无论是善意占有人,还是恶意占有,均有权要求财产所有权人补偿自其应赔偿所有权人财产收益之时起的期间内对财产所开支的必要费用。

善意占有人有权将他对财产所进行的改善部分留给自己,只要改善部分可以分开而对财产没有损害。如果不可能将改善部分分开,则善意占有人有权要求赔偿进行改善所花的费用,但不得超过财产增值的数额。

第十五条 【无权占有人的赔偿责任】

占有物因可归责于占有人的事由毁损、灭失，或者被占有人转让、抛弃的，恶意占有人、善意他主占有人，对权利人承担赔偿责任；善意自主占有人，仅以因毁损、灭失或转让所受利益为限承担赔偿责任，没有所受利益的免除责任。

【说明】

（1）占有物包括动产和不动产，也包括占有物产生的新物（天然孳息）。但条文中的"抛弃"，专指动产的抛弃。

（2）赔偿请求权利人是所有权人和其他权利人。

（3）毁损、灭失，是指占有物物理上的毁损、灭失。毁损，不包括占有物正常损耗带来的价值减损。比如，恶意占有人甲使用乙的吊车施工3天，甲省掉了3天的吊车租金，此案不能按"毁损"处理。甲应向乙返还相当于3天租金的不当利益或赔偿损失（依本稿第13条，恶意占有人没有使用权）。

转让（买卖、赠与等）的结果，是占有物的丧失，区别于物理上的灭失。动产抛弃，可导致占有和所有权丧失（比如被他人先占取得），也可以导致占有物的灭失。

（4）无权占有，虽然是一种侵权行为，但无权占有本身并不是导致占有物毁损、灭失的法律事实，还须有其他的法律事实。比如，占有人消费行为使占有物灭失、不当使用行为使占有物毁损；再如，意外事件致占有物毁损、灭失。

（5）占有物毁损、灭失，分为可归责于占有人的事由和不可归责于当事人的事由。

①"占有物因可归责于占有人的事由毁损、灭失"，说明占有人是过错责任，这里的过错，包括故意和过失。

这种事由，并非仅限于占有人的行为直接致占有物毁损、灭失，还可包括占有人非法取得占有的事由。比如，占有人对故意将占有物烧毁或使用不当等，是直接致占有物毁损、灭失的事由，适用本条；盗窃他人之物后，遭遇火灾（意外事件或不可抗力），致盗窃物灭失，盗窃仍为归责于占有人的事由，亦适用本条。

无权占有他人之物，本身就造成了风险，若在权利人未脱离占有的状态下，可能就不会毁损、灭失，即便有不可抗力的因素，恶意占有人等仍有可能承担责任。比如，甲携带偷窃乙的古董登上游船，遭遇不可抗力，游船沉没，古董不知所踪，甲对乙仍然要承担责任。

②占有物因不可归责于占有人的事由毁损、灭失的，善意占有人（善意自主占有人和善意他主占有人）与恶意占有人都无须承担赔偿责任。具体来说，没有无权

占有人的故意和过失,标的物仍会毁损、灭失的,占有人可以免责。比如,在地震前夜,甲恶意占有乙的房屋,地震发生,房屋灭失,甲对房屋的灭失并不承担责任。

毁损、灭失的事由 $\begin{cases} 可归责于占有人的事由:依占有主体的不同确定责任 \\ 不可归责于占有人的事由:占有人不承担赔偿责任, \\ 受有利益的承担不当得利责任 \end{cases}$

(6)恶意占有人、善意他主占有人,对权利人承担全部赔偿责任,即有多少损失,就赔偿多少,适用侵权赔偿的"损害填补规则"。

①恶意占有人是知道自己无本权的占有人和不知道自己无本权但有重大过失的占有人。权利人主张占有人是恶意占有人的,应当承担证明责任。

②善意他主占有人,是知道对他人之物的占有,但误以为自己是有权占有(误以为自己有债权性本权)的人,比如,误以为自己有承租权、借用权等。善意他主占有人,不能享受"不赔偿"和"有限赔偿"的优惠。因为,善意他主占有人已经明知是对他人之物的占有,对其注意应有较高程度的要求,给予其此种法律优惠,于理不合且会造成显失公平的后果。

(7)善意自主占有人,是误以为自己享有所有权的善意占有人。善意自主占有人,对权利人仅以因灭失或毁损所受利益为限承担赔偿责任。所受利益包括保险金、赔偿金、补偿金、价金等。未受有利益的,则不予以赔偿(免责)。

例如,善意自主占有人甲,占有乙的可产生天然孳息的物,因该物的天然孳息价值很小,甲怠于收取或管理,致天然孳息灭失,甲对自己的物也是这种处理方式,甲也没有所受利益,则甲不承担赔偿责任,否则,对甲过苛。

占有原物的人取得对天然孳息的占有。但依本稿第 14 条,权利人对无权占有人可以请求返还对孳息的占有(占有回复请求权),也就是说,善意占有人与恶意占有人一样,没有取得孳息的权利,但对孳息的毁损、灭失应当按本条处理。

【案例模型】

例 1:张甲利用送货之机,偷了乙超市的一瓶啤酒,在家中一口气喝光。

张甲偷了一瓶啤酒,是恶意占有的法律事实;喝光,是直接致占有物灭失的法律事实。本案存在"可归责于占有人的事由",构成侵权责任与不当得利责任的竞合。

例 2:甲公司恶意占有乙公司一台吊车,在使用中吊车毁损。

甲公司有"可归责于自己的事由",应当承担赔偿责任。

例 3:远洋轮船上,张甲偷窃李乙的黄金戒指,藏在内衣口袋里,当夜轮船触礁,张甲、李乙俱亡,尸体不知所踪。

张甲对戒指的灭失"没有可归责于自己的事由",张甲的继承人无须在继承遗产的范围内对李乙的继承人予以赔偿。

例4：张甲侵占李乙的别墅,当夜,发生不可预见的大地震,别墅所在县的房屋基本倒塌、毁损,李乙的别墅也因地震倒塌。

恶意占有人无须对别墅倒塌带来的损失予以赔偿。因为,没有"可归责占有人的事由"。

例5：张某占有李某的鱼塘,鱼塘里是李某放养的鱼苗,张某属于无权占有。张某养鱼技术不佳,鱼塘里面的鱼大部分死亡,损失10万元,保险公司依照与张某的保险合同赔偿8万元。

若张某对鱼塘和鱼塘里的鱼苗是善意自主占有,则赔偿李某8万元,不再承担其他责任;若张某是恶意占有,除保险公司的8万元外,还要加赔2万元,一共要赔偿李某10万元。

例6：张甲价值1万元的宠物狗,名叫"牛牛",在公园拍摄写真时丢失。某日,张甲见到一条狗,呼唤"牛牛",它就跑过来绕膝亲热。张甲以为找到了自己的"牛牛",其实是李乙丢失的"牛牛"。一日,"牛牛"在立交桥下被汽车碾断了腿,在交警的调解下,肇事车主赔了张甲500元走人。后李乙请求张甲赔偿。

张甲是善意自主占有人,支付李乙500元即可。

例7：甲公司租给乙公司一套设备(融资租赁),设备上刻着甲公司的名称和标志,注明为甲公司所有。后乙公司声称设备为自己从甲公司购买,又出卖给丙公司。丙公司作为商主体,仅凭乙公司一面之词,就购买了刻有甲公司名称和标志的设备,后该设备毁损,保险公司赔偿的费用低于设备的价值。

丙公司不能善意取得设备,其有重大过失,是恶意占有人。甲公司可以直接要求丙公司回复占有并请求赔偿。丙公司应当按设备价值赔偿,不能以所受利益为限赔偿。

例8：张甲之父去世,留下一块价值不菲的玉佩,张甲以为自己继承了这块玉佩(张甲无过失,构成善意自主占有人)。张甲以合理价格将玉佩卖给了李乙。后张甲的朋友王丙持张甲之父的自书遗嘱索要玉佩,遗嘱表明该玉佩由王丙接受遗赠,因李乙构成善意取得,玉佩已经不能索回。

（1）由于张甲的转让行为，致王丙的所有权丧失，张甲作为善意自主占有人，以所受利益为限对王丙承担赔偿责任。

（2）如果张甲将玉佩赠送给李乙，李乙不能取得所有权（无偿行为不能善意取得），由于物权的对世性，王丙可以直接向李乙请求返还原物（回复对玉佩的占有），但不能请求张甲按玉佩价值赔偿，因为张甲没有"所受利益"。

（3）如果张甲将玉佩赠送给李乙，李乙又送给赵丁，由于物权的对世性，王丙可以直接向赵丁请求回复对玉佩的占有。同上，王丙不能请求张甲按玉佩价值赔偿。

（4）如果张甲将玉佩赠送给李乙，李乙又卖给赵丁，赵丁善意取得了玉佩，则王丙可以向李乙请求所受利益。

例9：张甲租给李乙一套房屋，书面合同约定租期为2年零6个月。李乙到期未搬家，多住了7天。

李乙不可能是善意自主占有人，他可能是善意他主占有人，也可能是恶意占有人。这两种"身份"，都要贯彻损害填补规则（完全赔偿规则），除了要赔偿租金损失，有其他损失（如出租人将该房出租给第三人，不能按时交付房屋而支出的违约金）的，也应予以赔偿。

例10：春节将至，张甲老师送给李乙老师一块黑山猪肉、一扇羊排和一罐杭州菊花茶。张甲让自己的学生将礼物送上门，学生敲了隔壁李丙老师的门，说："李老师，这是张老师让我送来的。"李丙与张甲经常礼尚往来，丝毫没有怀疑就收了下来。黑山猪肉炖了一锅吃了，见羊排不新鲜就给扔了。过了几天，张甲发现送错了，就给李丙发了一条短信，说明情况，要李丙把三件礼品交给李乙。李丙接到短信后，打开杭州菊花的包装，泡了几次茶。

李丙开始是善意自主占有人。

（1）黑山猪肉炖了一锅吃了，不属于本条所说的"所受利益"，免责。

（2）扔掉羊排为动产抛弃，也没有本条所说的"所受利益"，免责。

（3）接到短信后，又打开杭州菊花的包装，消费了其中一部分，此时李丙已经转化为恶意占有人，应当赔偿张甲一罐杭州菊花茶或相当的金额。

例11：张甲让快递给李乙送了一盆君子兰，但快递误送到李丙家。李丙把君子兰放在大门口，当晚被人偷走。

（1）李丙把君子兰放在大门口，存在"可归责于占有人的事由"。

（2）李丙若是善意自主占有人，因为没有本条所说的"所受利益"，对张甲不承担责任。

（3）李丙若是善意他主占有人（比如误以为张甲让他保管）或恶意占有人，要承担全部赔偿责任。

【理论阐释】

一、恶意占有人、善意他主占有人应当承担完全赔偿责任

（1）恶意占有人有两种，第一种是知道自己没有本权的无权占有人；第二种是虽然不知道自己无本权但有重大过失的无权占有人。第一种是故意侵权行为，占有物毁损、灭失的，对权利人自当承担完全赔偿责任，不应该有额外的豁免，而应注重保护被侵权人的利益。第二种是过失侵权行为，但占有人是重大过失，应当比照故意处理。这里的"重大过失"，仅对成立恶意占有而言，不针对占有物的毁损、灭失。毁损、灭失是另一法律事实。

（2）自主占有，是以所有的意思占有，即把自己当成所有权人而占有物；他主占有，不以所有的意思占有，即没有把自己当成所有权人而占有。

善意自主占有，是误以为自己是所有权人无权占有。善意他主占有，是误以为自己是享有债权性本权的无权占有。如租赁合同无效，承租人误以为有效，占有使用租赁物。善意自主占有与善意他主占有的区分和判断，具有客观性。例如，超过租期，甲将无权占有的出租物毁坏，为求免责，他声称自己是善意自主占有人，根据曾经承租的事实，自应认定他为自主占有人。

占有物因可归责于占有人的事由毁损、灭失时，善意他主占有人，对权利人应承担全部赔偿责任。原因主要有二：其一，善意他主占有人知道是对他人之物的占有，其应当承担程度较高的注意义务。[①] 其二，他主占有通常处在交易法律关系之中，经常处在受领给付与为给付的对价关系之中，比如，租期届

---

① 对他人之事物，应当承担程度较高的注意义务，我国台湾地区"民法"的下列规定可供参考。第535条规定："受任人处理委任事务，应依委任人之指示，并以处理自己事务为同一之注意，其受有报酬者，应以善良管理人之注意为之。"第590条规定："受寄人保管寄托物，应与处理自己事务为同一之注意，其受有报酬者，应以善良管理人之注意为之。"第672条规定："合伙人执行合伙之事务，应与处理自己事务为同一注意。其受有报酬者，应以善良管理人之注意为之。"第888条规定："质权人应以善良管理人之注意，保管质物。质权人非经出质人之同意，不得使用或出租其质物。但为保存其物之必要而使用者，不在此限。"第890条第1项规定："质权人有收取质物所生孳息之权利者，应以对于自己财产同一之注意收取孳息，并为计算。"上述条文中的注意义务人若对相对人的物存在占有的状况，为有权占有，而善意他主占有是无权占有，但从原理上看，他物占有人（包括善意他主占有人）都应当承担较高程度的注意义务。从实务来看，很多占有人是因为保管、委托、质押、租赁等合同无效、被撤销、到期失效等原因，而转化为善意他主占有人的。

满承租人不知,以承租人的"身份"继续占有使用标的物(受领对方的给付),此种情况下给予其"有限赔偿"的法律优惠,于理不合,且会造成显失公平的后果。

二、善意自主占有人在赔偿方面享有的法律优惠

占有物因可归责于占有人的事由毁损、灭失时,善意自主占有人在赔偿方面享有的法律优惠有两个:其一,不予赔偿(免责);其二,有限赔偿。

有学者指出,善意占有人又为自主占有人,对于占有物之灭失、毁损,虽不负赔偿义务,然若因此受有利益,究属不当得利,即依不当得利之法则,亦应偿还回复权人,例如,占有他人所有之不动产,因于第三人之侵权行为致灭失、毁损而受领赔偿金者,应将所受领之赔偿额返还于所有人。[①] 我国台湾地区"民法"第953条规定:"善意占有人,因可归责于自己之事由,致占有物灭失或毁损者,对于回复请求人,仅以因灭失或毁损所受之利益为限,负赔偿之责。""立法理由"谓:"占有物灭失毁损,其事由应归责于占有人者,若其占有人系善意占有人,又为自主占有人时,应使依不当得利之原则,将受益额悉数清还恢复占有物人,否则必令其负赔偿全部赔偿之义务,未免过酷,故设本条,以保护善意自主占有人之利益。"由此可知本条规定旨在保护善意自主占有人。[②]

对善意自主占有人的有限赔偿责任,是建立在"免责"基础上的,即占有人对占有物的毁损、灭失,虽有可归责的事由,但法律给予免责的待遇;但若占有人受有利益而不对权利人赔偿的话,则等于立法承认占有人的不当得利,故应规定占有人的有限赔偿责任。此处规定是"赔偿"而不是"返还"。

善意自主占有人在赔偿方面的法律优惠:一是为了简化法律关系。二是考虑到生活习惯,当事人把占有物当做自己的物来管领,并无善意他主占有人那样的较高程度的注意义务,可以宽宥。例如,善意自主占有人看占有物价值不大,当做废品扔掉,平时,占有人对自己的物也是这样处理的。此种情况,占有人并未受领利益,自当免责。三是对他人之物的善意占有,通常也有权利人方面的原因(比如,其行为致占有人"被动占有"、疏忽导致的遗失、没有及时收回占有物等)。

三、赔偿责任与不当得利的返还

(1)占有物的毁损、灭失,是指物理上的毁损、灭失。导致毁损、灭失的原因,是由于人的事实行为或事件。转让、动产抛弃是法律行为,导致占有物的丧

---

① 参见曹杰:《中国民法物权论》,中国方正出版社2004年版,第247页。
② 参见王泽鉴:《民法物权》,北京大学出版社2010年版,第523页。

失,这种丧失,可以指权利人丧失所有权等,也可以指无权占有人丧失占有。

（2）本条是对无权占有人赔偿责任的规定,但无权占有人受有利益时,可发生不当得利责任,也可发生赔偿责任与不当得利责任的竞合。

①非因可归责于无权占有人的事由,致占有物毁损或灭失,无权占有人受有利益的,权利人可以请求返还不当得利。

②因可归责于无权占有人的事由,致占有物毁损或灭失,占有人受有利益的,发生赔偿责任与不当得利责任的竞合,权利人自可择一行使权利。

（3）《物权法》第244条规定,权利人请求"赔偿"的,善意占有人的责任是"返还",即对赔偿请求权,"安排"了返还责任,恶意占有人在"返还"之外还应赔偿。笔者认为,占有人的责任应与请求权相对应,上述"返还"对应"赔偿请求权"的规定是不恰当的。笔者设计的本条,改为"赔偿"。

四、对"因可归责于占有人的事由"的解析

无权占有人对占有物的毁损、灭失存在的故意、过失（重大过失和轻过失）行为,是"可归责的事由"。

有学者指出,善意占有人的责任既然限制在其因毁损、灭失所受利益的范围之内,则造成毁损、灭失的原因可不问。无论是否可归责于占有人,只须其因占有物的毁损、灭失受有利益,即应在所受利益范围内对权利人承担责任。① 笔者认为,这种观点对"因可归责于占有人的事由"的理解,比较狭窄,排除了取得占有的原因。无权占有是一种侵权行为,无权占有本身,也可以是占有物毁损、灭失的一个归责事由。例如,甲的珍珠项链,乙以为是自己的,挂在脖子上出差,在火车上因不可抗力致珍珠项链毁损。此案可能有两种结果：第一种,如果乙是善意自主占有人,则乙不承担赔偿责任；第二种,如果乙是恶意占有人,或是他主善意占有人,其对甲应当全额赔偿。此时,乙的无权占有就是一种可归责的事由。

再如,张甲侵占李乙的别墅,当夜,发生不可预见的大地震,别墅所在县的房屋基本倒塌、毁损,李乙的别墅也因地震倒塌。——恶意占有人张甲无须对房屋倒塌带来的损失予以赔偿,因为,没有张甲的恶意占有,别墅也是要倒塌的。也就是说,本案没有"可归责的事由"。

笔者的意思是,因意外事件、不可抗力导致占有物毁损、灭失的,还要考察与无权占有之间的关系。如果没有无权占有,就不会毁损、灭失的,无权占有人是应承担责任的。

---

① 参见梁慧星：《中国民法典草案建议稿附理由·物权编》,法律出版社2004年版,第435页。

【立法例】

《中华人民共和国物权法》

第 244 条　占有的不动产或者动产毁损、灭失,该不动产或者动产的权利人请求赔偿的,占有人应当将因毁损、灭失取得的保险金、赔偿金或者补偿金等返还给权利人;权利人的损害未得到足够弥补的,恶意占有人还应当赔偿损失。

我国台湾地区"民法"

第 953 条[善意占有人之责任]　善意占有人,因可归责于自己之事由,致占有物灭失或毁损者,对于回复请求人,仅以因灭失或毁损所受之利益为限,负赔偿之责。

第 956 条[恶意占有人之责任]　恶意占有人或无所有意思之占有人,就占有物之灭失或毁损,如系因可归责于自己之事由所致者,对于回复请求人,负赔偿之责。

第 958 条[恶意占有人之孳息返还义务]　恶意占有人,负返还孳息之义务,其孳息如已消费,或因其过失而毁损,或怠于收取者,负偿还其孳息价金之义务。

《德国民法典》

第 987 条[发生拘束后的收益]　(1)占有人应将其在诉讼拘束发生后收取的收益返还所有人。

(2)占有人在诉讼拘束发生后,对于其依通常经营方法按常例可能收取的收益而不收取者,以负有过失的责任者为限,应对所有人负赔偿的义务。

第 989 条[发生拘束后的损害赔偿]　占有人自诉讼拘束发生时起,由于其过失致物毁损、灭失,或由于其他原因不能返还其物造成的损害,对所有人负其责任。

第 990 条[恶意占有人]　1.(1)占有人在取得占有时为非善意者,自取得占有之时起对所有人依第九百八十七条和第九百八十九条的规定负其责任。(2)占有人事后知道其为无效者,自其知情时开始负同样的责任。①

2.占有人因迟延所生的其他责任,不因此而受影响。

第 991 条[代理占有人的责任]　(1)占有人从间接占有人处继受占有的权利,仅在对间接占有人也存在有第九百九十条规定条件或者对间接占有人发生诉讼拘束时起,始在收益方面适用第九百九十条的规定。

---

① 第 987 条是对"发生拘束后的收益"的规定,第 989 条是对"发生拘束后的损害赔偿"的规定。

（2）占有人即使在取得占有时为善意的，仍然自取得之时起，对第九百八十九条所列举的损害，在其应对间接占有人负责的范围内，对所有权人负其责任。

第992条［违法占有人的责任］ 占有人以禁止的擅自行为或者以犯罪行为取得占有的，根据关于侵权行为产生的损害赔偿的规定，对所有权人负其责任。

《瑞士民法典》

第940条［恶意占有人］ （一）物的恶意占有人须向权利人交还占有物。对因扣留物而造成的损失以及对收取的或因延误而未收取的孳息，负赔偿责任。

（二）恶意占有人仅对其因占有而支付的费用的必要部分，有请求赔偿的权利。

（三）恶意占有人在不知应向谁交还物的期间内，仅对其过失造成的损失负赔偿责任。

《日本民法典》

第190条［恶意占有人与孳息］ （一）恶意占有人负返还孳息的义务，并负偿还其已消费的、因过失而毁损的及怠于收取的孳息代价的义务。

（二）前款规定，准用于以强暴或隐秘实行占有者。

第191条［占有人与回复人的关系］ 占有物因应归责于占有人的事由而灭失或毁损时，恶意占有人对回复人负赔偿全部损害的义务，善意占有人在因灭失或毁损而现受利益的限度内，负赔偿义务。但是，无所有意思的占有人，虽系善意，亦应予以全部赔偿。

《韩国民法典》

第201条［占有人与孳息］ （一）善意占有人，取得占有物的孳息。

（二）恶意占有人应返还其所得孳息，已经消费或因过失毁损的，应补偿该孳息的对价。

（三）前款规定，准用于暴力或隐秘的占有人。

第202条［占有人对回复人的责任］ 占有物因可归责于占有人的事由而灭失或毁损的，恶意占有人应赔偿全部损失；善意占有人应在现存利益的范围内予以赔偿。非以所有意思的占有人，即使为善意也应赔偿全部损失。

第十六条 【占有人的自力救济权】

占有人对侵夺、妨害其占有的行为,可以自力防卫。

不动产被侵夺的,占有人可以即时夺回其物。

动产被侵夺的,占有人可以就地或即时追踪夺回其物。

前三款使用自力的情形,不得超过必要的限度。

【说明】

(1)本条规定了占有人的自力救济权。自力救济权包括两种:第一种是自力防卫权,也称为占有防御权;第二种是自力夺回权。

自力救济也称为私力救济,是在不及请求公力救济的情况下,权利人利用自己的力量(包括强力、暴力)对自己进行救济。自力救济,是"自己帮助自己的行为",是违法阻却事由之一。占有人自力救济权,是正当防卫行为的一种。

无权占有,亦受法律保护,无权占有人对于他人的侵夺占有、妨碍占有的行为,亦有自力救济权。

另外,本稿第 2 条规定了共同占有人可以行使自力救济权,第 3 条规定了占有辅助人可以行使自力救济权。

(2)本条第 1 款规定了自力防卫权,即占有人对于侵夺其占有、妨害其占有的行为,有权加以防御。占有人自力防卫,针对侵夺占有、妨害占有两种行为。侵夺占有、妨害占有是侵权行为。

第 1 款的自力防卫权,既适用于不动产被侵夺占有、被妨害占有,也适用于动产被侵夺占有、被妨害占有。

(3)本条第 2 款规定了占有人对侵夺不动产占有的人享有的自力夺回权。夺回,是回复占有的行为。不动产规定了"即时"(当时)的要件。比如,张某出差,归来时,发现别墅被李某侵占,因为没有"即时"的要件,张某没有自力救济权,只能请求公力救济。

(4)本条第 3 款规定了占有人对侵夺动产占有的人享有的自力夺回权。对动产的夺回,也是回复占有的行为。夺回,也应强调"即时"(当时)、"就地",如果时过境迁,就丧失了该项权利。

(5)间接占有是观念占有,故间接占有人没有自力救济权。但间接占有人并非只可"袖手旁观",其可实施无因管理行为,保护占有人的利益。① 例如,甲将房屋出租给乙,房屋在乙居住期间遭丙暴力侵夺占有,则甲夺回了占有,夺回

---

① 无因管理可以与见义勇为、紧急避险、正当防卫发生竞合。

的效果归属于乙。

（6）对占有的保护,关系到社会的平和与安稳的秩序。对私力救济,应当严格把握其要件。自力救济不能超过必要的限度,超过必要限度的,构成侵权行为。

【案例模型】

例1：承租人张甲晨起时发现,对面李乙正在装修房屋,楼道里堆放了很多装修材料,影响了自己的通行,张甲阻止其堆放。

张甲是行使自力防卫权(占有防御权)。

例2：李女士下班回家,开车进车库,发现一辆车停在公共通道上,堵住了自己进出私家车位的路。于是李女士请来拖车公司,将该车拖到车库外面。

该辆车车主对李女士构成了妨碍占有(如果直接占了车位,则为侵夺占有)。因不符合"即时"的要件,李女士并无自力救济权。

例3：张甲在街边小店掏出钱包付款的时候,在侧李乙抢了钱包飞奔逃跑,张甲追击百米,一拳击中李乙肩部,夺回钱包,李乙倒地而亡。

张甲"夺回"占有的行为,是合法的自力救济行为,满足"即时"的要件。张甲的"夺回"行为,也是正当防卫行为。

例4：出租司机张甲(女)在路边停车,李乙、王丙持刀抢劫了张甲的钱财。李乙拔掉出租车的钥匙,二人持刀逃走,张甲在遮阳板上藏有备份钥匙,开车撞击二人,李乙死亡,王丙高位截瘫。张甲取回了自己的钱财。王丙在医院声称张甲防卫过当。

张甲适时防卫,是本条第3款的正当防卫行为。

例5：甲租了乙的一台写真机,因到期未归还,从有权占有转化为无权占有。出租人乙半夜潜入甲的打印室,企图偷走这台写真机。

甲是无权占有人,但其可行使占有防御权。如乙骑着三轮车带着写真机逃走,甲可即时追击之,夺回写真机。

【理论阐释】

一、自力救济权概述

（一）自力救济权与占有权以及设立自力救济权的必要性

1. 自力救济权与占有权

自力救济权不宜称为占有权，在采用本权概念的前提下，再采用占有权的概念或术语，容易引起思维上的混乱。因为占有权的表述，会使不少人误认为占有人都是有权源的。享有自力救济权的人可以是有权占有人（有本权的占有人），也可以是无权占有人（无本权的占有人）。

2. 设立自力救济权的必要性

"权利之保护，有公力救济与自力救济两种。与权利被侵害时，请求公权力实行救济者，为公力救济。与权利被侵害时，以自己力量实行救济者，为自力救济。公力救济，须依一定之程序，于情况紧急时，难以及时保护权利。故现代法律，虽以禁止为原则，仍例外允许之。可分为自卫行为及自助行为两种。此等行为，在刑法上不构成犯罪，在民法上不构成侵权行为。"① 上述观点，表达了自力救济的"及时性"，事后再寻求公力保护并无不可，但有时损失难以挽回。

在已有正当防卫规定的情况下，是否还有必要规定占有自力救济权？有学者谈到，我国台湾地区"民法"第149条设有一般防卫之规定：惟于侵害行为成为过去者，除依公力外，尚不能以自力取回，为适应占有之特殊保护，乃有此规定（第960条）。② 对"侵害行为成为过去"，笔者所持观点与此不同，以本稿第16条前三款为例：第1款规定："占有人对于侵夺、妨害其占有的行为，可以自力防卫。"第2款规定："不动产被侵夺的，占有人可以即时夺回其物。"这两款规定的侵权行为都处在"正在进行时"的阶段。第3款规定："动产被侵夺的，占有人可以就地或即时追踪夺回其物。""就地"，说明侵权行为正在进行。侵夺人脱离现场，在逃跑过程中，侵权行为是否处在进行阶段呢？一些刑法学者、民法学者认为不在侵权进行阶段，不能正当防卫，笔者认为侵权行为在持续过程中，被侵夺

---

① 杨与龄：《民法概要》，中国政法大学出版社2002年版，第85页。
② 参见曹杰：《中国物权法论》，中国方正出版社2004年版，第252页。台湾地区"民法"第149条[正当防卫]规定："对于现时不法之侵害，为防卫自己或他人之权利所为之行为，不负损害赔偿之责。但已逾越必要程度者，仍应负相当赔偿之责。"第960条[占有人之自力救济]规定："占有人对于侵夺或妨害其占有之行为，得以己力防御。占有物被侵夺者，如系不动产，占有人得于侵夺后，实时排除加害人而取回之。如系动产，占有人得就地或追踪向加害人取回之。"

人可以正当防卫,本条第3款的特别规定,可以终结对侵夺占有这种特定情况的疑义,有利于保护占有人。可以说,自力救济权,是在正当防卫一般规定的基础上,为对占有加强保护的特别规定,这种特别规定是有必要的。

可能引起的疑惑是,赋予占有人以自力救济权会不会造成社会的不稳定?笔者认为,自力救济,毕竟是在受侵害时的一种"反应""反击",如果没有自力救济制度,则给一些人肆意侵害他人权利提供了"机会"。占有人自力救济的设计,不但使占有人在"当时"就得到救济,还可以使侵权人在侵权时就"遭遇"到危险(反抗、打击),这对侵权行为是一种抑制。赋予占有人以自力救济权并予以规范,对维护社会秩序具有深刻的意义。

对违法强拆(亦属民事侵权行为),占有人(不一定是所有权人)可以自力救济,行使占有防御权。当然,占有人的自力救济的适用是很广泛的,不限于违法强拆。大规模的违法强拆,从历史的角度来看,只是一个阶段性的现象。

(二)侵占占有的分类

为区分侵夺占有与其他侵占占有的行为,可以将侵占占有分类为侵夺占有和一般侵占占有。

$$侵占占有\begin{cases}侵夺占有(占有移转)\\一般侵占占有(占有不移转)\end{cases}$$

侵夺占有,有特定的含义,是指采用抢劫、抢夺、盗窃等方法剥夺占有的行为,侵夺占有,导致占有的移转。"所谓占有之侵夺",系指违反占有人之意思,以积极之不法行为,将占有物全部或一部分移入自己之管领而言。① 一般侵占占有,不发生占有的移转,如租期届满,承租人从有权占有转化为无权占有,承租人拒绝回复占有,是侵占占有,不是侵夺占有。侵夺占有使占有发生移转,侵夺占有以外的侵占占有,没有使占有发生移转。王泽鉴教授指出:"若承租人于租赁期间届满后,未将租赁物返还者,因租赁物原系基于出租人之意思而移转占有于承租人,其后承租人纵有违反占有人意思之情形,既非出于侵夺,出租人尚不得对之行使占有物返还请求权。"② 依本稿第7条第1款之设计,占有物返还请求权(占有回复请求权),亦只是针对侵夺占有的,不针对一般侵占行为,同时依据本条,对侵夺可以夺回,对一般侵占行为不得夺回。承租人到期不归还出租物的,出租人自不得自力夺回。

侵占占有与侵犯占有也不同,侵犯占有是一个很广泛的说法,比如妨碍占有

---

① 参见王泽鉴:《民法物权》,北京大学出版社2010年版,第537页。
② 同上注。

也是侵犯占有。

二、无权占有与绝对法律关系

无权占有受法律保护,无权占有人也享有自力救济权。无权占有人与有权占有人一样,也处在对世的绝对法律关系之中。

形成绝对法律关系的法律事实,可以是事件,如因自然原因发生的物的附合。法律事实也可以是行为。就行为而言,绝对法律关系一般是由合法行为产生的,在特殊情况下,违法行为也产生绝对法律关系。例如,无论是对他人之物的善意无权占有,还是恶意无权占有,都处于非法状态,但是占有的事实却形成了绝对法律关系。"在占有的保护功能,我们看到了一项重要的法律基本原则,即任何人不能以私力改变占有的现状。"① 任何人(包括物的所有权人和其他享有占有本权的人)都不得私力侵犯。这样规范,是为了维护社会秩序。

绝对法律关系是法律对生活关系的调整,是"法的实现"的表现。② 占有作为现实的绝对法律关系,义务人都承担不行为(不侵犯)的义务,而占有人作为特定的权利主体享有现实的权利,这种权利是既得权,而不是期待权,不能认为绝对权被侵害后才演变成既得权。

【立法例】

《中华人民共和国民法总则》

第181条　因正当防卫造成损害的,不承担民事责任。

正当防卫超过必要的限度,造成不应有的损害的,正当防卫人应当承担适当的民事责任。

《中华人民共和国民法通则》

第128条　因正当防卫造成损害的,不承担民事责任。正当防卫超过必要的限度,造成不应有的损害的,应当承担适当的民事责任。

我国台湾地区"民法"

第149条[正当防卫]　对于现时不法之侵害,为防卫自己或他人之权利所为之行为,不负损害赔偿之责。但已逾越必要程度者,仍应负相当赔偿之责。

---

① 王泽鉴:《民法物权》(2),中国政法大学出版社2001年版,第173页。我国台湾地区"民法"第149条[正当防卫]规定:"对于现时不法之侵害,为防卫自己或他人之权利所为之行为,不负损害赔偿之责。但已逾越必要程度者,仍应负相当赔偿之责。"

② 雅维茨指出:"法的实现作为它的完成过程,标志着从可能(应该)转化为现实(真实)。"参见〔苏〕雅维茨:《法的一般理论》,朱景文译,辽宁人民出版社1986年版,第170—171页。

第 960 条［占有人之自力救济］　占有人对于侵夺或妨害其占有之行为,得以己力防御之。

占有物被侵夺者,如系不动产,占有人得于侵夺后,实时排除加害人而取回之。如系动产,占有人得就地或追踪向加害人取回之。

第 961 条［占有辅助人之自力救济］　依第九百四十二条所定对于物有管领力之人,亦得行使前条所定占有人之权利。①

《德国民法典》

第 859 条［占有人的自助］　(1)占有人得以强力防御禁止的擅自行为。

(2)以禁止的擅自行为侵夺占有人的动产时,占有人得当场或追踪向加害人以强力取回其物。

(3)对土地(不动产)占有人以禁止的擅自行为侵夺其占有时,占有人得于侵夺后即时排除加害人而回复占有。

(4)占有人对依第八百五十八条第二款其占有为有瑕疵的人,享有与前项相同的权利。②

第 860 条［占有辅助人的自助］　依第八百五十五条为占有人行使实际控制的人,得行使占有人依第八百五十九条享有的权利。③

《瑞士民法典》

第 926 条［防卫侵害］　(一)占有人得以暴力保卫其占有物不受他人非法侵夺。

(二)他人以暴力或隐蔽的方法向占有人夺取其占有物时,不动产占有人得直接驱逐侵害人;动产占有人得当场捕获或立即追捕侵害人,以重新夺回该占有物。

(三)前款情形,占有人不得使用实际情况并非必要的暴力。

《韩国民法典》

第 209 条［自力救济］　(一)占有人对不当侵夺或妨害其占有的行为,可以自力防卫。

(二)占有物被侵夺时,若被侵夺物为不动产的,占有人可在被侵夺后立即排除加害人并取回占有物,若被侵夺物为动产的,占有人可就地或追踪加害人并取回占有物。

---

① 第 942 条是对"占有辅助人"的规定。
② 第 858 条第 2 款是对"有瑕疵占有的继受"的规定。
③ 第 855 条是对"占有辅助人"的规定。

第十七条 【占有的取得、移转和丧失】

占有的取得,可因人的行为取得,也可因事件取得。

占有的移转,在相对人取得对物事实上的管控时完成。

占有,自被继承人、死因赠与的赠与人、遗赠扶养协议的被扶养人死亡时移转于继承人、受遗赠人、受赠人或扶养人,物被第三人占有的除外。

占有,因占有人丧失其对物事实上的管控而丧失,但其控制力仅一时不能实行的,不在此限。

占有丧失,原占有人成立间接占有的,可以保持质权、留置权的效力。

【说明】

（一）占有的取得

(1)本条第1款规定了占有的取得,占有取得也称为占有的成立。规定占有的取得,对判断是否存在占有,具有一定的价值,也为占有的移转、丧失的判断,奠定了基础。

(2)占有可因合法行为取得,也可因非法行为取得。抢劫、抢夺、盗窃等侵夺占有的行为虽然是非法行为,但不影响占有的取得。

(3)占有,可因事实行为取得,也可因法律行为取得。

盖了一间房子、对动产进行先占、拾得遗失物、侵夺占有等,是因事实行为取得占有。张甲放羊,羊群践踏、啃食李乙的菜地,李乙当即扣押了一只羊,要求赔偿损失,李乙是以事实行为(扣押)取得了对该羊的占有。

依适格交付取得占有,是因法律行为取得占有。交付,是指交付占有,交付是双方行为,包括双方法律行为和双方事实行为。

适格交付,是移转占有的双方法律行为。交付的适格,是指交付行为符合法律行为的要件。

不适格交付,是移转占有的双方事实行为。比如,5岁的张甲将祖传的价值不菲的翡翠镯子送给李乙(成年人),交付行为是双方事实行为,李乙取得了占有,但构成不当得利。

(4)占有,可因自己的行为取得,也可因第三人的行为取得。例如,张甲错将李乙的大车的轮胎安装在王丙的大车上,成为大车的非重要成分,王丙因第三人的行为取得占有。

(5)占有,可因事件取得。比如,继承人可因被继承人的死亡而取得对遗产的占有;再如,也可因事件取得对混合物的占有。

(二)占有的移转

(1)本条第2款规定了占有移转的一个要件,该要件就是受让人取得对标的物的事实上的管控。这与占有的定义是一致的。

(2)占有的移转,也是取得占有的一项原因。

(3)占有的移转,通常由交付而产生,包括动产的交付和不动产的交付。交付,是指现实交付。本条涵盖了由动产交付引起物权变动的情况①,但动产交付引起物权变动的"面"较窄。动产交付,有的发生物权变动,有的不发生物权变动,要看交付依据的基础法律关系如何,在生活中还有大量的不动产的交付,还有因继承发生的占有移转。

(4)占有的移转,不限于交付。本条第3款规定了占有移转的特殊情形。

①本条第3款所说的继承人,包括法定继承人和遗嘱继承人。

②占有自被继承人死亡时,移转于法定继承人,此是由事件导致的占有移转。

③被继承人设立了遗嘱,占有自被继承人死亡时,移转于遗嘱继承人或受遗赠人。遗嘱是单方法律行为,也是死因行为,被继承人先于遗嘱继承人、受遗赠人死亡,是遗嘱意定的事件(设定的条件),因此遗嘱继承人、受遗赠人因遗嘱取得占有,可以认为是因事件取得占有。

④死因赠与的赠与人、遗赠扶养协议的被扶养人死亡时,占有移转于受赠人、扶养人,死因赠与和遗赠扶养协议,都是双方法律行为、死因行为,但赠与人、被扶养人死亡,导致的占有移转,属于事件导致的移转。

⑤当被继承人、死因赠与的赠与人、遗赠扶养协议的被扶养人死亡时,标的物被第三人占有的,占有并不移转,而仍由第三人占有。比如,张某出外旅行,将行李箱交由火车站寄存处保管后,突发心脏病死亡,其法定继承人取得对行李箱的所有权,继承了间接占有,但未取得占有。

(5)占有的移转,是从一个主体占有到另外一个主体占有,不包括对无主物的取得。比如,甲将某动产抛弃后,乙先占取得,这不属于占有的移转,因为该物曾是无主物。

(三)占有的丧失

(1)占有的丧失,也称为占有的消灭。本条第3款规定的占有的丧失,是现实占有的丧失,不包括间接占有的丧失。因为,间接占有是观念占有,对物不存

---

① 我国"民法典"必将规定动产物权变动的公示方式——动产交付(如《物权法》第6、23、212条)。

在事实上的管控。

（2）占有物灭失，失去了占有的客体，自然失去了占有。这是丧失占有的一种情况。本条并未对此作出规定，因为这是不言而喻的，没有必要进行规范。本条只是规定占有因占有人丧失其对于物之事实的管控而丧失，即物虽然存在，但丧失了对其的占有。

（3）占有的丧失，包括自物占有的丧失和他物占有（直接占有）的丧失。所有权人对非所有权人的占有侵夺，亦可使非所有权人丧失占有。

（4）占有的丧失，不能等同于直接占有的丧失。直接占有是他物占有，是占有的一种。直接占有消灭，与之相对应的间接占有随同消灭。

（5）占有丧失，占有的效力随之丧失，以占有为要件的民事权利消灭。比如，占有丧失后，质权、留置权丧失。再如，占有丧失以后，当事人不能行使私力救济权。

（6）本条第4款规定了占有丧失的要件及其例外，其要件就是丧失对物的实际管控。规定例外情形，是为了保护占有人的利益。"控制力仅一时不能实行的"，应按一般社会观念进行判断。"一时不能实行的"，不包括（现实）占有转化为间接占有的情形。比如，甲保管乙的物，在保管期间，甲把物交给丙修理，甲为间接占有，丙为直接占有。这不属于"仅一时不能实行"的情形。

（7）占有的丧失，一种是基于占有人的意思，还有一种是非基于占有人的意思。前者如交付、动产的抛弃等，后者如遗失、被抢、被盗，以及因自然事件丧失占有等。

（8）占有的丧失，往往是相对于原占有而言的，当事人丧失占有的物，可以处在他人占有的状态，也可以处在无人占有状态。如遗失物，处在无人占有的状态；拾得物，处在他人占有（他物占有）的状态。

（9）本条第5款规定的主要意义，是为保护质权人、留置权人。留置权人、质权人在丧失现实占有之后，可以间接占有保持留置权和质权。

本条第5款不同于第3条[辅助占有]第4款。该款规定："动产质权人、留置权人因修理、保管等原因，将标的物交付第三人占有的，该第三人视为辅助占有人。"本条第5款适用于将物交给第三人修理、保管等情形，该第三人是直接占有人，但结合第3条第4款视第三人为辅助占有人。本条第5款还包括第三人不能视为辅助占有人的情形，比如，占有物被第三人侵夺、质物被第三人留置、交付转质权人占有等。

物被第三人侵夺占有，当事人之间没有雇佣、保管、承揽、委托等基础法律关系，侵夺人作为直接占有人不能视为辅助占有人。质物被第三人留置，第三人的留置权优先于质权，故第三人不能视为质权人的辅助占有人，虽不能适用本稿第

3条第3款保留质权,但可以依据本条第5款保留质权。

(10)观念交付,只是引起本权变动,与占有取得、移转、丧失无关。

【案例模型】

(一)占有的取得

例1:甲在1月1日盖好了一间房屋,在2月1日办理了登记。

甲在1月1日,因事实行为取得了对房屋的"占有"(原始取得占有)和"所有"(本权)。2月1日办理的登记是宣示登记(入户登记、第一次登记),与物权变动无关,与占有的取得无关。

例2:甲在1月1日,制作了一件上衣。

甲因事实行为取得了对该上衣的占有(原始取得占有)。

例3:甲将一块布料交给裁缝乙,约定由乙给甲制作一件长裙。乙是甲的好朋友,事先说好不要钱。

(1)甲、乙之间成立的合同,是无偿委托合同,若是有偿,是承揽合同中的加工合同。该长裙由甲原始取得所有权(本权),由乙原始取得占有。

(2)若裁缝乙用自己的布料给甲做一件长裙,是有偿的定作合同(兼有买卖合同的性质),无偿的是赠与合同。该长裙由乙原始取得占有和所有。交付给甲后,甲继受取得所有和占有。

例4:甲捡到别人抛弃的旧沙发,当做自己的物。

甲是自主占有,以事实行为取得占有(先占),并取得所有权(本权)。

(二)占有的移转

例1:甲、乙订立了买卖合同,甲依约将一盒中成药交付给乙。

适格的交付是移转占有的双方法律行为。动产买卖合同之交付,致动产所有权(本权)移转给买受人。

例2:甲、乙订立了租赁合同,出租人甲依约将标的物一台激光切割机(动产)或一所房屋(不动产)交付给出租人乙。

依租赁合同之交付,占有移转给承租人,但所有权不发生变动。承租人的本权是债权。

例3：出质人甲与质权人乙在2015年4月1日就一台升降机签订了质押合同。4月10日,甲将升降机交付给乙。

质押合同是债权合同,于4月1日生效。4月10日,乙取得占有时,成立了质权。

例4：张甲死亡,其遗产一所房屋归法定继承人张乙所有。

张乙在继承本权(房屋所有权)的同时,也"继承"了占有。

例5：李某有一套房屋,独自居住。李某因脑出血死亡,3个儿子从外地奔往医院。

从李某死亡时,其3个儿子取得对房屋的所有权和共同占有。该套房屋不属于无人占有的物。

例6：王某与李某夫妻共有一套房屋,二人共同居住。后王某因意外事故失踪,失踪满二年后,李某向法院申请宣告王某死亡,法院判决宣告王某死亡。

在法院判决确定王某死亡的日期(推定死亡的日期),房屋由共同占有转化为李某单独占有。本案是占有移转的一种特殊情况,即共同占有转化为单独占有、单独占有转化为共同占有,都是占有移转的表现。

例7：张甲死亡,其遗产一所房屋归法定继承人张乙所有,张甲生前将房屋出租给李乙(定期租赁),现由李乙使用。

张乙不取得房屋的占有。张乙对房屋的所有权,是脱离占有的本权,租期届满,才可主张回复占有。

例8：下列哪些是保留本权的给付?
(1)甲以车床为乙设立质权,交付了车床。
(2)出卖人甲将出卖的鸡蛋交付给买受人乙。
(3)甲把建筑用的脚手架出租给乙,交付了脚手架。

交付占有是相对法律关系中的给付。有些给付保留了固有的本权。
(1)为他人设立质权,是为他人创设债权性本权,自己保留了所有权,因此甲是保留本权的给付。
(2)出卖人甲将出卖的鸡蛋交付给买受人乙,随着交付,所有权移转,甲丧失本权。
(3)甲把脚手架出租给乙,交付了脚手架,甲为乙创设了债权性本权,自己保留了所有权,所有权是物权性本权。

(三)占有的丧失

例1:李某将一台旧电视修好,放在路边,希望需要的人拿走。路过的王某将电视抱回家中。

李某是动产的抛弃,动产抛弃须具备两个要件:一是须抛弃占有;二是有抛弃的意思。动产的抛弃,是单方法律行为,是占有消灭的一个原因。

例2:精神病人李某将一台手提电脑抛弃,被行人吴某拾得,据为己有。

(1)动产抛弃是法律行为,李某的抛弃行为无效,其所有权(本权)不丧失,但占有丧失。由于李某欠缺意思能力,此属于"非基于意思表示丧失占有"。

(2)吴某原始取得"占有",但没有取得"所有",即吴某没有取得占有的本权,属于无权占有。

例3:甲出租给乙一套建筑用脚手架,租期为二年,到期承租人乙未归还。

到期,承租人乙只丧失本权(合同债权),不丧失占有。

例4:(1)甲把一个热气球出租给乙,在乙使用期间,甲、乙又签订了买卖合同,将气球卖给了乙。

(2)甲把一个旧电脑卖给乙,乙到甲处去取电脑时,甲、乙又达成协议,约定甲借用3天。将气球卖给了乙。

(3)甲把一幅国画交给鉴定师乙鉴定。第二天,甲给鉴定师乙打电话说,这幅画卖给了丙,已经签订了合同,明天丙直接到你那里取画。

观念交付包括简易交付、占有改定和指示交付。观念交付的特点是"占有不动,本权动",因此观念交付不发生占有的消灭。

(1)在买卖合同生效时,热气球的所有权(本权)由于简易交付,而由甲移转给乙。

(2)在达成买卖协议后,又达成借用协议,由于占有改定,电脑所有权(本权)移转给乙。

(3)甲通知乙后,国画所有权(本权)由于指示交付移转给丙。

例5:张甲在住宅小区的花园里丢失了手表,张甲在花园里面仔细寻找,找到了手表。

"控制力仅一时不能实行",应认定张甲的占有未丧失。

例6:张乙到外地旅游时丢失了项链。

此案不存在找到项链的合理期待,应认为张乙的占有丧失。即并非"控制力仅一时不能实行"。

例7:张丙的戒指忘在湖边长椅上,回头去找时,恰见李丁捡起。张丙喊道:"是我的!上边有我的名字。"李丁转身就跑,张丙追上去把戒指夺回。

此案应认为张丙未丧失占有,这是其行使自力夺回权(参见第16条)的基础。

例8:王某"打"了一辆黑车,下车后发现手机遗忘在车上了。王某给自己的手机打电话,汽车司机赵某接了电话,让王某带800元辛苦费来取手机,说不给钱不还手机。

王某已经丧失了对手机的实际控制,即丧失了占有。王某是间接占有,赵某是直接占有。赵某无权索要800元辛苦费,故其没有占有抗辩权。但赵某可就必要费用成立占有抗辩权。

例9:张某到一小店购买白糖,出门时,400元钱从口袋掉落,被旁边一名酒厂业务员李某捡走了。小店女店主看到那名业务员捡走400元后,还提醒他捡拾别人掉落的钱,理应归还,可对方拒绝归还。

张某对口袋里掉落的400元钱,其控制力仅一时不能实行,未丧失占有,李某构成侵夺占有。

(四)保留质权、留置权的情形

例1:甲将一辆汽车质押给乙,并允许乙使用(用益质押),在乙使用期间,汽车发生损坏,乙送到丙处修理。

乙丧失了占有,转化为间接占有,丙为直接占有。按本条第4款,因乙有权请求回复占有而保留质权。另按本稿第3条第4款,丙视为占有辅助人,据此,乙亦保留质权。

例2:甲对乙有25万元的债权,债务人乙将一幅启功的书法作品质押给甲。丙侵夺甲占有的书法作品,甲对丙提起诉讼,请求返还。

丙侵夺书法作品,为直接占有人。此种情况,甲成为间接占有人,应认定甲不丧失质权。

例 3：甲对乙有 100 万元金钱债权,乙将一台吊车质押给甲并交付。后甲将债权让与丙。

甲通知债务人乙后,丙得对乙主张债权,尽管丙对吊车(质物)尚未取得直接占有,但"从随主"(从权利随同主权利移转),丙以间接占有对乙取得质权。对甲,丙应及时主张交付质物。

例 4：甲把一本有名人签名的《合同法要义》质押给乙,交付之后,乙与甲又商量由甲保管这本书,乙又把这本书交还给甲。

(1)如果出质人甲不交付这本书,乙的质权不成立。

(2)交付后,乙又返还占有,乙的质权消灭,不能认为是一时丧失控制力。此时,乙并没有间接占有人的地位。如果认为乙仍享有质权,会给第三人造成不测之损害。

例 5：质权人乙在质权存续期间,经出质人甲同意,将质物转质给丙。

甲将质物交付给乙,则甲为间接占有人,乙为直接占有人,乙将质物交付给转质权人丙,则丙为直接占有人,乙为间接占有人,甲为上级间接占有人,形成占有媒介关系的连锁。依本条第 5 款,乙因为对丙的间接占有,保留对甲的质权。

例 6：甲将一抽水机质押给乙,并允许乙使用(用益质押),在乙使用期间,抽水机发生损坏,乙送到丙处修理,因乙未交付修理费,丙留置抽水机。

丙取得占有才能成立留置权,应认为丙成立占有,而不是辅助占有。乙丧失了占有,但因可以向丙交费而回复占有,即可以间接占有以保留其质权。

例 7：甲对乙的物享有留置权,在甲占有期间,该物被丙侵夺占有。

(1)此种情况,甲对丙形成法定占有媒介关系,甲为间接占有人,甲的留置权不丧失。

(2)此案适用本条第 5 款,丙不能视为辅助占有人,故不适用第 3 条第 2 款。

【理论阐释】

一、占有的取得

(一)占有取得的类型

(1)占有的取得,可因人的行为取得,也可因事件取得。前者如因交付、侵夺占有而取得;后者如洪水导致甲鱼塘里的鱼进入乙的鱼塘,乙是因事件取得占有。继承人也可因为被继承人的死亡(事件)而取得占有。

(2)占有的取得,可因事实行为取得,也可因法律行为取得。前者如因侵夺占有的行为(侵权行为)而取得、兴建房屋而取得;后者如因适格交付而取得。

适格交付是移转占有的双方法律行为,在移转占有的同时,可引起物权的变动(移转或设立本权)。不适格交付是移转占有的双方事实行为,受领交付的一方虽然取得占有,但不能取得移转本权或设立本权的效果。比如,无行为能力人张甲将一块金砖出卖,交付给李乙,李乙虽然继受取得占有,但不能继受取得本权,即不能取得本权。

限制行为能力人对相对人提出交付,相对人受领交付的,有两种情况:第一,限制行为能力人对自己行为的性质和后果能够认识的,交付为法律行为;第二,限制行为能力人对自己行为的性质和后果不能认识的(不相适应的),为事实行为,经追认的,转化为法律行为。

占有的取得,分为原始取得和继受取得。非基于他人既存之占有而取得的占有,为原始取得。基于他人既存之占有,为继受取得。① 原始取得,如先占、盖了一间房子等。继受取得的主要表现,是依交付取得。占有是一种事实,不适格交付作为事实行为,受领占有人的占有,仍为继受取得。

(3)动产与不动产占有的取得标准相同,与登记无关。

(二)占有的取得不同于本权的取得

占有的取得,是取得对物的事实上的控制,与本权的取得大异其趣。因为,占有是客观现象,本权存在于观念之中。

1. 占有的取得与本权的取得,所基于的法律事实

(1)本权取得,可因观念交付而取得;占有不能因观念交付而取得。有学者认为,观念交付导致占有之移转。② 这种观点是不正确的,观念交付,只是移转或创设本权的行为,不发生占有的变动。

(2)占有的取得,可因事实行为,也可因法律行为,还可因事件;本权的取得,可因占有(如先占),也可能与占有无直接关系(如立遗嘱人死亡,由第三人保管的遗产归遗嘱继承人所有)。

(3)占有的取得,可以因法律行为取得(因交付取得),但不属于"设立";本权可以"设立"(以法律行为创设),例如,出租人甲将租赁物(动产)交承租人乙占有,之后甲、乙就租赁物又成立质押合同,实现简易交付,为乙设立了本权(对

---

① 参见谢在全:《民法物权论》(下册),中国政法大学出版社 2011 年版,第 1166、1167 页。
② 参见姚瑞光:《民法物权论》,中国政法大学出版社 2011 年版,第 26 页。

质物占有的本权是债权,不是质权)。

2. 占有取得的时间与本权取得的时间

占有与本权可以分离,可以同时取得,也可以先后取得。比如:①先占,是占有的效力,因先取得占有而取得本权。②定作合同的承揽人提供木料,做成家具,由承揽人原始取得占有和所有。③动产善意取得也是占有的效力,占有与本权是同时取得的。①

3. 占有与本权,可以同时由不同的人取得

例如,加工合同的定作人提供木料,由承揽人加工成家具,由承揽人原始取得"占有",定作人继受取得"所有"。再如,保管物产生天然孳息,保管人对天然孳息继受取得"占有",原物寄存人(这里仅指所有人)继受取得"所有"。

4. 无行为能力的人交付及与限制行为能力人不相适应的交付

适格的交付是双方法律行为。无行为能力的人交付或者与限制行为能力人不相适应的交付,虽然受领交付的人取得占有,但其为无权占有(无本权占有)。例如,小学生张甲(限制行为能力人)将自己价值不菲的饰品出卖给李乙并为交付,该交易与张甲的年龄、智力状况不符,则李乙不能因交付取得所有权。因交付本身是不适格的,故李乙不能因交付是物权契约,具有独立性和无因性进行抗辩。

(三)占有的取得与物权变动

占有的取得,有的发生物权变动,有的不发生物权变动。取得占有而发生物权变动,有的依靠基础法律关系,如依据买卖合同、质押合同的动产交付,发生物权变动。② 如果基础法律关系是保管、租赁等,虽然有交付,但不发生物权的变动。

动产善意取得是占有的效力,故善意取得的要件之一,是受让人取得占有;仅取得观念占有,并不能善意取得动产(参见第9、18条)。先占,也发生物权的变动。

二、占有的移转

(一)概述

1. 占有移转概述

有学者指出:"所谓占有的移转,是指占有人以法律行为将其占有物交付他

---

① 最高人民法院《关于适用〈中华人民共和国物权法〉若干问题的解释(一)》第18条第2款规定,通过指示交付(指达成合意)可以动产善意取得,笔者认为这是不正确的。仅仅达成指示交付的合意,受让人并不能取得(现实)占有,不能获得公信力。

② 《合同法》第133条规定:"标的物的所有权自标的物交付时起转移,但法律另有规定或者当事人另有约定的除外。"《物权法》第212条规定:"质权自出质人交付质押财产时设立。"

人,从而使后者取得占有。"①笔者不采这种观点。笔者主张的占有的移转,是由于人的行为等法律事实,使占有主体发生变化的情况,也就是说,占有的移转可以因人的行为,也可以不因人的行为。引起占有移转的人的行为,既包括法律行为,也包括事实行为。

占有的移转是占有主体的变更,但是与"占有变更"风马牛不相及。占有变更,是同一主体心素发生变化,如他主占有变更为自主占有、善意占有变更为恶意占有。

共同占有转化为单独占有、单独占有转化为共同占有,都是占有主体发生变化的现象,是占有移转的特殊情况。

如果丧失了占有,但是没有新的占有人(如丢失物品),属于占有的丧失,不属于占有的移转。

2. 交付及其他占有移转的原因

占有的移转,可以是一人占有的丧失,另一人占有的取得。最明显的例子,就是交付。

交付是移转占有的行为,"是通过给予和接受而实现的占有移转"。② "交付是一种双方行为,通过它前占有人将其支配力转移给后占有人,它是取得占有的一般方式;如果说合同是移转所有权的一般方式,那么交付就是转移占有的一般方式。"③

由于占有是一项事实,无行为能力人、限制行为能力人与他人之间的交付,亦发生占有移转的后果,但设立或移转本权,应另当别论。

错误交付(如多交货、送错邮件、包裹、货物等)也导致占有的移转。

侵夺占有是违法的事实行为,也引起占有移转。侵夺占有是侵占占有的一种情况,有一些对占有的侵占是不发生占有移转的,比如到期不归还租赁物,是侵占占有的行为,但不引起占有的移转,只是从有权占有变为无权占有(租期届满后丧失了本权)。

占有的移转,也可以由被继承人死亡和死因行为之死亡而发生。

(二)占有人死亡时占有的移转

1. 占有的继承

有学者指出:"所谓占有的继承,是指因继承的原因而取得占有。被继承人

---

① 刘家安:《物权法论》,中国政法大学出版社2015年版,第198页。
② 参见〔意〕哈里·韦斯特曼:《德国民法基本概念》,张定军等译,中国人民大学出版社2013年版,第175页。
③ 〔意〕鲁道夫·萨科、拉法埃莱·卡泰丽娜:《占有论》,贾婉婷译,中国政法大学出版社2014年版,第158页。

死亡,其对继承标的物的占有也立即消灭,此时,无论继承人是否事实上对继承标的物取得管领力,占有均立刻由继承人取得。也就是说,在继承开始时,继承人当然地取得对继承标的物的占有,既不以其知道继承的事实为必要,也不须事实上取得对物的管领力,更无须其作出继承的意思表示。可见,因占有的继承而取得占有,完全是基于法律的规定,是占有观念化的典型表现。"[1]依继承开始时(被继承人死亡时)之状态,移转占有于继承人。[2] 笔者不采上述观点,笔者的思路是,条文设计尽量与本稿第1条占有的定义相吻合,强调占有的事实上管控,削弱占有的观念性,以便于掌握、运用占有的规则,即在存在第三人占有的情况下,继承人不能取得占有。比如,张甲死亡时,其子张乙虽在千里之外,仍取得对遗产的占有;再如,张甲遗嘱将房屋给次子张乙,其死亡后,由与其同住的长子张丙占有(直接占有),张乙取得间接占有。

由法定继承发生的占有移转,继承人对占有的取得,由于被继承人的死亡(事件)而发生。由遗嘱继承发生的占有的移转,是复杂法律事实,除须有遗嘱人的意思表示(遗嘱)外,还须有遗嘱人先于遗嘱继承人死亡的事实(事件)。

占有的继承与本权的继承不同。在继承开始时,继承人取得本权,具体有两种情况:一种是取得本权时同时取得占有;还有一种是仅仅取得间接占有(裸体本权)。

2. 死因赠与的赠与人、遗赠扶养协议的被扶养人死亡时占有移转

死因赠与的赠与人、遗赠扶养协议的被扶养人先于受赠人、扶养人死亡时(事件),占有移转于受赠人或扶养人。与占有继承一样,标的物由第三人占有时,受赠人、扶养人只能获得间接占有,不能获得现实占有。

顺便指出,我国立法上对上述两种死因行为有一个空白:死因赠与的赠与人、遗赠扶养协议的被扶养人先于受赠人、扶养人死亡时,标的物所有权应归属于受赠人或扶养人,此死亡(事件)引起的物权变动不需要公示要件,即动产不需要交付,不动产不需要登记。

三、占有的丧失

占有的丧失,也称为占有的消灭,是指现实占有的丧失,不包括观念占有(间接占有、准占有)的丧失。占有丧失,占有的效力随之丧失,但占有人成立间接占有的,仍可保持占有的某些效力。

---

[1] 刘家安:《物权法论》,中国政法大学出版社2015年版,第198页。
[2] 参见姚瑞光:《民法物权论》,中国政法大学出版社2011年版,第261页。

(一)占有丧失的分类(原因)

1. 自物占有的丧失与他物占有的丧失

占有的丧失,包括自物占有的丧失和他物占有的丧失,也就是说,占有的丧失,不能等同于直接占有的丧失。直接占有是他物占有,是占有的一种。直接占有消灭,与之相对应的间接占有随同消灭。

2. 由于人的行为而丧失与由于事件而丧失

"关于丧失占有的原因极多,有由占有人之行为而生者,有由第三人行为而生者;亦有由自然之事实而生者。如动产之所有人交付其动产于他人或遗弃之,而入他人占有范围,为第一例。被强盗或窃盗以不正当手段侵夺一方之占有为第二例,因风灾水难使占有物脱离实力范围为第三例。一旦管领力丧失,不问其丧失之原因如何,其占有归于消灭。"① 占有可以由于人的行为而丧失,也可以由于事件而丧失。导致占有丧失的行为,可以是事实行为,也可以是法律行为。

"占有物之物质灭失,亦为占有消灭原因之一。所谓物质灭失,包括毁灭(如茶杯破碎)、消耗(如燃烧煤球)或添附(如以油漆涂墙)。在诸此情形,占有的管领力事实上已无所附属,占有应归消灭,自不待言。"② 占有物灭失,失去了客体,自然失去了占有,对此没有特别予以规范的必要。占有物的灭失,可因人的行为,也可因事件。

3. 基于占有人意思的消灭与非基于占有人意思的消灭

按占有消灭的原因,分为基于占有人意思的消灭与非基于占有人意思的消灭。

基于占有意思的消灭,是指通过交付、动产抛弃而使占有消灭。例如,甲出卖给乙某动产,交付之后,乙取得占有,甲的占有消灭。这是占有的相对消灭。非基于占有人意思的消灭,是由于他人侵夺占有、物品丢失、占有人死亡等原因发生。

基于占有人意思的消灭,又分为产生占有媒介关系和不产生占有媒介关系两种情形。

(1)产生占有媒介关系的情形。如出租人将租赁物交付给承租人,出租人丧失了占有,承租人取得了占有。在出租人与承租人的意定占有媒介关系中,出租人是间接占有(观念占有)人,承租人是直接占有人(他物占有人)。再如,甲对手机的占有被乙侵夺,甲丧失占有,乙取得了占有,甲、乙之间形成法定占有媒介关系,在占有媒介关系中,甲是间接占有人,乙是直接占有人。

---

① 曹杰:《中国民法物权论》,中国方正出版社2004年版,第259页。
② 王泽鉴:《民法物权》,北京大学出版社2010年版,第457页。

（2）不产生占有媒介关系的情形。如出卖人向买受人交付出卖的动产，买受人取得占有，出卖人丧失占有，二者之间并不形成占有媒介关系。

4. 占有的绝对丧失和相对丧失

按占有是否存在，分为占有的绝对丧失和相对丧失。前者是指不存在任何人占有的情形，如遗失物，在被人拾取之前，该动产虽是有主物，但却是无人占有的物（拾得物是有人占有的物）；再如，被抛弃的动产，是无主物，也是无人占有的物。后者是指一人丧失占有，他人取得占有的情形，最典型的就是交付。交付是指交付占有，出卖人将标的物交付给买受人，出卖人丧失占有，买受人取得占有。

(二) 不导致占有消灭的情形

1. 占有不因混同而消灭

占有不因自物权与他物权的混同而消灭，因为物权与物权的混同，消灭的仅仅是本权。① 例如。甲将自己的一台电动摩托车质押给乙，交付后，乙又购买了这辆摩托车，实现简易交付（观念交付是"占有不动，本权动"），此时因混同，主体仅为乙一人，甲的物权（本权）消灭，乙取得本权，则占有人乙的占有不消灭。再如，甲将一台打印机质押给乙，乙假称是自己的打印机出卖给不知情的丙，丙善意取得了这台打印机，则乙的质权，在"民法典"出台之前，可依《物权法》第108条的规定认定为丧失②，也可以认定因发生混同致乙丧失占有，从而丧失质权。

2. 占有不因观念交付而消灭

观念交付包括简易交付、占有改定和指示交付。观念交付并不导致占有的改变，只是导致本权的改变（设立和移转），这就是所谓的"占有不动，本权动"。

（1）简易交付，交付人为相对人设立本权或向相对人移转本权，不发生占有的变动。

（2）占有改定，让与人不丧失占有，只是本权移转于受让人。

（3）指示交付，受领交付的人只是取得间接占有，并不取得占有，占有人还是占有人。

---

① 我国台湾地区"民法"第762条[物权之消灭（一）——所有权与他物权之混同]规定："同一物之所有权及其他物权，归属于一人者，其他物权因混同而消灭。但其他物权之存续，于所有人或第三人有法律上之利益者，不在此限。"

② 《物权法》第108条规定："善意受让人取得动产后，该动产上的原有权利消灭，但善意受让人在受让时知道或者应当知道该权利的除外。"

（三）规定占有丧失的意义

1. 解决占有保护的问题

规定占有的丧失，也反证了占有成立的要件，并对特殊情况作了技术处理，即暂时丧失对物实际控制力的，不丧失占有。这对明确占有保护的界限是很有意义的。具体来说，解决了在"暂时丧失"的情况下，当事人是否受占有保护，由谁来行使占有保护请求权的问题。

2. 解决占有担保物权的存续问题

（1）担保物权分为占有担保物权和非占有担保物权。前者的成立，以占有为要件；后者的成立，不以占有为要件。动产质权、动产留置权是占有担保物权，抵押权不是占有担保物权。

（2）我国《物权法》只规定了留置权在占有丧失时消灭①，没有规定动产质权在丧失占有时消灭，但在解释上，质权在丧失占有时丧失。留置权和动产质权的成立以合法占有为前提，笔者认为，留置权、质权的丧失和占有的丧失并不必然同步。《关于适用〈中华人民共和国担保法〉若干问题的解释》第87条第2款规定："因不可归责于质权人的事由而丧失对质物的占有，质权人可以向不当占有人请求停止侵害、恢复原状、返还质物。"在原理上，留置物与质物应当"享受"同样的待遇。留置权人、质权人成为间接占有人，对于直接占有人可以行使占有回复请求权的，仍保留留置权或质权。留置权、质权消灭的原因，应是债权消灭、债务人另行提供担保及放弃担保。放弃担保中，就包括将留置物、质物交还给被留置人、出质人而丧失占有的情形。笼统地提"占有丧失、权利丧失"是不恰当的。

（3）我国《物权法》第239条规定："同一动产上已设立抵押权或者质权，该动产又被留置的，留置权人优先受偿。"这就意味着质物被第三人留置的，质权人仍保留着质权，即以间接占有人的地位保留质权。

【立法例】

《中华人民共和国物权法》

第6条　不动产物权的设立、变更、转让和消灭，应当依照法律规定登记。动产物权的设立和转让，应当依照法律规定交付。

第23条　动产物权的设立和转让，自交付时发生效力，但法律另有规定的除外。

---

① 《物权法》第240条规定："留置权人对留置财产丧失占有或者留置权人接受债务人另行提供担保的，留置权消灭。"

第 212 条 质权自出质人交付质押财产时设立。

第 240 条 留置权人对留置财产丧失占有或者留置权人接受债务人另行提供担保的,留置权消灭。

《中华人民共和国担保法》

第 88 条 留置权因下列原因消灭:

(一)债权消灭的;

(二)债务人另行提供担保并被债权人接受的。

最高人民法院《关于适用〈中华人民共和国担保法〉若干问题的解释》

第 87 条 出质人代质权人占有质物的,质押合同不生效;质权人将质物返还于出质人后,以其质权对抗第三人的,人民法院不予支持。

因不可归责于质权人的事由而丧失对质物的占有,质权人可以向不当占有人请求停止侵害、恢复原状、返还质物。

我国台湾地区"民法"

第 761 条[动产物权让与之生效要件——现实交付、简易交付、占有改定、指示交付] 动产物权之让与,非将动产交付,不生效力。但受让人已占有动产者,于让与合意时,即生效力。

让与动产物权,而让与人仍继续占有动产者,让与人与受让人间,得订立契约,使受让人因此取得间接占有,以代交付。

让与动产物权,如其动产由第三人占有时,让与人得以对于第三人之返还请求权,让与于受让人,以代交付。

第 946 条[占有之移转] 占有之移转,因占有物之交付,而生效力。前项移转,准用第七百六十一条之规定。

第 947 条[占有之合并] 占有之继承人或受让人,得就自己之占有,或将自己之占有与其前占有人之占有合并,而为主张。

合并前占有人之占有而为主张者,并应承继其瑕疵。

第 964 条[占有之消灭] 占有,因占有人丧失其对于物之事实上管领力而消灭。但其管领力仅一时不能实行者,不在此限。

《德国民法典》

第 854 条[占有的取得] (1)物的占有,因对该物有实际的控制而取得。

(2)取得人能够对物行使控制时,有原占有人与取得人的合意,即足以取得占有。

第 856 条[占有的终止] (1)占有,因占有人抛弃或以其他方式失去对物的实际控制而终止。

(2) 占有不因在行使控制时遇有按其性质为暂时的障碍而终止。

第857条［可继承性］ 占有,得移转于继承人。

《瑞士民法典》

第560条［继承人］ （一）继承人因被继承人死亡取得全部遗产。

（二）除法律有特别规定外,被继承人的债权、其他物权及占有物,无例外地移交给继承人。被继承人的债务,即为继承人的债务。

（三）指定继承人的遗产取得,追溯至继承开始之时。法定继承人应根据占有规定移交遗产。

第921条［暂时中断占有］ 对物的实际支配,因物的性质而发生暂时中断或受妨碍时,不得消灭对物的占有。

第922条［让与由让与人及受让人本人进行］ （一）占有的让与,经交付物的本身或使受让人得以实际支配物后,始为完成。

（二）物的交付,经原占有人同意,于受让人能实际支配时,始为完成。

第923条［让与由让与人及受让人的代理人进行］ 物的交付,占有人虽缺席,但将物交付受让人或其代理人,亦得完成。

第924条［让与不经交付让与物而进行］ （一）第三人或让与人本人因特殊的权利关系应继续占有让与物时,占有的让与得不经交付让与物而完成。

（二）前款的占有移转,在让与人通知第三人让与之事后,始对第三人产生效力。

（三）基于对让与人得拒绝让与的原因,第三人始得拒绝向受让人交付标的物。

第925条［有价证券的让与］ （一）为提货或存货而作成的有价证券,其交付即等于货物本身的交付。

（二）但善意取得货物的人与善意取得有价证券的人相比,前者有优先权。

《日本民法典》

第182条［现实交付、简易交付］ （一）占有权的让与,依占有物的交付而进行。

（二）受让人或其代理人现实支配占有物时,占有权的让与,可以仅依当事人的意思表示而进行。

第203条［占有权的消灭事由］ 占有权,因占有人抛弃占有意思或丧失对占有物事实上的支配而消灭。但是,占有人提起占有回复之诉时,不在此限。

《韩国民法典》

第 192 条[占有权的取得与消灭] （一）事实上支配物的人,享有占有权。

（二）占有人对物丧失事实上支配的,占有权消灭。但根据第二百零四条规定回复占有的除外。①

《俄罗斯联邦民法典》

第 224 条[物的交付] 1. 将物交给取得人,以及将不必送达的转让物交付给承运人以便发运给取得人或交付邮电组织将物寄送给取得人,被认为是交付。

自物事实上归取得人占有或取得人所指定的人占有之时起,物被认为已经交付给取得人。

2. 如果签订物的转让合同之前该物已经归取得人占有,则物被认为自合同签订时起已经交付给取得人。

3. 物的提单或其他商品处分文书的交付等同于物的交付。

---

① 第 204 条是对"占有的回复"的规定。

第十八条 【动产观念交付】

设立、转让动产物权前,质权人、受让人已经占有该动产的,双方达成合意时发生效力。

转让动产物权时,双方又合意由转让人继续占有该动产的,达成合意时发生效力;应适用第九条、第十条善意取得规定的,受让人取得动产现实占有时发生效力。

转让由第三人占有的动产物权,对第三人的占有回复请求权随同物权转让。转让人与受让人达成合意后,自转让通知送达第三人时发生效力,应适用第九条、第十条善意取得规定的,受让人取得动产现实占有时发生效力。对通知义务没有约定或约定不明确的,转让人负有及时通知的义务。受让人将转让人所立转让字据提示给第三人的,与通知具有同一效力。

转让由第三人占有的动产物权,转让人将第三人出具的取物单据交付给受让人时发生效力。

【说明】

(一)概述

(1)本条所列观念交付包括简易交付、占有改定、指示交付和单据交付。本条第4款所规定的单据交付,本质上是指示交付,因有特殊性,将其单列。

观念交付是对动产的观念交付,不存在对不动产的观念交付。

交付是移转占有的行为,观念交付,不是交付,只是"视为交付",是拟制的交付。视为交付,满足了动产物权变动的公示要件。动产物权的设立和转让,在观念交付成立时生效。

(2)观念交付是作成法律行为的"交付",是以意思表示的"交付"。观念交付存在于观念之中,并不移转占有。观念交付是"占有不动,本权动",观念交付是移转本权或设立本权的行为。

(3)简易交付和占有改定,是以双方法律行为进行交付;指示交付是以双方法律行为加单方法律行为进行交付(合意+通知)。

(4)当事人合意(合同)无效时,不能产生观念交付的效果,即无效合同不发生观念交付所引起的本权的移转和创设。例如,甲将租赁物交付给乙之后,因故成为无行为能力人,又将该物质押给乙,乙不能因简易交付而成立质权。再如,违反效力性强行规定的合同,不能发生占有改定和指示交付的效果。

(5)因为观念交付是移转和设立本权的行为,故设在本章。

(二)简易交付

(1)本条第1款是关于简易交付的规定。"简易"之意,是指采用简单程序(达成合意)即完成"交付"。

(2)本条第1款的设计,与《物权法》第25条规定的简易交付相比,改动了三点:①除去了"依法"二字。②将"权利人"改为"受让人"。③将"物权自法律行为生效时发生效力",改为"双方达成合意时发生效力"。理由是:第一,对无权占有人仍可进行简易交付(即对无权占有人仍可移转本权)。"依法"和"权利人"的表述,不必要地限制了简易交付的适用。第二,"自法律行为生效",不能区分是单方法律行为和双方法律行为,不如直接用"合意"二字。

(3)通过简易交付,可以移转动产所有权,也可以设立动产质权。条文中的"设立",专指质权的设立。

(4)简易交付,是间接占有人向直接占有人的观念交付。间接占有人与直接占有人之间的法律关系,是意定占有媒介关系或法定占有媒介关系。比如:①寄存人向保管人交付保管物后,双方成立意定占有媒介关系,寄存人为间接占有人,保管人为直接占有人,寄存人将保管物卖给保管人,双方达成简易交付的合意即可。②甲侵占乙的一台设备,甲是侵权人、直接占有人,乙是被侵权人、间接占有人,双方之间成立法定占有媒介关系。乙将设备卖给甲,双方达成简易交付的合意即可。

(5)简易交付是既存的占有媒介关系中的间接占有人向直接占有人移转脱离占有的本权,或者为直接占有人创设一个本权(设质)。简易交付,现实占有并不发生变化,只是本权发生变动。

(6)除设立质权外,简易交付是消灭占有媒介关系的。

(7)通过简易交付,受让人可以善意取得动产所有权,也可以善意取得质权(参见第9条)。

(三)占有改定

(1)本条第2款是关于占有改定的规定。"改定"是指本权发生改变,现实占有并不发生变化。

(2)在约定占有改定交付时,占有人(转让人)并非直接占有人(直接占有人是他物占有人)。通过占有改定,占有人从自物占有人改变为他物占有人(改为直接占有人)。例如,出卖人改为保管人,保管人是他物占有人、直接占有人。

(3)占有改定是由双方当事人约定,动产的所有权(本权)转移给受让人,但标的物仍由转让人现实占有,受让人取得动产的间接占有,以代标的物的实际交付。

(4)占有改定的本权,向非占有人运动;简易交付的本权,向占有人运动,二者是本权运动方向相反的"一对",从逻辑关系上看,宜将占有改定作为第2款。①

(5)简易交付与指示交付都要求事先存在占有媒介关系,占有改定则是创设占有媒介关系。

(6)对转让动产的合同中占有改定的理解,应当注意以下两点:

第一,发生占有改定的场合,除了转让合同以外,同时还有一个合同存在。例如,买卖双方在签订买卖合同时又签订租赁合同,由出卖人租用标的物,则自租赁合同生效之时,标的物(动产)即为买卖合同的交付(所有权发生转移)。第二个合同还可以是借用合同、保管合同、运输合同、承揽合同等。

第二,在发生占有改定的场合,依照第二个合同,转让人是直接占有,受让人是间接占有。此时,标的物虽由让与人直接占有,但受让人作为所有权人取得间接占有。间接占有人享有占有回复请求权。

(7)占有改定方式的本身,不能使受让人善意取得,通过占有改定之后的现实交付,受让人可以善意取得(参见第9条、第18条)。

(四)指示交付

(1)指示交付是指动产由双方以外的第三人占有时,转让人将脱离占有的本权(间接占有)转让给受让人。

本权转让,请求第三人返还对原物占有的权利(占有回复请求权)随同转让。这里的本权,是所有权;在指示交付情形下的占有回复请求权,是物权请求权。物权请求权不能脱离本权(所有权)而单独转让。既有的立法例,均规定指示交付是通过返还请求权的移转来替代交付的,这与法理不合。

(2)依笔者的设计,仅仅转让人和受让人双方达成合意,并不发生"视为交付"(拟制交付)的效果,转让通知送达第三人时才能视为交付,才能发生物权变动。换句话说,指示交付转让动产物权,通知为要件之一。

交付的标的物称为指示物。指示交付,也有"通知交付"(通知第三人)的意思。

(3)通知义务是转让人的附随义务,该附随义务是法定义务,可由双方当事

---

① 《物权法》第25条规定了简易交付;第26条规定了指示交付;第27条规定了占有改定,指示交付"加塞"了。

人具体约定,没有约定或约定不明确的,转让人负有及时通知义务。转让人负有及时通知第三人的义务。转让人可以亲自通知,也可以委托他人(包括委托受让人)通知。"及时"是合理的最短时间,当事人也可以约定通知的时间。通知是不要式行为。

受让人将转让人所立转让字据提示给第三人的,与通知具有同一效力。例如,甲的字画由乙保管期间,甲出卖或赠与给丙,甲给丙写了一张条,注明该字画已经转让给丙,丙持条请求乙交付,乙应当交付。

(4)指示交付的动产(指示物),是由第三人占有的,第三人是直接占有人。指示交付后由第三人继续占有,第三人的本权并未发生变化,第三人可以是保管人、承租人、借用人、承揽人、承运人、受托人等。

(5)第三人(占有人)对转让人有占有抗辩权的,可以向受让人行使。比如,第三人对占有物所支付的必要费用,转让人应予支付而未支付,该物转让给受让人后,受让人若不向第三人支付,第三人可以拒绝交付占有。

(6)指示交付之后,通常还有一个现实交付,即占有物的第三人向受让人的交付。交付后,受让人实现本权与占有的合一。

(7)本条第3款与《物权法》第26条相比,去除了"依法"二字。因为,对第三人的无权占有,也应允许采用指示交付的方式。没有必要对指示交付作第三人"依法占有"的限制性使用。让与人与第三人(占有人)是意定占有媒介关系,还是法定占有媒介关系,对指示交付并无妨碍。

(8)本条第3款与《物权法》第26条相比,去除了"设立"二字。"设立"专指质权的设立。动产质权是占有担保物权,指示交付不能使质权人获得现实占有,没有现实占有而取得质权,极不利于交易安全。在指示交付之后,受让人自第三人处取得现实占有,自可成立质权。

(9)指示交付与简易交付一样,事先存在占有媒介关系。简易交付的占有媒介关系在财产移转的双方当事人之间;指示交付的占有媒介关系,在转让人与第三人之间。转让人与第三人通常存在租赁合同、借用合同(使用借贷)、保管合同等为基础法律关系的意定占有媒介关系。转让人与第三人之间没有合同,但存在法定占有媒介关系,亦应当允许指示交付。例如,租赁合同终止,动产承租人不归还租赁物(侵占的一种表现),出租人以指示交付的方式将租赁物的所有权移转给第三人,并无法律障碍。

(10)指示交付本身,不能使受让人善意取得,受让人自第三人处受现实交付时才能善意取得(参见第9条、第18条)。

(五)单据交付

(1)单据交付,是转让人通过给受让人交付取物单据而转让由第三人占有的动产。单据交付在本质上也是指示交付。

（2）取物单据是占有动产的第三人（保管人、承揽人等）为寄存人、定作人等出具的单据，分为记名与不记名两种。包括保管凭证、修理单、洗衣单、收条等单据，也包括仓单、提单。取物单据是物权凭证，其中格式化的，为物权证券。取物单据是纸面形式，不包括无纸化单据。

（3）本条第3款中的"字据"是转让人立的字据，第4款的"单据"，是占有动产的第三人出具的单据。

（4）所有权人将动产交付给第三人后，第三人向所有权人出具单据，持有单据的所有权人是间接占有人，即是脱离占有的本权人，第三人是直接占有人且一般是有权占有人。所有权人（转让人）将单据交付给受让人时，受让人取得所有权（本权），向第三人请求回复占有，是该所有权（本权）的效力。

（5）通过交付单据，受让人可以善意取得，通过第三人开立的单据，受让人推定转让人有本权，这是善意的基础。

【案例模型】

（一）简易交付

例1：出租人甲依租赁合同将一台磨床（租赁物）交付给承租人乙之后，甲、乙又约定甲将该磨床出卖给乙。

甲依租赁合同将磨床交付给乙之后，甲、乙之间形成意定占有媒介关系（相对法律关系），由于交付的法律事实，甲成为间接占有人，乙成为直接占有人。甲、乙达成让与合意（买卖合同）后，甲的本权（脱离占有的本权、所有权）移转给乙，占有媒介关系消灭。

例2：张甲偷拿了师父李乙的书法作品，后李乙得知，对张甲表示赠送，张甲表示感谢。

双方达成赠与合意后，实现书法作品的简易交付，所有权（本权）移转给张甲。对其他无权占有（如占有租赁物到期不归还等），也可以简易交付。这个例子，想重点说明，受让人是无权占有人的，仍然可以通过简易交付将动产的本权让渡给他。

例3：甲（网上商店）将一台电烤箱通过快递发给乙，误发到丙，甲请丙退货，给了丙一个地址，不料将地址写错了，电烤箱退到丁处，丁给甲打电话，问怎么办？甲说："不好意思，给您添麻烦了，电烤箱您留着用吧。"丁即使用。甲对丁有无交付，可否反悔？

甲对丁,由于简易交付移转了赠与物(电烤箱)的所有权。《合同法》第186条规定:"赠与人在赠与财产的权利转移之前可以撤销赠与。具有救灾、扶贫等社会公益、道德义务性质的赠与合同或者经过公证的赠与合同,不适用前款规定。"据此,甲丧失了任意撤销权(反悔权)。

例4:甲将一台吊车出租给乙,在乙占有期间又质押给乙。

乙先获得承租权(用益债权),后又因简易交付获得动产质权,即乙成立用益质权。乙实现两个本权的竞合(一个本权是用益债权,一个本权是设立质权的债权①)。

例5:甲卖给乙一台刻字机,2月1日签订合同,3月1日甲将刻字机交付给乙,合同约定,乙4月1日前将1万元交付给甲后,刻字机所有权移转给乙,乙于4月1日支付全款,取得了所有权。

通说认为,动产所有权保留买卖是附条件的买卖,在条件成就时,所有权移转给买受人。但通说没有解决条件成就时,导致物权变动的公示方法是什么。

简易交付是否须重新为要约与承诺呢?笔者认为一般如此,但不必拘泥。动产所有权保留买卖有一个(现实)交付,如本案3月1日的交付,本案还有一个简易交付(在4月1日),即在条件成立时,双方有一个移转动产的合意。对甲来说,其在缔约时的意思表示一直在持续,在4月1日还是有拘束力的,乙4月1日付款,也是一个意思表示,双方在4月1日达成的合意,实现了简易交付。

若不这样解释,无法满足动产物权变动的公示要件(交付或以观念交付代替交付)。

引起物权变动的公示方法(不动产的登记和动产的交付)本身,都不能附期限、附条件,否则就没有交易安全可言。交易安全是一种社会公共利益。动产所有权保留是附条件的买卖,但并不是公示方法生效附条件。本案不是3月1日的交付在条件成就时生效或发生效力,3月1日的交付不能发生物权变动的效力,4月1日对刻字机的观念交付才发生物权变动的效力。

(二)占有改定

例1:6月1日,甲、乙达成协议,约定甲把一盆君子兰出卖给乙,6月12日(交付前),乙请求甲保管至7月1日,甲方允诺。至7月1日,乙开车取走了这盆君子兰。

---

① 不宜认为质权的本权是质权,以占有为成立要件的他物权,本权都是由给付产生的,都是债权。

甲、乙之间先有一个买卖合同(6月1日)，再有一个保管合同(6月12日)。6月12日的保管合同的合意(双方法律行为)，实现了占有改定方式的交付，乙依占有改定方式的交付取得了君子兰的所有权，双方形成了意定占有媒介关系，在这个占有媒介关系中，乙是间接占有人，甲是直接占有人。7月1日的现实交付，使占有媒介关系消灭。

例2：张三卖给李四一匹枣红马，二人在签订买卖合同时又约定：李四将该马租给张三拉载游客的雪橇，租期3天。占有改定所涉及的所有权归属、风险归属、孳息归属如何？占有如何？

占有改定是一种动产不实际过手的观念交付方式，本案当事人之间有两个合同：一个是买卖合同，一个是租赁合同。买卖合同的标的物以占有改定的方式实现了交付。

(1)所有权因占有改定方式的观念交付而属于李四所有，是李四的马租给了张三。

(2)因买卖合同交付的要件已经完成，因不可归责于当事人的事由致使标的物毁损、灭失的，就买卖合同而言，由买受人承担风险(交付主义)，就租赁合同而言，由出租人承担风险(所有权人主义)。具体到本案，由于占有改定方式的交付，买卖合同已经履行完毕，若在张三承租的3天之中，因不可抗力该马死亡，损失由出租人李四承担。

(3)因买卖合同已经交付，孳息亦应归李四，假如在张三承租的3天中，该枣红马早产生了一匹小马，小马归李四所有。李四对小马原始取得所有权，张三对小马原始取得占有。

本来，这匹枣红马应由李四占有，但"占有改定"，基于租赁合同改由张三直接占有，李四间接占有。间接占有的效力是：请求回复占有。

例3：出卖人与买受人就动产成立买卖合同之时又成立质押合同，由买受人将标的物质押给出卖人，出卖人摇身一变成了质权人，其本权由物权"改定"为债权，买受人脱离占有的本权为物权。

通说认为，占有改定的方式不能设立质权。① 实际上以占有改定方式设立

---

① 参见王泽鉴：《民法物权》，北京大学出版社2010年版，第513页；谢在全：《民法物权论》(下册)，中国政法大学出版社2011年版，第969页；史尚宽：《物权法论》，中国政法大学出版社2000年版，第350页；刘贵祥：《〈物权法〉关于担保物权的创新及审判实务面临的问题》(上)，载《法律适用》2007年第8期。

质权并无不妥。①

例4：甲卖给乙一套房屋，约定3月1日前办理过户登记手续，6月1日交付。至3月1日，如约办理了过户登记手续。4月1日，双方又达成协议，乙把房屋租赁给甲二年。请问：乙对甲是否为占有改定或简易交付？

（1）观念交付专为动产物权变动而设计，本案不涉及动产物权变动，故而不是观念交付，既不是占有改定，也不是简易交付。

（2）本案在办理过户登记以后，乙取得间接占有（脱离占有的本权），甲从自物占有人转变为他物占有人（直接占有人）。直接占有人甲与间接占有人乙之间的法律关系，是意定占有媒介关系。间接占有的效力，是请求交付占有，实现本权与占有的合一。间接占有不区分动产和不动产。

（三）指示交付

例1：甲的一架天文望远镜由借用人乙占有，甲将该望远镜出卖给第三人丙。

在转让通知送达乙时，实现对丙的指示交付，望远镜的所有权转归丙，占有回复请求权随同转移。丙作为所有权人，对直接占有人乙有请求返还对原物占有的权利。

例2：甲在乙制衣店定做了一套婚纱，制作完毕后，甲通知乙，婚纱已经转让给丙。有两种可能：

（1）用的是甲的原材料；

（2）用的是乙的材料。

请问：两种情况是否都可以指示交付？

（1）用甲的原材料制作婚纱，甲、乙之间是承揽合同中的加工合同，甲原始取得婚纱所有权，甲、乙之间存在占有媒介关系，甲可以指示交付的方式将婚纱转让给丙。

（2）用乙的原材料制作婚纱，甲、乙之间是承揽合同中的定作合同，乙原始取得所有权。甲、乙之间不存在占有媒介关系，乙虽然享有对婚纱的所有权，但同时又负担将婚纱所有权移转给甲的债务，本来应是乙将婚纱交付给甲。甲再交付给受让人丙，为了避免麻烦，甲可以委托乙交付给丙，但这不是指示交付，直

---

① 参见隋彭生：《论以占有改定方式设立动产质权——与通说商榷》，载《法学杂志》2009年第12期。

接交付丙,称为缩短给付,也属于第三人代为履行。

例3:赠与人甲就一台农用设备与受赠人乙签订了赠与合同,但这台设备正由丙维修,处于丙的占有之下。在赠与通知送达丙之前,甲可否依《合同法》第186条的规定,通知乙撤销赠与合同?①

依本条第3款,合同生效与标的财产的移转是两回事,达成指示交付的合意并通知送达第三人(直接占有人),本权才发生移转。本例赠与的设备在赠与通知(转让通知)送达丙之前,甲自可撤销。

例4:出租人甲将一个烤箱交付给承租人乙后,又卖给第三人丙,采用指示交付的方式将所有权移转给丙。

(1)按照本条,烤箱所有权移转给丙,只有甲、乙的合意还不够,还须通知第三人乙,通知送达时所有权移转。

(2)指示交付后,丙为合同出租人,承受了出租人甲的权利和义务。所有权变动不破租赁,是基于占有的效力。

例5:出租人甲将一台塔吊出租给承租人乙1年,在乙占用两个月时,甲又将塔吊卖给第三人丙。甲、丙在2月1日签订的合同中约定:丙同年3月1日前付款,款项付清后,塔吊所有权转归丙所有。甲的转让通知,2月3日送达乙。

(1)采用指示交付方式的,也可以约定所有权保留。

(2)2月3日转让通知送达乙,则丙与乙产生占有媒介关系,乙是直接占有人,丙是债权性间接占有人,丙对甲支付全部款项后,丙对乙成为物权性间接占有人,即丙为脱离占有的所有权人。

例6:甲公司将一台铣床交给乙公司修理,在乙公司占有期间,又与丙公司签订了买卖合同,将这台铣床卖给丙公司。乙公司将修理好的铣床交还给甲公司。丙公司请求甲公司交付该铣床的权利,性质如何?

甲、丙公司达成买卖合同后,须通知乙公司。在通知前乙公司交还给甲公司的,由于所有权没有移转给丙公司,丙公司对甲公司享有债权请求权。在通知后乙公司交还给甲公司的,所有权已经移转给丙公司,丙公司对甲公司享有物权请

---

① 《合同法》第186条规定:"赠与人在赠与财产的权利转移之前可以撤销赠与。具有救灾、扶贫等社会公益、道德义务性质的赠与合同或者经过公证的赠与合同,不适用前款规定。"

求权。甲公司占有丙公司的物,亦构成不当得利,丙公司也可以依不当得利的规定请求返还。

(四)不为指示交付的情形

例1:李甲在商场订了一台苹果电脑,送给新郎张乙,让商场送到婚礼现场,当众交给新郎张乙。

李甲不过手,这称为缩短给付。所谓缩短给付,是存在连环法律关系时,将标的物直接交付给下游法律关系的债权人,缩短给付"节约了一道手续"。

有人认为这是指示交付,其实不是。若李甲的电脑由第三人占有,李甲向张乙移转本权,才是指示交付。指示交付的本质,是移转间接占有(移转本权),指示交付,发生了新的占有媒介关系。

李甲让商场送到婚礼现场,当众交给新郎张乙,在交付之前,张乙并不获得本权(所有权),也不与商场发生占有媒介关系。

例2:出租人甲对承租人乙说:"你为展览租我的字画,租期已经届满,不用把画还给我,请直接把字画交给新承租人丙。"

(1)指示交付是移转本权的行为,故本案不为指示交付,是委托第三人乙代为交付(代为履行)的一种情形。

(2)乙对丙交付后,丙才成立直接占有的本权。

例3:甲将房屋出租给乙,在乙占有期间,甲又出卖给丙,办理了过户登记手续。甲通知乙在租期届满之后,将房屋直接交付给丙。

这不是指示交付。

(1)指示交付是导致动产物权变动的一种拟制的交付,本案的标的物是不动产,不动产物权变动的公示方法是登记。

(2)指示交付,是移转本权的行为,丙不是通过指示交付获得本权的,而是通过登记获得本权的。

(3)丙取得登记后,取得所有权,即取得脱离占有的本权,其向乙请求交付,是基于自己本权的效力,并不是指示交付的效力。

(4)如果在给丙办理过户登记前,租期已经届满,甲指示乙向丙交付,这也不是指示交付,是由第三人代为交付(代为履行)的一种情形。

例4:甲把商铺出租给乙10年,允许乙转租,乙转租给丙4年,到期后,乙又出租给丁,乙通知丙将商铺交付给丁。请问:乙对丁是否为指示交付?

商铺是不动产。乙对商铺的本权,是债权,其通知丙将商铺交付给丁,并不是移转其本权,其通知并不是指示交付中的通知,是让丙代为履行。

(五)单据交付

例1:张甲去修鞋店修鞋,修鞋店铺给张甲出具了一张"修理单"注明凭条取鞋。在取鞋之前,张甲将这双皮鞋出卖给李乙,将"修理单"交付给李乙,让李乙自行去取鞋。

李乙取得"修理单"时,取得皮鞋的所有权,该所有权是脱离占有的本权,李乙取得皮鞋的占有时,本权与占有合一。

例2:张甲到超市购物,将一个装有梳妆盒塑料袋寄存,超市寄存处员工交给其一张上有编号的取物凭条。在超市里,张甲见到熟人李乙,约定将梳妆盒赠送给李乙,张甲将取物凭条交付给李乙。

所谓"取物凭条"就是本条所说的取物单据,属于物权证券。张甲寄存后,成为间接占有人。请求超市交付占有的权利,是间接占有的效力。张甲向李乙交付取物凭条,实际是转让间接占有的行为。依本条第4款,李乙取得取物凭条时,取得所有权,对超市的占有回复请求权,是该所有权的效力。

例3:3月1日,张甲将羽绒服送到服装店翻新,服装店老板给张甲手写了一张"收条",收条上注明3月16日前翻新完毕。3月10日,张甲与李乙达成口头协议,将羽绒服卖给李乙,并将收条交付给李乙。3月16日,李乙和张甲的妹妹张丙同时到服装店要求取回羽绒服。原来,羽绒服是张丙的,张甲是代其到服装店去翻新。李乙是善意的相对人,且支付了合理价格。服装店应当把羽绒服交给谁?

李乙在3月10日拿到(占有)收条时,善意取得了羽绒服的所有权。服装店应当把羽绒服交付给李乙。收条是李乙推定张甲是本权人的依据,该权利推定是对过去占有的权利推定(参见第8条)。

【理论阐释】

一、观念交付的意义

交付是交付占有的双方行为,通常所说的交付,是指现实交付。观念交付是现实交付的对称,也称为拟制交付。① 占有与本权的区分,是直接占有与间接占有区分的基础;直接占有与间接占有的区分,是观念交付的基础。因为,区分了占有与本权,才有本权脱离占有的问题;而间接占有是脱离占有的本权;观念交付是移转、设立本权的行为。

有学者指出:"仅以意思表示而移转的是纯粹观念上的移转。"② 观念交付,存在于观念之中,现实占有并不发生变化,标的物并不过手,只是占有的本权发生了变化。观念交付的特点是,占有不发生变动,只是本权发生变动,即"占有不动,本权动"。

交付存在于客观世界,观念交付存在于主观世界,就像所有权存在于主观世界而所有物存在于客观世界一样。

有学者认为,占有改定、指示交付不能成为一种公示方式,现实交付和简易交付为动产物权变动的公示方式。③ 其实,占有改定、指示交付、简易交付作为观念交付,都不是公示方式,它们只是可以替代现实交付,可以发生与现实交付相同的效果。对观念交付的立法设计,是为满足动产物权变动的公示要件。④ 所谓物权变动的公示要件,是指因民事法律行为致物权变动的要件,是以意思表示的动产"交付"。

观念交付与现实交付虽然可以发生同样的动产物权变动效果,但公示的意义或价值并不相同。动产的动态公示,是通过占有状态的移转来公示本权的移转;在观念交付场合,没有占有实际状态的变化,只有本权的移转,因此客观上没有"公示"。在一定程度上,可能危及交易安全,只是利大于弊,法律才设观念交付制度。

观念交付的立法理由是基于简便原则⑤,观念交付制度是民法追求效率、效益的体现。

本稿所说的观念交付包括简易交付、占有改定、指示交付、单据交付。单据交付本质上也是指示交付,因有特殊性,将其单列。

---

① 也有学者将拟制交付与观念交付相对立,认为其是一种现实交付。参见杨震:《观念交付制度基础理论问题研究》,载《中国法学》2008 年第 6 期。
② 〔日〕我妻荣:《债权在近代法中的优越地位》,王书江、张雷译,中国大百科全书出版社 1999 年版,第 72 页。
③ 参见屈茂辉:《动产交付规则的解释与适用》,载《政法论坛》2008 年第 6 期。
④ 《物权法》第 6 条规定了公示原则:"不动产物权的设立、变更、转让和消灭,应当依照法律规定登记。动产物权的设立和转让,应当依照法律规定交付。"对公示原则,将来的"民法典"自当作出规定。
⑤ 参见王泽鉴:《民法物权》,北京大学出版社 2010 年版,第 99 页。

二、观念交付分述

（一）简易交付

简易交付是间接占有人向直接占有人交付本权，或者给直接占有人设立本权。例如，出租人（间接占有人）在动产租赁期间，将租赁物出卖给承租人（直接占有人），在达成转让合意后，承租人获得本权（物权），原出租人丧失本权。因是自物占有，原承租人的债权性本权消灭。再如，寄存人以寄存的动产为保管人设立质权，在达成质权的合意后，保管人获得对质物的债权性本权，寄存人仍保留物权性本权。

在简易交付之前，当事人双方之间存在占有媒介关系，简易交付人是间接占有人，受领简易交付的人是直接占有人。简易交付，或消灭了占有媒介关系或发生了新的占有媒介关系，前者移转动产所有权；后者设立质权。

引起动产物权变动的"设立"，专指动产质权的设立，其他动产物权不能"设立"。①

（二）占有改定

占有改定，是以本权"改定"（改变）的方式移交本权或设立本权的观念交付方式。"改定"，即本权的属性发生变化。例如，在甲、乙双方达成了动产买卖协议之后，双方又成立了租赁合同，由出卖人租赁该动产，出卖人的本权由物权改变为债权。受让人获得了间接占有，亦即获得了本权（物权）。占有改定，避免了两个合同的反复现实交付，是简化混合交易程序的规则。

占有改定只有一个物权变动的意思。比如，甲方卖给乙方一台机器，到交付时间，乙方又请求甲方保管10天。这里有两个效果，第一个是买卖合同的物权发生变动；第二个是保管合同作为实践合同，实际也满足了成立的要件。

除设质外，简易交付消灭占有媒介关系；占有改定创设占有媒介关系。

简易交付与占有改定是方向相反的"一对"，简易交付是受让人继续占有并

---

① 动产质权的设立和存续，以占有为要件。所有权不能设立，所有权的取得和存续，都不以占有为要件。要么以事实行为取得所有权，要么以受让的法律行为取得所有权，这些都与设立无关。他物权分为用益物权和担保物权。目前的用益物权是不动产物权，假如将来立法有突破，设立动产用益物权，也宜以登记作为成立（设立）的要件。动产担保物权分为不动产担保物权和动产担保物权，动产担保物权包括动产质权、动产抵押权和留置权，动产抵押权不以占有为成立（设立）和存续要件。留置权虽然以占有为成立和存续要件，但它是法定担保物权，不是由他人的交付（积极的行为）而成立，而是由自己保留占有的行为（消极行为）而成立。质权是义务人为权利人通过现实交付行为和简易交付行为设立的，留置权的成立，基于自己的行为，不属于"设立"。

获得新的本权。占有改定是让与人继续占有,其新的本权只能是债权,受让人只是获得了间接占有,亦即只是获得了脱离占有的本权。

(三)指示交付

1. 概述

指示交付名为"交付",实际上标的物(动产)由第三人继续占有。以指示交付转让动产物权,受让人获得间接占有,即获得脱离占有的物权性本权。受让人向第三人请求现实交付后,占有与本权就"天人合一"般地结合在一起了。

指示交付需要通知第三人。按照本条设计,指示交付的完成,需要"合意+通知"。合意是双方法律行为,通知是单方法律行为。

指示交付与简易交付,事先都存在着占有媒介关系,占有改定,事先并无占有媒介关系,通过占有改定的合意,原始发生了占有媒介关系。

占有回复请求权,也称为占有返还请求权,是请求返还对原物占有的权利。占有回复请求权,不能脱离本权而单独转让。比如,甲对自己温度计享有所有权,在交付给乙或者被乙侵夺以后,甲对乙产生了占有回复请求权,甲将所有权(脱离占有的本权)转让给丙,则丙享有所有权并对乙占有回复请求权,甲并不能保留所有权,而单独将占有回复请求权转让给丙。本条第3款本应设计为转让本权,但考虑与现有的立法例差别较大及不易为人们所接受,故设计为:"转让由第三人占有的动产物权,对第三人的占有回复请求权随同物权转让。"

2. 指示交付何时发生"交付"的效力

指示交付发生视为交付的效力,是指发生移转本权的效力。按照本条第3款,通知送达第三人后,指示交付才算完成,才能发生视为交付的效果。指示交付完成后,第三人与受让人之间成立占有媒介关系,第三人仍为直接占有人,受让人通过继受成为间接占有人。

第三人向受让人交付占有,则实现占有与本权的合一。

最高人民法院《关于适用〈中华人民共和国物权法〉若干问题的解释(一)》第18条第2款中规定:"当事人以物权法第二十六条规定的方式交付动产的,转让人与受让人之间有关转让返还原物请求权的协议生效时为动产交付之时。"① 笔者认为,上述司法解释对指示交付的规定,并不合理。因为,通知未送达第三人,第三人对受让人不能发生给付义务(交付占有的义务),第三人对受让人不负此义务,说明受让人并不是第三人的间接占有人,即其并未从转让人处获得本权。换句话说,通知未送达第三人,第三人与受让人不发生法律关系。

---

① 《物权法》第26条规定的是指示交付。

有学者指出:"第三人未受通知而将动产返还给原让与人(原所有人)时,对受让人(新所有人)免其返还之义务,受让人得依不当得利规定向让与人请求返还其物。"①按笔者对本条第3款的设计,此种情况为让与人未履行义务,动产物权未发生变动,受让人有权请求让与人继续履行,"依不当得利规定向让与人请求返还其物",使法律关系复杂化。两相比较,笔者的方案更优。

3. 指示交付本身不能设立质权

在罗马法,质权的设立即要求移转占有。"确切地讲,我们称之为物件质权的是那些将物移交给债权人占有的情况。而那些不移交给债权人、也不转移占有的,则是抵押。"②上述论断,看似寻常,实为质押移转占有、抵押不转移占有规则的概括。大陆法国家和地区的现行立法,均将交付占有作为质权成立的要件。质权的持续,亦以占有的持续为要件。"质权以移转占有为成立要件,是为公示动产物权不得不采取的一项措施。"③质权依托占有,才能产生对抗效力,才能成为对世权。因占有,质权人(同时为债权人)才能够在债务人不履行债务时实现自助出卖,以变价款优先受偿。

而指示交付完成后,质权人并未取得现实占有,没有静态的公示方法,若通过立法规定成立质权,将极大损害交易安全,且不易处理质权与抵押的关系。指示交付之后,受让人再从第三人处取得占有,自得成立质权。

笔者设计的本条第3款,除去了指示交付设立质权的功能,以期对交易简便和交易安全,能够兼筹并顾。

4. 指示交付与第三人代为履行的区别

标的物由第三人占有时,可能发生指示交付的情形,也可能发生第三人代为履行的情形,二者形似,实质不同。

(1)动产。甲的一个动产在第三人乙占有期间,与丙达成租赁合意,甲通知乙,让其将动产交付给丙。此例不为指示交付,而是指示第三人代为履行。因为,此例不发生物权变动,不发生所有权(本权)的移转,不消灭甲、乙之间的占有媒介关系,不产生乙、丙之间的占有媒介关系。在乙向丙交付后,甲、乙的占有媒介关系消灭,甲、丙的占有媒介关系成立。

(2)不动产。甲的一所房屋在第三人乙占有期间,与丙达成租赁合意,甲通知乙,让其将房屋交付给丙。此例不为指示交付,而是指示第三人代为履行。不

---

① 王泽鉴:《民法物权》,北京大学出版社2010年版,第100页。
② 〔古罗马〕乌尔比安:《论告示》第28编,转引自〔意〕桑德罗·斯契巴尼选编:《契约之债与准契约之债》,丁玫译,中国政法大学出版社1998年版,第107页。
③ 钱明星:《物权法原理》,北京大学出版社1994年版,第360页。

动产不以交付来变动物权,观念交付是专为动产物权变动设计的制度。

(3)责任。在指示交付通知第三人后,第三人是受让人的义务人,其对受让人有交付占有的义务,不履行义务的,应当对受让人承担民事责任。在代为履行,第三人未向受让人履行,对受让人不承担民事责任。《合同法》第65条规定:"当事人约定由第三人向债权人履行债务的,第三人不履行债务或者履行债务不符合约定,债务人应当向债权人承担违约责任。"

(四)单据交付

1. 单据交付的含义

单据交付,是指转让人通过向受让人交付取物单据而转让指示物的观念交付。指示物是取物单据指向的由第三人占有的物。持有(占有)单据的人对指示物享有所有权及有所有权派生的返还原物占有的请求权(占有回复请求权)。

所谓观念交付,是在不移动占有的情况下,只转让本权或设立本权,因而它只是拟制的交付。具体地说,通过单据交付,可以转让所有权或者设立权利质权。

对单据的占有,是现实占有,对单据表彰的权利,是准占有(参见第19条)。单据交付,对单据是现实交付,对指示物(取物单据指向的物)是观念交付。

取物单据是占有动产的第三人(保管人、承揽人等)为寄存人、定作人等出具的单据,不是转让人所立字据。

取物单据包括保管凭证、修理单、洗衣单、收条等单据,也包括仓单、提单,分为记名与不记名两种。取物单据是物权凭证,其中格式化的,为物权证券。取物单据是纸面形式,不包括无纸化单据。交付单据要求适格,比如记名取物单据的转让,应当背书或者记载转让事项,并签字或盖章。

2. 单据交付的效力

(1)所有权人基于保管、修理等原因将动产交付给第三人后,发生意定占有媒介关系。所有权人丧失占有,成为间接占有人,持有(占有)的第三人开立的单据,是其为间接占有人的凭证。第三人是直接占有人,其是有权占有人,还是无权占有人,都不影响单据交付的效力。比如,超过修理期限不归还占有物,就从有权占有转化为无权占有,这不影响单据交付。

所有权人(转让人)将单据交付给受让人时,即是将间接占有转让给受让人。间接占有并不等于占有回复请求权,间接占有是脱离占有的本权,其相对权效力,是占有回复请求权。受让人取得单据的占有,即取得物权。受让人向占有动产的第三人主张占有回复请求权,是另一法律事实。

单据交付的本身,也可以使受让人善意取得。取物单据为占有动产的第三人开立,其包含的效力,是"见单给物",这是一种合同承诺。取物单据是受让人占有权利推定的凭借,实际上是对过去占有的权利推定。

(2)取物单据包括仓单、提单。仓单、提单的交付,在本质上也是指示交付。仓单、提单的持有人(占有人)是间接占有人,占有货物的保管人、承运人是直接占有人。交付仓单、提单,转让了间接占有(脱离占有的本权),占有回复请求权则是间接占有的相对权效力。

一般认为,转让动产时,交付仓单、提单与交付动产具有同一效力。严格究之,两者不可能具有同一效力。仓单、提单本身是特殊动产,是表彰物,移转表彰物并不能取得对指示物的占有。所谓具有同一效力,是指交付仓单、提单与交付动产一样,都发生移转本权的效力。

交付仓单、提单是商事行为,应当由法律作出专门规定。

(3)有学者指出,"见单放货",第三人不能成为真正法律意义上的占有人,而是辅助占有人。① 笔者认为,对取物单据指示物占有的第三人,是直接占有人,不是辅助占有人。因此,取物单据的交付,对指示物转移的是间接占有,而不是对指示物转移占有。

3. 与现实占有、指示交付"两端公信力"的比较

(1)动产物权变动的公示方法,是交付。交付是移转占有的行为。交付体现了"两端公信力",即提交交付的一方有占有公信力,通过交付,使受领交付的一方发生占有公信力。以甲向乙出卖某动产为例:首先就甲占有该动产产生公信力,基于对甲占有的权利推定,乙同意受让。通过交付乙取得占有。就乙的占有产生公信力。在善意取得的情况下,也要求乙取得占有。因为在宏观上,受让人并不是或不等于是终极消费者,商品还要流转,因此要求乙取得公信力也是很重要的。

(2)转让人要因占有动产发生公信力,这是受让人对转让人产生信赖、自己成立善意的基础。但指示交付的转让人,已经不现实占有动产了,指示物在第三人占有中。没有占有的公信力,只能对其过去的占有进行权利推定。转让人要受让人相信转让的动产为自己所有,他可以拿出证据,如购物发票、小票、信件、照片、电话记录等,也可能受让人相信转让人的人格或信誉,直接同意受让。指示交付转让人一端,没有占有的公信力,只有以其他方式表现的公信力甚至没有任何公信力,在转让通知送达第三人时,受让人取得物权,受让人这一端也没有公信力,这是为交易简便、保障交易效率对公信原则所作的妥协。笔者考虑,在正常取得(一般取得)的情况下,这种妥协是可以的,在善意取得的情况下,则应

---

① 参见杨震:《观念交付制度基础理论问题研究》,载《中国法学》2008 年第 6 期。

当要求受让人取得现实占有,这是对交易便捷和交易安全的一种平衡。

(3)单据交付的两端也不具有占有公信力,但是具有准占有的公信力。转让人这一端,以占有单据发生公信力。对取物单据的信任是受让人善意的基础,其根据取物单据推定转让人是间接占有人,这是对过去占有的权利推定。受让人占有单据后,也有相应的公信力。这就是变通后的"两端公信力"。基于此,不要求单据交付的受让人在取得现实占有时再善意取得,受让人的正常取得和善意取得都发生在取得对单据的占有时。

4. 单据交付的意义

单据交付在本质上也是指示交付,立法目的与指示交付一样,在于交易的便捷。笔者设计单据交付,还有四个考虑:

(1)生活中有大量的通过交付单据转让动产的情形,需要法律的调整。仅凭通知方式的指示交付,不如单据交付普遍。

(2)明确动产物权变动的新的公示方法。动产的转让,本来是要求"两端占有的公信力"的。在单据交付的场合,采用占有单据的公信力来代替占有标的物的公信力,即由单据交付满足指示物权变动的公示要件。

(3)此举对善意取得制度,也有"增强"或"补强"的意义。通过单据交付,受让人可以善意取得单据的指示物。

(4)为准占有的参照适用提供"基石",使通过移转准占有而移转财产权利的参照适用,有所凭借。例如,购物卡不是单据,单据指向的是物,购物卡指向的是权利,持有(占有)购物卡表明对权利的准占有。如无权处分人甲将他人的购物卡转让给善意的乙,乙可参照单据取得和动产善意取得的规定,善意取得购物卡指示的财产权利。

三、关于以占有改定设立动产质权

(一)通说认为不得以占有改定设立动产质权

我国台湾地区通说认为,不得以占有改定设立质权。我国台湾地区"民法"第885条规定:"质权之设定,因移转占有而生效力。质权人不得使出质人代自己占有质物。"有学者据此得出结论:"由是可知,受让占有,不限于现实交付,即简易交付及指示交付亦可,惟不得依占有改定为之,以维持质权留置效力。"[①]为贯彻质权之留置作用,质权人不得使出质人代自己占有质物,因而以占有改定,

---

① 王泽鉴:《民法物权》,北京大学出版社2010年版,第513页。

移转动产之占有,于动产质权之设定无适用余地,否则,不生质权设定之效力。①"如许设定人仍继续质物之使用收益,而成立质权,则等于无公示方法的动产抵押之设定,不免有害于善意取得其物之所有权或者质权之第三人之利益,故'民法'规定质权人不得使出质人代自己占有质物('民法'第885条第2项),禁止依占有改定之方法,以设定质权。"②"如果出质人与质权人约定由出质人继续占有质押的动产,则动产质权不成立。道理在于,占有改定情形,无法公示质权的存在,影响交易安全。"③上述观点,肯定观念交付可以设立质权,但排除了占有改定。

台湾地区学者的观点(台湾地区学者的观点继承于德日),直接影响了大陆民法学者,最终影响到大陆物权立法。《物权法》对于简易交付和指示交付,均有"设立"的规定,而对占有改定并无"设立"的规定④,从表面上看,这只是一个立法态度暧昧的问题,实际上,按物权法定原则中"内容强制"的规则,《物权法》排除了以占有改定的方式设立质权。

笔者认为,占有改定可以设立动产质权。

(二)以占有改定设立动产质权的两个问题

1. 以占有改定设立质权,必存在两个合同

占有改定是实现本权转让,而依法律行为由转让人继续占有的一种观念交付方式。占有改定,是将自主占有"改定"为他主占有。⑤《物权法》第27条对占有改定的规定是:"动产物权转让时,双方又约定由出让人继续占有该动产的,

---

① 参见谢在全:《民法物权论》(下册),中国政法大学出版社2011年版,第973页。谢在全先生认为,台湾地区"民法"第852条第2项,《日本民法典》第345条,《德国民法典》第1204、1206、1253条,《瑞士民法典》第884、888条,《法国民法典》第2076条,排除了占有改定方式移转质物,即依照以上规定,不能以占有改定的方式设立质权。

② 史尚宽:《物权法论》,中国政法大学出版社2000年版,第350页。引文括号内的"'民法'第885条第2项",是指台湾地区"民法"的规定:"质权人不得使出质人代自己占有质物"。

③ 刘贵祥:《〈物权法〉关于担保物权的创新及审判实务面临的问题》(上),载《法律适用》2007年第8期。

④ 《物权法》第25条就简易交付规定:"动产物权设立和转让前,权利人已经依法占有该动产的,物权自法律行为生效时发生效力。"第26条就指示交付规定:"动产物权设立和转让前,第三人依法占有该动产的,负有交付义务的人可以通过转让请求第三人返还原物的权利代替交付。"第27条就占有改定规定:"动产物权转让时,双方又约定由出让人继续占有该动产的,物权自该约定生效时发生效力。"

⑤ 参见孙鹏:《物权公示论》,法律出版社2004年版,第219页。

物权自该约定生效时发生效力。"①本条第 2 款的设计也是两个合同,这称为具体占有改定。就是说,在占有改定的场合,必有两个合同,一个是转让合同(买卖、赠与等),一个是保管、租赁、借用、委托、质押等合同。

在质押场合,转让合同(第一个合同)的标的物尚未交付时,当事人又成立了质押合同(第二个合同),并以质押合同为原因,实现了质物占有改定方式的交付,以该交付设立了转让人的质权。例如,某甲将一动产出卖给乙,在交付之前,双方又约定将该动产质押给甲。这里有两个占有改定方式的交付,一个是转让合同的占有改定方式的交付,一个是质押合同占有改定方式的交付。两个合同为两个观念交付的原因,两个观念交付又是两个物权变动(动产所有权转移和动产质权设立)的原因。

动产登记物权是否可以占有改定的方式设立质权?动产登记物权是指机动交通运输工具。《物权法》第 24 条规定:"船舶、航空器和机动车等物权的设立、变更、转让和消灭,未经登记,不得对抗善意第三人。"依此,以占有改定方式就登记的动产设立质权是可以的。例如,某甲将一辆汽车出卖给某乙,在交付之前,甲、乙又约定由某乙将汽车出质给某甲,这样,就以占有改定的方式为某甲设立了质权,而质物所有权又登记在某甲名下。此案的分析是,某乙已经取得了所有权(但不能对抗善意第三人),某甲取得了质权,该质权因占有而具有对世性。就动产登记物权以占有改定设立质权,也是两个合同、两个观念交付。

2. 通说的软肋——将代为占有当做占有改定

笔者认为,通说把代为占有当成占有改定,是一种占有主体上的误解。代为占有的主体与占有改定占有是两类主体,前者是出质人占有,后者是质权人占有。

占有改定设立质权,不是由出质人(受让人)继续占有,因为其从来没有占有过,从何而来继续占有?当然也就不能是由出质人代为占有,而是由质权人(转让人)继续占有(现实占有、直接占有)。

占有改定设立质权,必然存在两个合同,而出质人代为占有,只存在一个质押合同,当事人代为占有而生质权的约定,只是质押合同的一个条款,违反物权法定原则中"内容强制"的规则,属于质押合同部分无效的情形。

占有改定设立质权,产生占有媒介关系。质权人是直接占有人,是间接占有

---

① 关于占有改定的立法例:我国台湾地区"民法"第 761 条第 2 项规定:"让与动产物权,而让与人仍继续占有动产者,让与人与受让人间,得订立契约,使受让人因此取得间接占有,以代交付。"《德国民法典》第 930 条规定:"物由所有权人占有,可以通过所有权人与受让人之间约定的法律关系使受让人因此取得间接占有而代替交付。"《韩国民法典》第 189 条规定:"让与有关动产的物权情形,根据当事人之间的契约,由让与人继续其对动产的占有时,视为受让人已经受让。"

的媒介人，出质人是间接占有人，间接占有人是享有返还请求权的人，但质权人一直在行使占有抗辩权，至债务人履行债务后，出质人的返还请求权才从期待权转化既得权。而代为占有，并不发生占有媒介关系，质押合同约定的质权人不是间接占有人，不得依间接占有请求"返还"，而只能依照质押合同的债权效力，请求出质人交付。

其实，占有改定设质根本不存在出质人代质权人占有的问题。只有在简易交付的情况下，才有可能发生当事人约定由出质人代质权人占有的情况。例如，甲将出租给乙，由乙直接占有的动产卖给乙，实现了简易交付，同时又约定该动产质押给甲，该动产由乙继续使用，此种情况是出质人代质权人占有，不能产生设立质权的法效果。

通说否定的，是不是"抽象占有改定设立质权"？通说并不是在区分具体占有改定和抽象占有改定的基础上，否定占有改定设立质权的，而是将占有改定与其他两种观念交付并列并加以否定的。因此通说否定的是以具体占有改定设立质权。

"单纯的'今后为受让人而占有'之表示，即抽象的改定。"①"法律只承认具体占有改定的效力，抽象的改定则无法达成当事人预期的效果。"②"所谓具体改定，即在让与人与受让人之间形成租赁、寄托、借用等合意；而在抽象之改定，当事人仅约定由让与人为受让人而占有，在让与人与受让人之间并不存在租赁等实在的法律关系。"③具体的占有改定，就是本书前述存在两个法律关系的情形，如存在一个买卖合同和一个质押合同等；抽象的占有改定，是只存在一个明确法律关系的情形。比如，某甲将动产出卖给某乙，双方约定在合同成立之时，交付之前，该动产即归买受人所有。为什么在交付之前所有权就转归买受人所有，这必有原因，但是这种原因又没有明确表现出来，是隐藏的法律关系，不像具体的占有改定那样，把租赁、借用、保管等具体表现出来。笔者认为，这种在动产转让时的抽象的占有改定，其效力是可以承认的④，但其隐藏的法律关系，法律不应当承认，法官在审理案件的时候也没有必要揭示。"抽象占有改定设立质权"，是一个伪命题。因为，质权人必为债权人，不论采用何种交付方式，都是质权人

---

① 史尚宽：《物权法论》，中国政法大学出版社 2000 年版，第 39 页。
② 孙鹏：《物权公示论》，法律出版社 2004 年版，第 220 页。
③ 同上注。
④ 有学者指出，抽象的占有改定，不能使受让人取得间接占有，故不能取得所有权。参见史尚宽：《物权法论》，中国政法大学出版社 2000 年版，第 39 页。"抽象的改定，足使所有权之移转，罹于无效。"参见梅仲协：《民法要义》，中国政法大学出版社 1998 年版，第 520—521 页。笔者与以上观点相反。

占有质物,而抽象占有改定,是债务人占有标的物。本书所说以占有改定方式设立质权,只能是指具体占有改定方式,即存在转让合同与质押合同两个合同的情形,即便是口头的质押合同,也是客观存在的。我国台湾地区"民法"也认定占有改定方式交付存在两个合同。

把代为占有混同于占有改定,是通说的软肋,混淆了代为占有与间接占有的关系。笔者以为,只要是发生占有改定,必发生间接占有,而必不发生代为占有。

(三)"静态公示效力"、留置效力及其他效力

占有改定交付,使质权人对质物处于现实占有的实际支配地位。也就是说,占有改定设质发生与现实交付的同一法效果。质权的公示效力、留置效力及其他效力,并没有受到任何伤害。

1. 以占有改定设立质权有"静态公示"的效力

占有改定设立质权,有一个如何理解公示的问题。动产的公示,实际上有两个层面上的意义。"占有公示着静态的动产物权,交付则公示着动产物权的变动"①,它们的公示效果并不相同。物权的变动,为外界所知晓,这是就公示的动态意义而言的。在静态意义上,占有改定方式设立的质权,并非是以观念占有的方式公示物权,而是以现实占有的方式公示物权的。这种静态的公示效力,实际展现的是占有的公信力。

生活中、交易中,人们关注的不是动产的动态变动过程,而是从占有来推定权利,即从静态看权利的归属。占有是动产权利的外衣,依现实交付设立的质权,在自助出卖时,买受人倍加关注的是质权人的占有,而并不是出质人将质物交付给质权人的过程。现实交付如此,为什么还要苛求占有改定呢?买受质物的第三人判断一下现实占有,必要时再看看占有改定的文书,就足以作出购买决策了。一般情况下,外界并不需要知晓物权变动的具体事实和过程。

动态的公示,更注重物权变动的形式要件,而不是第三人的"信任"。动产公信力产生的本质,在于占有,而不是在于交付占有。静态的公示效果,在于推定作用。② 第三人基于对"静态公示"的信任,可以善意取得。质权人将质物出卖给第三人或者给第三人设质,第三人的善意取得,与质权人是通过现实交付获得质权还是通过占有改定获得质权,并无任何关联,是"无所谓"的。

占有人将占有的他人动产出卖给买受人,再以占有改定的方式成立占有人

---

① 孙鹏:《物权公示论》,法律出版社2004年版,第220—221页。
② 占有的作用可以分为转让作用、推定作用、善意取得作用。参见〔德〕鲍尔、施蒂尔纳:《德国物权法》(上册),张双根译,法律出版社2004年版,第61—64页。

的质权,占有人对质权能否善意取得或正常取得?——这要从逻辑上和价值判断上进行分析。第一,占有改定的"质权人"对质权不能善意取得,因为他不能构成善意;第二,从逻辑上看,若买受人依占有改定善意(买受人可能是善意)取得了动产所有权,则出卖人(占有人)依占有改定正常取得了质权,其结果是占有改定的出卖人(占有人)以无权处分的动产为自己成立一个动产质权。这就明显违背了法律的价值追求,法律保护的,显然不是无权处分人,而是买受人。因此,不能承认出卖他人之物的占有人有通过占有改定方式为自己设立质权的权利。

2. 以占有改定设立质权有留置效力及其他效力

所谓留置效力,是取得并持续占有的效力。尽管出质人是间接占有,对质权人享有返还原物占有的请求权,但留置效力是占有抗辩的效力,足以"冻结"出质人的请求权。留置效力还是变价、收取孳息等权利行使的前提。占有改定取得质权,是取得直接占有,因此,质权人享有法定的一切权利和义务,如保全权、孳息收取权、变价权,等等。而出质人的权利与其他出质人也是等同的,有请求及时出卖权,有对变价后"剩余"款项的请求权,甚至还有一定的处分权。

综上,占有改定方式设立质权与现实交付设立质权,在法效果上并无二致。

(四)与简易交付设立质权的比较

简易交付设立质权,是已经直接占有动产的主体基于与出质人(间接占有人)的法律行为,取得继续占有的本权;占有改定设立质权,是让与人基于与出质人的法律行为,取得继续占有的本权,但让与人在此之前,与出质人并无连接间接占有与直接占有的占有媒介关系。

简易交付,现实占有并未"易帜",但本权却已悄悄发生变化。简易交付虽然是取得本权的原因,但原因与本权的取得却在同一时间点上。占有改定设立质权,现实占有也未"易帜",但本权已经"更弦"。

在简易占有前如已经有了一个交付,那这个交付与简易交付(包括设定质权的简易交付)的方向是相同的,两个交付是向同一主体交付。以占有改定设立质权,两个交付是同时的,方向是相反的,即两个交付是分别向两个主体交付。

在占有改定的场合,必有两个合同,两个合同的交付没有时间差;在简易交付的场合,可以有两个合同,也可能只有一个合同,如果有两个合同,必存在两个交付的时间差。简易交付设立质权,是不发生转让行为前提下的设立质权的行为,是既存的间接占有人,为既存的直接占有人创设质权,质权人仍为直接占有人。占有改定设立质权,必然存在转让行为,转让人是质权人,受让人是出质人,是通过创设间接占有来设立质权的。

(五) 结语

笔者的观点,是可以占有改定方式设立质权,对我国占有改定的现行立法是应当检讨的。占有改定与简易交付一样,都使质权人处于现实占有的地位,保证了质权的公示性要求,质权人行使法定的权利没有任何妨碍。

占有改定是创设间接占有的一种方式,不存在出质人代为占有的情况。立法例中,禁止出质人代为占有的规定,并非禁止占有改定设立质权的规定。

笔者对本条第 2 款占有改定的设计,只规定了"转让",没有规定"设立",是因为"设立"是与"转让"相连带的,处于同一时间,是"转让"的一个副产品。还因为,在实务中,以占有改定设立质权也很少见。但在理论上应当明确,以占有改定是可以设立质权的,也不会构成对物权法定原则的违反。

【立法例】

《中华人民共和国物权法》

第 25 条　动产物权设立和转让前,权利人已经依法占有该动产的,物权自法律行为生效时发生效力。

第 26 条　动产物权设立和转让前,第三人依法占有该动产的,负有交付义务的人可以通过转让请求第三人返还原物的权利代替交付。

第 27 条　动产物权转让时,双方又约定由出让人继续占有该动产的,物权自该约定生效时发生效力。

最高人民法院《关于适用〈中华人民共和国物权法〉若干问题的解释(一)》

第 18 条第 2 款　当事人以物权法第二十五条规定的方式交付动产的,转让动产法律行为生效时为动产交付之时;当事人以物权法第二十六条规定的方式交付动产的,转让人与受让人之间有关转让返还原物请求权的协议生效时为动产交付之时。

最高人民法院《关于适用〈中华人民共和国担保法〉若干问题的解释》

第 88 条　出质人以间接占有的财产出质的,质押合同自书面通知送达占有人时视为移交。占有人收到出质通知后,仍接受出质人的指示处分出质财产的,该行为无效。[①]

[①] 此条是以指示交付设立质权的规定,与《关于适用〈中华人民共和国物权法〉若干问题的解释(一)》第 18 条第 2 款有冲突。

《中华人民共和国合同法》

第 140 条　标的物在订立合同之前已为买受人占有的,合同生效的时间为交付时间。

我国台湾地区"民法"

第 761 条 [动产物权让与之生效要件——现实交付、简易交付、占有改定、指示交付]　动产物权之让与,非将动产交付,不生效力。但受让人已占有动产者,于让与合意时,即生效力。

让与动产物权,而让与人仍继续占有动产者,让与人与受让人间,得订立契约,使受让人因此取得间接占有,以代交付。

让与动产物权,如其动产由第三人占有时,让与人得以对于第三人之返还请求权,让与于受让人,以代交付。

《德国民法典》

第 929 条 [合意与交付]　1. 为让与动产所有权必须由所有权人将物交付于受让人,并就所有权的移转由双方达成合意。

2. 如受让人已经占有此动产者,仅须让与所有权的合意,即生效力。

第 930 条 [占有改定]　所有人占有动产的,让与得通过所有人与受让人间约定法律关系使受让人取得间接占有,以代替交付。

第 931 条 [让与返还请求权]　物由第三人占有时,所有人得以对于第三人的返还请求权让与受让人,以代替交付。

第 1205 条 [设定]　1.(1)为设定质权,所有人应将物交付给债权人,并由双方当事人约定,质权应属于债权人。(2)债权人已经占有其物时,只须有关质权成立的协议即可。

2. 处于所有人间接占有的物,得由所有人将间接占有移转于质权人,并将质权设定通知占有人以代替交付。

《日本民法典》

第 182 条 [现实交付、简易交付]　(一)占有权的让与,依占有物的交付而进行。

(二)受让人或其代理人现实支配占有物时,占有权的让与,可以仅依当事人的意思表示而进行。

第 183 条 [占有改定]　代理人表示今后为本人占有自己物的意思时,本人因此取得占有权。

第 184 条 [依指示的占有移转]　依代理人实行占有,本人指示代理人以后为第三人占有其物,且经第三人承诺时,则第三人取得占有权。

《韩国民法典》

第 188 条[动产物权转让的效力、简易交付] （一）动产物权的转让,交付该动产时,始生效力。

（二）受让人已占有该动产的,依当事人的意思表示,发生效力。

第 189 条[占有改定] 转让动产物权,根据当事人之间的契约,由转让人继续占有该动产的,视为完成交付。

第 190 条[标的物返还请求权的转让] 转让由第三人占有的动产物权时,转让人将其对第三人的返还请求权转让受让人的,视为交付动产。

第十九条 【准占有】

书面凭证、作品、电子介质物或电子系统表明或负载的财产权利,推定由准占有人享有。

书面凭证、作品、电子介质物的占有人为财产权利的准占有人,记载、署名或登记的权利人与占有人发生权利归属冲突时,记载、署名、登记的权利人为准占有人;在他人电子系统记载、登记的权利人、用户名及其密码拥有人等为财产权利的准占有人。

准占有参照本章有关规定。

【说明】

(1)占有是对有体物的占有,准占有是对财产权利的占有。准占有又称为权利占有,是拟制的占有。准占有与间接占有一样,是观念占有。

(2)理论上,准占有得适用占有权利推定的规定,但本条直接作出了推定准占有人享有财产权利的规定。推定,是可以通过反证推翻的。

(3)准占有的基本功能是表彰功能。财产权利是格式化、固定化、法律化的一种观念,存在于人们意识之中,需要客观的、外在的事物予以表彰。依据本条第1款,表彰财产权利的,有书面凭证、各类作品、电子介质物或电子系统四种客观物质。

①书面凭证。书面凭证是以作用于视觉的文字、图形表达内容的。这里所说的书面凭证,不包括电子形式的凭证。

书面凭证包括:有价证券,借据、借条、收据,银行存折,合同书,公司出资证明书,公司章程,登记簿,档案,知识产权资料,书籍等。

②作品。本条所说作品,是指《中华人民共和国著作权法》(以下简称《著作权法》)规定的负载著作权的各类作品。①

③电子介质物。本条所说的电子介质物是当事人占有的特定物,包括银行卡、储值卡、U盘、录音、录像设备等。银行卡有信用卡、储蓄卡等。储值卡包括交通卡、商店、饭店、俱乐部等消费卡、单位内部就餐卡、一卡通(综合卡)等。储值卡的特点是充值消费,能购买商品和服务。

---

① 《著作权法》第3条规定:"本法所称的作品,包括以下列形式创作的文学、艺术和自然科学、社会科学、工程技术等作品:(一)文字作品;(二)口述作品;(三)音乐、戏剧、曲艺、舞蹈、杂技艺术作品;(四)美术、建筑作品;(五)摄影作品;(六)电影作品和以类似摄制电影的方法创作的作品;(七)工程设计图、产品设计图、地图、示意图等图形作品和模型作品;(八)计算机软件;(九)法律、行政法规规定的其他作品。"

手机也是电子介质物,比如充值后,可以通过手机开锁使用共享单车(自行车)。

④电子系统。电子系统是指记载或登记财产权利的电子介质系统。

电子系统与电子介质物不同。电子介质物是当事人占有的特定物。电子系统是非当事人的电子介质系统,当事人无法占有。比如,甲购买某股份有限公司的股票,电子介质系统(证券登记结算机构的电子化簿记系统)登记了甲的姓名或名称及持股数,甲对该系统无法占有。再如,乙通过银行的电子系统存取款,其对银行的电子系统无法占有。乙存款后,对银行是债权人,对该债权的准占有在两个方面体现:一个是掌握银行卡及其密码(有时只有卡即可,有时只有密码即可);另一个是银行系统的记载,当乙丢失银行卡或遗忘密码时,仍可根据系统的记载认定其准占有。

(4)不表彰财产权利的书面资料、作品、电子介质物、电子系统,不存在准占有的问题,如一份药品说明书,如果其本身没有著作权的话,并不表彰什么财产权利,不属于本条所说的准占有的凭证。

(5)准占有不能无所凭借。准占有人的认定,要借助对占有表彰物的占有及有关载体的记载、署名、登记等。当占有与记载、署名、登记的文字表述发生冲突时,应当以文字表述为准。比如,甲占有的借据载明出借人是乙,则应以乙为准占有人。次如,甲占有一个立体雕塑,雕塑上署名的是乙,则应以乙为著作权的准占有人。再如,甲占有(持有)的合同书上载明的抵押权人是甲,登记机关载明的抵押权人是乙,则应以乙为抵押权的准占有人。

有时,对表彰物的占有与记载可以并存。比如,甲将银行储蓄卡和密码交给乙,乙是准占有人,银行电子系统记录甲的姓名,甲丧失对储蓄卡的占有,仍然是对银行的债权准占有人。

用户名及其密码拥有人,也是准占有人。比如支付宝的拥有人、微信红包的拥有人、电子游戏积分的拥有人等。

(6)准占有的客体是财产权利。包括对债权的准占有;对非占有他物权的准占有;对股权、份额权的准占有;对知识产权中财产权的准占有。

(7)不能和不适宜作为准占有客体的权利。

①财产权利以外的权利(人身权),不能准占有。

②依照法律规定不得转让和按性质不得转让的财产权利,不能准占有。

③所有权未与占有分离时,不适宜作为准占有的客体。

④以占有为要件的他物权,不适宜作为准占有的客体。

⑤对物用益债权,不适宜作为准占有的客体。

⑥形成权(解除权、撤销权、抵销权等),不适宜作为准占有的客体。

（8）准占有与占有的区别。

①占有的客体,是有体物;准占有的客体,是无体的财产权利。占有存在于客观世界;准占有是观念占有,存在于主观世界。占有与准占有可以并存,比如,占有表彰财产权利的物(表彰物),是占有与准占有并存的现象。须注意的是,有些财产权利的准占有,与占有无关,比如,因登记成立的财产权利,就与占有无关。

②占有本身不是权利,准占有本身也不是权利。占有,是占有物本权归属的外形,推定占有人享有本权;准占有,是财产权利归属的外形,推定准占有人享有财产权利。

（9）准占有与间接占有同为观念占有,但二者有明显区别。准占有表彰财产权利的归属;间接占有是脱离占有的本权,本身是一项财产权利。比如,所有权人将租赁物交付给承租人,则该所有权脱离占有,成为脱离占有的本权。

（10）准占有产生原因很多,比如,取得对表彰物的占有,取得对权利的登记,订立合同、完成作品,等等。

准占有人可以为他人设立准占有,可以将准占有转让给他人,这些也是准占有产生的原因。

准占有的保护与占有保护一样,保护外形的事实。外形的事实是一种客观存在,不宜在实际行使时才予以保护,即准占有的成立不以权利的实际行使为要件。若以实际行使为成立要件,行使完毕后,准占有就会随之消灭。

准占有消灭的原因包括:①丧失了对表彰物的占有;丧失了介质物上、电子系统上的记载;涂销登记等。②财产权利得到全部实现。

（11）准占有,参照本章对占有的有关规定。所谓"有关"规定,一是指相对应的规定;二是指占有规则与准占有不相冲突者,可以参照适用。例如:

①准占有的移转,可以参照现实交付(第17条第2、3款)和观念交付(第18条第3、4款)的规定。

②对准占有给予善意取得的保护,可以参照本稿第9、10条的规定。

③给予占有请求权的保护,可以参照本稿第7条的规定。

④权利孳息是法定孳息,无权准占有人取得孳息的,可以参照第14条第1款予以返还的规定。

⑤为准占有人的利益,基于工作上的从属关系,受占有人的指示而持有表彰物、掌握密码等,可以参照第3条辅助占有的规定。

【案例模型】

（一）对债权的准占有

例1：张甲拿1万元现金去银行存款，将现金交付给银行后，其1万元现金的所有权移转给银行，银行给了张甲1张储蓄卡。张甲对银行享有储蓄合同中还本付息的债权。

1万元现金，是民法上的有体物，是所有权和占有的客体。交付给银行后，财产形式由物权转化为债权。对该债权，张甲为准占有。

例2：张甲答应借给李乙10万元，借款合同没有说明是交付现金还是转账支付。张甲知道李乙的银行卡号，就从自己的工行银行卡转到李乙建行银行卡上10万元。借期届满时，李乙将11.5万元本金和利息转到张甲的银行卡上。

应当区别货币（现金）的交付和转账支付。

（1）货币是民法上的有体物，是所有权的客体，也是占有的客体。货币交付是移转货币占有的双方行为，须受领的一方占有货币，履行才算完成。故受领货币的一方所在地为履行地。《中华人民共和国民法通则》第88条第2款第（三）项规定："履行地点不明确，给付货币的，在接受给付一方的所在地履行，其他标的在履行义务一方的所在地履行。"《合同法》在第62条第（三）项中，也作了相同的规定。最高人民法院《关于审理民间借贷案件适用法律若干问题的规定》第3条规定："借贷双方就合同履行地未约定或者约定不明确，事后未达成补充协议，按照合同有关条款或者交易习惯仍不能确定的，以接受货币一方所在地为合同履行地。"借款合同有两个履行地，一个是出借人付款的履行地，一个是借款还款时的履行地。

（2）本案双方不是货币支付，是转账支付。甲对工商银行享有的债权，是准占有，将10万元出借款转到李乙的银行卡上，李乙则对建设银行享有10万元的债权，对该债权是准占有，即张甲对李乙借款的支付，是"从准占有到准占有"。交付是"从占有到占有"。本条第3款规定："准占有参照本章有关规定。"本案参照关于交付的规定（第17条第2款），李乙取得准占有时，张甲就完成了给付。同样，李乙还款也是"从准占有到准占有"，也是有两个履行地。

例3：张甲拿着一张借条起诉李乙，请求归还借款1万元。李乙指出：借条内容是打印的，借条落款虽然是我的签字，但借条打印的出借人一栏是空的，没有写张甲的名字，因此张甲不具备原告的资格。

最高人民法院《关于审理民间借贷案件适用法律若干问题的规定》第 2 条第 2 款规定:"当事人持有的借据、收据、欠条等债权凭证没有载明债权人,持有债权凭证的当事人提起民间借贷诉讼的,人民法院应予受理。被告对原告的债权人资格提出有事实依据的抗辩,人民法院经审理认为原告不具有债权人资格的,裁定驳回起诉。"上述规定,折射了准占有的原理。本条第 1 款规定:"书面凭证、作品、电子介质物或电子系统表明或负载的财产权利,推定由准占有人享有。"第 2 款规定:"书面凭证、作品、电子介质物的占有人为财产权利的准占有人,记载、署名或登记的权利人与占有人发生权利归属冲突时,记载、署名、登记的权利人为准占有人;在他人电子系统记载、登记的权利人、用户名及其密码拥有人等为财产权利的准占有人。"依据本稿的上述规定,张甲是准占有人,推定其为债权人。推定是可以推翻的,李乙应当提出反证证明张甲没有债权人的资格,否则应当承担还款的义务。

例 4:甲公司借给乙公司 20 万元,乙公司给甲公司写了收据。因临时需要用钱,甲公司又向丙公司借款 15 万元,将借条交付给丙公司,作为质押担保。丙公司的占有状况如何?

借条是债权凭证,质权人丙对借条是占有,对甲公司对乙公司的 20 万元债权,是准占有,该准占有是因设立而生,不是甲将自己的准占有移转给丙公司准占有。甲公司对丙公司是权利质押。①

例 5:张甲欠胞妹张乙 3 万元,将银行储蓄卡和密码交给张乙,说:"里面有 10 万元,你自己去取 3 万元。"张乙欠李丙 10 万元货款,将张甲储蓄卡 10 万元全部转到李丙的卡上。后张甲要求李丙返还 7 万元,李丙拒绝。

(1)张甲对银行有 10 万元的债权。张乙占有张甲的银行储蓄卡并掌握密码,对该 10 万元债权为准占有,其划给王丙,是交付准占有的行为。参照本稿第 9 条第 1 款的规定,取得准占有的李丙可善意取得该 10 万元。本案不宜以"货币占有即所有"来解释。因为,这种解释就意味着货币可以无条件给付、无条件转移,"货币占有即所有",往往只是一种占有权利推定。如果本案王丙是非善意的,就不能善意取得,比如张甲将储蓄卡交给张乙,嘱咐其提出其中 3 万元,王丙就在现场,则王丙就不能善意取得其中的 7 万元。

(2)如果张乙给王丙划转 10 万元不是支付货款,而是偿还无息借款的本

---

① 顺便指出,我国《物权法》欠缺以债权质押的一般条款,在制定"民法典"时,应当予以补正。

金,王丙仍能善意取得。按本稿第9条第2款的规定,受领货币的,有无对价、对价性质如何,都可以善意取得。

例6:张甲要出差,见时间充裕,就顺路到闺密李乙家待一会儿,李乙说:"我有个突然决定,下周六举办婚礼!"张甲说:"我出差赶不回来啊,我这有一张建行的储蓄卡,正好有1.8万元,给你当红包吧。"她将密码写在纸条上连同储蓄卡递给李乙。忙完婚礼之后的一日,李乙去取钱不得,发现张甲已经挂失,将钱取走。李乙起诉,要求交还1.8万元,张甲声称依据《合同法》第186条之规定,撤销对李乙的赠与。并说自己有结婚、生孩子等大事时,李乙从来没有给自己送过礼。请问:张甲可以撤销赠与吗?

《合同法》第186条规定:"赠与人在赠与财产的权利转移之前可以撤销赠与。具有救灾、扶贫等社会公益、道德义务性质的赠与合同或者经过公证的赠与合同,不适用前款规定。"

一般地说,礼尚往来的小额赠与是道德义务的赠与,本案很难认定是道德义务的赠与。本案张甲能否撤销赠与的关键,是赠与的财产是否已经转移。按合同目的解释,本案赠与的并不是货币,而是对建行1.8万元债权。参照本稿第18条第4款单据交付的规定,李乙已经受赠,李乙已经取得对该笔债权的准占有,即赠与人已经完成了合同义务,不能再撤销。

例7:张甲的银行储蓄卡被李乙侵夺占有,李乙是否构成准占有?

(1)银行储蓄卡是有体物,是占有的客体。李乙虽然占有了银行储蓄卡,但不知密码,无法取钱(无法行使权利),故李乙不构成准占有。

(2)张甲可根据本稿第5条的规定,依本权请求返还对储蓄卡的占有,也可以根据本稿第7条第1款的规定,依占有的效力请求返还对银行储蓄卡的占有。

例8:张甲在地铁站前偷了李乙的交通卡,张甲进了地铁站刷卡5元,李乙追进来夺回交通卡。

按社会一般观念,没有人认为李乙有权向地铁公司请求返还5元,但在法理上仍有必要作出解释。张甲构成准占有,地铁公司对这5元,不是一般取得(正常取得),参照适用本稿第9条第2款,是善意取得。

(二)对债权以外财产权利的准占有

例1:甲公司有一项制造注塑机的技术秘密要转让给乙公司,甲公司向乙公司出示了技术资料,并按照合同约定将技术资料交付给乙公司。乙公司支付了合理价款,即按该技术资料生产注塑机。乙公司的注塑机器上市销售后,丙公司起诉甲、乙二公司,说该技术秘密属于自己享有,并举证证明甲公司剽窃了自己的技术。要求二公司停止侵害、赔偿损失。乙公司对甲公司剽窃行为毫不知情。

甲公司拥有技术秘密资料,其为技术秘密权(属于知识产权)的准占有人,乙公司自甲公司处取得了准占有,善意取得了技术秘密权。《关于审理技术合同纠纷案件适用法律若干问题的解释》第12条第1款规定:"根据合同法第三百二十九条的规定,侵害他人技术秘密的技术合同被确认无效后,除法律、行政法规另有规定的以外,善意取得该技术秘密的一方当事人可以在其取得时的范围内继续使用该技术秘密,但应当向权利人支付合理的使用费并承担保密义务。当事人双方恶意串通或者一方知道或者应当知道另一方侵权仍与其订立或者履行合同的,属于共同侵权,人民法院应当判令侵权人承担连带赔偿责任和保密义务,因此取得技术秘密的当事人不得继续使用该技术秘密。"据此,乙公司不构成侵权,可以继续使用该秘密。

例2:甲不方便以自己的名义出资设立公司,就出钱让乙以发起人的名义对丙有限责任公司(目标公司)出资,丙公司章程记载的股东有乙、丁,工商登记的股东也是乙、丁。1年后,乙未经甲同意,将股权以合理的价格转让给善意的戊。后来,甲起诉到法院,主张股权转让无效。

(1)最高人民法院《关于适用〈中华人民共和国公司法〉若干问题的规定(三)》第25条第1款规定:"名义股东将登记于其名下的股权转让、质押或者以其他方式处分,实际出资人以其对于股权享有实际权利为由,请求认定处分股权行为无效的,人民法院可以参照物权法第一百零六条的规定处理。"

(2)乙是丙公司的名义股东(显名股东),甲是隐名股东。乙是股份的准占有人,丙能够善意取得,是基于章程的记载和工商登记,是对准占有的权利推定。本案有上述司法解释的条文可供遵循,若不考虑此点,可参照适用本稿第9条动产善意取得的规定。

例3:甲将自己对乙有限责任公司(目标公司)的40万元股份转让给丙。甲、丙2月1日签订的股权转让合同约定,同月30前至工商行政管理机关办理股权变更登记。到了同月16日,甲又与丁协商该股权的转让,甲向丁出示了乙公司的章程(记载甲为股东)和自己的出资证明书及工商登记资料复印件,丁遂于当日与甲以60万元的价格签订了股权转让合同,当月28日双方到工商行政管理机关办理了股权变更登记。后来,丙起诉,主张该股权已经转让给自己,请求确认该股权转让给丁为无效。经查,乙公司未置备股东名册。请问:甲就同一股权转让给两个人,该股权归丙,还是归丁?

(1)转让的股权何时转移给受让人,主要有三种观点,其一,在股权转让合同生效时;其二,记载于股东名册时;其三,办理公司股权变更登记时。《公司法》第32条第3款规定:"公司应当将股东的姓名或者名称向公司登记机关登记;登记事项发生变更的,应当办理变更登记。未经登记或者变更登记的,不得对抗第三人。"据此,工商登记只是对抗第三人的要件,不是股权转让的要件。《关于适用〈中华人民共和国公司法〉若干问题的规定(三)》第27条第1款规定:"股权转让后尚未向公司登记机关办理变更登记,原股东将仍登记于其名下的股权转让、质押或者以其他方式处分,受让股东以其对于股权享有实际权利为由,请求认定处分股权行为无效的,人民法院可以参照物权法第一百零六条的规定处理。"也就是说,在签订股权转让合同后,尚未向公司登记机关办理变更登记前,股权已经移转给受让人,再转让给第三人为无权处分,适用善意取得的规则。应认定股权在股权转让合同生效时,就移转给受让人丙。

(2)已经转让给丙,甲又转让给丁构成无权处分。丁基于对章程和出资证明书和工商登记的信赖,是对准占有的信赖,丁善意取得了股权,即股权最终归丁。

例4:张甲在网吧玩电子游戏8个小时,后因病死亡,其没有第一顺序继承人,只有一个弟弟张乙。张甲所玩电子游戏有积分,按网吧游戏规则达到一定的积分有无偿玩若干局的奖励,且允许转让奖励。张乙知道用户名和密码,到网吧接着张甲的程序打游戏。网吧老板予以禁止,还说:"人死如灯灭,没有你的事。"

张甲对其所得积分为准占有。该积分有财产内容,对该积分的财产权利构成遗产。参照本稿第17条第3款,该准占有移转于张乙,张乙有权继续张甲"未竟"的游戏。

例5:甲公司将动产抵押给乙公司,只将抵押物的权利凭证交付给乙公司,但未签订书面的抵押合同,未办理登记。后来,甲公司以抵押合同是要式合同为由,否认抵押的存在。

动产抵押不登记也生效,但不能对抗善意第三人。乙公司占有权利凭证,对抵押权构成准占有,故应当认定其抵押权存在。

例 6：甲公司将一座楼房抵押给乙公司，办理了抵押登记。丙公司进入抵押物（楼房）一侧施工，违规挖掘地坑，给抵押的楼房造成严重危险。甲公司不闻不问，乙公司可否提起占有之诉中的消除危险之诉？

办理了抵押物登记，乙公司为抵押权的准占有人。参照本稿第 7 条第 3 款的规定："对妨害占有的行为，占有人可以请求排除妨害或者消除危险。"参照此规定，乙公司可以提起消除危险占有之诉。乙公司的行为，不是无因管理行为。

例 7：甲公司将自己储存在乙公司的一批钢材卖给乙公司，依照约定将仓单背书后交付给丙公司。在乙公司提货前，其对这批钢材是否为准占有？

《合同法》第 135 条规定："出卖人应当履行向买受人交付标的物或者交付提取标的物的单证，并转移标的物所有权的义务。"第 387 条规定："仓单是提取仓储物的凭证。存货人或者仓单持有人在仓单上背书并经保管人签字或者盖章的，可以转让提取仓储物的权利。"仓单是物权证券，本案甲公司向丙公司交付经背书的仓单，完成了合同义务。储存物（钢材）转归丙公司所有。甲公司向丙公司转让的，是脱离占有的本权，即转让的是间接占有，丙公司不构成准占有。丙公司依本权，有权向乙公司主张回复对钢材的占有，即丙公司有两个权利，一个是所有权（脱离占有的本权），一个是对乙公司的物权请求权。

例 8：甲占有（持有）100 万元铝锭的仓单和 200 万元钢材的仓单，保管人乙是铝锭、钢材的直接占有人，甲是间接占有人，甲将 100 万元铝锭的仓单后交付给丙作为质押，将 200 万元钢材仓单交付给丁，转让钢材所有权，上述两份仓单都已经背书并经保管人签字。

（1）仓单是物权证券，说明甲是间接占有人。甲对保管人乙的占有回复请求权，是物权请求权。

（2）甲将 100 万元铝锭的仓单后交付给丙作为质押，丙因准占有成立权利质权。

（3）甲将 200 万元钢材仓单交付给丁，转让钢材所有权，是将间接占有转让给丁。

【理论阐释】

一、准占有的界定

（一）准占有的含义

有学者指出，以财产权为客体的占有，学说上称为准占有或权利占有，其占有人称为准占有人。① 财产权不因物之占有而成立者,行使其财产权,曰准占有或权利占有,即不具物之支配事实支配关系。② 所谓准占有,对于不占有某物,亦得行使权利之财产权,法律上予以占有同等保护的制度。③ 要点是:准占有是对无形财产权利的占有,不因对物的占有而成立,不具备对物的事实支配关系;准占有不是对物占有,但给予对物占有的保护。需要进一步说明的有以下几点:

(1)准占有不是占有,是对财产权利的占有,其客体与占有的客体有明显区别。占有的客体是有体物,占有是对物的管控,物存在于客观世界。准占有的客体是财产权利,财产权利是一种观念。财产权利因物之占有而成立者,不能成立准占有,或者没有以准占有调整的必要。比如,动产质权、留置权、对物用益债权以成立占有为必要,依占有制度调整即可,没有必要以准占有的规则来调整,也没有必要以准占有的理论来解释。

(2)准占有不等于无权占有。有学者认为,构成准占有的一项要件是:"必须事实上对该项财产具有管领力。申言之,准占有人事实上在行使该项财产权利。如何判断'事实上',应当就财产权利的种类、性质及外观等各种行为加以判断。通常来说,只要依据社会的一般观念,在外观上有使人误信其为真正的财产权利人的情形即可。"④"误信"其为真正的财产权利人的说法,似认为准占有人不是真正的财产权利人。其实,准占有分为有权准占有和无权准占有两种。准占有人可能是真正的权利人,也可能准占有只是一种表见事实,即准占有人在外观上是权利人,实际上不是。无权准占有人,是表见权利人。

随之需要讨论的,是对权利的支配与对物的区别。有权占有,为有本权占有,因为有本权而对物发生法律支配力,同时因为占有而对物发生事实支配力,即有双重支配力;无权占有,仅有事实支配力。对财产权利的支配,不可简单套用占有的支配,对权利只能法律支配,不存在事实支配的问题。

比如,股权登记在甲的名下,甲可能享有股权,也可能已经丧失了股权,如他已经将股权转让给乙尚未办理股权工商变更登记。在甲"有登记无股权"的情况下,甲因准占有拥有表见权利,仍有法律支配力,比如他将股权转让给丙(实际是转让乙的股权),是无权处分行为,丙可以善意取得。

(3)我国台湾地区学者和大陆学者均认为准占有的成立以权利的实际行使为成立要件,笔者持相反的观点。

---

① 参见王泽鉴:《民法物权》,北京大学出版社 2010 年版,第 564 页。
② 参见史尚宽:《物权法论》,中国政法大学出版社 2000 年版,第 17 页。
③ 参见曹杰:《中国民法物权论》,中国方正出版社 2004 年版,第 260 页。
④ 王利明主持:《中国民法典学者建议稿及立法理由·物权编》,法律出版社 2005 年版,第 593 页。

准占有的保护与占有保护一样,保护外形的事实。外形的事实是一种客观存在,不宜在实际行使权利时才予以保护,即准占有的成立不以权利的实际行使为要件。若以行使为成立要件,行使完毕后,准占有就会随之消灭。对准占有应给予消极和积极两个方面的保护。消极保护是以"禁止侵犯的方式"予以保护,是静态的保护,这与权利的实际行使无关。积极的保护,主要是对准占有流通的保护,是动态的保护,也主要是对权利行使的保护。如果认为准占有实际行使时才成立,就排除了对准占有的静态保护,限缩了准占有的意义。

(二)准占有成立的标志

财产权利是格式化、固定化、法律化的一种观念,存在于人们的意识之中,需要客观的、外在的事物予以表彰。这种客观的、外在的事物,就是财产权利的外形,就是准占有。

有学者认为:"所谓准占有,指基于占有表征无体财产权(含债权)之文件或其他有体物件,而占有无体财产而言。"①此观点意思是通过占有表征A(无体财产)的B物,对A构成准占有。笔者认为,既然准占有是观念占有,是拟制的占有,就不必限制准占有"仅因占有权利表彰物而成立",而且现代社会财产权利多种多样,很多与占有有体物无关。依据本条第2款,准占有成立的标志包括"占有表彰物""记载权利人""作品署名""权利登记""拥有用户名及密码"。其中,"占有表彰物",就是通过占有有体物,表彰对财产权利的准占有。

书面凭证,如有价证券、书证等,是民法上的有体物,是表彰物,是占有的客体。电子介质物,如银行卡、储值卡等也是表彰物,不过,对这类表彰物除了占有,往往还须掌握密码,才构成准占有,比如甲捡到一张银行卡,不知密码无法取钱,乙捡到一张交通卡,不要密码就可乘车,甲不为准占有,乙为准占有。

各类作品,其上通常有署名,署名是准占有的标志。在他人电子系统记载的权利人拥有用户名及其密码,也是准占有的标志。

记载、署名、登记,是以文字表述证明权利人,可靠性优于对表彰物的占有,故表彰物的占有人与记载、署名或登记的权利人发生冲突时,应认定记载、署名、登记的人为准占有人。

这里的"冲突"是指准占有在两个以上的人之间不能并存,不能兼容。比如,张甲将储蓄卡和密码交付给李乙,让李乙去取款,李乙为准占有人,因银行的电子系统对张甲的权利有记载,张甲不丧失准占有,张甲的准占有和李乙的准占有并不发生冲突。

---

① 黄茂荣:《论准占有》,载黄茂荣:《债法总论》,中国政法大学出版社2003年版,第291页。

至于记载、署名、登记之间的冲突,是很少见的,如果发生,应按个案情况,依社会一般观念和交易习惯认定准占有人。

(三)准占有与间接占有

准占有与间接占有一样,都是观念占有,考察它们之间的区别和联系,非常有必要。

(1)间接占有与直接占有并存,或者说间接占有对应直接占有,是针对现实占有而拟制的观念占有;准占有并不对应直接占有,它对应的是财产权利,是针对财产权利而拟制的观念占有。

(2)间接占有本身是一种财产权利,准占有本身不是一种权利,而是对权利的表彰。间接占有,在本权人脱离占有时成立。准占有,通过特定的物(书面凭证、作品、电子介质物)的记载或对其占有而成立,或者通过电子介质系统而成立。特定的物或电子介质系统表明或负载的财产权利,推定由准占有人享有。

(3)物权性间接占有,表明所有物的归属(绝对权效力);债权性间接占有,表明对标的物存在请求权(相对权效力)。物权性间接占有也有相对权效力,这种效力表现为占有回复请求权。

准占有的产生,基于外形的事实,准占有亦受绝对权的保护。在相对权方面,准占有人也有权请求给付或拥有请求给付的表见权利,比如持有银行卡和密码的准占有人请求银行为给付,但不是请求回复占有物。

(4)间接占有是脱离占有的本权,可以通过移转间接占有的方式让渡动产所有权和不动产所有权;通过移转准占有,可以转让所有权以外的财产权利,也可以转让脱离占有的所有权。

(5)间接占有作为财产权利,可以作为准占有的客体。

二、准占有的客体

准占有的客体是财产权利,可以分为四大类:第一类是债权;第二类是他物权;第三类是股权、份额权;第四类是知识产权中的财产权。

(一)债权

以债权作为准占有的客体,最具实益,实际适用也将最多。因为债权的流通性强,是清偿和受清偿的常见方式。

债权是请求给付的财产权利,包括请求给付物的债权、完成工作成果的债权、请求提供劳务的债权。这三类债权都可以准占有。请求给付物的债权,包括请求给付货币(现金)的债权。由于电子支付特别是移动支付在日常生活、市场交易中的普及,使对债权准占有的意义更加凸显。

债权请求之给付,包括请求一次性给付、继续性(持续性)给付和循环给付。① 学者们经常讨论请求一次性给付能否成立准占有的问题。笔者主张,准占有不以实际行使为要件,在此前提下,无论是请求一次性给付的债权,还是请求持续性给付、循环给付的债权,都不影响它们作为准占有的客体。

债权准占有的表现多种多样,占有(持有)债权凭证,是一种典型表现。债权凭证的本身是有体物,是所有权的客体。占有它可以构成对它记载债权的准占有。有学者认为,证券化之债权可依证券成立占有,无就其债权成立准占有可言。② 有学者专对无记名债券指出:债权证书为无记名债券者,因债权完全证券化,仅因占有证券而成立,无成立准占有之必要。③ 笔者认为,债权证券本身不是债权,证券载明了债权,记名与无记名债券的占有(持有)都是准占有的表现。记名和不记名债权,都不妨碍准占有的成立。债权证券作为准占有成立的必要性,在于占有证券的人可能只是表见权利人,这一点对无记名债券流转的安全性至为重要。

(二) 他物权

他物权分为用益物权和担保物权两大类,又可以分为占有他物权和非占有他物权。不以占有为要件的他物权是准占有的客体。笔者认为,他物权对内是相对权,是债权,对外是绝对权,是物权。对内是债权,是因为他物权是由所有人的给付而产生,他物权人对所有权人没有物权请求权。比如,地役权人(需役人)对地役权义务人(供役人),抵押权人、质权人对抵押人、出质人,没有物权请求权,只有债权请求权。对他物权准占有,应当注意区分他物权的对内、对外效力。

1. 用益物权

用益物权包括土地承包经营权、建设用地使用权、宅基地使用权和地役权。④ 其中,前三个须占有不动产才能使用、用益,即它们作为用益物权是以占有为要件的,仅仅订立合同,用益物权实际不能成立,需要讨论的仅是地役权。

---

① 两次以上的"一次性给付",称为循环给付,如分批交货、分批付款、按月支付扶养费等。
② 参见谢在全:《民法物权论》(下册),中国政法大学出版社 2011 年版,第 1244 页。
③ 参见姚瑞光:《民法物权论》,中国政法大学出版社 2011 年版,第 277 页。
④ 现行《物权法》第 117 条规定:"用益物权人对他人所有的不动产或者动产,依法享有占有、使用和收益的权利。"其中的"动产",为将来具体规定动产用益物权提供了前提,按照物权法定原则,我国目前尚不存在动产用益物权。

我国的地役权实际是不动产役权,需役地和供役地都包括土地和其他不动产,需役地人是地役权人,供役地人是地役权义务人,供役地负载着地役权。所谓准占有是对地役权的准占有,不是指对需役地或供役地的准占有。① 笔者认为,地役权人对供役地分为占有和不占有两种,对供役地占有的,自不以准占有调整,对供役地不占有的,宜以准占有调整。例如,甲承包了一片山林,乙(村委会)同意甲在自己的地块上挖一个水池供水,甲直接管控水池,则地役权人甲对乙供役地为部分占有(部分占有见本稿第2条),由占有规则调整,不由准占有规则调整。再如,供役人乙在自己的用地上给需役人甲设立通行地役权,甲对地役权为准占有,第三人丙在道路上设置障碍时,甲可参照本稿第7条物上请求权的规定,请求排除妨碍。

2. 担保物权

担保物权包括占有担保物权和不占有担保物权,占有担保物权(动产质权、留置权)不适用准占有,不占有担保物权是准占有的客体。不占有担保物权包括抵押权、不动产优先受偿权和权利质权。

抵押权分为不动产抵押权和动产抵押权。不动产抵押采登记生效主义,不登记不生效,故以登记表彰对不动产抵押权的准占有。动产抵押采登记对抗主义,不登记也生效,但不登记的不能对抗善意第三人。登记的动产抵押权,以登记表彰准占有;未登记的动产抵押权,以合同书表彰准占有,没有合同书,但向抵押权人交付权利凭证的,可根据权利凭证认定准占有。

工程承包人依法享有不动产优先受偿权②,该不动产优先受偿权是不动产担保物权,不以占有为要件,施工人脱离施工现场(丧失占有)之后,不影响该项权利的存在。这种权利,根据合同书的记载而认定为准占有。

质权人取得准占有是其权利质权成立的要件,当事人若只签订质押合同,权利质权不得成立。取得准占有的方式,是"受领交付的权利凭证"和"办理出质

---

① "不动产役权对供役不动产之事实支配,较诸所有权、地上权等对标的物之事实支配,显然较弱,故将不动产役权之事实支配,认系纯然之占有实有困难,故通说认不动产役权为系准占有之客体。"谢在全:《民法物权论》(下册),中国政法大学出版社2011年版,第1242页。

② 《合同法》第286条规定:"发包人未按照约定支付价款的,承包人可以催告发包人在合理期限内支付价款。发包人逾期不支付的,除按照建设工程的性质不宜折价、拍卖的以外,承包人可以与发包人协议将该工程折价,也可以申请人民法院将该工程依法拍卖。建设工程的价款就该工程折价或者拍卖的价款优先受偿。"

登记"。① 比如,张某将一张 10 万元的存款单质押给李某,须将存款单交付给李乙。再如,甲将一项应收账款质押给乙,须办理出质登记。存款单的占有和出质登记,作为成立要件,是因为他们具有表彰权利质权的作用。

(三)股权、份额权及知识产权中的财产权

1. 股权、份额权

股权是指有限责任公司、股份有限公司的股权。公司章程、出资证明书、电子介质系统的记载、工商登记都可以表彰准占有。两种以上表彰股权的方式不一致或发生冲突时,以何者为准要具体问题具体分析。比如,甲占有(持有)某有限责任公司的出资证明书,而该公司章程记载的股东是乙和丙,则不能认为甲是该有限责任公司的股东,即不能认为其是股份的准占有人。

我国大陆股份有限公司的股票,现今已不是纸面形式,而是电子形式,虽然仍称股票为有价证券,实际上其作为证券,已经死亡了。购买股票者,应以电子系统里的账号记载为据认定其为准占有。

份额权是指对合伙企业、个人合伙份额享有的财产权。对份额权,对合伙企业份额,通过出资证明书、章程来认定准占有。对个人合伙,通过书面合同或其他书据认定准占有。

2. 知识产权中的财产权

知识产权本应就指财产权,但我国知识产权法所说的知识产权,是一体两权,包括人身权和财产权。知识产权中的财产权(财产权利),自可作为准占有的客体(以下所说知识产权均指财产权,不再特意说明)。

知识产权包括著作权、注册商标专用权、专利权等。人类的智力成果,都可以纳入知识产权的范畴。

对知识产权的准占有,因知识产权类型不同而有异。例如,在一本教材上署名的人为著作权人,是著作权的准占有人。

---

① 现行《物权法》第 224 条规定:"以汇票、支票、本票、债券、存款单、仓单、提单出质的,当事人应当订立书面合同。质权自权利凭证交付质权人时设立;没有权利凭证的,质权自有关部门办理出质登记时设立。"第 226 条第 1 款规定:"以基金份额、股权出质的,当事人应当订立书面合同。以基金份额、证券登记结算机构登记的股权出质的,质权自证券登记结算机构办理出质登记时设立;以其他股权出质的,质权自工商行政管理部门办理出质登记时设立。"第 227 条第 1 款规定:"以注册商标专用权、专利权、著作权等知识产权中的财产权出质的,当事人应当订立书面合同。质权自有关主管部门办理出质登记时设立。"第 228 条第 1 款规定:"以应收账款出质的,当事人应当订立书面合同。质权自信贷征信机构办理出质登记时设立。"依上述规定,权利质权人是通过"受领交付的权利凭证"和"办理出质登记"取得准占有的。

(四)不得或不宜作为准占有客体的权利

1. 关于人身权

人身权分为人格权和身份权,均不得作为准占有的客体。准占有的制度设计,一是为防止对财产权侵犯(静态的保护);二是为规范财产权的流转(动态的保护)。人身权的保护,无须借助准占有,人身权具有专属性,不能流转,更无适用准占有的余地。人身权不得准占有,也是为了维护既有的社会观念。

应注意的是,人格派生财产权作为一种财产权利,是可以作为准占有客体的。在人格权的基础上,权利人还享有人格派生财产权,这是与人格权有内在联系的两种民事权利,人格权是人格派生财产权的基础法律关系。人格派生财产权人可以就自己的人格要素为他人设立用益债权。①

2. 关于所有权及所有权派生的物权请求权

(1)所有权相对于占有而言,是本权。所有权(本权)与占有合一(结合在一起)时,不能以准占有调整,否则会造成法律关系的混乱。

(2)所有权在脱离占有时,由间接占有的规则调整。间接占有是脱离占有的本权(裸体本权)。间接占有人对直接占有人享有占有回复请求权。间接占有分为物权性间接占有和债权性间接占有。出租人甲享有所有权的物交付给承租人乙,甲是物权性间接占有人,乙是直接占有人,甲对乙的请求权是物权请求权②,后乙又将物交付给次承租人丙,丙成为直接占有人,乙为债权性本权人,乙对丙的请求权是债权请求权。

债权性间接占有(本权)作为准占有的客体没有问题。既然准占有的客体是不因占有而成立的财产权利,物权性间接占有(本权)作为准占有也没有问题。

(3)所有权派生的物权请求权不能单独作为准占有的客体。原因是物权请求权不能与所有权(本权)分离而单独转让。比如,甲的物被乙侵夺占有,甲有一个所有权,这个所有权是脱离占有的本权,甲对乙的请求回复占有的物权请求权是第二个权利,对这第二个权利不能准占有。对甲的本权可以准占有,而这个本权对乙的效力就是物权请求权。再如,甲占有(持有)物权证券,得请求乙返还物的占有,甲对物权证券的占有,说明他享有脱离占有的本权,其对本权是准占有,而不是对物权请求权的单独准占有。甲将该物权证券质押并交付给丙,则丙因取得准占有而成立权利质权。

---

① 参见隋彭生:《用益债权原论》,中国政法大学出版社2015年版,第270页。
② 实际上甲对乙还有合同上的请求权,即构成物权请求权与债权请求权的竞合。

3. 关于以占有为成立要件的他物权、对物用益债权

(1) 前已述及,以占有为要件的他物权不适宜准占有调整。

(2) 用益债权是对他人财产使用、收益的债权,用益债权可以作为准占有的客体,对物用益债权除外。对物用益债权是对他人所有的不动产或者动产依法享有的占有、使用、收益的债权。① 承租权、使用借贷人的债权、对他人房屋的居住权是对物用益债权。比如,房屋承租人的占有被妨碍,可以提起本权之诉,也可以提起占有之诉,不必借助准占有来保护。再如,张甲生前设立遗嘱,注明房屋由儿子张乙继承,保姆李丙居住终生。因物权法定原则的限制,李丙的居住权只能是债权,须取得占有,才能实现自己的债权,也只能通过占有,来保护自己的居住权,并不适宜准占有保护。

4. 关于性质上不得转让的财产

有学者指出:"性质上虽为财产权,但与其基础身份关系有不可分离的关系,亦不得为准占有之标的物,如退休金请求权或扶养金请求权是。"②意思是说,在性质上不得转让的财产权利,不能作为准占有的客体。本稿所说的准占有,主要功能在于对财产权利的表彰,故对性质上不得转让的财产权利,仍可为准占有的客体。

5. 关于从权利

有学者认为:"附属于主权利的从权利不得与主权利分离而单独作为准占有的客体。"③对从权利有两种解释:一是指从属于主债权的担保权;二是指从属于债权或债务的撤销权、解除权、抵销权等形成权。

担保权作为从权利有独立的存续原因,可以作为准占有的客体,例如抵押权、保证债权等作为准占有的客体并无法理上的障碍,至于担保权作为从权利不得与主权利相分离而单独转让,是另一法律问题,与准占有无涉。

撤销权,有的为债权人撤销权(参见《合同法》第74条);有的为债务人撤销权(参见《合同法》第186条);合同解除权主要是被违约的债权人的权利(参见《合同法》第94条),抵销权则是债权人以自己的债权冲抵自己债务的权利(参见《合同法》第99条)。撤销权、解除权、抵销权等形成权也被称为从权利,它们不能作为准占有的客体,理由主要有二:其一,它们本身不是财产权利,没有财产内容,不能用价格衡量,只是保护财产权利的技术性权利;其二,它们中的绝大多数依附于债权,个别的依附于债务,不能单独作为准占有的客体,只能通过准占

---

① 参见隋彭生:《用益债权原论》,中国政法大学出版社2015年版,第9页。
② 谢在全:《民法物权论》(下册),中国政法大学出版社2011年版,第1241页。
③ 刘智慧:《占有制度原理》,中国人民大学出版社2007年版,第365页。

有债权或者证明有债务,才能表现出来。这类权利用准占有来解释,没有现实意义,理论上也解释不通。

三、准占有的效力

（一）对准占有的权利推定

对准占有的权利推定,是财产权利归属的推定。本条第1款规定:"书面凭证、作品、电子介质物或电子系统表明或负载的财产权利,推定由准占有人享有。"通说认为,占有可以适用占有权利推定的规定,本稿也有"占有权利推定"的规定（第8条）。但笔者不采参照适用或准用的法技术,而是在准占有的条文中直接作出了"推定"的规定。

准占有的客体是财产权利,是立法例和理论上的一致观点,在实质上,财产权利只是准占有表彰的权利,不是客体①,而占有表彰的权利是本权。如果规定准占有适用或参照适用占有权利推定的规则,则需在理论上进行重新解释,与其绕行,不如走直线。

对准占有享有权利的推定,可以与对登记的权利推定竞合。比如,对抵押权的登记,既是对登记的权利推定,也是对准占有的权利推定。

既然是推定,当然可以通过反证推翻。

（二）移转准占有的效力

（1）准占有本身不是财产权利。财产的正常流转是需要借助准占有的,可以说,准占有的移转是财产权利移转的外在表现,就像动产交付是动产移转的外在表现一样。因此,移转准占有是双方法律行为,可参照现实交付和观念交付（第18条）的有关规定。

罗马法的理论不赞成"无形物"通过转移占有的方式取得。② 时移世易,占有移转的基本规则没有变,但人们的需要发生了巨变,市场发生了巨变,风车牛马时代产生的理论和规则应当变革和发展。无形财产权的流转,需要得到法律周密的调整。

---

① 尊重习惯,笔者通篇还是沿用了准占有的客体是财产权利的提法,也考虑到,传统的提法更容易为受众接受。

② 盖尤斯将法的调整对象划分为三部分:人、物、诉讼。在这种三分法中暗含着实体物（如桌子和房子）与抽象物（如债务和通行权）之间的区分。盖尤斯用有形物和无形物这对术语表述这一区分。这种区分在实践中的重要性只体现在一点上,无形物不能被占有,因而占有的实质性条件是实际持有,因而无形物不能通过或者取得转移占有有关的方式加以取得或者转移。参见〔英〕巴里·尼古拉斯:《罗马法概论》,法律出版社2004年版,第115页。

（2）准占有具有保护善意清偿人利益的作用。比如，债务人对持有无记名债据的人清偿，应承认其清偿效力，其清偿过后，债务消灭，不对真正的债权人再负清偿义务。有学者指出，对于债权准占有人为清偿常见者为存款之冒领。在存款之冒领要生清偿效力，首先冒领者必须准占有该债权，其次为债务人不知其非债权人。① 在实行实名制的情况下，持他人存折冒领的可能性已经极低了。持有他人银行卡和密码在 ATM 机上取款，则较常见。例如，甲偷了乙一个信封，信封里有储蓄卡、信封皮上有密码，甲在 ATM 机上取出 2 万元，应认定发生清偿效力，就此 2 万元，乙不得请求银行赔偿或再次支付 2 万元。

保护善意清偿人与保护善意取得人不同：前者是保护善意的债务人；后者是保护善意的债权人。

（3）准占有的移转可发生善意取得效力，即受领准占有的人可以善意取得。有学者认为，关于动产善意取得的规定，因系以动产的占有为要件，无准用之余地。② 善意取得制度乃系以动产占有公示力及公信力为前提，基于交易频繁，为保护动产交易安全而设，而财产权非以准占有为其公示方法，自难认有占有之公信力，故财产权之准占有应无准用之余地，债权准占有亦不待言。③ 关于即时取得（动产善意取得）之规定，系以动产之特质为基础，除无记名证券外，不得准用于准占有。因债权或其他财产权非如动产交易之频繁，且其让与多以作成证书或依特别法上之手续（如注册或过户）为通例，故不能以权利行使之外形事实与对物同以公信力。④ 准占有表彰的财产权利不能善意取得，应为通说，只有个别学者认为可以善意取得。⑤ 笔者认为，准占有适用动产善意取得的规定，并无障碍。理由是：

①动产善意取得是占有的效力，动产占有表彰本权，财产权利名为准占有的客体，实为准占有表彰的权利。动产占有有公信力，准占有也有公信力。准占有是观念中的财产权利的外形。动产占有产生表见权利，准占有也产生表见权利。善意取得是出于对这种表见权利的信赖。

②动产善意取得是通过善意取得占有而取得本权，财产权利不妨通过取得准占有而善意取得。占有有公信力，准占有也有公信力，都可以取得人们的信

---

① 参见黄茂荣：《论准占有》，载黄茂荣：《债法总论》，中国政法大学出版社 2003 年版，第 294、295 页。
② 参见王泽鉴：《民法物权》，北京大学出版社 2010 年版，第 566 页。
③ 参见谢在全：《民法物权论》（下册），中国政法大学出版社 2011 年版，第 1245 页。
④ 参见曹杰：《中国民法物权论》，中国方正出版社 2004 年版，第 262 页。
⑤ 参见黄茂荣：《论准占有》，载黄茂荣：《债法总论》，中国政法大学出版社 2003 年版，第 293、294 页。

赖。动产占有表彰的本权与准占有表彰的权利,只是公示的方法不同而已,不影响善意取得规则的适用。

③通过准占有而善意取得财产权利,同样是对交易安全的保护。随着社会的发展,权利交易会越来越频繁,权利善意取得的重要性甚至不输于动产的交易。

(三)占有保护效力

对他人之物,不以占有方式行使权利,可发生对物上请求权(占有保护的一种方式)参照适用。具体地说,准占有人可以参照本稿第7条第3、4、5款的规定。需要说明的有四点。

(1)准占有人参照适用对占有物上请求权的规定,不属于代占有人之位行使权利,而是行使自己的权利。与兼为自己利益的无因管理效果相同,但不是无因管理,无因管理是管理他人事物,准占有人参照占有保护的规定,是管理自己的事物,兼为占有人的利益。

(2)准占有人参照适用对占有物上请求权的规定,与义务人占有的物须有关联。对此可以这样表述:准占有人适用对义务人占有保护的规定,通过对义务人的占有保护,实现对自己财产权利的保护。比如,供役人甲用自己的地面给需役人乙设立了排水地役权,第三人丙在甲的地面设置了障碍物,雨季到来时,乙将深受其害,甲若不请求占有保护,则准占有人乙可适用占有保护的规定,请求排除妨碍。

占有保护与占有有关,无关联的,不发生参照适用物之占有保护的规定。有学者设定的例子与笔者观点相反:设甲将其著作权让与乙,惟此项让与系属无效,为乙所不知,仍将其著作物予以发行,倘第三人丙就该著作物亦予以发行时,乙即得依占有保护之规定,请求停止发行,以排除妨碍,因设例之情形,乙已系该著作权之准占有人,自得准用物上请求权之规定,以资保护。① 笔者认为,此例不宜按准占有处理,理由是:①乙没有著作权,但不应当享有无权占有人的保护。依占有的效力,请求排除危害等保护,是无须证明自己有本权,而不是专对无权占有人的保护。著作权是垄断性的权利,请求他人停止发行,须证明自己有著作权,这与占有受妨碍大异其趣。②须准占有之义务人对物的占有受妨碍或者遭受危险,准占有人才能适用(对义务人)占有保护的规定。

(3)准占有不得适用占有人被侵夺时的占有回复请求权。①准占有人的表彰物被侵夺占有的,因表彰物是有体物,被侵夺人可以直接适用该款,而不必参照适

---

① 参见谢在全:《民法物权论》(下册),中国政法大学出版社2011年版,第1244页。

用。财产权利通过署名、记载、登记等方式表现的,无适用该款的余地。②若无表彰物被侵夺的情形,准占有人也不得行使占有人的占有回复请求权。准占有与间接占有一样,是观念占有,也不能参照此款的规定,否则不利于简化法律关系。

(4)占有人提起占有之诉的,法院不得基于本权的理由进行裁判。准占有人提起占有之诉请求排除妨碍及请求相应的赔偿,或者请求消除危险,法院亦不得考察准占有人是否实际享有准占有表彰的权利。

(四)其他效力

1. 准占有人请求返还法定孳息的效力

权利孳息是法定孳息,权利人向义务人请求法定孳息自无问题。准占有人亦可参照本稿第14条第1款不当得利的规定请求下级准占人返还法定孳息。例如,甲、乙合作一个项目,甲将在银行的账户、密码、印鉴等交给乙,双方约定,乙仅能就合作项目向第三人转付资金,但乙向自己的账户划拨资金。甲得向乙请求返还挪用的本金和利息(法定孳息)。

2. 准占有适用辅助占有的效力

准占有也有类似辅助占有之处,因此,准占有可以参照适用辅助占有的规定。比如,掌握单位会计账户、密码、印鉴的工作人员,并不是准占有人,而是辅助准占有人。

3. 关于取得时效的说明

本来,准占有对取得所有权以外的财产权利,可适用取得时效,但本稿未设取得时效,故不再论及。

四、结语

现代社会,无形财产的种类繁多,且日新月异、流转频繁,有强烈、迫切的流转速度、流转简便、流转安全的制度需求,且交易的无纸化成为大趋势。准占有制度是调整无形财产关系的迫切需要,确立准占有制度,有填补法律空白的意义。"准占有制度作为占有制度的一个重要方面,是对占有制度的进一步发展,这一制度不仅区分了占有制度内部的一些性质界限,而且对于人们不断认识无体物权利,进而保护无体财产权,防止权利的分割而带来的纠纷等也很有重要的法律意义。"①不过,对相应立法例和理论,不宜一成不变地继承,应当适应新时代的需要,予以变革和发展。

准占有的概念,是分析问题、解决问题的理论工具。对准占有的内涵,应当

---

① 刘智慧:《占有制度原理》,中国人民大学出版社2007年版,第360页。

充实,应当重新解释。权利只是一种格式化、固定化、法律化的观念,需要外在的表彰,除了传统的书证、合同书、证券之外,以电子介质物、电子系统作为载体的财产流转现象,已经不容忽视。财产权利不因物之占有而成立。准占有综合了占有以外的各类表彰财产权利的方式方法,是一个龙头性的概念。

准占有本身不是权利。准占有的基本功能,是表彰功能;准占有的基本效力,是参照适用占有规则的效力。

准占有内涵了善意保护的思想,它不但保护善意清偿,也保护善意取得,也就是说,它不但保护财产权利善意转让人的利益,也保护财产权利善意受让人的利益。其中,无形财产移转参照善意取得的规定,最具制度价值。

准占有的法律适用,是需要解决的重大问题。准占有是观念占有,与占有很难无缝对接,完全等同使用是不可能的,参照适用最可取。准占有制度的设定,对节约司法资源、提高法律的适用效率、为当事人提供周到的保护,将起到积极作用。没有准占有制度,占有制度也会黯然失色。

准占有或有法律关系复杂化之嫌,我国对无形财产权的规范,散见于有关法律之中,准占有的法律适用一方面拾遗补缺,另一方面会发生法规竞合。总体来看,准占有的规定,利大于弊。

【立法例】

《中华人民共和国民法总则》

第127条 法律对数据、网络虚拟财产的保护有规定的,依照其规定。

最高人民法院《关于审理民间借贷案件适用法律若干问题的规定》

第2条 出借人向人民法院起诉时,应当提供借据、收据、欠条等债权凭证以及其他能够证明借贷法律关系存在的证据。

当事人持有的借据、收据、欠条等债权凭证没有载明债权人,持有债权凭证的当事人提起民间借贷诉讼的,人民法院应予受理。被告对原告的债权人资格提出有事实依据的抗辩,人民法院经审理认为原告不具有债权人资格的,裁定驳回起诉。

我国台湾地区"民法"

第966条[准占有] 财产权,不因物之占有而成立者,行使其财产权之人,为准占有人。

本章关于占有之规定,于前项准占有准用之。

第310条[向第三人为清偿之效力] 向第三人为清偿,经其受领者,其效力依左列各款之规定:

一、经债权人承认或受领人于受领后取得其债权者,有清偿之效力。

二、受领人系债权之准占有人者,以债务人不知其非债权人者为限,有清偿之效力。

三、除前二款情形外,于债权人因而受利益之限度内,有清偿之效力。

《德国民法典》

第1029条[权利占有人的占有保护] 土地的占有人行使在土地登记簿册中为所有人登记的地役权受到妨害时,以在受妨害前一年内曾行使地役权者为限,即使行使地役权一次,也准用关于保护占有的规定。

《瑞士民法典》

第919条[概念] (一)凡对某物有实际支配权的,为该物的占有人。

(二)对于地役权及土地负担,其权利的实际行使与物的占有具有相同的地位。

《意大利民法典》

第1157条 善意占有债权的效力受本法第四编第五章(有价证券部分)的调整。

《日本民法典》

第205条[准占有] 本章规定,准用于以为自己的意思行使财产权情形。

《韩国民法典》

第210条[准占有] 本章的规定,准用于事实上行使财产权的情形。

附录一
理论阐释目录

第一条 "占有与本权的定义"理论阐释

一、占有 ··· 017
    (一)占有的主要意义 ··· 017
    (二)本书采纳的理论学说 ··· 018
    (三)自物占有与他物占有的分类及比较研究 ················ 021
    (四)传统民法对占有的分类 ······································· 029
    (五)占有的客体 ··· 032

二、本权 ··· 036
    (一)本权的界定 ··· 036
    (二)脱离占有的本权 ·· 041
    (三)立法改进的点滴意见 ·· 046

第二条 "共同占有与部分占有"理论阐释

一、共同占有和部分占有的界定 ··· 052
    (一)共同占有的界定 ·· 052
    (二)部分占有的界定 ·· 053

二、关于共同占有人相互之间的占有保护 ··························· 053
    (一)不得就占有物的使用范围互相请求占有之保护 ······ 053
    (二)不采传统民法表述方式的理由 ···························· 054

三、共同占有人占有回复请求权的行使及效果 ···················· 054

四、对用益物的共同占有——对一种共同占有典型现象的分析 ··· 055
    (一)合伙人共同占有概述 ··· 055
    (二)合伙人共同占有的意义 ····································· 056

第三条 "辅助占有"理论阐释

一、辅助占有的界定 ··· 070
    (一)辅助占有概述 ··· 070

  （二）辅助占有与持有 …………………………………………… 071
  （三）辅助占有与自己占有 ……………………………………… 072
  （四）不属于辅助占有的情形 …………………………………… 072
  （五）对辅助占有的界定 ………………………………………… 073
 二、对辅助占有的外观识别及占有主人的管领力 ………………… 074
  （一）占有的定义及与"传统辅助占有"的矛盾 ……………… 074
  （二）对辅助占有的外观识别及社会观念 ……………………… 074
 三、辅助占有与直接占有的区分及转化 …………………………… 076
  （一）辅助占有与直接占有的区分及内部关系 ………………… 076
  （二）辅助占有人向直接占有人的转化及意义 ………………… 076
 四、辅助占有的效力及"视为"辅助占有的效力 ………………… 078
  （一）辅助占有的效力 …………………………………………… 078
  （二）"视为"辅助占有的效力 ………………………………… 079
 五、结语 ……………………………………………………………… 080

第四条 "直接占有、间接占有与占有媒介法律关系"理论阐释

 一、间接占有、直接占有及占有媒介关系 ………………………… 091
  （一）间接占有与直接占有的意义 ……………………………… 091
  （二）占有媒介关系是法律关系 ………………………………… 093
  （三）间接占有、占有媒介关系、占有回复请求权的关联 …… 096
 二、意定占有媒介关系 ……………………………………………… 098
  （一）意定占有媒介关系概述 …………………………………… 098
  （二）对几类意定占有媒介关系的讨论 ………………………… 099
 三、法定占有媒介关系 ……………………………………………… 101
  （一）概述 ………………………………………………………… 101
  （二）对几类法定媒介关系的讨论 ……………………………… 103
 四、结语 ……………………………………………………………… 105

第五条 "本权人及无权占有人的占有回复请求权"理论阐释

 一、占有回复请求权的界定 ………………………………………… 115
 二、依物权产生的占有回复请求权 ………………………………… 117
  （一）物权与物权请求权的区别 ………………………………… 117
  （二）物权请求权与物上请求权的区别 ………………………… 117

　　（三）回复占有的物权请求权的成立 …………………………… 118
三、依债权性本权产生的占有回复请求权 ………………………………… 119
　　（一）他物占有与依债权性本权产生的占有回复请求权 ………… 119
　　（二）关于依他物权请求回复占有 ……………………………… 120
四、关于本权之诉 ………………………………………………………… 120
　　（一）本权之诉与占有之诉的选择 ……………………………… 121
　　（二）上级本权与下级本权回复占有的顺序 …………………… 122
五、对占有回复请求权能否代位行使的探讨 …………………………… 122
六、关于依本权请求占有回复，是否应受时间的限制 ………………… 123

第六条　"占有抗辩权"理论阐释

一、占有抗辩权的界定 …………………………………………………… 134
　　（一）占有回复请求权的客体和主体 …………………………… 134
　　（二）针对物权请求权的占有抗辩权和针对债权请求权的占有抗辩权
　　　 ……………………………………………………………… 136
　　（三）占有抗辩权的行使方式及放弃 …………………………… 137
　　（四）占有抗辩权是延缓的抗辩权 ……………………………… 138
　　（五）占有抗辩权与占有防御权的区别 ………………………… 138
二、占有抗辩权与基础法律关系和牵连法律关系 ……………………… 139
　　（一）占有抗辩权与基础法律关系 ……………………………… 139
　　（二）占有抗辩权与牵连法律关系 ……………………………… 140
三、占有抗辩权与履行抗辩权的比较研究 ……………………………… 141
　　（一）拒绝的给付不同 …………………………………………… 142
　　（二）针对的请求权不同 ………………………………………… 142
　　（三）成立的基础不同 …………………………………………… 142
　　（四）导致权利消灭的法律事实不同 …………………………… 143
　　（五）既是占有抗辩权又是履行抗辩权的情形 ………………… 144
　　（六）关于通知义务 ……………………………………………… 144
四、结语 …………………………………………………………………… 145

第七条　"占有人的物上请求权"理论阐释

一、概述 …………………………………………………………………… 156
　　（一）侵夺占有回复请求权 ……………………………………… 156
　　（二）排除妨碍请求权、消除危险请求权 ……………………… 158

二、《物权法》第 245 条第 1 款的"硬伤"及改进 ·················· 159

第八条 "占有权利推定"理论阐释
一、占有权利推定的意义 ··· 170
 (一)占有权利推定的意义 ···································· 170
 (二)"民法典"应设占有权利推定的一般条款 ················ 172
二、占有权利推定,是推定本权,而不是推定占有权 ············ 174
三、占有权利推定的本权 ··· 174
 (一)占有推定的本权包括物权性本权和债权性本权 ········· 174
 (二)对动产占有的权利推定和对不动产占有的区别 ········· 175
 (三)对"过去的占有",推定本权 ····························· 176
 (四)占有权利推定是为了占有人的利益 ······················ 176
四、援用占有的权利推定规则的主体:主张自己有本权的人与主张对方有本权的人 ·· 177
 (一)主张自己有本权的人 ···································· 177
 (二)主张对方有本权的人(占有相对人) ····················· 179
五、占有权利推定与登记的冲突 ································· 179
 (一)对不动产的占有权利推定与登记的冲突 ················ 179
 (二)对特殊动产占有权利推定与登记 ························ 180

第九条 "动产善意取得"理论阐释
一、动产善意取得规定在"占有与本权章"的理由 ··············· 192
 (一)动产善意取得建立在占有公信力的前提之下 ··········· 192
 (二)动产善意取得,需要"两端"占有公信力 ················ 193
二、动产善意取得不是善意占有的效力 ·························· 193
三、动产善意取得的要件 ··· 194
 (一)转让人是无权处分人、共有物占有人或他人之物占有人 ··· 194
 (二)受让人取得该动产占有时不知情且无重大过失 ········· 195
 (三)约定了合理的对价 ······································ 196
 (四)转让的动产已经交付给受让人 ·························· 196
四、善意取得后,原所有权人与转让人、受让人之间的法律关系 ··· 199
 (一)原所有权人与转让人之间的法律关系 ··················· 199
 (二)原所有权人与受让人之间的法律关系 ··················· 199
 (三)关于回首取得 ·· 200

五、动产善意取得与不动产善意取得的比较 …………………… 201
　　　　（一）动产善意取得,针对"占有与所有分离";不动产善意取得,针对
"登记与所有分离" ……………………………………………………… 201
　　　　（二）动产善意取得是"从占有到占有",不动产善意取得是"从登记
到登记" …………………………………………………………………… 201

第十条　"占有脱离物善意取得的特别规定"理论阐释
　　一、对占有脱离物作特别规定的必要性 ………………………… 212
　　二、对占有脱离物的界定 ………………………………………… 213
　　　　（一）遗失物、盗赃物、侵夺物等 …………………………… 213
　　　　（二）无行为能力人移转的占有物 …………………………… 213
　　　　（三）关于依无效合同、被撤销合同交付的物 ……………… 214
　　三、权利人请求返还原物的权利 ………………………………… 214
　　　　（一）请求返还原物的主体 …………………………………… 214
　　　　（二）返还原物请求权的性质和分类 ………………………… 214
　　　　（三）返还原物请求权的期间限制 …………………………… 215
　　四、货币和无记名有价证券的若干问题 ………………………… 216
　　　　（一）对"货币占有即所有"的简要分析 …………………… 216
　　　　（二）无记名有价证券的认定 ………………………………… 216

第十一条　"动产善意取得后原有权利负担的消灭"理论阐释
　　一、概述 …………………………………………………………… 224
　　　　（一）"原有权利负担"解释 ………………………………… 224
　　　　（二）权利负担消灭的理论基础 ……………………………… 224
　　二、对以占有为要件的权利负担消灭的分析 …………………… 226
　　　　（一）占有担保物权(动产质权、留置权)的消灭 ………… 226
　　　　（二）对动产的用益债权的消灭 ……………………………… 226
　　三、关于原有权利负担的恢复 …………………………………… 226

第十二条　"善意占有与恶意占有"理论阐释
　　一、善意占有与恶意占有的认定 ………………………………… 231
　　　　（一）理论界的不同观点 ……………………………………… 231
　　　　（二）笔者采纳和主张的观点 ………………………………… 233

（三）善意占有之善意并非动产善意取得之善意 …………………… 234
　　（四）关于不构成善意占有的证明责任 …………………………… 235
二、善意占有向恶意占有的转化 ………………………………………… 235
　　（一）善意占有向恶意占有转化的四种情况 ……………………… 235
　　（二）不采用台湾地区立法例的理由 ……………………………… 236
　　（三）"视为"恶意占有 ……………………………………………… 236
三、无因管理人对他人之物的占有，不是善意占有，也不是恶意占有 … 237
　　（一）无因管理对恶意占有和善意占有的排除 …………………… 237
　　（二）占有拾得物——无因管理人占有他人之物的一个典型表现 … 238
　　（三）结语 …………………………………………………………… 240

第十三条　"善意自主占有人的使用权及对正常损耗的免责"理论阐释

一、善意自主占有与善意他主占有的认定 ……………………………… 244
二、无偿使用权——法律的优惠 ………………………………………… 245
　　（一）对善意自主占有人的一项法律优惠 ………………………… 245
　　（二）善意他主占有人和恶意占有人不享有该项优惠 …………… 246
三、不采用《物权法》第242条的原因 …………………………………… 246

第十四条　"本权人对孳息的请求权及无权占有人的费用请求权"理论阐释

一、对善意占有人和恶意占有人不同的立法政策 ……………………… 250
　　（一）善意占有人享有使用权没有收益权，恶意占有人没有使用权和
　　　　　收益权 ……………………………………………………… 251
　　（二）善意占有人和恶意占有人可以主张的费用 ………………… 251
二、天然孳息的界定 ……………………………………………………… 253
　　（一）天然孳息的含义 ……………………………………………… 253
　　（二）不属于天然孳息的情形 ……………………………………… 254
三、法定孳息的界定 ……………………………………………………… 256
　　（一）法定孳息的本质 ……………………………………………… 256
　　（二）法定孳息的物质表现形式一般是货币 ……………………… 258
　　（三）增值利益不是法定孳息 ……………………………………… 258
　　（四）法定孳息与天然孳息的区别 ………………………………… 258

第十五条　"无权占有人的赔偿责任"理论阐释

一、恶意占有人、善意他主占有人应当承担完全赔偿责任 …………… 267

二、善意自主占有人在赔偿方面享有的法律优惠 ······ 268
三、赔偿责任与不当得利的返还 ······ 268
四、对"因可归责于占有人的事由"的解析 ······ 269

第十六条 "占有人的自力救济权"理论阐释
一、自力救济权概述 ······ 274
（一）自力救济权与占有权以及设立自力救济权的必要性 ······ 274
（二）侵占占有的分类 ······ 275
二、无权占有与绝对法律关系 ······ 276

第十七条 "占有的取得、移转和丧失"理论阐释
一、占有的取得 ······ 285
（一）占有取得的类型 ······ 285
（二）占有的取得不同于本权的取得 ······ 286
（三）占有的取得与物权变动 ······ 287
二、占有的移转 ······ 287
（一）概述 ······ 287
（二）占有人死亡时占有的移转 ······ 288
三、占有的丧失 ······ 289
（一）占有丧失的分类（原因） ······ 290
（二）不导致占有消灭的情形 ······ 291
（三）规定占有丧失的意义 ······ 292

第十八条 "动产观念交付"理论阐释
一、观念交付的意义 ······ 306
二、观念交付分述 ······ 308
（一）简易交付 ······ 308
（二）占有改定 ······ 308
（三）指示交付 ······ 309
（四）单据交付 ······ 311
三、关于以占有改定设立动产质权 ······ 313
（一）通说认为不得以占有改定设立动产质权 ······ 313
（二）以占有改定设立动产质权的两个问题 ······ 314

(三)"静态公示效力"、留置效力及其他效力 …………………… 317
(四)与简易交付设立质权的比较 …………………………………… 318
(五)结语 ……………………………………………………………… 319

第十九条 "准占有"理论阐释

一、准占有的界定 ………………………………………………………… 330
  (一)准占有的含义 ……………………………………………… 330
  (二)准占有成立的标志 ………………………………………… 332
  (三)准占有与间接占有 ………………………………………… 333

二、准占有的客体 ………………………………………………………… 333
  (一)债权 ………………………………………………………… 333
  (二)他物权 ……………………………………………………… 334
  (三)股权、份额权及知识产权中的财产权 …………………… 336
  (四)不得或不宜作为准占有客体的权利 ……………………… 337

三、准占有的效力 ………………………………………………………… 339
  (一)对准占有的权利推定 ……………………………………… 339
  (二)移转准占有的效力 ………………………………………… 339
  (三)占有保护效力 ……………………………………………… 341
  (四)其他效力 …………………………………………………… 342

四、结语 …………………………………………………………………… 342

附录二

主要参考文献

一、中文著作

王利明主持:《中国民法典学者建议稿及立法理由·物权编》,法律出版社2005年版。
王利明主编:《中国物权法草案建议稿及说明》,中国法制出版社2004年版。
梁慧星主持:《中国民法典草案建议稿附理由·物权编》,法律出版社2004年版。
梁慧星主持:《中国物权法草案建议稿》,社会科学文献出版社2000年版。
徐国栋主编:《绿色民法典草案》,社会科学文献出版社2004年版。
江平、米健:《罗马法基础》,中国政法大学出版社2004年版。
周枏:《罗马法原论》,商务印书馆1994年版。
陈朝壁:《罗马法原理》,法律出版社2006年版。
丘汉平:《罗马法》,中国方正出版社2004年版。
费安玲主编:《罗马私法学》,中国政法大学出版社2009年版。
李宜琛:《日耳曼法概说》,中国政法大学出版社2002年版。
韩忠谟:《法学绪论》,北京大学出版社2009年版。
何勤华主编:《德国法律发达史》,法律出版社2000年版。
王泽鉴:《民法物权》,北京大学出版社2010年版。
谢在全:《民法物权论》(上、中、下),中国政法大学出版社2011年版。
史尚宽:《物权法论》,中国政法大学出版社2000年版。
曹杰:《中国民法物权论》,中国方正出版社2004年版。
苏永钦主编:《民法争议问题研究》,清华大学出版社2004年版。
王文宇:《民商法理论与经济分析》(二),中国政法大学出版社2003年版。
王利明:《物权法研究》,中国人民大学出版社2007年版。
梁慧星、陈华彬:《物权法》,法律出版社2005年版。
孙宪忠:《争议与思考——物权立法笔记》,中国人民大学出版社2006年版。
孙宪忠:《中国物权法总论》,法律出版社2004年版。
孙宪忠:《德国当代物权法》,法律出版社1997年版。

尹田:《物权法理论评析与思考》,中国人民大学出版社 2004 年版。

尹田:《法国物权法》,法律出版社 2009 年版。

尹田:《民法典总则之理论与立法研究》,法律出版社 2010 年版。

杨立新主持:《民法物格制度研究》,法律出版社 2008 年版。

崔建远:《准物权研究》,法律出版社 2003 年版。

崔建远:《物权:规范与学说——以中国物权法的解释论为中心》(上册),清华大学出版社 2011 年版。

刘保玉:《物权体系论——中国物权法上的物权类型设计》,人民法院出版社 2004 年版。

周林彬:《物权法新论》,北京大学出版社 2002 年版。

季秀平:《物权总论》,中国法制出版社 2007 年版。

王胜明主编:《中华人民共和国物权法解读》,中国法制出版社 2007 年版。

王洪亮等主编:《中德私法研究(11)占有的基本理论》,北京大学出版社 2015 年版。

陈卫佐:《德国民法总论》,法律出版社 2007 年版。

鄢一美:《俄罗斯当代民法研究》,中国政法大学出版社 2006 年版。

温世杨、廖焕国:《物权法通论》,人民法院出版社 2005 年版。

蔡永民、脱剑锋、李志忠:《物权法新论》,中国社会科学出版社 2008 年版。

陈华彬:《物权法原理》,国家行政学院出版社 2001 年版。

孙鹏:《物权公示论》,法律出版社 2004 年版。

刘加安:《物权法论》,中国政法大学出版社 2015 年版。

常鹏翱:《物权程序的建构与效应》,中国人民大学出版社 2005 年版。

杜景林、卢谌:《德国民法典评注》,法律出版社 2011 年版。

全国人民代表大会常务委员会法制工作委员会民法室:《物权法立法背景与观点全集》,法律出版社 2007 年版。

孟勤国:《物权二元结构论》,人民法院出版社 2009 年版。

周梅:《间接占有中的返还请求权》,法律出版社 2007 年版。

刘智慧:《占有制度原理》,中国人民大学出版社 2007 年版。

宁红丽:《物权法占有编》,中国人民大学出版社 2007 年版。

赵晓钧:《论占有效力》,法律出版社 2010 年版。

方令:《民法占有制度研究》,重庆出版社 1996 年版。

方令:《保护占有权》,重庆大学出版社 1999 年版。

覃远春:《论占有及其民法保护》,中国社会科学出版社2014年版。

刘昭辰:《占有》,三民书局2008年版。

季境:《论民法上的占有》,中国检察出版社2012年版。

张庆华:《他物权善意取得研究》,中国社会科学出版社2014年版。

杜万华主编:《最高人民法院物权法解释(一)理解与适用》,人民法院出版社2016年版。

王泽鉴:《民法学说与判例研究》(第三册),中国政法大学出版社1998年版。

王泽鉴:《民法学说与判例研究》(第四册),中国政法大学出版社1998年版。

王泽鉴:《债法原理》(第一册),中国政法大学出版社2001年版。

隋彭生:《民法新角度——"用益债权原论"阶段性成果》,北京大学出版社2012年版。

隋彭生:《用益债权原论》,中国政法大学出版社2015年版。

二、外文译著

〔德〕萨维尼:《论占有》,朱虎、刘智慧译,法律出版社2007年版。

〔英〕弗雷德里克·波洛克:《普通法上的占有》,于子亮译,中国政法大学出版社2013年版。

〔意〕鲁道夫·萨科、拉法埃莱·卡泰丽娜:《占有论》,贾婉婷译,中国政法大学出版社2014年版。

〔德〕鲍尔·施蒂尔纳:《德国物权法》,张双根译,法律出版社2004年版。

〔罗马〕查士丁尼:《法学总论》,张企泰译,商务印书馆1997年版。

〔古罗马〕盖尤斯:《盖尤斯法学阶梯》,黄风译,中国政法大学出版社2008年版。

〔英〕巴里·尼古拉斯:《罗马法概论》,黄风译,法律出版社2000年版。

〔德〕卡尔·拉伦茨:《德国民法通论》,王晓晔、邵建东、程建英等译,法律出版社2003年版。

〔德〕迪特尔·梅迪库斯:《德国民法总论》,邵建东译,法律出版社2004年版。

〔德〕迪特尔·梅迪库斯:《德国债法分论》,杜景林、卢谌译,法律出版社2007年版。

〔德〕鲍尔、施蒂尔纳:《德国物权法》(上册),张双根译,法律出版社2004年版。

〔德〕鲍尔、施蒂尔纳:《德国物权法》(下册),申卫星、王洪亮译,法律出版社2006年版。

〔德〕萨维尼:《当代罗马法体系Ⅰ》,朱虎译,中国法制出版社2010年版。

〔德〕迪特尔·施瓦布:《民法导论》,郑冲译,法律出版社 2006 年版。

〔德〕M. 沃尔夫:《物权法》,吴越、李大雪译,法律出版社 2004 年版。

〔英〕巴里·尼古拉斯:《罗马法概论》,黄风译,法律出版社 2004 年版。

〔意〕彼德罗·彭梵得:《罗马法教科书》,黄风译,中国政法大学出版社 1992 年版。

〔日〕我妻荣:《新订担保物权法》,申政武、封涛、郑芙蓉译,中国法制出版社 2008 年版。

〔日〕近江幸治:《担保物权法》,祝娅、房兆融译,法律出版社 2000 年版。

〔日〕田山辉明:《物权法》,陆庆胜译,法律出版社 2001 年版。

〔日〕我妻荣:《债权在近代法中的优越地位》,王书江、张雷译,中国大百科全书出版社 1999 年版。

〔俄〕E. A. 苏哈诺夫主编:《俄罗斯民法》(第 1 册),黄道秀译,中国政法大学出版社 2011 年版。

〔德〕黑格尔:《法哲学原理》,范杨、张企泰译,商务印书馆 2009 年版。

〔德〕G. 拉德布鲁赫:《法哲学》,王朴译,法律出版社 2005 年版。

〔德〕京特·雅科布斯:《规范·人格体·社会——法哲学前思》,冯军译,法律出版社 2001 年版。

〔德〕齐佩利乌斯:《法学方法论》,金振豹译,法律出版社 2009 年版。

〔德〕卡尔·拉伦茨:《法学方法论》,陈爱娥译,商务印书馆 2005 年版。

〔美〕迈克尔·D. 贝勒斯:《法律的原则——一个规范的分析》,中国大百科全书出版社 1996 年版。

〔德〕汉斯-贝恩德·舍费尔、克劳斯·奥特:《民法的经济分析》,江清云、杜涛译,法律出版社 2009 年版。

〔德〕莱奥·罗森贝克:《证明责任论》,庄敬华译,法律出版社 2002 年版。

〔德〕汉斯·普维庭:《现代证明责任问题》,吴越译,法律出版社 2000 年版。

三、论文

王泽鉴:《基于债之关系占有权的相对性及物权化》,载王泽鉴:《民法学说与判例研究》(第七册),中国政法大学出版社 1998 年版。

刘得宽:《日耳曼法上之占有》,载刘得宽:《民法诸问题与新展望》,中国政法大学出版社 2002 年版。

王利明:《试述占有的权利推定规则》,载《浙江社会科学》2005 年第 6 期。

杨立新、叶军：《论对债权之准占有人给付效力及适用》，载《中外法学》1994年第3期。

杨立新：《对债权之准占有人给付效力及适用的再思考》，载中国民商法律网。

尹田：《法国物权法上的占有制度》，载《现代法学》1997年第5期。

杨震：《观念交付制度基础理论问题研究》，载《中国法学》2008年第6期。

车浩：《占有概念的二重性：事实与规范》，载《中外法学》2014年第5期。

姜战军：《论占有权利推定对不动产上占有的适用》，载《法律科学》2001年第4期。

程啸、尹飞：《论物权法中占有的权利推定规则》，载《法律科学》2006年第6期。

庄加园、李昊：《论动产占有的权利推定效力——以〈德国民法典〉第1006条为借鉴》，载《清华法学》2011年第3期。

梁慧星：《〈物权法〉若干问题》，载《浙江工商大学学报》2008年第1期。

王胜明：《物权法制定过程中的几个重要问题》，载《法学杂志》2006年第1期。

孙宪忠：《中国当前物权立法中的十五大疑难问题》，载《社会科学论坛》2006年第1期。

李永军：《我国民法上真的不存在物权行为吗？》，载《法律科学》1998年第4期。

刘保玉：《物权法中善意取得规定的理解与适用》，载《南都学坛》(人文社会科学学报)2008年第6期。

孟勤国：《中国物权法草案建议稿》，载《法学评论》2002年第5期。

中国政法大学物权立法课题组：《关于〈民法草案·物权法编〉制定若干问题的意见》，载《政法论坛》2003年第1期。

朱虎：《物权请求权的独立与合并》，载《环球法律评论》2013年第6期。

王明锁：《论所有权占有权能与他物权控占权二元制法律体系的构建》，载《法律科学》(西北政法大学学报)2009年第6期。

鄢一美：《所有权本质论》，载《现代法学》2002年第5期。

朱广新：《论物权法上的权利推定》，载《法律科学》2009年第3期。

朱广新：《不动产适用善意取得制度的限度》，载《法学研究》2009年第4期。

刘家安：《善意取得情形下转让行为的效力》，载《法学》2009年第5期。

程啸：《论不动产善意取得之构成要件——〈中华人民共和国物权法〉第106条释义》，载《法商研究》2010年第5期。

常鹏翱：《占有行为的规范分析》，载《法律科学》(西北政法大学学报)2014年第2期。

常鹏翱:《物权变动规则的体系化》,载《中外法学》2006年第1期。

常鹏翱:《善意取得仅仅适用于动产物权吗?———一种功能主义的视角》,载《中外法学》2006年第6期。

张双根:《占有的基本问题——评〈物权法草案〉第二十章》,载《中外法学》2006年第1期。

温世杨、廖焕国:《论间接占有之存废》,载《北京政法管理干部学院学报》2001年第3期。

屈茂辉:《动产交付规则的解释与适用》,载《政法论坛》2008年第6期。

章正璋:《我国民法上的占有保护——基于人民法院占有保护案例的实证分析》,载《法学研究》2014年第3期。

靳文静:《占有改定公信效力的比较法研究》,载李树忠主编:《法大民商经济法评论》(第12卷),人民法院出版社2016年版。

冉克平:《论〈物权法〉上的占有恢复关系》,载《法学》2015年第1期。

魏振瀛:《物权的民法保护方法——是侵权责任,还是物权请求权》,载费安玲主编:《学说汇纂》,知识产权出版社2007年版。

李锡鹤:《民事客体再认识》,载《华东政法学院学报》2006年第2期。

石佳友:《〈物权法〉占有制度的理解与适用》,载《政治与法律》2008年第10期。

单平基:《民法典编纂中恶意占有有益费用求偿权的证立及界分》,载《当代法学》2016年第3期。

单平基:《无权占有费用求偿权之证成》,载《法商研究》2014年第1期。

江平:《罗马法精神与当代中国民法》,载《中国法学》1995年第1期。

江平、龙卫球:《合伙的多种形式和合伙立法》,载《中国法学》1996年第3期。

隋彭生:《"特定的物"是"特定物"吗?》——与"通说"商榷》,载《比较法研究》2008年第4期。

隋彭生:《用益法律关系———一种新的理论概括》,载《清华大学学报》2010年第1期。

隋彭生:《对拾得物无因管理的占有是有权占有》,载《华东政法大学学报》2010年第1期。

隋彭生:《论以占有改定设立动产质权》,载《法学杂志》2009年第12期。

隋彭生:《动产用益质权法律关系分析》,载《北京大学学报》(哲学社会科学版)2010年第5期。

隋彭生:《绝对法律关系初论》,载《法学家》2011年第1期。

隋彭生:《论占有之本权》,载《法商研究》2011年第2期。

隋彭生:《公司实物用益出资初论》,载《北京工商大学学报》(社会科学版)2012年第2期。

隋彭生:《自物占有与他物占有的分类及比较研究》,载《政治与法律》2014年第3期。

四、法律

《中华人民共和国民法总则》

《中华人民共和国民法通则》

《中华人民共和国物权法》

《中华人民共和国侵权责任法》

《中华人民共和国合同法》

《中华人民共和国民事诉讼法》

我国台湾地区"民法"

《拿破仑法典》(法国民法典),李浩培、吴传颐、孙鸣岗译,商务印书馆2006年版。

《法国民法典》,罗结珍译,中国法制出版社2002年版。

《德国民法典》(第3版),陈卫佐译,法律出版社2010年版。

《德国民法典》,杜景林、卢谌译,中国政法大学出版社1999年版。

《德意志联邦共和国民法典》,上海社会科学院法学研究所译,法律出版社1984年版。

《意大利民法典》,费安玲等译,中国政法大学出版社2004年版。

《瑞士民法典》,殷生根译,法律出版社1987年版。

《瑞士民法典》,殷生根、王燕译,中国政法大学出版社1999年版。

《日本民法典》,曹为、王书江译,法律出版社1986年版。

《最新日本民法》,渠涛编译,法律出版社2006年版。

《韩国最新民法典》,崔吉子译,北京大学出版社2010年版。

《俄罗斯联邦民法典》,黄道秀译,北京大学出版社2007年版。

《荷兰民法典》(第3、5、6编),王卫国主译,中国政法大学出版社2006年版。

《魁北克民法典》,孙建江、郭站红、朱亚芬译,中国人民大学出版社2005年版。

《埃及民法典》,黄文煌译,厦门大学出版社2008年版。

后 记

对占有制度进行系统性的研究,有十几年了。这本书是我对占有研究的阶段性总结。研究无止境,还要走下去。理论研究,要追求它的"有用",也要追求它的"无用",需要超脱一些,需要登高望远。

北京大学出版社的蒋浩先生和陆建华编辑,他们含而不露的高超业务水平和严谨的工作态度,为本书增色不少。这里郑重表示感谢!

隋彭生

2017 年 9 月 13 日